투자를 위한
생각의 틀

투자를 위한 생각의 틀

성공과 실패를 가르는 금융·경제 지식

초판 1쇄 인쇄 ㅣ 2021년 10월 19일
초판 1쇄 발행 ㅣ 2021년 10월 25일

지은이 임경·하혁진
편집 조성우·손성실
디자인 권월화
펴낸곳 생각비행
등록일 2010년 3월 29일 ㅣ 등록번호 제2010-000092호
주소 서울시 마포구 월드컵북로 132, 402호
전화 02) 3141-0485
팩스 02) 3141-0486
이메일 ideas0419@hanmail.net
블로그 www.ideas0419.com

ⓒ 임경·하혁진, 2021
ISBN 979-11-89576-89-9 03320

투자를 위한 생각의 틀

성공과 실패를 가르는 금융·경제 지식
임경·하혁진 지음

생각비행

그동안 배우고 익혔던 금융과 경제에 대한 생각을 쉽고 재미있게 정리해 보자는 의견에 일치했을 때, 핵심 주제로 '투자'를 선택하는 데 주저함이 없었습니다. 오늘날 이 땅에서 살아가는 많은 사람에게 성공적인 금융투자는 빼놓을 수 없는 화두입니다. 경제·금융과 관련한 수많은 교과서와 대중서가 넘쳐 나는 요즈음, 바다 한가운데 한 컵의 물을 붓습니다.

금융 생활의 기본이 되는 용어조차 이해하기 힘든 세상이 되었습니다. MMF, ETF, ELS, ETN, CB, BW, ABS, CDO 등 많은 금융상품이 영어의 옷을 입고 나타날 뿐 아니라 구조화채권, 결합금융상품, 주가지수선물 등은 분명 우리말인데도 이름만으로는 어떤 상품인지 그 내용을 알 수 없게 되었습니다. 더욱이 이러한 상품들이 거래되는 금융시장에서도 예전과 같은 안정적 수익을 얻기 힘들어졌습니다. 저금리 기조가 지속되는 가운데 우리나라의 경제 상황도 해외 요인의 영향을 받는 정도가 훨씬 심해졌습니다. 더욱이 코로나 19 팬데믹 이후 경기 상황은 더욱 불투명해진 반면, 자산가격은 버

4

블 논란이 무색할 만큼 큰 폭으로 상승하였습니다. 미국과 우리나라의 기준금리 인상 가능성이 제기되고 환율도 등락을 거듭합니다. 한편 투자전략의 바탕을 이루는 이론들은 한층 정교해졌지만, 대학에서 그 분야를 전공했더라도 현장에서 적용하기는 더욱 어려워졌습니다.

바야흐로 복잡하고 불확실한 세상에서 투자에 대해서도 공부가 필수인 시대가 되었습니다. 이러한 일들을 어부의 작업에 비유해 보겠습니다. 이 책이 독자를 위하여 고등어나 참치를 잡아 준다고 볼 수는 없지만, 물고기를 잡기 위해 낚시도구나 그물을 만드는 방법을 설명해 주고 어느 물고기가 원근해의 어디쯤 살고 있을지 정도를 설명해 줄 수는 있을 것입니다. 파도를 헤치고 태풍을 이기며 노를 저어 가는 수고를 하면서 위험을 감수하는 작업은 결국 독자의 몫입니다. 다만 동서남북을 가리키는 나침반과 등대의 반짝이는 불빛으로 나아가는 내비게이터navigator 역할을 할 수 있기를 기대합니다. 이 책은 소위 '부자 만들기'를 선전하거나 '금융 재테크'를 설명하는 책이 아닙니다. 저자들의 재주만으론 절대 여러분을 부자로 만들어 드릴 수 없습니다. 다만 복잡한 금융·경제 환경 속에서 여러분의 '슬기로운 투자 생활'에 조금이나마 도움이 될 수 있기를 바랄 뿐입니다.

이 책을 쓰면서 투자전략과 금융·경제에 대한 이해라는 두 마리 토끼를 겨냥하였습니다. 투자라는 핵심 주제는 방대한 금융·경제의 지식, 정보, 경험을 종합하는 초점이 되었습니다. 한편으로는 개인투자자 입장에서 투자전략을 세우고 실행하기 위한 목적으로 금융·경제를 이해하는 것입니다. 다른 한편으로는 공부하는 학생의 위치에서 금융·경제를 이해하기 위한 목적으로 투자전략이라는 방편을 이용하는 것입니다. 이러한 두 가지 목적은 결국 투자전략을 위한 금융·경제에 대한 '생각의 틀'로 정리됩니다.

이 책은 몇 가지 특징이 있습니다. 우선 복잡한 금융과 경제에 관한 생각을 하나의 '틀'로 제시하려고 노력하였습니다. 하나의 프레임으로 정리한 도식은 다양한 이슈를 단순화하는 문제가 있을 수도 있지만, 생각을 명쾌하게 정리해 주는 큰 장점이 있습니다. 어지러운 세상 속에서 생각의 연결고리를 찾아내려고 노력하였습니다. 이를 위해 우선 실물경제와 금융·경제의 환경 속에서 이루어지는 투자 활동을 '① 이론과 전략, ② 정책과 제도, ③ 시장과 상품'을 꼭짓점으로 하는 삼각형으로 구성하였습니다. 이 꼭짓점들은 주체와 배경을 달리하지만 서로를 쳐다보면서 지속적으로 영향을 미칩니다. 그리고 이러한 전체 프레임 속에서 삼각형의 각 부분에 속한 하위 단계의 프레임을 구성해 보았습니다. 본문에서 자세히 설명하겠지만 전체 프레임과 하위 프레임은 하나의 체계를 이룹니다. 이 중 이론과 전략 부문은 현대 투자론의 핵심 이론인 포트폴리오이론을 바탕으로 하는 소극적 투자전략 그리고 효율적 시장가설을 믿지 않는 적극적 투자전략으로 구성됩니다. 다음으로 정책과 제도 부문은 금리, 환율, 자본통제라는 세 꼭짓점을 지닌 삼각형과 이들을 연결하는 정책과 제도로 그려집니다. 마지막으로 시장과 상품 부문에서는 금융시장, 금융상품을 주가, 금리, 환율이라는 가격 변수와 연결하려 노력하였습니다. 공부하는 과정에서 내용을 체계적으로 정리하는 것이 중요한 만큼 투자활동에 있어서도 지금까지 가지고 있던 생각을 정리하는 일은 중요합니다. 앞으로 독자 여러분이 새로 수집해 나갈 이야기들도 정리된 '생각의 틀'에 쉽게 축적할 수 있을 것입니다.

다음으로 항상 전체 속에서 개념을 설명하되 투자전략을 고심하는 개인투자자에게 초점을 맞추었습니다. 투자론에서 가장 큰 비중을 차지하는 금융회사에 집중하면 개인투자자는 어떻게 해야 하는지 알기 어렵습니다. 반면 개인투자자에 대해서만 서술하면 전체적인 투자전략의 구도를 이해하기 어렵습니다.

아울러 숲과 나무를 같이 읽는 시각을 놓지 않았습니다. 특히 직접투자와 간접투자, 그리고 기본적 분석과 기술적 분석 어느 한 곳으로 치우치기 쉬운 투자자들이 균형적 시각을 갖추며 자신의 투자 철학을 세워 나가는 데 도움이 되도록 노력하였습니다.

또한 비행기를 타고 목적지로 날아가는 대신 승용차로 목적지를 향하는 방식을 견지했습니다. 창밖으로 경치를 볼 수 있다면 지나온 도시와 농촌의 생생한 모습을 기억할 수 있습니다. 한 마리의 물고기를 찰나에 잡는 결과보다 투자를 둘러싼 많은 이야기의 과정을 입체적으로 전달하려고 노력하였습니다.

한편 교과서에 나올 법한 수학과 통계학의 복잡함을 배제하면서 재미있는 사례를 추가하여 여러분이 기본 원리에 좀 더 쉽게 다가갈 수 있도록 애썼습니다. 그러나 시간과 노력의 한계로 결과가 미흡하였음을 고백하지 않을 수 없습니다. 쉽지 않은 내용이 얼마나 쉽게 읽힐 수 있을지에 대한 두려움이 있습니다.

마지막으로 각 장과 Topic의 시작에 앞서 포괄적인 이정표를 제시함으로써 전체 내용을 살필 수 있게 했으며 각 장의 마지막에 Q&A를 수록하여 미흡한 설명을 보충하였습니다. 또한 부록으로 용어 점검, 통계 제대로 읽기, 주요 지표 정리, 길을 찾는 방법 등을 마련하였습니다. 필요할 때 찾아보면 도움이 될 것입니다.

원고를 쓰는 과정에서 많은 분의 의견을 듣고 도움을 받았습니다. 혹여 책의 내용 중 잘못과 부족함이 있다면 전적으로 저자들의 책임입니다. 책을 출간하기까지 날카로운 이론과 튼튼한 실무지식으로 유익한 관점을 제시해 주신 한국은행 심원 차장님, 한재찬 과장님 그리고 열정적으로 연구하고 강의하는 가운데서도 폭넓은 시각을 제공해 주신 성균관대 이규인 박사님과 서울시립대 신원섭 박사님께 감사의 말씀을 드립니다. 또 원고 쓰기를 계속 격려해 주신 생각비행 출판사의 조성우 대표님께도 감사드립니다. 항상 곁에서 용기를 북돋아 주는 저자들의 가족에게도 다시 고마운 마음을 전합니다. 사랑하는 가족은 언제나 우리의 힘입니다.

2021년 10월
임경·하혁진

PART 3 금융과 투자의 기본 원리

PART 4   적정가격을 찾아 움직이는 금융시장

PART 5   금리와 돈의 방향을 제시하는 통화정책

PART 6 글로벌 자본이동과 외환시장

PART 7 이익을 만드는 투자상품의 이해와 선택

PART 8 소극적이거나 적극적인 투자전략

PART 9 경제와 금융의 미래

PART 1

투자를 준비하기 위한
생각의 정리

당장 위대한 일을 성취할 순 없을지라도 나는 자그마한 일들을 위대한 방
식으로 추진할 것이다.

If I cannot do great things, I can do small things in a great
way.

Martin Luther King, Jr

투자를 둘러싼 금융·경제 환경은 언제나 복잡하게 얽혀 있다. 금리, 주가, 환율 등 가격 변수의 동향에 늘 관심을 두지만 때로는 삼성전자, 현대자동차, SKT 등 개별 기업에 주목한다. 투자이론을 공부하자니 새삼스럽고 금융시장을 따라가자니 시시각각 상황이 바뀐다. 새롭게 등장하는 금융상품의 이름은 생소하고 정책당국의 말은 난해하다. 투자를 위해 무엇을 준비해야 하는가?

먼저 투자자로서의 나를 점검한다. 자신을 알려는 노력이 투자의 첫걸음이다. 이어서 금융·경제 환경 속에서 의사결정을 고민하는 다른 개인들, 기업, 정부, 중앙은행의 생각을 읽어 본다. 이들의 고민은 나와 연결된다. 마지막으로 아래 그림처럼 얽혀 있는 복잡한 생각을 하나의 틀로 정리해 본다. 이번 장에서 제기하는 '생각의 틀'은 이어지는 Topic에 계속 등장하면서 투자를 향해 나아가는 길잡이가 된다.

투자를 둘러싼 생각

작은 투자,
어떻게 준비할 것인가?

+ 먼저 나를 알자!
+ 무기를 연마하며 사용법을 익히자.

예금에 가입하고 대출을 받으며 보험에 가입하고 주식투자에 관심을 가지면 금리, 주가, 환율의 추이가 보이기 시작한다. 뉴스는 코로나 사태로 인한 국내 자영업자의 어려운 경영 실태를 전하면서 미국의 양적완화정책 소식과 중국 경제의 어려움을 보도한다. 달러화 강세가 이어지는 가운데 기자는 그 원인을 해설한다. 그러나 스쳐 가는 바람처럼 정리되지 않는다. 어제와 그저께 그리고 한 달 전과 두달 전 보도가 마구 뒤섞이면서 시계열을 이룬다. '구슬이 서말이라도 꿰어야 보배다.' '레고가 세 트럭이라도 조립해야 성채와 대포가 된다.' 레고로 표현 가능한 언어가 헤엄치는 용궁 이야기 또는 은하수를 뚫고 날아가는 우주선의 비행은 결국 내가 무엇을 선호하느냐에 따라 결정된다. 꿈은 이루어져야 하지만 때로는 위험을 내포한 채로 분산된다. 노력하더라도 성과는 운이라는 분포의 영향을 받을 수 있다. 그러나 대체로 노력의 결실은 노력하지 않은 행운을 앞지른다.

1. 나를 찾아 줘!

꿈과 선호, 현실의 목표

학업이든 취미생활이든 영리활동이든 무슨 일을 시작할 때는 원대한 목표를 설정하고 언젠가 이루어지리라는 꿈을 꾼다. 초등학교 시절 유명한 학자 또는 세계적인 스타가 되겠다던 꿈은 투자활동에서 기대수익으로 표현된다. 기대수익은 노력이 반영된 역량에 의해 이루어지지만, 유명 저널에 논문을 싣느냐 또는 BTS처럼 글로벌 무대에 서느냐는 개인 선호의 문제다. 연예인 지망생이 모두 BTS가 될 수는 없다. 방송에 가끔이라도 등장하면 성공이지만 많은 지망생이 중간에 좌절한다. 선호한 기대는 위험이 뒤따르는 분포를 이룬다.

'너 자신을 알라!'는 말은 너무나 어려워서 수천 년 동안 전해졌다. 투자를 지향하는 경제생활에서 '나를 안다.'는 말은 두 가지 뜻을 가진다. 하나는 내가 '무엇을 원하느냐'를 아는 것이며, 다른 하나는 내가 '어떤 상황에 있느냐'를 아는 것이다.

우선 첫 번째부터 생각해 보자. '무엇을 원하느냐'는 나의 수익과 위험에 대한 선호를 아는 일이다. 일반적으로 수익이 높으면 위험이 크고 위험이 작으면 수익도 낮다. 이렇게 우리 앞에 펼쳐진 다양한 자산들의 수익과 위험이 이루는 정비례 관계는 거의 언제나 맞는 말이다. 앞으로 이 책을 읽으면서 100% 꼭 그렇지는 않다는 사실을 알게 되지만, 일단 그렇다고 하자. 어쨌든 이러한 관계에서 높은 위험을 감수하면서 높은 수익을 추구할지, 낮은 수익에 만족하면서 낮은 위험을 감당할지는 선택의 문제다. 사람마다 좋아하는 꽃과 과일이 다르듯 짜장면을 좋아하는 사람과 짬뽕을 좋아하는 사람이 있다. 선호의 문제는 역량의 문제와 구별된다. 역량은 기본 자질에 노력을 더하여 만들어지며, 선호는 본능에 경험을 더하여 완성된다. 그러나 열심히 노력하여 역량을 키운다면 우리에게 또 다른 수익과 위험의 관계가 좀 더 높은 수준에서 주어지게 된다.

나의 선호와 위험

투자론에서는 모든 사람은 위험회피형 투자자에 해당한다고 가정한다.[1] 이는 부의 증가로 인한 효용이 점점 작은 폭으로 증가함을 뜻한다. 만일 동전을 던진 결과에 따라 1억 원을 받거나 1억 원을 잃는 게임이 있다면, 참여하기가 쉽지 않을 것이다. 이는 게임에서 이겼을 때의 행복한 마음보다 게임에서 졌을 때의 불행한 마음이 더욱

---

1 즉 이 세상에 위험을 선호하는 사람은 없다. 아무리 위험을 무릅쓰는 사람도 같은 위험일 때 더 낮은 수익을 원하지는 않는다. 주위에서 위험선호형 사람을 발견하기란 쉽지 않다. 다른 사람보다 상대적으로 조금 더 위험을 감수하는 사람을 발견할 수 있을 뿐이다.

크다고 느끼기 때문이다. 그런데 동전 던지기 게임에서 졌을 때는 1억 원을 잃지만, 이겼을 때는 1억 2000만 원을 받는다면 일부 사람의 마음이 달라진다. 이처럼 위험에 대한 선호 체계는 개인마다 다르다. 그러므로 남들이 어떻게 생각하든 나에게 맞는 나의 선호를 생각하자!

불확실한 나의 마음

마음은 변한다. 아무리 짜장면을 좋아하는 사람이라도 비 오는 날이면 가끔 짬뽕이 먹고 싶어진다. 사람의 마음이란 실험실 조사 결과를 이용한 논문처럼 계량화되어 나타나지 않는다. 그래도 나의 마음을 제일 잘 아는 사람은 나 자신이다. 수익과 위험에 대한 개인의 선호는 바뀌기도 하지만 기본 성향은 대체로 유지된다.

한편 많은 사람을 조사해 보면, 생애주기life cycle를 통해 드러나는 패턴pattern이 있다. 사회 초년생, 가정을 책임진 중년, 은퇴자와 은퇴 준비자는 다른 선호 체계를 보인다. 만일 그렇지 않다면 그러한 변화를 보여야 한다. 그러므로 "초심을 잃지 않겠습니다."는 말은 금융 활동에서 있을 수 없으며 있어서도 안 된다. 예를 들면 사회초년 단계에서 위험선호 성향이 너무 강할 경우, 투자를 위한 종잣돈seed money이 마련되기도 전에 원금을 잃어버릴 수 있다. 반면 과도하게 위험회피적일 경우, 투자 적기에도 원하는 만큼의 수익을 얻지 못할 수 있다. 그러니 나의 마음이 어느 정도 위험을 선호하는지 냉정하게 평가한 후, 다음에 살펴볼 자신의 재무 상황에 맞게 조절해야 한다.

얼마를 투자하고 어느 정도 수익에 만족할 것인가? 즉, 투자 목표는 어떻게 설정해야 할까? 우선 가장 중요한 기준은 위험을 감내할 수 있는 수준risk tolerance을 설정하는 것이다. 예를 들어 1000만 원을 투자했는데 이 중 200만 원까지 손실을 감수할 수 있다면, 나의 위험 감내 수준은 200만 원이 된다. 이 말은 자신의 생활을 정상적으로 유지하기 위해서는 200만 원 이상의 손실을 볼 수 있는 투자상품을 선택하지 말아야 한다는 뜻이다.

위험 성향과 위험 감내 수준을 파악했다면 이제 합리적 수준에서 목표 수익률을 정해야 한다. 예금 금리보다 높은 수익률을 달성할 수 있는 투자상품을 선택한다면 손실 감내 한도를 점검하라. '지피지기면 백전불태知彼知己 百戰不殆'라는 말을 새기자. 투자의 기본은 자신을 제대로 파악하려는 노력에서 시작한다.

나의 재무상태 점검과 재무계획 설계

이제 미루어 놓았던 내가 '어떤 상황에 있느냐'는 두 번째 질문에 대해 생각해 보자. 나의 상황을 자세히 진단한다는 뜻이다. 운동경기 준비 과정은 현 상황을 냉정하게 평가하는 단계에서 시작해 훈련 계획을 세우는 단계로 나아간다. 재무계획을 세우기 위해 재무상태를 점검해 보자. 재무상태는 보유하고 있는 자산과 짊어진 부채뿐 아니라 미래의 기대 수입을 포함한다. 많은 사람은 자신의 순자산이 얼마인지, 어떻게 구성되어 있는지 즉각 대답하지 못한다. 남에게 자신의 자산을 드러내는 일은 옷을 벗는 행위와 같아서 재무 상담의 경우에도 솔직하지 않은 모습을 보일 때도 있다. 스스로 평가하는 시간에도 대체로 사람은 자신에게 관대하다. 종종 자신의 수입은 과대 계상되며 보유 자산은 부풀려지고 부채는 축소된다.

먼저 자산 구성에서 지나치게 예금이나 주식과 같은 특정 자산에 편중되어 있지 않은지, 당장 다음 달 필요한 교육비, 의료비, 대출이자 등 납부를 위한 현금 또는 예금이 충분한지 등을 살펴보자. 마이너스 통장은 신용도 조사 시 부채로 잡히지만 갑작스러운 사태에 대비하는 데 유용하다. 자산을 구성할 때에는 수익과 위험을 고려해야 하지만 먼저 자신의 자금 수요에 대응할 수 있어야 한다. 향후 금리, 주가, 환율 등의 변동에 따라 자산가치가 크게 변하는 구조라면 가격의 변동성을 감당할 수 있을지 생각해 보자. 아파트와 같은 부동산을 소유하고 있을 경우 담보대출 한도는 당국의 정책에 따라 불안정해진다. 부동산을 매각하지 않은 상태에서 현금을 차입할 수 있는 한도를 미리 알아 놓자. 다음으로 부채 구성에서는 우선 자산에 비해 부채 규모가 과도하지 않은지, 만기가 적정하게 분산되어 있는지, 향후 금리 변화에 고정금리와 변동금리 조건이 적절히 대응할 수 있는지 등을 살펴보자. 또 예상 수입을 가지고 앞으로도 부채를 안정적으로 유지할 수 있을지 점검하자. 자산에서 부채를 뺀 순자산은 기업의 자본과 같다. 순자산의 규모가 제일 중요하다. 순자산은 자산과 부채의 운용에 따라 달라지지만 대체로 수입과 지출에 의해 좌우된다.

수입은 안정적일수록 좋다. 안정적인 수입은 미래의 예기치 못한 사건에 대비해 마련해 둬야 할 비상금 규모를 줄여 준다. 물론 미래의 수입 증대를 위해 현재 낮은 수입을 감수할 수도 있다. 이 경우 과연 미래에 수입이 증가할 수 있느냐는 각자의 노력에 따라 달라지지만 우연이 개입하는 확률의 문제이기도 하다. 본업에서 창출되는 소득이 조금씩이라도 오른다면, 앞으로 유입될 소득으로 부채를 갚고 순자산을 안정적으로 증가시키는 데 도움이 된다. 아파트 가격이 오르던 시기에는 부채를 짊어지고 부동산을 구입한 후, 소득으로 원리금 상환을 충당하면서 아파트 가격이 올라 순자산이 증가하기를 기다렸다. 그런데 일반적으로 소득을 증대시키기는 쉽지 않다. 결국 순자산을 늘리려면 지출을 줄여야 한다. 돈이 새는 구멍이 있는지 점검해 보자. 꼭 필요한 소비인지 생각해 보자. '나에게도 선물이 필요하다.'는 좋은 말이지만, 종종 지출을 늘리는 핑계로 사용된다. 소비는 삶의 행복과 관련되며 소득을 얻기 위해 노력하는 목적이기도 하므로 어떻게 살아갈지에 대한 관점에 좌우된다. 지출이 늘어나 순소득이 마이너스로 오래 지속된다면 재무계획을 수정해야 한다.

아울러 재무계획도 앞에서 말한 생애주기를 고려하여 조정해야 한다. 즉 앞으로 소득을 창출할 기회가 많으나 투자 재원이 많지 않은 청장년층과 앞으로 연금과 이자소득 등에 의존할 수밖에 없는 노년층의 재무계획은 차별화되어야 하며, 이에 따라 투자전략과 재무설계도 조정되어야하는 것이다. 청장년층은 많이 벌고 많이 소비하는 가운데 자산을 축적하고 부채를 상환할 시기가 많이 남아 있지만, 노년층은 연금과 이자소득 등에 의존하게 되므로 일상의 재무계획뿐 아니라 금융투자전략도 안정성에 초점을 맞추어야 한다.

그러나 우리 삶은 예상할 수 없다는 한계가 있다. 살다 보면 예상하지 못한 기쁜 일과 슬픈 일이 일어난다. 어느 날 갑자기 승진 발령이 나며 수입이 늘기도 하지만, 잘나가던 회사가 문을 닫기도 한다. 결국 재무계획도 변화하는 환경을 고려하여 확률적으로 설계되어야 한다. 산다는 건 그만큼 어려운 일이다.

금융지수[2]: 금융에 대한 이해도

금융에 대한 나의 이해도는 어느 정도인가? 금리, 환율, 할인율, 물가, 성장 등 교과서에서 배운 기본 용어의 개념도 중요하지만, 금융지수FQ, Financial Quotient는 일상생활에 필요한 금융지식을 더 중요하게 생각한다.

2. 어떻게 전장에 접근할 것인가?[3]

가장 먼저 결정해야 할 목표와 전략

목표와 전략을 결정하지 않고 전장에 출격할 수는 없다. 무엇을

---

2 IQ가 지능지수로 지능의 발달 정도를 뜻한다면 FQ는 금융Financial과 지능지수
   IQ를 합친 말로 금융에 대한 이해도를 의미한다.
3 참고할 만한 상세 콘텐츠는 부록을 참고하기 바란다.

목표로 정할 것인지를 우선 고민해야 한다. 목표 설정과 전략 수립을 위해 고려해야 할 점검 사항들이 책에서 폭넓게 펼쳐진다. 다만 이에 대한 구체적인 설명은 'Part 8 소극적이거나 적극적인 투자전략'에서 정리한다.

다만 여기서 강조하고 싶은 사항은 세 가지다. 첫째, 목표 설정과 전략 수립을 위해 앞의 '나를 찾아 줘!'에서 정리한 나의 재무 포지션이 반영되어야 한다는 점이다. 우선 나의 상태를 점검해야 한다. 둘째, 출격 전 평소에 기초체력을 기르고 무기들을 갖추어야 한다는 점이다. 체력과 무기를 충분히 갖춘 부대와 그렇지 않은 부대는 목표와 전략이 다를 수밖에 없다. 이론-정책-시장의 체계는 쉽게 바뀌지 않으므로 언제든지 금융·경제 현황을 이해하는 데 유용하다. 셋째, 목표와 전략은 전장과 적군의 동향에 따라 달라질 수 있다. 산너머 있는 줄 알았던 적군이 이미 강을 건넜다면 공격 목표와 전략을 수정하는 수밖에 없다. 현대전은 정보전이다. 'Topic 09 모든 정보가 즉시 반영되는가?'에서 전장에서 이루어지는 정보의 전파에 대해 다루겠지만 여기서는 중요한 정보를 어디서 찾을 수 있는지 간단히 알아보기로 한다.

평소에 갖추어야 할 기초체력

세상에 공짜 점심이 없듯이 짧은 시간에 금융·경제 지식을 쌓으려면 몇 가지 노력이 필요하다. 우선 오랫동안 잊고 있었던 지식을 소환해 보자. 이를 위해 가까운 도서관 또는 서점에 방문해 쉽고 재미있어 보이는 기본서 두세 권[4]을 골라 속독해 보자. 이를 통해 나의 지식 정도를 측정해 보고, 어렵다고 느끼는 부분은 무엇이고 또 좀 더 깊이 알고 싶은 부분은 어떤 것인지 생각해 보자. 혹시 기초가 부족하여 잊을 내용조차 없다면 이제부터라도 기초부터 차근차근 공부하면 된다. 쉽고 재미있는 기본서부터 출발해 보자. 다양한 매체가 있지만 그래도 아직은 책을 추천한다. 떨어지는 물방울이 바위를 뚫듯이 어느 분야라도 정통하려면 끊임없는 관심과 노력이 필요하다.

기초적인 지식이 갖추어졌다면 세부 주제를 좀 더 심도 있게 다루는 책에 도전하는 가운데 다양한 경제 금융 콘텐츠에 접근해 보자. 여기에는 기초체력을 기르는 데 도움이 되는 내용, 여러 가지 무기를 소개하는 내용, 전쟁 상황을 전하는 내용 등이 다양하게 구성되어 있다. 미국 MBA 재학생들 대부분이 경제일간지인 《월스트리트 저널Wall Street Journal》을 구독한다. 이는 경제 금융 관련 콘텐츠에 최대한 노출함으로써 경제적 언어와 마인드를 형성하려는 의도다. 수업에서 배우는 이론이 실제 금융시장에서 어떻게 적용되는지 매일매일 생각해 보는 환경을 구축하는 데 경제 신문, 잡지를 읽는 것만큼 좋은 방법은 없어 보인다.[5] 우리는 주요 정책기관의 홈페이지를

---

4 상경 계열을 전공했다 하더라도 이 단계에서는 쉬운 서적을 고를 필요가 있다. 사실 중·고등학교 교과서조차 쉽지 않은 내용으로 가득 차 있다. 적당한 서적을 고르기 어려운 경우에는 한국은행이 중학생과 고등학생 대상으로 각각 발간한 《알기 쉬운 경제이야기》를 참고하기 바란다. (한국은행 경제교육 웹사이트에서 전자책으로 접할 수도 있다.)

방문할 수도 있다. 중앙은행인 한국은행, 경제부처인 기획재정부, 금융위원회, 그리고 감독기관인 금융감독원, 연구기관인 KDI, 금융연구원 등의 웹사이트에 경제 금융 자료들이 무수히 쌓여 있다.

그런데 딱딱한 책과 이론서를 읽다 보면 흥미를 잃기 쉬우며 신문 같은 일간지만 접하다 보면 나무만 보고 숲을 보지 못할 수 있다. 어떠한 공부든 재미와 흥미가 동반되지 않으면 지속하기 어렵다. 머리를 식힐 겸 유튜브 강의나 영화, 다큐멘터리와 같은 동영상 자료를 활용해 보자. 다양한 사례와 전문가의 경험을 수용하면 입체적인 시각을 확보할 수 있다.

무기와 사용법

다양한 무기를 갖추어야 할 뿐 아니라 그것을 잘 다룰 줄 알아야 한다. 여기서 무기란 이론에서 도출되는 모형, 경제자료를 분석하는 기법과 가장 중요한 통계를 읽는 법을 말한다.

먼저 이론에서 도출되는 다양한 모형이 있다. 이 책에서는 자본자산가격결정모형CAPM이 소개되어 있다. 이러한 모형들은 주로 자산가격 평가에 사용되는데 현재 시장가격과 평가금액valuation을 비교해 투자전략 수립에 도움을 준다. 그런데 이러한 무기를 사용하려

---

5   참고로 전 세계 금융시장 전문가들과 정책입안자들은 주간지인 《이코노미스트》와 일간지인 《월스트리트저널》, 《파이낸셜타임스》 등을 즐겨 읽는다. 국제회의나 외교행사에서도 해당 기사가 수시로 언급될 만큼 기사의 완성도는 물론 권위와 영향력이 막대하다.

면 복잡한 수학과 통계학을 동원해야 하므로 개인투자자가 따라 하기 어려울 뿐 아니라 계산이 끝난 시점에 시장 상황이 바뀌어 있을 가능성도 매우 크다.

둘째, 경제자료를 분석하는 기법들이 있다. 여기에도 복잡한 수학과 통계학을 동원하는 시계열분석time series analysis과 횡단면분석cross sectional analysis 등이 있지만, 이 또한 개인투자자가 활용하기는 적절하지 않다. 한편 기업 관련 정보를 파악하기 위해 가장 중요한 재무제표를 읽는 방법은 주식투자에서 훌륭한 무기가 된다. 또한 재무제표를 활용해 이루어지는 각종 재무비율분석financial ratio analysis도 긴요하다. 이해하기 쉬우면서 간편하게 사용할 수 있는 무기다. 물론 거시경제-산업-기업의 단계로 이어지는 기본 분석fundamental analysis에서 이루어지는 다양한 분석도 있다.

그런데 여기서 우리가 쉽게 놓치는 부분이 있다. 외국어 공부를 시작할 때 단어 공부가 중요하듯 금융·경제 공부를 할 때 용어에 대한 정확한 이해가 선행되어야 한다는 점이다. 용어의 개념을 모르면 보고서가 무슨 말을 하는지 파악하기 어렵다. 영어 단어도 대화를 통해 그 쓰임새가 확인되듯 금융·경제용어도 결국 이론, 통계와 함께 실제 사례를 접할 때 보다 잘 이해할 수 있다. 이 책에도 다양한 용어와 개념이 등장한다. 새로운 용어를 발견할 때마다 따로 표시해두거나 정리해 보자. 조만간 어떠한 금융·경제 콘텐츠도 빠르고 정확하게 격파할 수 있는 강력한 무기를 지니게 될 것이다.

시장 상황을 전하는 정보와 첩보들

알다시피 인터넷에는 무궁무진한 콘텐츠가 널려 있다. 여기에는 기초체력을 다지는 데 도움이 되는 자료도 있지만, 최근 경제 금융 동향을 파악할 수 있는 자료도 많다. 지나간 정보는 소용없는 경우가 대부분이다. 따끈따끈한 뉴스를 즉시 파악하자. 아주 단기간, 예를 들면 당일의 동향만 전하는 뉴스도 있지만 좀 더 긴 시각을 전하는 뉴스들도 있다. 항상 오늘이 중요하지만 좀 더 긴 시계열의 관점에서 읽어보기를 권한다.

증권회사, 은행 등 금융회사들은 상대적으로 짧은 기간 또는 구체적인 상품 정보를 알려 준다. 정책당국과 경제연구소는 상대적으로 긴 기간 또는 전반적인 상황을 알려 준다. 특히 이들 기관의 보도 자료를 찾아 보길 권한다. 이러한 보도자료는 경제신문이나 뉴스에 수시로 인용되는데 자세한 내용을 파악하기 위해 가급적 해당 웹사이트에서 원문을 보는 습관을 기를 필요가 있다. 아울러 중요 자료의 출처를 인지하고 최근 이슈화되는 논의가 무엇인지 선별해 파악할 수 있는 혜안을 기르자.

가장 중요한 전투 상황 정보는 통계로부터 나온다. 통계는 우리에게 경제 실상에 대한 사실fact과 증거evidence를 제공해 준다. 사실을 기반으로 현재의 금융·경제 동향을 객관적으로 진단할 수 있으며 이를 토대로 미래를 전망할 수 있다. 통계는 대부분 공공재이므로 입수하는 데 별도의 비용이 들지 않으나, 공표되는 통계를 적시에 챙겨 보려면 상당한 의지와 노력이 요구된다. 다행히 주요한 통계는 언론을 통해 우리에게 수시로 전달된다. 하지만 경제통계는 너무나 방대하고 다양하다. 이 중 성장, 물가, 고용, 통화, 가격지표(금리, 주가, 환율) 등 기본 통계는 어느 정도 숙지한 후 정기적인 추이와 변동 요인에 관심을 가질 필요가 있다. 특히 주요 통계가 집약된 경제 동향, 전망 보고서, 경제신문의 기사들도 눈여겨 살펴보자. 현대전은 정보전이다. 정보의 중요성에 대해서는 더 말할 필요가 없지 않을까?

3. 별도로 제공되는 무기들

몇 가지 무기에 대한 점검

앞에서 소개한 다양한 무기는 본문에서 자세히 설명하지만, 여기서는 〈부록〉의 내용을 간략히 소개하겠다. 부록은 '1. 용어 점검, 2. 통계 제대로 읽기, 3. 주요 지표 정리, 4. 길을 찾는 방법'의 순으로 수록되어 있다.

투자에 본격적으로 나서기 전, 준비 태세를 점검하자. 금융·경제 공부를 시작하기 위해 중요하다고 생각하는 용어를 〈부록〉 '용어 점검'에 선별해 수록하였다. 시간이 허락한다면 슬쩍 한번 훑어보도록 하자. 어렴풋이 이해된다면 충분하다. 〈부록〉에 나온 설명을 보고 무슨 내용인지 정확히 파악되지 않더라도 크게 상관은 없다. 본문에서 자세히 다룰 예정이므로 지금은 대략 어떠한 용어들이 쓰이고 있는지 파악하는 정도면 충분하다.

통계 제대로 읽기, 주요 지표 정리

통계는 경제 상황을 전하는 가장 중요한 정보다. 외국어 책이 있어도 해석할 수 없으면 아무 소용없듯이 통계도 마찬가지다. 기간 중과 기말의 구분, 변동률의 개념, 퍼센트(%)와 퍼센트포인트(%p)의 차이, 기저효과base effect, 명목과 실질의 구분, 분산과 표준편차의 차이, 상관계수를 통한 선형관계 확인 등 몇 가지 개념과 지표만 파악한다면 각종 통계를 쉽게 이해할 수 있다. 그러므로 본문을 읽다가 혼동될 때는 언제든 부록을 찾아보자.

아울러 주요한 금융·경제 통계지표를 제시하면서 작성 기관, 작성 주기 등을 밝히는 한편 실물경제와 금융경제로 구분하여 안내하였다. 실물경제지표에는 성장, 경기, 생산, 소비, 투자 물가 등을 포함했으며, 금융경제지표에는 통화금융, 재정, 금융부채, 자본유출입, 증권시장 등을 수록하였다. 본문에 관련 지표가 나오면 찾아보면서 정리하자.

길을 찾는 방법

한 전투를 마치면 새로운 전장을 준비한다. 언제나 새로운 무기와 정보가 필요하다. 그런데 수많은 정보가 홍수처럼 넘쳐나는 오늘날 모든 정보를 알 수는 없다. 옛날에는 그것이 무엇인지know what, 그것을 어떻게 아는지know how에 대한 정보가 중요했다면, 요즈음은 그 정보가 어디에 있는지know where가 중요하다. 모르면 알 수 있는 곳에 가서 찾으면 된다. 다만 알 수 있는 곳이 어디인지를 알아야 한다.

'길을 찾는 방법'에서는 경제 전망, 경기동향, 경제정책, 통화정책, 금융외환시장, 기업 회계재무 공시 등의 주제로 구분하여 투자전략 수립 시 읽어 보면 도움이 될 만한 중요 보고서를 소개하였다. 또한 다양한 주제의 자료를 제공하는 주요 연구기관, 주요 통계 데이터베이스, 경제교육 자료 제공기관 등에 대해서도 정리하였다.

금융·경제를 바라보는 여러 가지 시각

+ 투자에 참여하는 모든 경제주체는 나름의 고민이 있다.
+ 큰손의 움직임을 이해해야 시장의 상황을 좀 더 잘 알 수 있다.

경제 여건은 지속적으로 변화한다. 태풍과 해일 앞에서 투자자는 매순간 선택의 갈림길에 서 있다. 어떤 의사결정이 최선인가? 다가오는 변화 속에서 최선의 선택은 어렵다 할지라도 최악의 결정을 내리지 않기 위해 주어지는 몇 가지 시나리오[6]를 읽어 보자. 해답은 없다. 질문만 있을 뿐이다. 설령 지금 이해되지 않더라도 좌절할 필요는 없다. 이후 본문에서 서서히 답변이 제시된다. 대규모 기업과 금융회사 그리고 정책당국의 고민은 비록 개인의 사정과 다르지만, 금융시장을 움직이는 주요 변수이므로 참고가 된다. 다른 개인투자자

6 독자의 이해를 돕기 위해 현실을 반영한 가상 상황을 설정했다.

의 시나리오는 말할 필요가 없다. 역지사지易地思之가 된다.

1. 다른 사람들의 고민

[시나리오 1] 주식투자 비중을 늘릴 것인가? 줄일 것인가?

금융 환경이 크게 변화하는 가운데 홍길동의 동생인 홍길남 부장은 주식투자에 열심이다. 자산이 부동산과 예금 위주로 구성되어 있어 다변화할 필요가 있다는 주위의 충고를 반영한 결과다. '달걀을 한 바구니에 담지 말라.'는 말을 교훈으로 새겼다. 홍길남의 자산가치가 부동산 가격에 전적으로 좌우되고 있어 주식투자가 위험을 분산할 수 있을 것이라는 기대도 일부 작용하였다. 초기에 원금 대비 10~20%의 평가이익을 거두며 우쭐하던 찰나 코로나19 확산으로 주가가 급락하기 시작했다. 그러나 우물쭈물하다 보니 보유 주식의 평가손실이 순식간 30% 이상으로 늘어났다. 나름 우량주 위주로 투자하고 있어 안전하리라 생각했지만, 글로벌 위기 앞에는 속수무책이었다. 결국 홍길남 부장은 눈물을 흘리며 40% 손실을 감수하고 전량 매도하였다. 그러나 이후 코로나 확진자 수가 안정세로 접어들며 급락했던 주가는 상승세로 반전하였다. 손실을 만회해야겠다는 생각에 홍길남은 대출까지 동원하여 종전보다 투자금을 배 이상 늘려 주식을 매수하였다. 다행히 과거 손실을 절반 정도 만회했지만, 매 순간 뉴스를 볼 때마다 다시 불안해진다.

뉴스는 앞으로 코로나19가 진정되는 가운데 완화적 통화정책을 지속해 왔던 미국 중앙은행이 자산매입 규모를 축소하는 테이퍼링 tapering을 기존 예상보다 앞당겨 시행할 수도 있다고 전한다. 경기회복을 반영하여 한국은행 기준금리도 연내 추가 인상될 가능성이 제기되고 있다. 위기 대응을 위해 엄청나게 풀린 유동성이 주요국의 인플레이션을 촉발할 것이라 한다.

홍길남의 고민
- 금리가 인상되면 경기가 좋아진다는 징조인데. 그럼 기업 이익에도 긍정적 영향을 미쳐 주가 상승이 예상된다. 반면 금리 인상은 비용 증가를 초래하여 주가에 마이너스 영향을 줄 것 같기도 하다. 어떻게 해야 하나? 손실은 일부 만회했으니 이쯤에서 그만 털고 나와야 하나?
- 살 때는 분명 나름의 이유가 있었는데, 왜 지금 이 종목을 보유하고 있는가?
- 기준금리가 인상되면 은행에서 빌린 돈의 이자를 더 내야 하는가?

[시나리오 2] 고정금리로 빌릴 것인가? 변동금리로 빌릴 것인가?

홍길남은 최근 고정금리형 주택담보대출을 변동금리형으로 갈아타야 할지 고민이다. 당초에는 금리가 오르면 현재 월급에서 이자를 더 내야 하는 것이 무서워서 정해진 이자만 내는 고정금리형으로 대출을 받았다. 이후 앞으로 금리가 올라갈 가능성이 높다는 은행 직원의 말을 듣고 안심했는데, 코로나19 위기 이후 기준금리가 0.5%까지 하락하였다. 주변 지인들과 비교해 봐도 지금의 고정금리는 너무 높은 수준이라 생각된다. 갑자기 지난번 고정금리를 추천해 준 은행 직원이 원망스럽다. 1998년 외환위기 이후 금리 상승 위험 때문에 고정금리 대출이 안정적이라고 전했던 방송이 기억난다. 돌이켜보면 이러한 권고와 달리 지난 20여 년 이상 변동금리로 대출받았던 사람들이 결과적으로는 옳은 선택이었다. 그러나 이번에는 정말 앞으로 금리가 오를 가능성밖에 없으므로 고정금리를 유지하는 편이 더 낫다는 은행 직원의 권유가 다시 생각난다.

> **홍길남의 고민**
> - 코로나19 팬데믹으로 세계 경제에 불확실성이 산재해 있는데 앞으로 변동금리가 얼마나 빨리 현재 부담 중인 고정금리 수준을 상회할 수 있을까?
> - 그대로 고정금리를 유지하면서 금리 변동 여부에 신경 쓰지 않고 회사 일에만 충실하는 편이 더 나을까?

[시나리오 3] 외화를 어떻게 마련해야 하나?

홍길동의 여동생 홍길서는 유학 간 아들로 인해 걱정이다. 대기업에 다니는 남편의 퇴직이 얼마 남지 않은 상황에서 자식의 꿈을 외면하기 어려워 무리해서 유학을 보낸 것이다. 첫 학기 학비 겸 생활비로 2만 달러를 송금했더니 당시 환율(1100원/달러)로 2200만 원 정도가 소요되었다. 그러나 불과 3개월 정도 지나니 환율이 1150원/달러 정도로 약 4.5% 상승하였다. 아들의 유학 생활 동안 10만 달러는 더 송금해야 할 것 같은데, 환율 변동에 따라 유학 자금 부담이 더 늘어날 수 있어 불안하다.

　은행에 다니는 지인에게 어떻게 하는 것이 좋을지 문의했지만 환율 전망은 미지의 영역이라 뾰족한 수가 없다고 대답한다. 다만 앞으로 우리 경제의 성장과 수출 증가세가 지속될 경우 외화자금 유입이 늘어나 환율이 하락할 수 있다고 한다. 이 경우 좀 더 기다렸다 필요할 경우 환전하는 편이 낫다. 그러나 신문과 방송의 뉴스에는 세계 경제 불확실성이 높아져 신흥국발 위기 가능성과 금융시장 변동성이 커질 것이라는 기사가 넘쳐난다.

홍길서의 고민
- 유학에 필요한 총금액을 현재 환율로 미리 환전을 해두는 것이 유리할까? 또는 필요한 달러화를 송금할 때마다 환전하는 것이 환율 면에서 유리할까?
- 달러화가 계속 필요하게 될 테니까 이에 대비해 국내주식투자 대신 해외주식투자로 옮겨 갈까?
- 지금 달러화로 바꾸려면 원화 예금을 해지해야 하는데, 환율에서 이익을 본다고 할지라도 줄어들게 되는 원화 이자보다 더 많을까?

---

2. 기업의 의사결정

[시나리오 4] 중소기업의 신규투자 의사결정은?

　홍길동 사장은 PC와 스마트폰 관련 부품을 생산하는 중소부품제

조업체 '율도전자'를 창업하였다. 당시 모바일 제품의 이용이 확산할 것이라는 전망을 믿고 남들보다 앞서 투자한 덕분에 '율도전자'는 시장에서 탄탄히 입지를 쌓으며 성장해 왔다. 사업 초기 투자금 중 일부는 자신의 자금으로, 나머지는 창업 지원 대출을 통해 조달하였다. 이후 회사 규모는 엄청나게 성장하였다. 그런데 최근 인공지능 기반 스피커 제조로 사업 영역을 추가 확장하기 위해서는 연구개발비뿐 아니라 신규 제조라인 증설에 대규모 투자가 필요한 상황이다. 홍길동 사장은 우선 이러한 신규 투자를 단행해야 한다고 기업가로서 야성적 충동이 발동했지만, 실패에 따른 리스크 또한 전적으로 배제하기 어려워 보인다.

홍길동의 고민

- 은행에서 추가로 자금을 대출받을 것인가? 또는 다른 사람들로부터 출자받을 것인가? 아니면 이 두 가지 방식을 모두 사용할 것인가?
- 기업공개를 하는 방안은 없는가? 기업공개는 어떠한 조건과 방식으로 이루어지는가?
- 현재의 신용으로 대규모 자금 차입은 가능할 것인가? 가능하다고 해도 이자를 많이 지급해야 하는데 어떻게 해야 하나? 변동금리 또는 고정금리, 단기차입 또는 장기차입, 이 모두가 고민이다.
- 기업공개를 통해 지분투자를 받을 경우 향후 경영의 자율성이 제약받게 되는데 괜찮을까?
- 나중에 출자로 전환해 준다는 조건으로 차입을 받으면 금리를 낮출 수 있다고 하는데, 그 방식을 사용할 수 있는가? 그렇게 된다면 지급이자가 얼마나 줄어드는가?

[시나리오 5] 수출기업의 환리스크, 어떻게 관리해야 하나?

'홍길물산'의 홍길북 대표는 최근 환율 때문에 밤잠을 설친다. 얼마 전 주거래 은행의 외환담당자와 통화해 보니, 최근 미국을 상대로 교역하는 주요국들의 달러화 보유 규모가 과다하다는 인식이 확산되면서 국제금융시장에서 달러화 매도가 많이 늘어나는 상황이라고 한다. 아울러 최근 글로벌 자금이 다시 신흥국 주식시장과 채권시장으로 유입되고 있는데 이러한 현상이 지속될 경우 원/달러 환율이 하락할 수 있다고 한다. 홍길북 대표는 환율 하락 시 앞으로 줄줄이 받을 예정인 수출대금의 원화 환산 금액이 줄어들지 않을까 고민한다. 환율에 적절히 대응하지 못하면 대표 자리가 위태로울 수 있어 은근히 신경이 쓰인다.

홍길북의 고민

- 앞으로 환율이 하락할 수도 있는데 환헤지를 해야 하는가?
- 환헤지를 한다면 어떠한 방식으로 할 것인가? 선물환을 이용할 것인가? 수출환보험을 이용할 것인가? 아니면 다른 방법이 있는가?
- 다음 달에 들어올 수출대금은 3개월 후 지급될 부품 수입대금과 환차손익에서 어떤 관련이 있는가?

3. 정부와 중앙은행의 정책 집행

[시나리오 6] 경기 침체에 어떻게 대응할 것인가? 이를 위한 재원은?

정부의 경제정책 실무를 총괄하는 홍길동의 친구 일지매 국장은 최근 전 세계 주요국과 같이 우리나라에서도 실물경제의 성장과 고용의 부진이 심화되고 있다고 진단하면서 적극적 재정정책을 시행할 필요가 있다고 판단하였다. 일지매 국장은 주요 과장들과 이에 대한 경기대책 회의를 가졌으나, 2주 후로 예정된 정책 발표 때 어떠한 정책 패키지를 내놓을 수 있을지 사뭇 고민 중이다. 가장 중요한 재원 조달 방안도 고민이다. 추가경정예산 편성과 국채 추가 발행이 필요하다. 그러나 최근 우리나라의 국가채무비율이 상승세를 보이고 있어 국회 동의가 쉽지 않은 상황이다.

> 일지매의 고민
>
> - 단기 대책은 우리 경제의 구조적 체질 개선에도 도움을 줄 수 있는가?
> - 대규모 국채 발행으로 심화되는 재정적자가 국제신인도에 영향을 미치지 않는가?
> - 대규모 국채 발행이 시중금리를 상승시켜 오히려 경기회복에 나쁜 영향을 주지는 않을까?

[시나리오 7] 무엇이 중요한가? 성장인가 물가인가?

한국은행 금융통화위원회의 허균 위원은 한국은행이 기준금리를 인상할 것으로 채권시장 참가자들이 예상하고 있다는 동향을 전달

받았다. 그러나 코로나19 이후의 경기와 물가 동향을 감안할 때 기준금리 조정에 신중을 기할 필요가 있다고 생각한다. 현재 소비자물가상승률은 물가안정목표 2%를 지속해서 하회하고 있으며 GDP증가율, 실업률, 수출입 동향 등을 보면 성장 경로의 불확실성도 높은 것으로 판단된다. 반면 완화적 금융 상황이 지속됨에 따라 가계부채가 사상 최고치를 경신하며 증가세가 지속되고 있는데, 이는 경제주체의 채무상환 부담을 가중시켜 미래 성장 경로를 제약하는 한편 부동산, 주식 등 자산시장으로 유입될 경우 금융불균형 위험을 누적시킬 수 있어 우려스러운 상황이다.[7] 기준금리가 높아도 문제이지만 너무 낮아도 우리 경제에 부정적 영향을 미칠 수 있는 것이다.

허균의 고민
- 기준금리를 인상하지 않는다면 인플레이션에 문제는 없을까? 자산가격이 계속 급등하지 않을까? 또 자금 쏠림과 같은 불균형이 확대되지 않을까?
- 기준금리를 인상할 경우 불투명한 경기 상황이 다시 위축되지 않을까? 자영업자의 영업은 더욱 어려워지지 않을까? 최근 무리한 대출로 아파트를 구입한 젊은이들의 이자부담이 커지지 않을까?

7 금융통화위원회(2021-7차) 의사록을 참고하였다.

앞으로의 행로와
생각의 틀

✦ 숲을 본 후 나무를 알고 다시 숲을 바라본다.
✦ 시작이 반이다. 일단 시작하자.

복잡하고 어지러운 세상이다. 다양한 움직임에서 패턴을 읽는다. 패턴은 모여서 법칙과 원리가 된다. 방대한 금융과 경제에 관한 생각을 하나의 '틀'로 제시하려고 노력하였다. 하나의 프레임으로 정리되는 도식화는 다양한 이슈를 단순화하는 문제점도 있지만, 생각을 명쾌하게 정리해 준다. 복잡한 세상 속에서 생각의 연결고리를 찾아내려고 노력하였다. 투자활동에 있어서도 지금까지 가지고 있던 생각을 정리하는 일이 중요하다. 세월이 흘러 세세한 사항은 잊을지라도 그간 생각이 자리 잡아 온 '틀'은 남게 된다. 또한 새로 수집한 정보들도 '생각의 틀'에 붙여진 주소를 찾아오면서 정리된다.

앞으로 치열하게 전개될 전투에서 완벽히 준비된 작전을 전개하기는 어렵다. 항상 비바람이 몰아치거나 눈발이 날리며 전장에서 바람의 방향은 수시로 바뀌기 마련이다. 현실을 바라보는 '틀'을 가지고 있다면 탄력적인 대처와 함께 좀 더 나은 전략을 펼칠 수 있다.

1. 이론, 정책, 시장을 둘러싼 생각의 틀

이론-정책-시장의 공간

실물경제와 금융경제의 환경 속에서 이루어지는 투자활동은 ① '이론과 전략', ② '정책과 제도', ③ '시장과 상품'을 꼭짓점으로 하는 삼각형 속에서 이루어진다. 그런데 이들은 평면상에는 꼭짓점으로 보이지만, 입체적으로 표현되면 가로-세로-높이의 세 축으로

그림 3.1 투자전략을 위한 '생각의 틀'

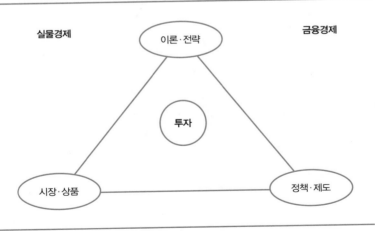

구성된 공간이 된다. 가로는 세로를 포함하고 높이는 평면을 포함하면서 공간으로 변한다. 다만 이를 2차원으로 구성한 이유는 평면으로 표현되는 책 속에서 알기 쉽게 나타내기 위함이다. 삼각형의 관계를 살펴보면, 이론에는 시장에 대한 이론과 정책에 대한 이론이 있으며, 정책에는 이론에 바탕을 둔 정책과 시장을 향한 정책이 있다. 또 시장도 이론을 의식하며 움직이면서 정책을 수용하거나 정책에 대항한다. 이들 꼭짓점은 주체와 배경을 분명히 달리 하지만 서로를 쳐다보며 지속적으로 영향을 미친다.

시간이 흐르면서 시공간이 된다

투자활동을 꿰뚫는 시간의 화살이 있다. 시간의 변화에 따라 이론, 시장, 정책 등이 변한다. 투자활동도 이에 따라 당연히 달라져야

그림 3.2 투자전략을 위한 '생각의 틀'

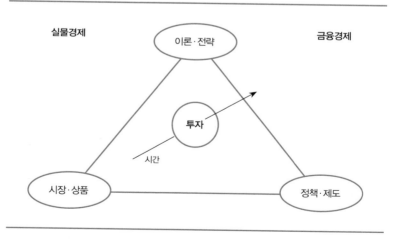

48

한다. 시간이 개입되면서 공간은 시공간이 된다. 이러한 시공간은 투자전략을 위한 '생각의 틀'에서 환경이 된다. 시장은 시시각각 움직이나 정책은 시차를 두고 나타나고 이론은 이 모두를 쳐다보다가 한참 후에 나타난다. 쉽게 바뀌지 않는 이론과 너무나 빨리 바뀌는 시장 사이에서 정책의 고민은 깊어진다. 시장이 이익을 겨냥할 때 이론은 주장 간의 정합성을 검증하고 정책은 책임을 고민한다. 시간이 흐르면서 이론은 비판을 받게되고 정책은 책임을 따진다. 시장은 요란스럽게 또는 조용히 투자자들의 손익 규모를 드러낸다.

하위 프레임으로 완성되는 전체 프레임

전체 프레임 속에서 하위 단계의 프레임을 구성해 본다. 또는 하위 프레임을 모아서 전체를 만든다. 전체 프레임과 하위 프레임은 하나의 체계를 구성한다. 이 중 이론의 프레임은 현대 투자론의 핵심 이론인 포트폴리오이론을 바탕으로 하는 소극적 투자전략과 효율적 시장가설을 믿지 않는 적극적 투자전략으로 구성된다. 다음으로 정책의 프레임은 금리, 환율, 자본통제라는 세 꼭짓점을 가지는 삼각형으로 그려진다. 마지막으로 시장의 프레임은 금융시장과 금융상품이 연계되면서 이들은 주가, 금리, 환율이라는 가격 변수와 연결된다.

한편 투자활동을 둘러싼 환경 또는 여건도 '생각의 틀'에 반영된다. 현재의 투자활동을 둘러싼 환경은 성장과 경기순환 그리고 물가 등 거시경제이론으로 설명된다. 그리고 미래의 환경은 제4차 산업혁명과 최근의 금융혁신에 이르기까지 향후 투자에 영향을 미칠 변

화 여건 등으로 설명된다. 이와 같은 투자 환경의 현재와 미래에 대
한 이야기는 'Part 2 먹고살기 위한 경제의 기초'와 'Part 9 경제와 금
융의 미래'에서 다루고 있다.

① 투자이론과 전략

투자이론과 전략을 단순화시키면 크게 두 개의 흐름으로 정리할
수 있다. 먼저 수익과 위험의 관계를 중시하는 포트폴리오이론, 시
장이 정보를 반영하는지에 대한 논쟁을 불러일으킨 효율적 시장가
설은 가장 기본적인 이론이다. 포트폴리오이론을 바탕으로 현대 재
무학의 중심인 자본자산가격결정모형CAPM이 제시되었으며 소극적
투자전략에 이론적 근거를 제공하였다. 반면 효율적 시장가설의 시
장 효율성에 동의하지 않는 사람들은 적극적 투자전략 편에 섰으며
행동재무학이 이들을 지원한다.

투자이론과 관련된 내용은 'Part 3 금융과 투자의 기본 원리'에서

그림 3.3 **투자이론과 전략**

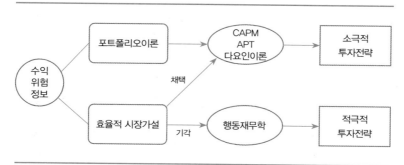

설명한다. 기대수익과 투자위험, 포트폴리오이론, 효율적 시장가설 등을 중심으로 이야기하는 가운데 현시점에서 투자안을 어떻게 평가할지에 대한 이론을 다루었다. 그리고 'Part 8 소극적이거나 적극적인 투자전략'에서는 구체적인 이론이 투자전략을 어떻게 뒷받침하고 있는지를 설명하는 가운데 실전 투자를 위한 전략 수립에 관한 내용을 소개하였다.

② 금융시장과 상품

시장과 상품은 긴밀히 연계된다. 거래되는 상품의 특성을 분류하여 비슷한 상품들의 거래를 묶어서 '시장'이라고 부른다. 그러므로 시장은 집합이며 상품은 원소다. 상품들이 움직이는 모습은 주가,

그림 3.4 금융시장과 상품

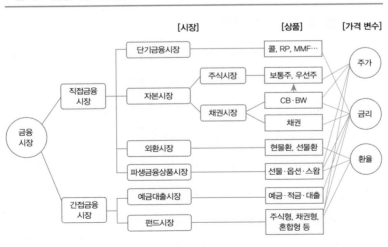

금리, 환율 등 가격 변수가 된다. 즉 금융상품 중 주식이 움직이면 주가가 되고 채권이 움직이면 금리가 되며 외환이 움직이면 환율이 된다. 주가와 환율은 매 순간 시점을 정하여 결정된다. 금리도 매 순간 결정되지만 기간을 정하여 결정된다. 그러므로 금리에는 주가나 환율과 달리 월 0.5%, 연 5% 등 시간을 나타내는 단위가 붙는다.

'Part 4 적정가격을 찾아 움직이는 금융시장'에서는 금융시장의 구조, 시장 간 연계구조와 함께 가장 대표적인 금융시장인 주식시장과 채권시장 위주로 설명하였다. 아울러 'Part 7 이익을 만드는 투자상품의 이해와 선택'에서는 주식, 채권 이외의 다양한 투자상품과 파생금융상품에 대해서도 다루고 있다. 'Part 6 글로벌 자본이동과 외환시장'에서는 환율, 외환시장, 외화자금시장의 구조와 기능에 대해 설명하였다.

③ 금융·경제 정책과 제도

정책은 제도를 만들지만, 제도 속에서 정책이 움직인다. 정책은 시장이 움직이는 틀을 만들거나 시장을 규제한다. 정책은 시장의 움직임을 지켜보다가 일정 수준 또는 변동 폭을 넘었다고 생각하면 간섭하기 시작한다. 정책은 항상 금리, 환율 등의 움직임을 주시한다. 위기가 닥쳐오면 정책은 언제나 과도한 시장 불안을 막기 위해 지원한다. 금리, 환율, 자본이동은 밀접한 관계를 맺는다.

평소 정책당국은 금융시장의 주요 참가자이자 시장을 주도하는 주체이다. 우리나라 뿐 아니라 주요국의 금융·경제 정책 변화는 장

그림 3.5 금융·경제 정책과 제도

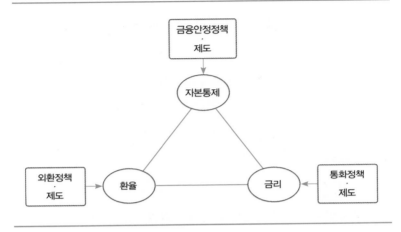

래 투자 여건에 중대한 영향을 초래할 수 있다. 'Part 5 금리와 돈의 방향을 제시하는 통화정책'에서는 통화정책의 목표와 파급경로, 전통적 또는 비전통적 정책수단에 대해 알아본다. 그리고 'Part 6 글로벌 자본이동과 외환시장'에서는 환율 변동과 외화자금 흐름에 영향을 미치는 외환정책과 외환건전성정책에 대해 간략히 소개한다.

2. 한 걸음, 대장정의 시작

'생각의 틀'로 생각하기

제시된 프레임은 여러 서적이 정리된 책장 또는 문서 파일들이 체계적으로 분류된 PC와 같다. 원하는 자료를 금방 찾을 수 있고 새로운 자료를 적정히 끼워 넣을 수 있다. '생각의 틀'이 있으면 시장의 변화에 탄력적으로 대응할 수 있다. 폭풍우를 헤쳐 나가야 하는 군대의 무기가 된다.

'연결해서 생각하기'는 무엇보다 중요하다. 이론에서 전략이 나오며 시장은 상품으로 움직인다. 정책은 제도 속에서 움직인다는 사실을 잊지 말자. 금리 따로 환율 따로 움직이지 않는다는 사실도 '생각의 틀'로 분석하자.

연애를 글로 배우고 운전을 교과서로 배울 수는 없다

평소에는 전투를 위하여 훈련하지만 전투에 참여함으로써 훈련은 완성된다. 실전을 접해야 관심이 생기고 관심이 생겨야 실전에 참여할 동기가 유발된다. 전투를 책으로만 배울 수 없는 것처럼 투자 또한 책만 읽어서는 제대로 배울 수가 없다.[8] 실생활에서 활용하면 할수록 경험이 더해지고 보다 심도 있게 이해할 수 있게 된다. 일단 쉽게 접할 수 있는 금융상품부터 실제 투자를 감행해 보자. 물론 처음에는 작게 시작한다. 그리고 자그마한 손실을 경험하는 것을 두려워하지 말자. 스스로 리스크 정도를 예측하고 이를 제어할 수 있을 때까지 계속해서 공부하고 경험하며 끊임없이 고민할 수 있기를

---

8 스티븐 스필버그가 제2차 세계대전 실화를 바탕으로 제작한 미국 TV 드라마 〈Band of Brothers〉(2001)를 보면 전투에서 실전 경험과 이를 갖춘 리더가 얼마나 중요한지를 뼈저리게 느낄 수 있다.

당부한다. 이제부터 시작이다. 그리고 실패는 당연한 과정이다. 두려워하지 말고 리스크를 통제하자. 여러분의 건투를 빈다.

세스 고딘Seth Godin이 쓴《시작하는 습관Poke the Box》에 나오는 일부 내용을 소개하며 다음 장으로 넘어간다.

"내 사촌이 태어났을 때, MIT 박사였던 삼촌은 조카를 위해 버저 buzzer 상자를 만들었다. 아무리 봐도 신생아에 어울릴만한 장난감은 아니기에 주위 사람들 모두가 말렸지만, 결국 삼촌은 이 이상하게 생긴 상자를 아기 침대에 넣어두고 즐거워했다. 이 상자는 기이한 금속 장치로 두 개의 스위치와 전구 등을 갖고 있었다. 스위치 한 개를 누르면 전구가 켜지고, 스위치 두 개 모두를 누르면 소리가 났다. 아이가 아니라면 누구나 소스라칠 이상한 기계였다. 조카가 버저 상자를 보더니 가지고 놀기 시작했다. '마치 내가 스위치를 만지작거리니 이렇게 상자가 반응하는군. 이거 신기한데!'라고 생각하는 것 같았다. 수학자들은 이를 함수function라 부른다. 변수를 대입하면 결과가 도출된다. 부르면 누군가 반응한다. 결국 인생은 버저 상자와 같다. 일단 무작정 눌러 보자! Poke it! 누르지 않으면 아무 일도 일어나지 않는다."

이제 긴 행군이 시작된다.

PART 2

먹고살기 위한 경제의 기초

(경제성장을 둘러싼) 이러한 물음들이 사람들의 후생에 미치는 결과는 매우 압도적이다. 누군가 이 문제에 대해 고민하기 시작한다면, 다른 문제들은 생각하기 어렵다.

The Consequences for human welfare involved in questions like these are simply staggering: Once one starts to think about them, it is hard to think about anything else.

Robert Lucas

인플레이션은 언제 어디서나 화폐적 현상이다.

Inflation is always and everywhere a monetary phenomenon

Milton Friedman

이번 장에서는 경제의 기초fundamental에 대해 살펴본다. 지난 장에서 투자의 기본 프레임으로 제시한 이론·전략, 시장·상품, 정책·제도라는 삼각형의 주위를 둘러싼 실물경제 환경을 다룬다. 먼저 경제발전에서 가장 중요한 성장의 문제를 정리하면서 일자리 문제를 알아본다. 다음으로 경제가 성장해 나가는 가운데 반복되는 경기순환business cycle에 대해 알아보며, 우리가 매 순간 순환 과정의 어디쯤 놓여 있는지를 판단하는 법에 대해 살펴본다. 마지막으로 실질가치와 명목가치 간 괴리를 가져오는 인플레이션과 디플레이션에 대해 알아보고 이를 어떻게 관리할 수 있는지를 생각해 본다.

투자를 둘러싼 '생각의 틀'

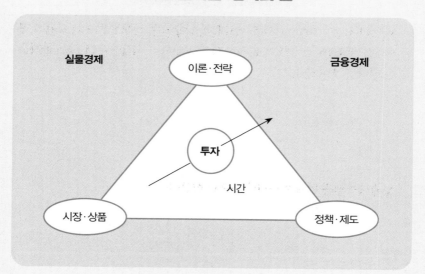

우리나라가 생산한 모든 것
성장과 일자리

+ 경제성장은 어떻게 측정되는가? 성장은 장기 투자수익률과 밀접한 관계를 맺는다.
+ 모든 경제문제 중에서 장기적으로는 성장이 가장 중요하다. 성장 요인을 여러 가지로 나열할 수 있지만, 그 핵심 요인을 찾기는 쉽지 않다.
+ 일자리는 성장과 밀접한 관계를 가진다. 경제문제를 넘어서 사회문제로 나아간다.

국민경제가 성장하면 새로운 일자리가 창출되고, 국민의 소득이 늘어나 국민의 후생이 증진됨으로써 개인과 국가의 행복과 안정이 동시에 달성될 수 있다. 성장률은 경제가 얼마나 빠르게 확장하고 있는지 또는 전반적인 경제활동 상황이 어떤지를 나타낸다. 생산과 수요, 수출과 수입을 포함한 무수하고 다양한 거래를 어떻게 계산하여 경제성장을 측정하는지 알아보자. 장기적 관점에서 성장은 투자수익률과 가장 밀접히 관련되어 있다. 흔히 성장의 중요성을 강조하기 위해 성장하지 못할 때 우리가 얼마나 불행해지는지를 강조한다. 무엇이 경제를 성장시키는지 그 요인을 찾아본다.

1. 성장이 중요하다

경제성장은 단순히 경제문제가 아니다

투자에 영향을 미치는 가장 중요한 거시경제변수를 하나만 꼽으라면 당연히 성장이다. 성장의 문제는 경제문제를 넘어서 사회문제로 나아간다. 저성장은 여러 가지 사회문제를 일으킨다. 더욱이 마이너스 성장은 두말할 필요도 없다. 대부분 사람은 관성의 법칙으로 지출을 줄이기 힘든 상황에서 수입이 줄어드는 고통에 적응하기 어렵다. 물론 단기간의 고도 경제성장, 즉 압축성장도 여러 사회문제를 일으키지만, 저성장에 비하면 행복한 고민이다. 빠른 성장도 좋지만, 적정한 성장률을 오랜 기간 지속하는 역량이 필요하다. 투자자의 입장에서 장기적으로 가장 중요한 성장에 대해 알아보자.

지속되면 그 중요성은 잊혀진다

무엇이든 지속되면 당연하다고 생각하며 그 중요성을 잊는다. 지난 세월 우리 경제가 성장을 지속했을 때, 시간이 흐르면 성장은 자연스럽게 이루어질 것으로 알았다. 졸업했다는 말이 당연히 취업했다는 말과 동의어로 통하던 시절이 있었다. 당시 가장 많이 입에 오르내리던 경제용어는 인플레이션이었다. 때로는 원유가 상승이 앞으로 나가려는 성장의 발목을 잡았으나 우여곡절을 겪으면서도 극복할 수 있었다.

소위 IMF 사태라는 외환위기를 겪은 이후 경제성장의 중요성이

다시 부각되었다. 괜찮은 기업들이 도산하고 심지어 정년이 보장된 듯 보이던 대기업과 은행이 문을 닫으면서 변동성이라는 위험 가운데서 성장의 중요성이 강조되었다. 경제성장이 일자리와 밀접히 관계된다는 사실을 또 깨달으면서 일자리 창출은 정치권에서 언급하는 단골 메뉴가 되었다.

저성장과 성장잠재력

성장을 이해하기 위한 거울로써 우선 저성장의 문제를 알아보자. 아울러 무엇이 경제성장에 도움이 되는지 알아보자. 이를 위해서는 우리 경제의 잠재력이 어느 정도인지 점검하는 작업이 항상 중요하다. 장기 성장은 성장잠재력과 연결된다. 충분한 잠재력이 있다면

그림 4.1 실질경제성장률 추이

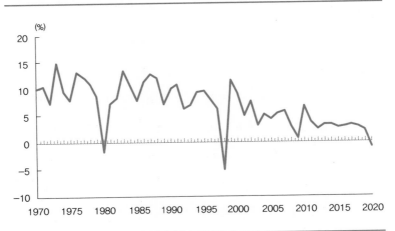

자료: 한국은행 ECOS

여유를 가지면서 다른 목표들을 살펴볼 수 있다. 성장의 문제는 경제의 모든 부문과 관련되므로 조금 후 자세히 살펴보겠다.

2. 저성장이 드러내는 문제들

일자리 부족과 그 원인

저성장의 가장 큰 문제는 일자리가 창출되지 않는다는 점이다. 일자리가 만들어지지 않으면 소득이 감소해 소비가 줄어든다. 이는 다시 투자를 위축시키는 악순환으로 연결된다. 일자리 부족은 저성장의 결과지만 거꾸로 중요한 요인 중 하나이기도 하다. 일자리 부족으로 근로소득이 줄어들면서 가계부채가 늘어난다. 이에 따라 복지 수요가 늘어나며 재정적자와 국가부채가 함께 늘어나는 순환 문제가 발생한다.

일자리가 만들어지지 않는 요인은 다양하다. 우선 현재의 기술이 개선되거나 새로운 기술이 개발되지 않기 때문이다. 기술 수준이 향상되지 않으면 내수와 수출 모두 시장을 확대하기 어렵다. 구매력이 증대되지 않는 내수시장이 더욱더 그러하다. 보다 근본적인 원인을 찾아 보면 외환위기 이후 임금이 생산성보다 경쟁국보다 높아졌기 때문이기도 하다. 임금 수준이 높아지면서 청년실업이 늘어나기도 했으며 기업은 임금 수준이 높은 임직원을 조기 퇴직시키는 방법으로 인건비 증가에 대응하기도 했다. 이러한 현상은 결국 고령화 시대에 복지 수요를 늘어나게 하는 원인이 되고 있다. 복지 수요 증가는 세수를 확대시키려는 유인을 높여 민간투자를 위축시키고 국가 채무를 증가시켜 재정지출 여력을 줄어들게 만든다. 이는 다시 저성장으로 귀결되게 하는 잠재적 요인으로 작용할 수 있다.

실업의 증가에 따른 사회적 파장

새로운 일자리가 창출되지 않으면서 기존의 일자리도 줄어든다면 실업은 당연히 증가한다. 일자리 부족 문제는 곧 실업의 문제다. 저성장을 가져오는 요인 중 하나인 임금구조 문제와 고용구조 여건은 실업을 증가시켰다. 예를 들어 최저임금제는 소득불평등을 완화하기 위한 목적으로 시행되었지만, 오히려 실업을 증대시켰다는 논란이 제기되고 있다.

실업은 결혼과 출산을 어렵게 한다. 직업이 없는데 결혼하기는 쉽지 않다. 젊은이의 혼인 연령은 점점 늦춰지고 있으며 저출산은 인구구조의 불균형 문제를 야기했다. 중년의 경우 실업은 이혼과 가정의 해체로 이어진다. 아울러 실업은 자존감과 독립심을 떨어뜨리고 삶의 태도에 부정적 영향을 끼쳐 경제활동에 참여하려는 의욕을 감소시킨다. 각종 질병에 취약해질 뿐 아니라 우울증과 자살 등 사회문제를 일으키는 원인이 된다. 실업은 경제적인 어려움과 비경제적인 피폐를 가져온다. 그러나 저출산 대책 중 경제성장률 제고 등 보다 근본적인 요인에 초점을 맞춘 대안은 드물었다.

재정적자로 인한 국가부채의 증가

성장을 제약하는 또 다른 요인은 복지 수요의 증가로 인한 재정적자 문제다. 복지 수요는 일자리 부족과 밀접히 연관되어 있다. 연금제도가 취약한 가운데 실업이 증가하면 복지 수요가 늘어날 수밖에 없다. 현재와 같이 조기퇴직과 고령화 추세가 지속된다면 어느 정도 충분한 연금을 받는 공무원, 교사 그리고 군인 이외의 대다수 국민이 잠재적 복지 수요자가 된다.

저성장으로 세수는 줄어드는데 복지 수요가 늘어날 경우 정부지출이 크게 증가하면서 재정적자가 확대되고 국가부채가 증가한다. 이러한 추세가 과도하게 이어지면 국가신뢰도가 떨어지면서 남미나 남유럽과 같이 재정 위기fiscal cliff를 겪을 수 있다. 세율을 높여 세수를 늘려야 한다는 주장이 있으나 세율을 높이면 기업활동이 위축되면서 저성장이 이어질 가능성이 커진다. 복지재원 마련을 위해 세금을 올린다면 성장 둔화, 실업 증가, 복지 수요 증가, 재정적자 증가라는 악순환을 피할 수 없다. 성장이 뒷받침되지 못한 재정적자의 결과는 분명하다. 어느 나라든 국내 저축이 감소하고 경상수지 적자가 확대되고 재정적자가 지속되면, 필요 재원을 해외에서 조달할 수밖에 없고 위기 가능성은 그만큼 커지기 마련이다.

이와 관련하여 다른 나라들의 현재 재정 상황과 비교해 보는 작업도 중요하지만 보다 심층적인 분석이 필요하다. 선진국 역시 고성장 이후 저성장 국면으로 들어갔으나 이들 국가는 고성장기에 연금제도와 같은 복지 체계를 어느 정도 구축해 놓았기 때문에 큰 문제가

없었다. 또한 나라마다 국제적인 신뢰도가 다르므로 이를 참작해야
한다. 단순히 수평 비교를 통해서는 우리나라의 재정적자 상황에 대
한 적절한 시사점을 찾기가 쉽지 않으며 특정한 의도를 가진 자의적
평가가 될 수도 있다.

불평등의 심화와 사회적 갈등의 증폭

저성장은 모든 계층의 실업을 증가시키는 동시에 계층 간 격차를
더욱 확대시킨다. 일자리를 잃을 경우 부유한 사람보다 가난한 사람
이 더 큰 타격을 받는다. 소득불평등이 확대되면서 가난한 사람들이
절약하여 소비하더라도 일상생활을 유지하기 힘들다. 아울러 자산
보유 정도에 따라 계층 간 불평등은 더욱 심화되었다. 낮은 성장률
을 끌어올리기 위한 저금리정책은 주식과 부동산[1] 등 자산가격을 상
승시키는 요인 중 하나로 작용할 수 있는데, 자산을 많이 가진 계층
과 적게 가진 계층 간 부wealth의 차이는 확대되어 아무리 노력하더
라도 더는 그 격차를 줄일 수 없게 만든다. 당장의 소득불평등 축소
를 위해 자산불평등 확대를 감내하는 것이 정당화될 수 있는지에 대
한 깊이 있는 고민이 더욱 중요해졌다.

계층 간 양극화가 확대될 경우, 경제문제를 넘어서 사회적 갈등이

---

1 부동산 가격 상승은 저금리 이외에도 주택시장의 수요, 공급, 기대 등 다양한 요
   인이 복합되어 영향을 미쳤다. 특히 최근 상승세가 지속된 데는 단기적으로 공
   급 부족에 대한 우려가 상존했던 점이 중요한 요인으로 거론되었다. (금융통화
   위원회(2021-14차) 의사록을 참고하였다.)

증폭된다. 결혼과 출산이 더욱 어려워지는 가운데 가정의 안정성이 낮아지면서 사회의 안정성도 취약해진다. 자기 세대의 불평등뿐 아니라 다음 세대의 불평등에도 민감해진다. 이는 교육제도와 연관된다. 출산율 감소로 교육기관의 구조조정이 필요하며 산업구조의 변화에 맞추어 교육제도를 개편하는 노력도 중요하다. 하지만 교육제도 개편은 강력한 이익집단의 반발에 직면할 것으로 예상된다. 그러나 여러 가지 사회적 문제에서 이익집단의 반발을 어떻게 극복할 수 있는가에 대해서는 정부의 개입을 줄이고 시장에 맡겨야 한다는 원론 이외에 아직도 효과적인 대안이 제시되지 않고 있다. 정부가 사회적 합의를 이끌어 내기도 쉽지 않으며, 시장이 자율적으로 결정할 수 있기까지는 험난하고도 긴 여정이 필요하다.

비효율적인 자금 배분

저성장이 가져오는 가장 중요한 경제 이슈는 자금의 배분 문제다. 성장률이 낮아지면 수익률과 생산성이 높은 곳으로 자금이 흐르기 힘들다. 자금은 비효율적으로 배분되면서 위험하지 않은 안전한 곳으로만 흘러가려는 경향이 있다. 투자결정 시 유의해야 할 사항이다. 한편 정부가 재정지출을 늘리며 돈을 풀고 중앙은행이 금리를 낮출수록 한계기업의 수명만 연장되는 비효율이 커질 수 있다. 시장원리에 부합하지 않는 간섭을 최소화해 경쟁력 있는 기업들이 탄생할 수 있는 환경을 조성해야 한다. 불필요한 규제를 완화하고 노동유연성을 강화하는 한편 부실기업을 정리하는 구조개혁을 강화해야 한다. 금융위기 이후 우리나라는 저성장을 지속해 왔다. 최근 그동안의 저성장 요인을 코로나19 팬데믹의 영향으로 돌리려는 경향도 보인다.

3. 성장을 어떻게 측정하는가?[2]

경제성장률과 국민소득

그동안 아무 설명 없이 '성장'이라는 말을 사용하였다. 이제 시각을 바꾸어 성장을 어떻게 측정하는지 알아보자. 성장은 성장률로 측정된다. 경제성장률이란 한 나라의 '경제 규모'가 늘어난 정도를 말한다. 여기서 경제 규모란 '국민소득'으로 측정된다. 즉 경제성장률이란 일정 기간 국민소득 규모의 증가분을 백분율로 표시한 것이다. 그러므로 경제성장률을 알려면 국민소득을 이해해야 하며 '증가분'에 관심을 가져야 한다. 먼저 국민소득에 대해 차근차근 알아보자.

국민소득의 계산: 국내총생산

국민소득에도 여러 가지 개념이 있지만, 국내총생산GDP, Gross Domestic Product이 가장 널리 사용된다. 이는 한 나라 안에서 일정 기간 새롭게 생산된 재화와 서비스의 시장가치를 합산한 것이다.

2　《알기 쉬운 경제지표 해설》(한국은행, 2019)을 주로 참고하였다.

'일정 기간'이란 생산과 소득의 흐름을 1년 또는 1분기(3개월) 단위로 측정한다는 것을 의미한다. 다음으로 '새롭게 생산'이란 GDP가 그해 또는 그 분기에 생산된 재화와 서비스의 부가가치로 측정됨을 나타낸다. 예를 들어 자동차 회사가 새 차를 만들어 팔면 그 금액이 GDP에 포함되지만, 중고차를 사고파는 금액은 GDP에 반영되지 않는다. 즉 과거에 생산된 것의 거래는 포함되지 않는다. 주식거래가 아무리 활발히 이루어지더라도 그 대금이 국민소득에 포함되지 않는 것도 두말할 나위가 없다. 아울러 '재화와 서비스'란 사람이 살아가는 데 필요한 의·식·주와 정신적·문화적 욕구를 충족시키기 위하여 생산되는 것을 모두 말한다. 재화는 쌀, 의복, 자동차, 건물처럼 물질적인 형태가 있는 상품이다. 서비스는 운송, 숙박, 금융, 의료, 교육, 문화 활동 등과 같이 형태가 없는 사람의 노력이다. 한편 '시장가치를 합산한'의 의미는 최종 생산물인 각종 재화와 서비스 양에 이들의 시장가격을 곱해서 얻은 수치를 합산한다는 의미다.

즉 GDP는 종류가 다양하고 물리적 단위도 각기 다른 생산물을 시장가격을 기준으로 합하여 하나의 경제활동 지표로 나타낸 것이다. 이렇게 다소 복잡한 국민소득에 대한 설명을 하나의 문장으로 줄이면, '일정 기간 우리나라에서 생산해 낸 부가가치의 합계'로 정리할 수 있다.

국내총생산(GDP) 계산의 예

이제 노트회사가 제지회사에서 70원의 종이를 구입하여 노트를 생산하고 소비자에게 200원에 판매하는 경우를 생각해 보자. 여기서 노트회사가 생산한 노트의 가치(200원)를 '산출액'이라 하고 노트회사가 구입한 종이의 가치(70원)를 '중간 투입액'이라고 한다. 그리고 산출액에서 중간 투입액을 뺀 것을 노트회사가 새롭게 창출한 '부가가치'(130원=200원-70원)라고 한다. GDP는 생산 활동의 각 단계에서 새로 창출된 부가가치의 합으로 제지회사의 산출액 가치(70원)와 노트회사의 산출액 가치(200원)를 그대로 합산하여 GDP를 측정한다면 종이의 가치가 두 번 계산되는 문제가 발생한다. GDP는 이처럼 생산단계별 부가가치액의 합계를 구하는 방식(70원+130원)으로 구할 수도 있고 최종 생산물의 가치(200원)만을 측정하여 구할 수도 있다.

실질GDP증가율: 인플레이션의 영향을 제거

경제성장률을 계산하는 데 가장 일반적으로 쓰이는 방식은 경제의 각 활동 부문에서 창출해 낸 실질부가가치의 합계를 기준으로 산정하는 방식이다. 즉 경제성장률은 실질국내총생산(실질GDP) 증가율을 의미한다.[3] 여기서 '실질'이란 용어에 주목하자. 실질이란 물가변동 요인을 제거했다는 뜻이다. 생산이 증가하지 않았는데도 인플레이션으로 말미암아 가격이 올라 부가가치가 크게 계산된다면 우리에게 성장이 일어났다는 착시를 주게 된다. 일반적으로 경제성장률은 물가 요인을 제거한 실질GDP의 증가율로 측정된다.

---

3 경제성장률(%) = {(금년 실질GDP − 전년 실질GDP) ÷ 전년 실질GDP} × 100

계절조정: 전년동기대비와 전기비 성장률의 비교

GDP가 연간 및 분기 단위로 측정되고 있기 때문에 GDP 증가분으로 계산되는 경제성장률도 당연히 연간 또는 분기로 산정된다. 그런데 경제활동은 계절에 따라 다른 모습을 보인다. 쉽게 말해 여름에는 아이스크림이 많이 팔리고 겨울에는 스키장에 사람이 몰리기 때문에 분기 GDP에는 계절적 요인이 반영되어 있다. 그러므로 금년 여름의 성장률을 금년봄과 비교하기보다 작년 여름과 비교하는 방식이 바람직하다. 즉 과거에는 분기별 경제 흐름을 파악할 때 분기 GDP(원계열)의 전년동기대비 성장률을 주로 사용하였다.

원계열original series을 이용한 전년동기대비 성장률은 매년 반복되는 계절성을 쉽게 제거하고 1년간의 변화를 가늠한다는 점에서 유용하다. 그러나 계절 패턴의 변화, 명절과 공휴일에 따른 조업일수의 차이를 제거하지 못하는 한계가 있으며 비교 시점이 1년 전이므로 경기의 기조적 흐름을 더디게 판단하는 측면이 있다. 그러므로 통계적 기법을 이용하여 계절 요인을 제거한 분기 GDP(계절변동조정계열)의 전기비 성장률이 경기 전환점을 보다 신속하게 포착하는 데 유용하다. 핵심은 어떠한 지표가 경제 변화를 빨리 포착할 수 있는지에 있다.

그러므로 통계를 읽을 때는 전년동기대비로 작성되었는지 또는 전기비로 작성되었는지 먼저 확인하자.

잠재GDP성장률

잠재력 있는 초등학생은 커서 공부를 잘 할 가능성이 크다. 잠재 GDP성장률은 노동이나 자본 등의 자원을 최대로 활용했을 때 유지 가능한 실질GDP의 증가율로서 한 나라 경제의 안정적 성장 능력을 의미한다. 잠재GDP는 일정한 잣대로 추계할 수 없는 추상적인 개념이어서, 추정에 사용되는 원칙이나 통계분석기법 등에 따라 결과가 상이하게 나타난다는 한계가 있다.

일반적으로 잠재GDP성장률은 크게 변하지 않기 때문에 실제 실질GDP가 잠재GDP보다 크면 호황 내지 과열 국면으로 인식하여 긴축정책으로 대응하여 안정화를 꾀하는 반면, 실제 실질GDP가 잠재GDP를 하회하면 침체 내지 불황 국면으로 인식하여 경기부양정

그림 4.2 잠재GDP와 실질GDP

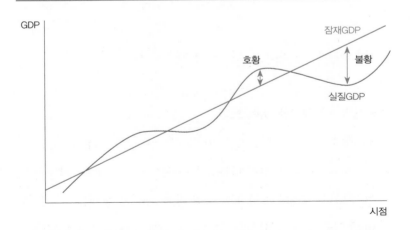

책을 실시하게 된다.

한편 우리나라와 같이 대외의존도가 매우 높은 경우에는 잠재성장률 측정에 어려움이 있다. 그럼에도 잠재성장률은 경제의 적정 성장 목표를 설정하는 데 유용하다. 장기적 관점에서 투자자산의 수익률은 잠재성장률의 평균에 접근할 가능성이 높다는 점을 기억하자.

참고 4.2 **성장의 속도**

국가 간 1인당 소득 수준per capita income level 격차는 매우 커서 믿을 수 없을 정도다. 1980년대 미국의 1인당 소득은 1만 달러였지만, 인도는 240달러, 아이티는 270달러 정도에 불과했다. 1인당 실질성장률rates of growth 또한 국가별로 차이가 난다. 1960~1980년 사이 평균 경제성장률은 인도 1.4%, 이집트 3.4%, 한국 7.0%, 일본 7.1%, 미국 2.3%, 선진국 3.6%였다. 인도의 소득 수준이 2배가 되려면 50년이 걸리는 반면, 한국은 10년이면 충분했다.

---

4. 무엇이 경제를 성장시키는가?

국가의 성장을 좌우하는 요인

"왜 어떤 나라는 부유하고, 어떤 나라는 가난한가?Why are we so rich and they so poor?" 현재 어떤 나라는 부유하고 다른 나라는 가난하다. 또 어떤 나라는 빨리 성장하는 반면 다른 나라는 침체를 지속한다. 왜 이런 일들이 벌어지는가? 경제성장의 요인을 명확히 이해할 수 있다면 대부분의 경제문제를 해결할 수 있을 것이다. 국가별로 다른 성장이 나타나게 된 이유를 연구한 결과, 상당수 경제학자들은 경제성장 과정에서 자본의 축적과 기술의 진보를 강조한다. 그러나 서유럽과 북미 국가들에는 이 주장이 잘 적용되는 반면, 아프리카와 남미 국가들의 발전 과정을 설명하기에는 여전히 미흡하다. 그렇다면 민족성과 지리적 조건 등이 경제발전에 영향을 미친 것일까? 그러나 동일한 민족이면서 지리적 조건을 같이 하는 대한민국과 북한 그리고 통일되기 전의 서독과 동독 등의 경우는 이러한 주장과 전혀 다른 결과를 보여준다. 국가 간 성장률 격차growth rate gap를 가져오는 요인은 도대체 무엇인가? 일반적으로 이야기하는 성장의 차이를 가져오는 요인들을 살펴보자. 그러나 경제발전 메커니즘Mechanics of Economic Development은 여전히 탐구의 대상으로 남아 있다.

오늘의 소비를 참고 이룩한 자본의 축적

먼저 성장의 차이로 자본의 축적을 들 수 있다. 솔로우성장모형 Solow Growth Model에 따르면 1인당 자본량이 많은 국가일수록 더 빠르게 성장한다. 어떤 나라가 잘 사는 이유는 높은 저축률에 힘입어 1인당 물적자본을 많이 축적했기 때문이다. 그러므로 현재 잘 살지 못하는 국가라도 자본을 축적해 나가면 높은 생활수준을 달성할 수 있다고 본다. 이를 잘 보여주는 사례로 한국, 싱가포르, 대만 등을 들 수 있다. 이들은 1970~1980년대 높은 투자 비중을 기록하며 경제성장에 성공하였다. 그런데 그렇게 말하기는 쉽지만 이러한 자본은 어떻게 축적되는가? 오늘의 소비를 참고 내일을 기다리는 마음에서 결정된다. 소득을 오늘과 내일로 배분하는 과정은 궁극적으로는 개인의 시간선호time preference에 달려 있으며, 개인의 선호가 합쳐져 사회 전체의 시간선호가 결정된다. 우리나라가 1960년대와 1970년대에 낮은 소득에도 불구하고 저축률이 높았던 요인은 많은 국민이 내일을 위해 현재보다 미래를 선호했기 때문이다. 1950~1970년대에는 부모들이 어려운 여건에서도 무엇보다 교육을 우선하여 어떠한 희생을 감수하고서라도 자녀를 학교에 보내려고 노력하였다.

지식과 인적자본 같은 기술 수준의 격차

다음으로 경제성장은 기술수준 격차technology gap에 따른다는 주장이 있다. 폴 로머Paul Romer와 로버트 루카스Robert Lucas는 국가 간 성장률 격차의 요인으로 인적자본에 체화된 기술수준 격차를 제시하였다. 기술은 사람에 의해 습득되고 활용되므로 기술수준은 결국 사람에 대한 교육 즉 인적자원의 개발을 통해 이루어진다. 그러므로 경제성장은 국민의 교육열과 더불어 학교와 사회의 교육시스템과 관련된다. 이들의 내생적 성장모형Endogenous Growth Model에 따르면, 출발점에서 기술지식과 인적자본의 수준이 높은 나라들은 높은 성장률을 이어나갈 수 있었던 반면, 그렇지 않은 나라들은 성장이 저조하였다.

아이디어와 연구

폴 로머는 아이디어idea와 연구research 수준에 관심을 가졌다. 즉 다양한 아이디어로 창출한 투입 요소가 성장을 이끌기 때문에 연구 부문에 더 많은 우수 인적자본을 배치할수록 높은 성장률을 기록한 다고 주장하였다. 여기서 말하는 기술이란 단순히 생산기술을 넘어 서 자원을 효율적으로 사용할 수 있는 능력, 즉 여러 원자재를 조합 하는 방식의 개선을 뜻한다. 그러므로 아이디어를 창출하는 사람들, 즉 연구 부문에 종사하는 인적자본이 충분할수록 높은 성장률이 나 타나게 된다. 선진국 내 주요 기업들은 R&D 투자를 통해 다양한 제 품을 생산해 내지만, 저개발국은 그저 모방에 치중한다.

품질 향상과 창조적 파괴

경제성장에 있어 품질 향상과 창조적 파괴 역할을 강조하기도 한 다. 필립 아기온Philippe Aghion과 피터 호위트Peter Howitt는 품질 향상 에 기반을 둔 신성장이론quality-based new growth theory을 제시했다. 기 업 간 경쟁은 창조적 파괴를 통해 혁신을 불러오며 기업 간의 경쟁 이 치열해지면 연구개발R&D 투자를 증가시켜야 하는 압력이 된다. 그런데 경제성장률 차이를 불러오는 이유가 R&D 투자에 있다면, 어떻게 해야 하는가? 이들은 기업 간 경쟁competition에 초점을 맞춘 다. 경쟁과 혁신은 역U자형inverse-U relationship의 모습으로 나타나며 경쟁이 심해질수록 혁신은 증가한다. 그러나 이미 경쟁 수준이 아 주 높은 상황이라면 경쟁 증가는 오히려 혁신 발생을 감소시킨다고 한다. 이러한 사실은 국가 간 성장률 격차를 바라볼 때, 국가별 산업 구조의 차이와 같은 미시적인 요인을 살펴봐야 한다는 교훈을 전해 준다.

성장의 요인에 대한 의견 대립

위와 같이 경제성장에 대한 이론을 살펴보면, 결국 성장률이 물적 격차에 따라 달라지는지 또는 아이디어의 격차에 따라 달라지는지, 생산성이 중요한지 또는 제도가 중요한지로 요약할 수 있다. 그러나 여러 가지 중 하나만 중요하다는 법이 어디 있는가? 결국 기업은 자본을 축적하고 아이디어를 발굴하는 가운데 생산성을 높일 수 있도록 노력해야 하며 정부는 제도 정비를 통해 이를 뒷받침해야 한다. 경제성장을 서로 다른 시각에서 바라보면 서로 다른 처방을 내리게 된다. 이렇게 성장의 요인을 다소 길게 살펴본 이유는 앞서 말한 바와 같이 투자에 영향을 주는 가장 중요한 요인이기 때문이다. 장기적 관점에서 우리 사회가 어떻게 변화하는지를 살펴보는 일은 금융투자에 있어서도 매우 중요하다. 장기투자는 물론 단기투자에서도 멀리 바라보는 관점을 가져야 한다.

먹고살기 좋아지는가?
경기순환과 판단

- ✦ 경기는 항상 순환한다. 다만 순환주기가 다소 짧거나 길 뿐이다. 그러나 사람들은 관성의 법칙에 의해 항상 현재 상황이 오래 지속되리라 생각한다.
- ✦ 사람들은 현재 상황이 지금까지 겪어 온 역사와는 달리 특별하다고 생각한다. "현재는 과거와 다르다.[This time is different.]"라고 생각하는 것이다. 그러나 긴 시간의 흐름에서 볼 때, 언제든 변화의 과정은 과거와 다르지 않았다.

경제활동 수준은 나날이 변한다. 경기는 호경기와 불경기를 겪으며 꾸준히 반복한다. 경제의 생산능력이 높아지면 모든 사람이 더 나은 생활수준을 누릴 수 있지만, 어떤 때에는 경제 생산이 오히려 축소되기도 한다. 현재의 경기 상황은 이러한 경기순환 과정에서 어디에 위치하는가? 또 앞으로도 지금의 호경기가 지속될까? 아니면 이제는 경기가 한풀 꺾여 불경기로 향해 가는 걸까? 누구에게나 경기 판단은 중요하다. 계기판이 정확하지 않다면 야간 비행사는 무엇에 근거하여 비행기를 조종할 것인가?

1. 경기는 순환한다

반복되는 순환은 또 반복된다

경기는 일상생활의 경제적인 형편을 나타낸다. 기업들은 매출이 늘고 채산성이 좋아지면 경기가 좋다고 인식한다. 반면 불경기라고 생각되면 투자를 하기보다는 현금 보유를 늘리려 한다. 한편 가계 (개인들)는 임금이 인상되거나 투자한 주식 또는 부동산 등 자산가격이 올라 살림이 좋아지면 경기가 괜찮다고 느낀다. 미래의 소득 창출에 보다 자신감이 생기면서 저축보다 지출을 늘린다. 반면 불경기라고 생각되면 지출을 줄이고 미래를 대비해 저축을 한다. 이러한 기업과 가계의 판단은 경기의 방향을 바꾸지는 못하지만, 경기가 확장하는 국면 또는 수축하는 국면을 좀 더 연장시킬 수도 있고 단축시킬 수도 있다. 이러한 판단의 문제는 곧 경제활동에 참여하는 사람들의 심리와 관련된 문제다.

개별 경제주체 입장을 떠나 전체로 확장하여 말하면, 경기는 국민경제의 총체적인 활동 수준을 의미한다. 이때 경기가 좋다는 말은 생산, 소비, 투자 등의 경제활동이 평균 수준 이상으로 활발한 경우를 말하며, 경기가 나쁘다는 말은 그 반대의 경우를 말한다. 경기는 항상 일정한 수준을 유지하는 것이 아니라 '호황 → 후퇴 → 불황 → 회복'의 과정을 반복하면서 끊임없이 변동한다. 그러나 사람들은 관성의 법칙에 사로잡혀서 좋으면 좋은 대로 나쁘면 나쁜 대로 현재 상황이 계속되리라고 믿는 경향이 있다.

파도와 같은 경기순환 과정

경기는 마치 파도처럼 오르내린다. 높은 봉우리와 낮은 골짜기를 반복적으로 순환한다. 경기가 나쁜 상황이 지속되는 가운데서도 충격이 발생하면 경기가 회복되기 시작하고 이후 호황 국면boom에 접어들게 된다. 여기서 충격이 중요한데 그 원인에 대해서는 조금 후에 살펴보자. 어쨌든 호황이 찾아오면 경제활동이 전반적으로 매우 활발한 모습을 보이면서 소비, 투자, 고용, 소득 모두가 증가한다. 판매가 늘어나고 재고는 줄어들어 기업의 이윤이 증가한다. 물가가 상승하고 금리와 주가도 오른다. 호황이 어느 정도 지속되면 경기가 정점peak, upper turning point에 이른다. 이후 경제활동이 둔화되기 시작하는 후퇴기recession에는 경제활동의 활기가 점차 약해진다. 앞에서 말했던 소비, 투자, 고용, 소득 등이 모두 둔화되기 시작하고 판매와 기업이윤도 줄어들게 된다. 경기가 계속 후퇴하여 추세선 아래로 내려가면 불황depression에 진입하게 된다. 불황 국면에서는 소비, 투자 등이 큰 폭 감소하며 실업자가 늘어나고 소득도 큰 폭으로 감소한다. 기업은 이윤이 대폭 감소하거나 손실이 발생하여 도산한다. 실업도 늘어난다. 주가가 하락하고 물가상승률과 이자율도 대체로 낮아지는 경향을 보인다. 그런데 어느 정도 시간이 지나면 경기가 밑바닥인 저점trough, lower turning point에 도달하게 되고, 저점을 지나면 다시 회복기recovery에 접어들게 된다. 이러한 과정은 언제나 반복된다.

경기순환 과정과 주기

앞에서 살펴본 바와 같이 경기순환은 회복, 호황, 후퇴 또는 침체, 불황의 4개의 국면으로 요약하여 나누어볼 수 있다. 경우에 따라서는 확장expansion과 수축contraction의 2개 국면으로 단순화하여 구분하기도 한다. 그리고 저점에서 다음 저점까지의 기간을 '경기의 주기cycle'라고 한다. 그리고 저점에서 정점까지의 높이를 '경기의 진폭' amplitude이라고 부른다. 경기순환을 현실에서 파악하고 분석하기 위해서는 경기 정점과 저점이 정해져야 한다. 경기 국면이 전환되는 정점과 저점이 발생한 구체적인 시점을 '기준순환일'reference date이라고 한다.[4]

경기순환 과정을 살피는 일은 투자에서 중요하다. 경기가 상승할

그림 5.1 경기순환 과정

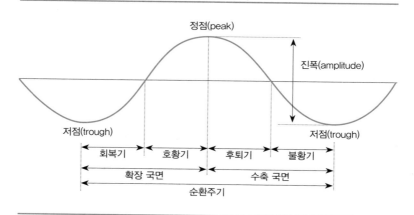

자료: 《알기 쉬운 경제지표해설》(한국은행, 2018)

때에는 투자수익률이 높아지면서 모든 것이 좋아 보이지만, 곧 경기가 둔화되면서 수익률이 하락할 수 있다. 경기가 하강할 때는 투자자산을 싼 값에 살 수 있다. 앞으로 어떠한 국면이 다가올지를 아는 일은 현재 어떠한 상황에 처해 있는지를 파악하는 작업부터 비롯된다.

2. 경기순환의 특징과 요인

경기순환 과정의 특징

역사적으로 모든 시대에서 어떤 나라든 경기변동은 정형화된 몇 가지 공통된 특징이 있다. 우선 경기확장 국면과 수축 국면이 교대로 되풀이되는 반복성은 다시 설명할 필요가 없을 것이다. 다음으로 경기변동은 상태를 계속 유지하려는 지속성을 가진다. 관성의 법칙이다. 또 일정한 방향으로 계속 확대해 나가는 누적성을 가진다. 문제는 이러한 경제활동의 변동은 흔히 '경기순환business cycle'이라고 불리지만 경기변동이 언제나 규칙적이고 예측 가능하다는 뜻은 아니라는 점이다. 경기변동은 순환 과정을 가지지만 언제 확대되고 축소될지는 불확실하다. 강조하지만 경기순환은 불규칙적이고 예측

---

4   우리나라의 기준순환일은 경기종합지수CI, Composite Index를 작성하는 통계청이 동행지수 순환변동치, 생산·소비 등 주요 경기지표와 경제총량지표인 GDP 관련 전문가들의 의견을 반영해 결정·공표하고 있다.

하기 어렵다. 그러나 다행인 점은 대부분 거시경제변수는 함께 같은 방향으로 변동한다는 사실이다. 예를 들어 경기 침체기에는 실질 GDP 하락, 개인소득, 기업이윤, 소비지출, 투자, 생산, 매출 등이 함께 하락한다.

경기순환과 성장은 서로 모순되는가?

경기변동을 파악하기 위해서 수년 단위로 경제활동의 성과를 비교하고 분석한다. 그러나 시간의 단위를 좀 더 확장하게 되면, 우리 앞에는 전혀 다른 경제 움직임이 펼쳐진다. 즉 수년 단위에서는 변동성의 모습은 약해지고 시간에 걸쳐서 경제 전체의 GDP가 추세를 따라서 대체로 상승을 지속하는 모습이 두드러지게 된다. 이처럼 보다 장기적 시간의 관점에서 경제가 확장하는 추세를 경제성장이라고 하는 반면, 경기가 상승과 하락을 끊임없이 반복하는 과정을 경기변동 혹은 경기순환이라고 한다. 좀 더 엄밀하게 표현하면, 경기변동이란 실질GDP, 소비, 투자, 고용 등 거시총량변수macroeconomic aggregates들이 경제성장의 장기 추세선을 중심으로 상승과 하락을 반복하면서 움직이는 현상을 말한다.

경기순환의 요인과 경기 판단의 어려움

이제 경기순환 요인에 대해 살펴보자. 일반적으로 경기순환은 경제 전체의 충격aggregate shock에 대하여 가계, 기업, 정부 등 경제주체들이 반응한 결과로 발생하는 것으로 이해되고 있다. 경기변동을 초래하는 이러한 충격의 요인에 대해서는 다양한 의견이 제시되어 왔다. 기업가의 야성적 충동animal spirit에 의한 기업의 투자지출 변화 같은 총수요 충격, 통화량 변동과 같은 화폐적 충격, 불완전한 정보에 의한 기대, 기술이나 생산성의 변화 같은 총공급 충격이 그것이다. 이 밖에 해외 부문의 충격이나 정치적 변수 등에 의해 경기변동이 설명되기도 한다.

이와 같은 요인들이 복합적으로 작용한 결과로 경기가 변동하는 것으로 분석되고 있으나 현실에서는 개인투자자뿐 아니라 전문가도 이러한 요인을 알기 힘들다. 심지어 경기순환 과정에서 현재 어느 지점에 있는지도 알기 어렵다. 마치 울창한 숲 속에서 동서남북의 방향을 알 수 없는 것과 비슷하다. 물론 나침반이 없어서 하는 말이다. 실시간으로 경기순환주기를 확인할 방법은 없다. 세월이 지난 후, 숲에서 빠져나와야 전체 모습을 볼 수 있다. 경기순환주기에 대한 판단은 몇 년이 지나서야 저명한 경제학자들의 분석들이 모아져 이루어진다.

3. 지표를 이용한 경기 판단

경기 판단을 도와주는 지표들

앞에서 현재 시점의 경제가 경기순환 과정의 어디에 해당하는지를 실시간으로 알 수 없다고 했지만 각종 경제활동, 경제정책[5], 투자활동에 긴요한 경기 판단을 미루고 있을 수는 없다. 그러므로 많은 짐작과 추정이 시도된다. 지금부터 설명할 지표들은 이러한 노력을 도와준다.

경기 판단을 위한 몇 가지 지표를 여러 기준으로 구분할 수 있지만, 산업생산지수나 소매판매액지수와 같이 경기와 관련성이 높은 경제지표들을 개별적으로 살펴보거나 계량 모형화하여 분석해볼 수 있다. 한편 경기 반영도가 높은 여러 가지 개별 지표를 합성하여 작성된 종합경기지수를 참고할 수도 있다. 그리고 이에 추가하여 경제활동에 참여하는 사람들의 심리를 반영하는 경제심리지수가 있다. 그런데 이러한 지표들이 항상 통일된 신호를 보내지는 않는다는 점을 명심하자.

경제심리지수

경제심리지수란 기업가 또는 소비자의 경제에 대한 인식을 조사하여 작성한 지표다. 한 나라 전체의 경기는 기업과 소비자가 개별적으로 느끼는 경기의 총합이므로 표본 추출 과정을 통해 균형 있게 선택된 대표적 기업과 소비자가 경제를 보는 시각을 종합한다면 전반적인 경기상황을 판단하는 데 도움이 될 수 있다. 이들의 시각이란 이들의 주관적인 의견이며 이들의 심리에 의해 좌우된다는 점을

5 국민경제가 안정적 성장을 지속하려면 경기의 움직임을 빠르고 정확하게 예측하여 적절한 경기 대응 정책을 적기에 실시하는 것이 중요하다.

잊지 말자.

경제심리지수에는 조사 대상에 따라 구분할 수 있다. 우선 기업 가를 대상으로 하는 기업경기실사지수BSI, Business Survey Index[6]와 소비자를 대상으로 하는 소비자동향지수CSI, Consumer Survey Index[7]로 나누어 볼 수 있다. 그런데 기업경기실사지수와 소비자동향지수가 서로 엇갈린 움직임을 보이거나 실물경제지표와 괴리될 경우에는 경기 판단에 혼란이 초래될 수 있으므로 이를 포괄한 종합 지표도 발표되고 있다.[8]

이상에서 살펴본 기업경기실사지수와 소비자동향지수와 같은 심리지표는 전통적인 경제지표가 포착하기 어려운 경제주체의 심리적

[6] 기업경기실사지수는 기업가가 체감하는 경기동향과 전망을 조사해 지수화한 지표다. BSI는 1920년대부터 영국, 독일 등 민간협회에 의해 작성이 주도된 것으로 알려져 있으며, 20세기 후반 들어 프랑스, 캐나다 등 통계청과 일본은행 등 공적기관에 의해 조사가 실시되었다. 우리나라의 경우 한국은행이 1966년부터 BSI 작성을 시작하였다.

[7] 소비자동향지수는 소비자의 경제에 대한 인식과 향후 소비지출전망 등을 조사하여 지수화한 지표다. 소비자의 현재 경제 상황에 대한 판단, 향후 경제 상황에 대한 전망, 향후 소비지출에 대한 전망 등과 관련된 항목으로 구성되어 있다. CSI가 100을 초과한 경우 긍정적인 답변을 한 소비자가 부정적인 답변을 한 소비자보다 많다는 것을 의미하며 100 미만인 경우는 그 반대를 의미한다.

[8] 한국은행은 민간의 경제 상황에 대한 인식을 종합적으로 평가할 수 있는 경제심리지수ESI, Economic Sentiment Index를 2003년 이후 시계열로 작성하여 발표하고 있다. ESI는 BSI와 CSI를 합성한 것으로, ESI가 100을 넘으면 현재 민간의 경제심리가 과거 평균보다 낙관적임을, 100 미만이면 과거 평균보다 비관적임을 각각 나타낸다. ESI는 GDP와 높은 상관관계를 가지며 GDP를 대체로 선행하면서 움직이는 모습을 보여주고 있다.

그림 5.2 경제심리지수, 기업경기실사지수, 소비자동향지수

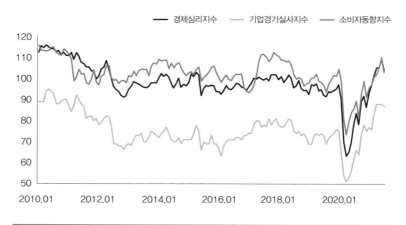

자료: 한국은행 ECOS

변화를 측정하는 데 유용하다. 또한 심리지표는 여타 경기 관련 지표보다 좀 더 빨리 해당 월의 지수를 그달에 조사하여 발표한다. 사실 아무리 좋은 정보라도 시간이 한참 지난 후에 발표된다면 아무소용이 없다.

경기동향 분석을 위한 경제지표

현재의 경기 상황 판단이나 경기 흐름의 예측에는 앞에서 소개한 경제심리지표 이외에도 다양한 지표들이 이용되고 있다. 우선 한 나라의 종합적인 경기 상황을 가장 잘 파악할 수 있는 것은 실질GDP이다. GDP를 통해 한 나라의 전체적인 경제활동 수준뿐 아니라 산업별 생산 활동과 경제주체들의 소비, 투자, 수출 등을 살펴볼 수 있

다. 그러나 GDP는 분기별로 작성되는 데다 상당한 시간이 경과한 후에야 이용이 가능하다. 이에 따라 경기동향을 단기적으로 신속하게 파악하기 위해 앞에서 설명한 월별 경제심리지표 이외에도 개별 경제지표, 경기종합지수 등이 이용되고 있다. 또 계량 모형은 경제 변수들 간의 인과관계나 정책 효과 등을 분석하고 장래의 경제를 예측하는 데 이용되고 있다. 경기 판단에 이용될 주요 지표들은 '〈부록 3〉 주요 지표 정리'에 따로 정리해 두었다. 수시로 찾아 확인해 보자.

4. 경기 판단과 예측

상충하는 지표들의 아우성

경기 판단을 위한 심리지표와 실물지표는 대체로 높은 상관관계를 보이지만 때에 따라서는 다소 괴리되는 모습을 나타내기도 한다. 이는 미래정보와 기대 수준의 반영 여부, 질적 통계와 양적 통계 간의 조사 척도 차이, 경제의 불확실성 증대 그리고 언론의 보도 경향 등에도 영향을 받을 수 있다. 예를 들어 내부정보와 같이 미래에 대한 정보가 심리지표에는 반영될 수 있다. 또한, 실물지표가 개선되더라도 기대에 못 미치는 경우 심리지표가 곧바로 회복되지 않고 다소 후행할 수도 있다. 아울러 경제지표는 경기 상황을 짐작하고 추정하기 위해 필요한 것인데 과거의 통계지표는 일정한 한계를 가질 수밖에 없다. 그러므로 경제지표를 투자활동에 참고하는 데는 주의가 필요하다. 지나간 실적은 경기지표가 발표되기 전에 어떠한 경로를 통해서든 이미 가격에 반영되어 있을 수 있다. 다시 강조하지만 투자활동에는 미래 예측이 중요하다.

야간 비행사의 조종

어디서 읽었는지 기억이 가물가물하지만 유명한 이야기가 있다. 야간에 비행하면 창문으로 보이는 하늘과 바다를 구분하기 힘들다고 한다. 별빛을 반사하는 바다를 하늘로 착각하여 바다로 추락할 수도 있다. 비행기를 조종할 때에는 자신의 감을 믿지 말고 방향과 고도를 나타내는 계기판을 읽고 거기에 맞추어 운행해야 한다. 경기 판단 시 개인의 감에 의존하지 말고 경제지표를 믿어야 한다는 교훈으로 회자된다. 그러나 계기판이 정확하지 않아서 5분 전의 비행 위치를 가리키고 있다면 문제는 다르다.

이 경우 고장 난 계기판을 읽어서 현재의 위치를 명확하게 파악하기는 힘들다. 경제지표는 한계를 가진다. 실시간으로 발표되는 실물지표는 없다. 현재 우리 경제가 어떤 상황에 있는지는 정확히 알 수 없다. 다만 한 달 전, 한 분기 전 또는 일 년 전 우리가 어디에 있었는지를 알려줄 뿐이다. 이를 통해 현 위치와 미래를 전망하는 작업이 중요하다. 더욱이 우리에게 많은 정보를 알려 주는 종합 지표는 더욱더 그러하다. 왜냐하면 종합 지표는 결국 여러 지표의 총합인데, 종합하는 데 시간이 걸려서 다른 개별 지표들에 비해 늦게 발표되기 때문이다. 아무리 유용한 지표라도 너무 늦게 알게 되면 더 이상 유용하지 않은 경우가 많다. 실시간으로 우리에게 정보를 전해 주는 거시경제변수는 금융 가격 변수인 금리, 주가, 환율뿐이다. 시장 가격은 그 변동성이 심하여 우리의 정확한 판단을 어렵게 하지만 그래도 즉시 우리에게 무엇인가를 전하려 한다. 늦게 발표되는 정확한 정보와 즉각 알 수 있는 변동성 정보를 통해 우리는 경기 신호를 읽어내야 한다. 세상에 쉬운 일은 없다.

일상생활에서의 경기변동 판단

야간 비행사의 예에도 불구하고 사람들은 자신의 감感에 의존하여 경기동향을 판단한다. 그러나 좀 더 정확하게 말하면 자신만이 느끼는 경제지표를 가진다고 말할 수 있다. 유명한 일화가 있다. 미 연준Fed[9]의 전 의장이었던 앨런 그린스펀Alan Greenspan은 공개시장위원회FOMC가 개최되는 날 아침에는 워싱턴DC 시내를 한 바퀴 돌아서 출근했다고 한다. 여러 상점이 밖에 내놓은 쓰레기의 양을 눈으로 확인하기 위해서다. 경기가 좋아지면 쓰레기의 양이 늘어나고 경기가 나빠지면 쓰레기의 양은 줄어든다.

또 미국의 화장품 회사는 경기가 불황일 때 립스틱 같은 저가 제

---

[9] 미국의 중앙은행인 연방준비제도Federal Reserve System를 줄여 약칭 '미 연준'이라 부른다. 미 연준은 대통령이 임명하고 상원의 인준을 거친 7명의 이사로 구성된 이사회FRB, Board of Governors of Federal Reserve System에 의해 운영되며, 정부로부터 철저한 독립성을 보장받고 있다.

품의 판매가 늘어난다는 이른바 '립스틱 효과'를 발표했다. 불황기에 상대적으로 저렴하면서도 화장 연출에는 효과적인 립스틱의 판매량이 늘어나는 데서 착안하였다. 대중은 립스틱지수를 불황을 나타내는 지표로 쉽게 이해할 수 있었다. 이렇게 생활의 여러 지표는 경기를 빠르게 판단할 수 있는 근거를 제공한다. 그중 하나로 TV 광고를 예로 들기도 한다. TV에서 코믹 광고가 많이 등장할 때는 경기를 호황으로 판단하며 TV 광고에서 상품 이름이 반복적으로 사용될 때는 경기가 나빠진 것으로 판단한다고 한다. 그린스펀은 남성 속옷 판매와 경기의 연관성을 강조하기도 했다. 경제가 회복세로 돌아서면 남성 속옷이 잘 팔린다는 '남성 속옷 판매지수'다. 어느 조사에 따르면 불경기에 접어들면 남성복, 여성복, 아동복의 순으로 판매가 감소한다고 한다. 마지막까지 소비를 줄이지 않는 상품이 아동복이며 회복 시 마지막에 소비가 늘어나는 상품은 남성복이다. 한때 집안 경제를 책임졌던 남성들의 씁쓸한 위상이기도 하다.

제비 한 마리: 판단과 예측

지속적으로 움직이는 경기의 현 수준을 판단하기는 어렵다. 더욱이 현재의 경기 판단을 기초로 미래 경기에 대해 예측하기는 더욱 어렵다. 앞에서 살펴본 일상생활에서의 경기변동 판단은 이러한 어려움을 나타내고 있다. 그리하여 경기지표가 나오기를 기다리기에 앞서 여러 개별 경제지표를 통해 경기를 읽어 내고 이를 스스로 종합하는 작업이 필요하다. 경기지표가 나올 때쯤에는 시장이 이미 지표의 정보를 반영하고 있기 때문이다. 정기적으로 발표되는 경제지표의 움직임을 눈여겨보되 일상생활 속에서도 경기 판단이 이루어진다는 사실을 잊지 말자. 다소 부정확하지만 심리지표는 그나마 빨리 발표되는 정보로서 가치가 있다. 한편 조금 전 설명했듯이 종합지수는 경기의 종합적인 움직임을 가늠할 수 있다는 장점이 있다. 그러나 작성하는 데 많은 시일이 소요되는 한계도 있는 만큼 시간 흐름에 따른 해석에 유의할 필요가 있다.

'제비 한 마리가 날아온다고 봄이 온 것은 아니다.' 그러나 제비가 한 마리도 날아오지 않는다면 봄이 오지 않을 것이다. 경기동향과 전망을 진단하는 데는 여러 경제지표의 움직임을 함께 살펴보아야 한다. 미세한 변화를 빨리 감지해 내는 작업은 어렵고도 복잡하다. 그러나 이는 투자활동의 성패를 결정적으로 좌우할 수 있음을 명심하자.

TOPIC **06**

물가의 급변동과 통제
인플레이션과 디플레이션

✛ 인플레이션은 여러 경제문제 중에서도 가장 주의해야 할 위험의 하나
로 알려져 있다. 역사적 경험이 반영된 결과다. 그런데 디플레이션은
인플레이션보다 더 위험하다고 알려져 있다. 과연 그러한가?

✛ 명목기준에서 물가 변동 부분을 차감하면 실질기준이 된다. 실질기준
은 경제의 여러 가지 측면을 바라보는 데 유용하지만, 일상에서 실질기
준으로 생각하는 사람은 드물다. 왜 그런가?

우리는 제1차 세계대전 직후 생필품을 사기 위해 엄청난 돈다발을
수레에 싣고 가는 독일 사람들을 역사 교과서에서 보면서 자랐다.
이후 남미와 아프리카 국가들이 살인적인 물가 상승을 보이면서 인
플레이션은 추락하는 경제의 주범으로 인식되었다. 그러나 우리나
라의 인플레이션이 낮은 수준으로 전환되면서 이전 이러한 우려는
점차 가라앉았다.

한편 물가를 상승시키기 위해 노력하는 일본이 잃어버린 10년씩
을 더해 가는 과정과 일정 수준의 물가 상승 조건이 이루어지면 통
화정책 기조를 변경하겠다는 미국의 사례를 보면서 인플레이션이란
무엇인지에 대해 다시 묻게 되었다. 그런데 종종 언론매체는 디플레

이션이 다가온다는 소식을 전하면서 인플레이션보다 더 무섭다는 또 다른 공포를 강조한다. 그러나 디플레이션이 항상 두려운 현상인지에 대해서는 주장이 엇갈린다. 인플레이션이라고 해서 모든 인플레이션이 무조건 다 해로운 게 아니듯, 모든 디플레이션이 무조건 해로운 것도 아니다.

여기서는 여러 얼굴을 가지고 있는 인플레이션과 디플레이션에 대해 정리해 본다. 이들은 물건 값의 문제라기보다는 화폐의 가치와 관련된 현상이다. 인플레이션과 디플레이션은 평소 간과하고 있는 실질경제와 명목경제에 대해 우리에게 질문을 던진다. 이러한 물가 변동은 투자에 어떠한 영향을 미치는가?

1. 물가 변동을 어떻게 볼 것인가?

정의와 종류

'인플레이션inflation'은 일정 기간 물건의 가격이 지속적으로 오르는 현상을 말한다. 다른 측면에서 이야기하자면 화폐가치가 지속적으로 떨어지는 현상이다. 반면 물가가 지속적으로 하락하는 현상을 '디플레이션deflation'이라고 한다. 여기서 '지속적'이라는 말이 중요하다.

인플레이션과 디플레이션의 친구들

디스인플레이션disinflation은 물가가 오르고는 있지만 물가상승률이 지속적으로 둔화되는 현상을 말한다. 코어인플레이션core inflation이란 물가 변동을 결정하는 요인 가운데 농축수산물, 에너지, 공공요금 등 일시적이고 단기적인 요인을 빼고 산정한 인플레이션이다. 금리와 통화량 등 통화 요인 때문에 일어난 근원적인 물가 변동을 보기 위하여 작성한다. 한편 리플레이션reflation은 적정 수준보다도 낮은 물가를 적정 수준까지 끌어올린 후 일정 수준으로 유지시키려고 하는 정책을 말한다. 그밖에 기대인플레이션expected inflation은 향후 물가상승률에 대한 경제주체의 주관적인 전망을 나타내는 개념이다. 인플레이션이 심해지면 초인플레이션hyper inflation이 된다. 그리고 인플레이션이 불황과 합쳐지면 스태그플레이션stagflation이 된다.[10]

구매력 변동과 소득 변동

왜 우리는 인플레이션에 관심을 가지는가?[11] 인플레이션은 자신이 벌어들인 화폐의 구매력을 감소시켜서 생활수준을 떨어뜨리기 때문에 나쁘다는 인식이 있다. 그러나 물가가 오르면 물건을 파는 사람들은 물건 값이 올라서 더 많은 돈을 벌게 되며, 직장 다니는 사

---

10 경기 침체를 뜻하는 스태그네이션stagnation과 인플레이션inflation의 합성어다.

11 미국의 물가상승률이 연간 10%대에 달하던 1970년대 말에는 인플레이션이 경제정책에 관한 논쟁에서 압도적인 비중을 차지했다. 지난 20년 동안 물가 상승률이 낮았지만 인플레이션은 여전히 주목받는 거시경제변수다. 한 조사에 따르면, 미국 신문에 가장 빈번히 언급된 경제용어는 인플레이션이었다. (2위와 3위는 실업과 생산성인데, 1위와는 상당한 격차가 있다.), N. Gregory Mankiw의 《맨큐의 경제학》 8th edition(2018)에서 인용하였다.

람들은 월급이 올라 소득이 증가한다. 그러므로 이론상 인플레이션으로 실질 구매력이 감소하지는 않는다. 그러나 사람들은 자신의 소득이 올랐을 때는 자신의 노력에 따른 당연한 보상이라고 생각하는 반면, 인플레이션으로 구입할 수 있는 상품이 적어지면 열심히 노력하여 받은 소득을 빼앗겼다고 생각한다. 물론 평균적인 물가 상승 시기와 자신의 소득 인상 시기가 일치하지는 않는다. 물가와 앞서거니 뒤서거니 하면서 소득이 증가하는 가운데 증가 폭은 상이하다. 그러나 인플레이션이 없었다면 명목소득은 분명히 적게 올랐을 것이다.

반면 디플레이션의 경우 명목소득은 현 수준을 유지하거나 감소한다. 그러나 주어진 소득으로 구매할 수 있는 상품은 늘어난다. 인플레이션과 디플레이션의 방향은 반대지만 결론은 같다. 이득을 본 부분이 있다면 자신이 잘했기 때문이며, 손실을 보는 부분이 있다면 세상이 공정하지 않기 때문이다.

수준이 중요하다

물가가 몇 퍼센트 이상 올랐을 때 인플레이션이며 얼마나 내렸을 때 디플레이션이라는 명확한 기준은 없다. 그리고 이러한 현상이 발생했을 때의 여러 가지 경제적 손실을 이야기하지만, 어느 정도의 물가수준 변동이 우리 경제에 비용 또는 부담을 가져오는지는 분명하지 않다. 거꾸로 물가 변동에도 순기능이 있을 수 있다. 한편 정책적인 면에서는 경제 여건의 변화에 따라 인플레이션과 디플레이션

그림 6.1 소비자물가상승률 추이

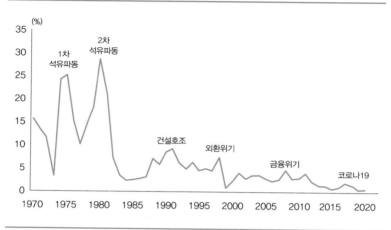

자료: 한국은행 ECOS

을 어느 수준까지 용인할 것인지 정해야 한다. 먼저 물가 변동의 나쁜 점과 좋은 점에 대해 알아보자. 그리고 어떤 수준에서도 항상 그러한지 의문을 가져보자.

2. 인플레이션의 여러 얼굴

인플레이션의 요인: 수요 견인과 비용 상승 그리고 통화량 증가

수요와 공급의 원리를 물가 변동에 적용해 보면, 수요가 증가하면서 발생하는 인플레이션을 수요견인 인플레이션이라고 하며, 원자재 비용이 상승하여 공급을 감소시키면서 발생하는 인플레이션을 비용상승 인플레이션이라고 한다. 이에 대해 자세히 살펴보자.

가계소비, 기업투자, 정부지출, 수출이 늘어나면 총수요가 커진다. 전반적인 가격 상승이 지속적으로 일어나면 '인플레이션'이라고 부른다. 한편 통화량이 증가해도 총수요가 증가한다. 왜냐하면 통화량이 증가하면 시중에 돈이 풍부해지면서 이자율이 하락하고, 이자율이 하락하면 기업의 투자와 가계의 내구재 소비가 늘어나 총수요가 증가하기 때문이다. 16세기 유럽에서는 신대륙으로부터 가져온 금과 은이 대량 유입되면서 물가가 큰 폭으로 상승한 역사가 있다. 즉 통화량이 증가했기 때문에 인플레이션이 발생했다.

반면 비용상승 요인은 총공급 감소를 통해 인플레이션을 발생시킨다. 총수요가 그대로인 상태에서 원자재 가격이 올라 비용상승이 발생하면 기업의 생산이 위축되면서 총공급이 감소하고 물가가 올라간다. 예컨대 국제 원유가격이 상승하면 대다수 기업은 생산비용이 상승한 만큼 제품 가격을 인상시켜 이를 보전하고자 한다. 가격 인상은 수요를 줄이고 다시 생산 감소를 유발한다. 이처럼 생산비의 상승에서 촉발된 인플레이션이 '비용상승 인플레이션'이다. 이런 인플레이션의 특징은 물가 상승과 생산 감소가 함께 발생한다. 한편 인건비가 상승하면서 물가가 상승하는 것도 비용상승 인플레이션의 예로 볼 수 있다. 그러나 임금 상승이 항상 인플레이션을 유발하는 것은 아니다. 만일 임금이 상승한 것보다 노동생산성이 더 크게 증가해 오히려 생산이 크게 늘어난다면 임금 상승이 물가 상승으로 연결되지 않는다.

인플레이션은 언제 어디서나 화폐적 현상이다

위에서 인플레이션의 요인으로 통화량의 증가를 거론하였지만 이에 대해 조금 더 자세히 살펴보자. 인플레이션의 요인, 특히 장기적으로 인플레이션의 원인은 '통화량'이라고 알려져 있다. 장기에 물가가 지속적으로 상승하려면 총수요가 지속적으로 증가하거나 총공급이 지속적으로 감소해야 한다. 그런데 총수요의 구성 요소인 정부지출이나 가계소비, 기업투자는 장기간 지속적으로 늘어나기 어렵다. 또한 비용상승 요인이 장기간 지속되기도 어렵기 때문에 총공급의 감소로 장기적인 인플레이션을 설명하기는 어렵다. 그러나 통화는 중앙은행이 장기간 지속적으로 공급할 수 있기 때문에 장기적으로 인플레이션의 원인은 통화라고 볼 수 있다. 이런 이유로 밀턴 프리드먼Milton Friedman은 "인플레이션은 언제 어디서나 화폐적 현상이다."라는 말을 남겼다.

인플레이션의 비용 또는 폐해

이제 인플레이션이 경제에 미치는 영향을 살펴보기 위해 우선 비용 측면에서 생각해 보자. 인플레이션의 정도가 약하면 비용이고 심하면 폐해가 된다. 일반적으로 거론되는 비용은 다음과 같다.

첫째, 인플레이션은 화폐의 실질가치를 떨어뜨리므로 지갑이나 금고 속에 화폐를 덜 보유할수록 손실을 적게 보게 된다. 인플레이션으로 인한 손실을 덜 보려면, 이자를 지급하는 은행에 돈을 예금해 놓고 들락날락하면서 그때그때 필요한 돈을 수시로 찾아 써야 한다. 이를 '구두창 비용shoeleather cost'이라고도 한다.

둘째, 인플레이션에 따라 가격이 수시로 인상되므로 새로운 가격 목록을 작성하는 비용, 대리점과 소비자에게 새로운 가격을 알리고 광고하는 비용, 새로운 가격을 결정하는데 고심하는 비용, 인상된 가격에 대한 소비자의 불만에 대응하는 비용 등이 발생한다. 이를 '메뉴 비용menu cost'이라고도 한다.

셋째, 거의 모든 세금은 경제적 유인을 왜곡하여 자원 배분의 효율성을 저해하지만, 인플레이션으로 부작용이 더욱 심해진다. 인플레이션은 자본이득과 이자소득을 과대평가하고 과중한 세금을 부과한다.

넷째, 인플레이션의 가장 큰 비용은 예상치 못한 인플레이션이 발생함으로써 자산과 부채를 자의적으로 변동시킨다는 점이다. 이로 인해 경제 내 불확실성이 가중된다. 인플레이션이 일어나면 부채를 부담하고 있는 채무자는 돈 가치가 하락하여 상대적으로 이익을 보며, 반대로 채권자는 손실을 보게 된다.

상대가격 변화와 자원의 왜곡된 배분, 특히 기대하지 못한 인플레이션으로 인해 부wealth가 자의적으로 재분배되는 것이 인플레이션의 주요 해악이다. 인플레이션이 발생하면 땅이나 건물, 재고 상품과 같은 실물의 가치는 물가와 함께 상승하는 경향이 있지만, 화폐 가치는 하락한다. 따라서 인플레이션이 발생하면 빈부 격차가 심화될 가능성이 있다. 그러므로 인플레이션이 발생하면 사람들은 열심히 일하고 아껴 저축하기보다는 토지나 기존에 만들어진 건물을 구입하는 것과 같은 비생산적인 투기에 관심을 두게 된다. 이는 사회 전반적인 근로의욕 저하나 미래를 설계하기 위한 투자활동의 위축을 초래하여 결국 건전한 경제성장을 저해하게 된다.

마지막으로 인플레이션은 경상수지current account balance의 악화를 가져온다. 인플레이션이 발생하면 상대적으로 자국 상품의 가격이 외국 상품에 비해 비싸지기 때문에 싼 수입품을 더 많이 찾게 되어 수입이 증가한다. 반면 국내물가의 상승은 수출품의 가격 상승으로 이어지고 외국 소비자의 수요는 감소하게 되므로 수출이 줄어들 것이다. 결국 수출은 감소하고 수입은 증가하여 국제수지가 악화된다.

인플레이션은 단기적으로 생산의 동력으로도 작용

인플레이션은 명목기준과 실질기준이라는 차이를 발생시키지만 대부분 사람은 일상적인 경제활동에서 이를 의식하지 않는다. 경제 주체가 모두 지극히 합리적인 경제에서, 예측 가능하고 안정적인 인플레이션이 실물경제에 어떠한 폐해를 초래하는지를 이해하기란 쉽지 않다. 평소 의식하지 못하는 화폐환상money illusion은 국민경제에 좋은 점으로 작용하기도 한다.

첫째, 인플레이션이 발생하면 상품의 판매가격이 지속적으로 상승하므로 생산자의 수입이 증가한다. 반면 소비자의 입장에서는 저축보다 소비를 앞당기는 편이 유리하다. 기업은 생산량을 증가시키려는 유인을 가지며 생산과 판매 활동이 활성화된다. 한편 인플레이션은 실질자산을 증가시키는 반면 실질부채를 감소시킨다. 일반적으로 기업은 자금이 부족하기 마련이다. 기업의 투자활동은 주로 차입을 통해 이루어지므로 실질부채의 감소는 투자 규모 확대로 이어진다.

둘째, 인플레이션은 임금의 하방경직성을 극복하는데 유용할 수 있다. 임금을 평균 5% 감축하면 경기 침체를 극복할 수 있는 경제를 예로 들어보자. 물가 변동은 없지만 임금 수준이 100만 원에서 95만 원으로 하락하는 상황과 임금 수준이 100만 원이 유지되는 가운데 인플레이션이 5%인 상황 중 어느 쪽을 선택하겠는가? 경제적으로는 동일한 보수이지만 보통 노동자는 후자를 선호한다고 알려져 있다. 즉 인플레이션이 적당히 존재할 경우 임금 조정이 보다 부드럽게 이루어질 수 있다.

셋째, 인플레이션은 명목금리를 실질적으로 낮추는 기능을 하며 정책당국은 이를 이용할 수 있다. 중앙은행이 경기 침체기에 실질금리를 제로(0) 이하로 낮추어 경기를 부양하고자 할 때 사용한다. 실질금리는 명목금리에서 기대인플레이션율을 차감해 구한다.[12] 따라서 인플레이션을 발생시켜 실질금리를 제로 하한 이하로 낮출 수도 있다.

문제가 되는 인플레이션 수준

우리가 인플레이션에 대해 부정적 인식을 갖게 된 이유는 제1차

---

[12] 명목금리 = 실질금리 + 기대인플레이션, 실질금리 = 명목금리 − 기대인플레이션. 따라서 명목금리를 상회하는 인플레이션이 발생할 경우 실질금리는 마이너스 이하로도 하락할 수 있다.

세계대전 후의 역사적 사실과 이후 남미·아프리카 국가들의 초인플레이션 상황에서 문제점을 알게 된 바에 주로 기인한다. 인플레이션은 우리 경제에 비용을 부과하지만 그 정도를 냉철하게 바라볼 필요가 있다.

일반적 인플레이션 상황에서 구두창 비용이나 메뉴 비용 등 경제 전반에 미치는 영향이 미미할 수 있지만, 큰 폭의 인플레이션 상황에서는 부정적 영향이 막대할 수 있다. 반면 인플레이션에 나름의 편익도 존재한다. 크게 높지만 않다면 어느 정도 양(+)의 인플레이션율을 유지하는 것이 생산의 동력으로 작용하면서 사회적 편익을 증대시킬 수 있을 것이라는 논의도 있다.

그러나 인플레이션의 비용–편익 분석을 통하여 사회적으로 적정한 중기 인플레이션율을 추정해 내기는 쉽지 않다. 경제학자 중 일부는 2~3% 정도의 낮은 인플레이션이라면 앞에서 설명한 비용들이 미미하므로 굳이 경기 침체의 위험을 감수하며 인플레이션을 억제할 필요가 없다고 본다.

3. 디플레이션의 여러 얼굴

디플레이션의 여러 문제

경기 침체 즉, 디플레이션은 무조건 피해야 한다는 생각은 우리나라뿐 아니라 미국, 유럽, 일본 등 주요국 중앙은행과 IMF를 비롯한 국제금융기구는 물론 주요 언론의 공통 인식이다. 1929년 대공황Great Depression의 상흔이 너무 컸던 탓일까? 일반적으로 디플레이션 공포는 인플레이션의 폐해에 비해 더욱 강조된다. 이는 디플레이션이 인플레이션보다 자주 찾아오지 않는다는 점에도 근거한다.

일반적으로 인식되는 디플레이션 문제점들을 정리하면 다음과 같다.

첫째, 디플레이션은 소비자의 지출 지연deferred spending으로 마이너스 성장(불황)을 가져온다. 디플레이션이 진행되는 과정에서는 가계와 기업은 가격이 더 내려갈 때까지 상품을 구매하지 않고 지출을 연기한다. 이에 따라 기업의 매출과 수익이 감소하고 투자가 감소한다. 이러한 현상은 다시 임금 하락으로 이어져 노동자의 소득이 감소하고 소비가 부진해진다. 이는 일반인들에게 가장 많이 알려진 디플레이션의 부정적 영향 중 하나다.

둘째, 명목금리는 변동이 없는데 물가가 하락하면 실질금리 상승을 유발해 기업 경영이 어려워지고 실업이 증가한다.

셋째, 디플레이션이 확산되면 중앙은행은 이를 치유하기 위해 기준금리를 낮추게 되는데, 명목금리를 낮추어도 물가가 더 많이 하락하면 실질금리가 높아져서 정책 효과가 나타나기 어렵다. 명목금리를 크게 낮추더라도 제로금리까지 도달하게 되면 더 이상 경기부양을 위해 기준금리를 인하할 수 없게 된다.

넷째, 디플레이션은 재원이 비효율적으로 배분되는 결과를 가져온다. 이는 디플레이션 상황에서 차입금이라는 부채 또는 대출금이라는 자산의 실질가치가 증가하여 채무자로부터 채권자에게로 소득이 이전된다. 그러나 물가 변동에 따라 자산과 부채의 가치가 변화하는 것은 어쩔 수 없이 당연하다. 어떠한 가치 이전이 더 바람직한지 판단하기는 어렵다.

디플레이션을 위한 변명

이제 디플레이션의 긍정적인 측면에 대한 의견을 살펴보자. 먼저 디플레이션은 그동안의 인플레이션에 대한 반작용이므로 우려할 필요가 없다는 주장이 있다. 인플레이션이 일어났을 때 디플레이션을 통해 이전의 물가수준으로 되돌아가야 할 것인지, 더 이상의 인플레이션이 일어나지 않도록 안정시킬 것인지에 대해 많은 논쟁이 있다. 인위적으로 디플레이션을 만들기보다는 앞으로의 물가를 안정시키면 된다는 입장이 있는 반면, 예측된 디플레이션이라면 경기 중립적 neutral이므로 점진적인 디플레이션을 통해 물가수준을 회복하는 것이 바람직하다는 의견도 있다. 더 나아가 천천히 진행되는 디플레이션이 통화정책의 목표가 되어야 한다는 적극적인 주장도 있다.

둘째, 물가수준이 높은 경우에는 오히려 디플레이션을 통해 물가수준이 낮춰져야 한다는 의견도 있다. 각국 물가수준을 비교할 때는 미 달러화를 기준으로 변동하는 환율에 의해 이루어지므로 단정적으로 말하기 어렵지만, 이미 상당히 높은 물가수준이 유지되고 있을 때는 디플레이션이 바람직하다.

셋째, 디플레이션은 소득의 실질가치를 증대시키는 효과가 있다.

실질기준으로 환산할 때 소득이 늘어나 구매력이 증가한다.

넷째, 디플레이션은 수출 경쟁력을 강화시킨다. 디플레이션으로 국내 물가가 하락하는 가운데 수출상품의 가격도 하락하면 가격경쟁력이 강화되어 수출이 증가하고 경상수지가 흑자를 나타내며 장기적으로는 생산이 촉진될 수 있다.

마지막으로 생산비용 하락 또는 생산성 향상에 의해 발생하는 디플레이션은 긍정적이다. 디플레이션의 원인이 수요 위축 때문이 아니라 생산비용 하락이나 생산성 향상이라면 그다지 나쁠 게 없다는 뜻이다. 실례로 대형 TV와 PC 가격은 10년 전보다 지금이 더 싼 경우가 흔하다. 기술 향상으로 생산성이 높아지고 생산비용이 낮아지며 플러스 성장이 나타나는 디플레이션은 '좋은 디플레이션good deflation'으로, 역사적으로 별로 고통스럽지도 두렵지도 않았다는 주장이다.

Q 개별 경제지표와 경기종합지수에는 각각 어떠한 지표가 있으며 어떠한 차이가 있는지요?[13]

A 개별 지표에 대한 설명은 병렬식으로 나열할 수밖에 없습니다. 그리고 다소 기술적이며 구체적인 내용이어서 자칫 복잡하고 어렵게 느껴질 수밖에 없겠네요. 경기동향 분석에 사용되는 월별 경제지표는 대부분 통계청에서 작성하고 있습니다.

먼저 생산 활동을 나타내는 지표로는 전산업생산지수, 생산자출하지수, 제품재고지수, 제조업생산능력지수, 가동률지수 등이 있지요.

다음으로 경제주체의 지출은 소비, 투자, 수출입 등을 나타내는 관련 지표를 통하여 파악됩니다. 가계의 소비지출지표로는 소매판매액지수, 소비재내수출하지수, 소비재 수입액 등이 있습니다. 그리고 기업의 투자지출지표는 건설과 설비 투자로 구분되어 있습니다. 건설활동지표로는 건축허가와 착공면적, 건설수주액, 건설기성액 등이 있으며 설비투자지표에는 기계수주액, 설비투자지수, 설비용 기계류내수출하지수, 기계류수입액 등이 있습니다. 투자지표 가운데 건설수주와 기계수주는 가까운 장래의 투자활동을 가늠하는 선

---

13 《알기 쉬운 경제지표》(한국은행, 2019)를 참고하였다.

행지표를 말합니다. 그리고 수출입동향은 관세청 통관기준 수출액과 수입액으로 파악됩니다.

이러한 개별 경제지표는 경제활동의 한 측면만을 반영하고 있습니다. 그래서 국민경제의 전반적인 상황을 파악하는 데는 개별 경제지표를 가공하고 합성하여 작성하는 경기종합지수CI, Composite Index가 많이 활용되고 있습니다. 경기종합지수는 각 부문별로 경기를 잘 나타내는 개별 경제지표를 선정한 다음 계절 요인과 불규칙 요인의 제거, 진폭의 표준화 등 가공 과정을 거친 후 합산하여 하나의 지수로 만든 것입니다. 경기종합지수는 지수의 변동 방향으로 경기변동의 방향을 가늠할 수 있고 지수의 변동 폭으로 경기변동의 크기를 알 수 있기 때문에 경기 흐름을 종합적으로 판단하는 데 유용합니다.

한편 경기종합지수는 경기에 대한 선·후행 관계에 따라 선행종합지수, 동행종합지수, 후행종합지수로 구분합니다. 선행종합지수는 비교적 가까운 장래의 경기동향을 예측하는데 활용되며 동행종합지수는 현재의 경기 상황을 나타내는 지표로 광공업생산지수, 서비스업생산지수(도소매업 제외), 건설기성액, 소매판매액지수, 내수출하지수, 수입액, 비농림어업취업자수 등 7개 지표로 구성되어 있습니다. 끝으로 후행종합지수는 경기변동을 사후에 확인하는 데 활용되며 생산자제품재고지수, 소비자물가지수변화율(서비스업), 소비재수입액, 취업자수, CP유통수익률 등 5개 항목으로 구성되어 있습니다.

PART 3

금융과 투자의 기본 원리

투자는 페인트가 마르기를 기다리거나 잔디가 자라는 모습을 지켜보는 것과 비슷하다. 만일 짜릿한 흥분을 원한다면 800달러를 들고 라스베이거스로 가는 편이 낫다.

Investing should be more like watching paint dry or watching grass grow. If you want excitement, take $800 and go to Las Vegas

Paul Samuelson

모든 투자전략은 투자 원리를 바탕으로 한다. 이번 장에서는 다양한 투자전략, 투자모형 등의 기초가 되는 이론을 다룬다. 우선 이들 이론을 살펴보기 위해, 기업을 읽어주는 재무제표에 대한 이해, 현재가치의 계산 등을 통해 현금흐름과 위험을 어떻게 인식해야 하는지 알아본다. 다음으로 현대 투자론에서 가장 주요한 부분을 차지하는 포트폴리오이론을 통해 기대수익과 투자위험의 관계에 대해 살펴본다. 마지막으로 어떤 정보가 시장에 반영되는지에 대한 찬반 논쟁을 불러온 효율적 시장가설을 소개한다. 이들 이론과 가설에 대한 의견에 따라 투자전략이 달라지는 점에 대해서도 알아본다.

투자이론과 전략

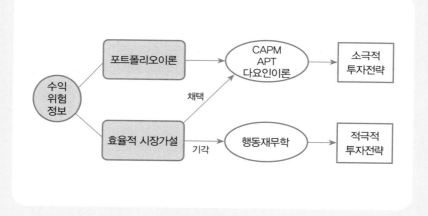

현금흐름과 위험
재무제표 읽기와 현재가치 계산

+ 작년 돈, 금년 돈, 내년 돈은 서로 더하거나 뺄 수 없다. 시간이 흐르면 돈의 가치가 달라지므로 동일 시점으로 환산해야 한다.
+ 재무제표는 기업으로 들어오거나 기업에서 나간 돈의 역사적 기록이다. 미래를 예측하기 위해서는 역사를 알아야 한다.

세상은 이론대로 움직이지 않는다. 그래도 우리는 이론을 공부한다. 건물의 기초공사는 밖으로 드러나지 않는다. 현상에 대한 이해와 실전 투자를 위한 전략은 이론을 바탕으로 한다. 학교 다닐 때 교과서에서 배운 대로 현실은 움직이지 않는다고 이야기하지만, 이론은 현실에 대응하는 힘의 원천이다.

오늘날 금융회사는 모두 이러한 투자이론을 바탕으로 전략을 수립하고 실행한다. 개인투자가 금융회사의 방식을 따라갈 수 없다고 하더라도 시장을 움직이는 대형 기관들의 움직임을 이해하려면 그들이 생각하고 실천하는 방식을 이해해야 한다. 이러한 이해는 개인투자에도 많은 영감을 준다. 투자는 결국 생각하는 방식이다.

이번 장에서는 투자이론의 배경을 살펴본 후, 이후에 이론을 바탕으로 한 투자전략과 연결해 보자. 투자이론은 통계학의 기호와 수학 공식이 많이 이용되면서 복잡하지만 이를 최대한 단순화시키면서 기본 개념에 집중하자. 먼저 돈의 흐름을 계산해 본 후 두 가지 큰 줄기로 투자이론을 정리해 보자. 구체적인 내용은 'Part 8 소극적이거나 적극적인 투자전략'에서 설명한다. 학교 다닐 때 투자론을 공부하지 않았거나 시간이 흐르면서 잊어버린 투자자에게 오랜 세월 동안 살아남은 이론은 한 걸음 더 내딛는 생각의 토대가 된다. 이제 가벼운 마음으로 출발해 보자.

1. 회계정보와 현금흐름

재무제표를 읽으면 정보가 보인다

우리가 일상에서 가계부를 쓰면서 매월 수입과 지출을 관리하고 예금, 주식 등 재산 목록과 주택담보대출과 같은 채무를 정리하여 재무상태를 판단해 보듯이 기업 또한 재무상태표, 손익계산서, 현금흐름표 등 각종 재무제표를 정기적으로 작성하여 성과를 분석하고 현황을 파악한다. 기업 밖에 있는 사람들도 정기적으로 공시되는 재무제표를 이용하여 작성 시점의 기업 상황을 기준에 따라 파악할 수 있으므로 주주, 채권자, 그 기업의 주식에 관심이 있는 투자자 등 이해관계자들의 의사결정에 큰 도움이 된다. 재무제표는 기업 밖에 있는 투자자가 기업을 들여다볼 수 있는 거의 유일한 창문이다. 그러나 회계원리에 익숙하지 않은 일반인의 입장에서는 재무제표에서 사용되는 회계용어들이 낯설기도 하거니와 포함된 내용을 이해하기도 쉽지 않다. 재무제표는 기업의 경영 상태를 정확히 이해할 수 있는 정기적이고 공식적이며 종합적인 자료이므로 충분히 활용할 수 있도록 역량을 키울 필요가 있다. 회계학의 깊은 곳까지 들어가지 않는다면 투자에 필요한 재무제표 읽기는 그리 어렵지 않다. 우리의 초점은 기업의 자산, 부채, 자본, 수익, 비용과 함께 재무제표가 드러내고 있는 현금흐름을 통해 기업가치를 알아차리는 데 있다.

재무제표 삼총사

여러 구성 중에서 삼총사가 중요하다. 현재의 기업 상태를 사진처럼 찍은 재무상태표, 일 년 동안의 기업활동을 동영상처럼 촬영한 손익계산서 그리고 회계원리의 방식이 아닌 현금에 초점을 맞춘 현금흐름표는 재무제표의 삼총사를 이룬다. 각각에 대해 조금 자세히 살펴보자.

재무제표(1): 사진으로 찍은 현시점에서의 재무상태

재무상태표는 자산, 부채, 자본을 정리하여 나타낸 표를 말한다. 이때 자산이란 기업이 보유한 기계, 건물, 재고상품 등 재산을 말하며, 부채는 갚아야 할 채무, 자본은 주주의 몫을 말한다. 다른 각도에서 보면 자산은 기업이 운용 중인 모든 것이며 부채와 자본은 기업이 조달한 모든 것이다. 다만 부채는 은행과 같은 금융회사나 타인에게 차입한 금액이며 자본은 주식 발행을 통해 조달한 금액이다. 조달한 금액으로 무엇을 샀기 때문에 조달 부분인 부채와 자본의 합계 금액은 운용 부분인 자산 금액과 같다. 이를 '자산 = 부채 + 자본'으로 표현하면서 '회계 항등식'이라고 부른다. 예를 들어 여러분이 10억 원을 주고 아파트를 구입할 때, 자기가 가진 돈이 6억 원에 불과해 부족한 4억 원을 은행 대출로 충당했다면 자산은 10억 원이고 부채는 4억 원이며 자본은 6억 원이다. 이때 자산에서 부채를 차감하는 방식으로 자본을 표현할 수도 있으므로 자본을 '순자산net asset'이라고도 부른다.

한편 돈을 운용한 결과인 자산은 왼쪽에 기록되며, 돈을 조달한 결과인 부채와 자본은 오른쪽에 기록된다. 왼쪽의 다른 이름은 '차변'이며 오른쪽의 다른 이름은 '대변'이다. 차변과 대변은 차입, 대출, 대차원리 등과 아무런 관련이 없으며 그냥 관행상 붙인 이름이다. 작명에서 어떤 뜻을 찾으려고 노력할 필요는 없다.

이러한 재무상태표가 특정 시점의 재무상태를 나타낸다. 이를 '저량stock'이라고 하는데 한 순간의 사진 찍기를 뜻한다. 그러므로 분기 말, 반기 말 또는 연말 재무상태표를 시기별로 비교해 보면 각 시점 간 기업의 재무상태 변동을 알 수 있다. 자산을 보면 기업이 보유 중인 건물, 기계뿐 아니라 현금과 유가증권 금액 등이 나타나 있다. 또한 부채와 자본을 보면 경영활동을 위해 필요한 자금을 어떠한 방식으로 얼마만큼 조달했는지 알 수 있다. 즉 대출, 어음, 회사채 등 외부에서 차입한 부분과 함께 주식 발행을 통해 조달한 금액을 알 수 있다. 기업이 돈을 조달한 부분은 돈을 빌려준 입장에는 자산이 된다. 은행은 대출자산을 가지며 주주들은 주식을 보유한다.

재무제표(2): 동영상으로 촬영한 손익계산서

손익계산서는 일정 기간 동안의 수익과 비용을 통해 이익과 손실 등 경영성과를 나타내는 표를 말한다. 즉 일정 기간이란 시간 속에서 이루어진 활동을 정리한 결과인데 이를 '유량flow'이라고 한다. 그러므로 손익계산서는 일 년 동안 촬영한 동영상의 기록이다. 수익을 나타내는 주요 항목으로는 매출액, 기타 수익 등이 있고 비용으로는 매출원가, 영업비용, 이자비용, 법인세 등이 있다. 이익은 수익에서 비용을 빼서 산출되며 이익이 마이너스가 되면 손실이 된다. 간단한 예를 들어 보면, 원가 7000원인 상품을 1만 원에 판매했다면 자산은 3000원만큼 늘어난다. 그리고 매출은 1만 원의 수익으로 기록되며, 매출원가 7000원은 비용으로 기록되어 이익 3000원이 발생한다. 이와 같은 거래는 분개分介라는 회계 처리 과정을 통해 기록된다. 이 예를 분개로 나타내면 다음과 같다.

(차변) 현금	10,000원	(대변) 매출	10,000원
(차변) 매출원가	7,000원	(대변) 재고자산	7,000원

자산 증가: (현금↑, 재고자산↓) 3,000원,
이익 증가: (매출↑, 매출원가↓) 3,000원

재무상태표와 손익계산서 간의 연계

회계 처리 과정인 분개는 자산, 부채, 자본의 증감을 통해 재무상태표에 영향을 주거나 수익, 비용, 이익, 손실의 증감을 통해 손익계산서에 영향을 주게 된다. 회계 처리를 하게 되면 차변과 대변에 기록되는 자산, 부채, 수익, 비용 등에 동일한 금액이 각각 기재되므로 그 결과, 차변의 합계와 대변의 합계가 항상 일치하게 된다. 이를 '대차貸借 균형의 원리'라고 부른다.

이와 같은 과정을 통해 재무상태표와 손익계산서에서 현재 순자산이 얼마이고 일정 기간 동안 얼마의 손익을 얻었는지를 알 수 있다. 이때 손익계산서에 기록된 '당기순이익'에 주목할 필요가 있다. 왜냐하면 당기순이익은 재무상태표와 손익계산서를 연결시키는 중요한 경로이기 때문이다. 쉽게 말해 1년간 벌어들인 당기순이익이 1000만 원이라면, 이는 손익계산서 상의 각종 수익에서 비용을 차감한 최종 결과가 1000만 원이라는 의미이며, 이렇게 벌어들인 1000만 원은 예금(차변)을 증가시키고 재무상태표의 이익잉여금(대변)[1]의 증가로 반영된다. 그러면 위에서 말한 것처럼 재무상태표는 차변과 대변이 균형을 이루게 된다.

---

1 당해 연도 손익계산서상의 이익액은 전년까지의 이익 누계액과 합해져서 당해 년도 재무상태표상의 이익잉여금으로 기록된다.

우리가 어떤 기업이 좋은 기업인지를 판단하기 가장 쉬운 방법은 재무상태표와 손익계산서를 통해 그 기업의 수익성과 성장성을 평가해 보는 것이다. 즉 영업활동을 통해 얼마나 많은 이익을 창출하는지, 이러한 이익 성장이 얼마나 지속가능한지 살펴보는 것이다. 만일 회사의 기업규모(자산) 증가에도 불구하고 이러한 현상이 지나치게 부채(빚) 조달에 의존해 부채비율(부채÷자본)이 과도하게 상승하거나 회사의 이익이 매년 들쭉날쭉하며 변동성이 확대되지 않는지 유심히 지켜봐야 한다. 좋은 기업이라면 성공적인 영업, 재무, 투자 등 경영활동을 통해 벌어들인 이익을 토대로 기업의 규모가 지속적으로 확대되는 동시에 주주의 몫인 자본 또한 안정적으로 증가하는 회사일 것이다.[2]

---

2 자기자본으로 얼마나 수익을 창출하고 있는지를 나타내는 비율을 자기자본이익률ROE, Return on Equity이라고 하는데 (당기순이익÷평균자기자본)×100으로 구할 수 있다. 자기자본 1단위당 이익을 많이 창출할수록 이익잉여금이 쌓여져 자본은 증가한다.

재무제표(3): 현금흐름표는 '현금주의'로 작성된다

현금흐름표는 기업의 일정 기간 활동을 현금성 자산의 변동을 기준으로 영업활동, 투자활동, 재무활동으로 구분하여 정리한 표를 말한다. 앞에서 살펴본 재무상태표와 손익계산서는 '발생주의'라는 원칙에 의해 작성하는 반면 현금흐름표는 '현금주의' 원칙으로 작성된다. 기업의 현금 가용 능력은 투자자 입장에서 의사결정을 위해 필요한 매우 중요한 정보 중 하나다. 현금흐름표는 이러한 현금 가용 능력을 나타내므로 중요하다. 기업 회계 기준상 유일하게 현금을 기준으로 작성되는 재무제표다.

현금주의와 발생주의의 차이

현금주의와 발생주의 원칙은 기업으로 들어오는 돈과 기업에서 나가는 돈을 어떠한 기준으로 기록할 것인지에 대한 관점에서 차이가 있다. 만일 현금주의와 발생주의 원칙의 차이를 명확하게 안다면 회계원리의 절반을 이해한 것과 다름없다고 말할 수 있을 만큼 이들 원칙은 중요하다. 사실상 회계를 배운 사람과 배우지 않은 사람 간 경계를 구분할 수 있는 원칙이다. 발생주의는 현실을 잘 파악할 수 있는 뛰어난 기준을 제시해 주므로 현금흐름표를 제외한 모든 재무제표는 발생주의 원칙에 의해 작성된다. 그러나 발생주의 원칙도 조금 후 이야기할 몇 가지 문제점을 가지고 있으므로 이를 보완하기 위해 현금흐름표를 작성한다.

현금주의는 모든 거래를 현금을 중심으로 생각하는 단순한 원칙이므로 따로 설명할 필요도 없다. 예를 들어 1000만 원어치 물건을 외상으로 팔았다면 현금 유입을 기록하지 않는다. 아니 현금 수입이 없으므로 기록할 수 없다. 현금주의에 의하면 이 거래는 제로(0)다.

한편 발생주의는 현금주의와 대응되는 개념인데, 현금의 유입이나 지출과 관계없이 수익과 비용이 발생하는 즉시 기간손익을 인식하는 원칙이다. 발생주의에 의하면 수익은 재고자산 또는 서비스를 구매자나 수요자에게 제공할 때 인식한다. 그리고 비용은 기업이 제품, 노동력, 서비스 등을 이용 또는 소비할 때, 기업의 자산이 수익 획득 능력을 상실할 때, 지출 또는 소비가 장래에 그 효과를 미칠 때 인식한다.

무엇이 주요한 사건이냐를 판단하는 작업이 회계원칙의 수립에서 중요한데 이는 이미 기업회계기준에 친절히 설명되어 있다. 대체로 수익은 보수적으로, 비용은 적극적으로 기록하게 되어 있다. 이는 경영자와 회계담당자가 이익을 부풀리는 행위를 막기 위해서다.

현금주의와 발생주의 원칙의 차이는 여러 거래에서 나타나는데, 인식 시점의 차이에서 일어나는 예를 들어 보자. 만일 올해 7월 1일 건물을 1년간 임차하면서 계약 시점에 현금 5000만 원을 지급할 경우, 발생주의 원칙에 따르면 금년에 인식할 비용은 금년 하반기에 해당하는 2500만 원인 반면, 현금주의 원칙에 따르면 계약 시점에서 모든 현금이 유출되었으므로 금년 지출을 5000만 원으로 기록한다. 수익과 비용의 대응 원칙에서 보면, 금년 수익에 대응하는 비용으로 2500만 원, 내년 수익에 대응하는 비용으로 2500만 원을 인식하는 방식이 훨씬 합리적이다. 그러나 발생주의는 앞서 말했듯이 현금 가용 능력을 제대로 표시하지 못한다는 한계를 지니고 있다. 특히 발생주의로 작성되는 회계장부상으로는 이익을 보는데도 현금이 모자라서 부도가 발생하는 흑자도산과 같은 문제를 미리 파악하기 어렵다.

재무제표가 바로 알려 주는 것들

재무제표를 통한 회계정보는 우리에게 많은 것을 알려 준다. 개인투자자의 시각에서 보면, 재무제표는 외부인이 쉽게 구할 수 있는 기업에 대한 유일한 정보이다. 주식과 회사채 등에 대한 투자에서 기업을 분석하는 작업은 매우 중요하다. 우리가 재무제표를 읽어야 하는 이유가 된다. 우리는 재무상태표를 통해 기업이 어떤 자산을 가지고 있으며 어떻게 자금을 조달했는지 알 수 있을 뿐 아니라 손익계산서를 통해 올해 얼마나 이익 또는 손실을 보았는지 등 기업의 성과를 살펴볼 수 있다. 그리고 이렇게 발생주의 원칙에 의해 나타난 정보와 현금흐름표를 통해 나타난 현금의 유출입 기록도 파악할 수 있다.

첫째, 재무상태표에 나타난 자산, 부채, 자본의 항목과 금액은 많은 정보를 알려 준다. 먼저 자산은 기업이 얼마의 기계설비, 부동산, 특허권 등을 보유하고 있는지를 나타낸다. 자산은 앞으로 기업이 수익을 창출할 수 있는 능력을 보여 준다. 부채와 자본은 기업이 자금을 어떻게 조달했는지를 보여 준다. 부채는 이자를 지급해야 할 의무를 지며 자본은 배당금을 나누어 줘야 할 부담을 가진다. 부채는 은행 차입, 회사채 발행 등으로 구분되어 누구에게 돈을 갚아야 할 의무가 있으며, 단기부채와 장기부채로 구분되어 언제 돈을 갚아야 하는지를 알려 준다. 의무를 많이 부담하면 위험해질 수 있다는 사실에 주의하자.

둘째, 손익계산서에 나타난 수익과 비용의 여러 항목과 금액도 많은 정보를 알려 준다. 수익과 비용은 이익과 손실을 만들어 낸다. 결국은 모든 수익에서 비용을 차감한, 각 부분의 이익이나 손실을 합한 당기순이익이 중요하다. 모든 활동에 걸쳐서 기업이 얼마의 이익 또는 손실을 보았는지는 주가를 결정하는 결정적 요인 중 하나가 된다. 그러나 그 세부 내역도 꼼꼼히 볼 필요가 있다. 예를 들어 어떤 A라는 식품회사가 당기순이익을 나타냈으나 주된 상품 부문에서는 적자인 반면 부동산 투자 부문에서 매매차익을 실현했다면 향후 이 기업의 진로가 반드시 좋을 것이라고 보기는 어려울 것이다.

재무제표를 이용하면 보이는 것들

재무제표 자체도 많은 정보를 제공해 주지만 재무제표의 항목들을 간단히 이용하면 알 수 있는 정보도 많다. 재무제표는 투자에서 워낙 중요하므로 이를 활용한 분석기법들이 다수 존재한다. 이를 '재무분석'이라 하는데 비교적 어렵지 않아 많은 개인투자자가 사용하고 있으며 증권회사의 기업분석가analyst도 투자보고서 발표 시 재무분석을 활용한다. 투자자의 입장에서 이를 직접 활용하기가 귀찮거나 다소 어렵다고 할지라도 발표되는 보고서에 포함된 여러 재무분석 내용을 이해할 수는 있어야 하겠다.

재무분석도 방대하므로 그 내용만으로도 한 권의 책과 한 학기 강의를 구성한다. 주로 이용되는 재무분석에는 재무비율분석financial ratio analysis, 손익분기분석CVP analysis, Cost-Volume-Profit analysis, 레버리지분석leverage analysis 등을 들 수 있다.

이 중에서 가장 간편하면서도 다양한 정보를 제공하고 있어 빈번히 활용되는 재무비율분석에 대해 알아보자. 재무비율분석은 말 그대로 비율을 만들어서 분석하는 방식인데, 재무상태표와 손익계산서의 각 항목을 서로 비교하여 그 의미를 분석한다. 예를 들면 주가와 주당순이익을 비교하는 비율인 주가수익비율PER, Price-to-Earnings Ratio 또는 P/E가 있다. PER는 주가를 주당 순이익으로 나눈 값이므로 PER가 낮을 경우에는 기업의 이익에 비해 주가가 낮다는 뜻이므로 기업의 가치에 비해 주가가 저평가되어 있음을 알 수 있다. 반대로 PER가 높으면 이익에 비해 주가가 고평가되었음을 의미한다. PER에 대해서는 이후 'Topic 24 주식과 채권 그리고 박쥐들'에서 좀 더 자세히 설명하겠다.

이러한 재무분석은 기업의 유동성, 효율성, 수익성뿐 아니라 재무구조 등의 취약점과 같이 여러 가지 면을 살펴볼 수 있어서 유용하며 사용하기에도 편리하다. 하지만 회계정보가 가지는 한계로 인해 단순히 비교하기 어려운 문제점도 있다. 예를 들어 유동비율current ratio은 유동자산 나누기 유동부채로 계산되어 단기채무를 상환할 수 있는 능력을 측정하기 위한 지표로 활용되지만, 이 비율이 높을수록 좋다는 보장은 없다. 좋은 기회를 가진 투자를 노리고 유동자산을 많이 확보하고 있을 수도 있지만, 경영이 어려워 미래에 도래할 단기차입금 상환에 대비해 유동자산을 확보할 수밖에 없는 어쩔 수 없는 선택일 수도 있다. 그러므로 다른 기업들의 유동비율이나 과거 유동비율과 비교해야 하며 당좌비율, 재고자산회전비율, 매출총이익률 등 다른 비율들과 함께 입체적으로 해석해야 한다.

어쨌든 재무분석은 주식투자를 위해 관심 있는 기업을 살펴보는 도구라는 점에서 중요하다. 다만 그 해석에 유의하기 바란다. 특히 하나의 재무비율 분석에 대한 상반된 해석은 언제나 존재한다.

2. 조삼모사와 화폐의 시간가치

현재가치 개념을 습득한 스마트한 원숭이

화폐의 시간가치에 대한 이야기를 '조삼모사朝三暮四'[3]라는 고사성어로부터 시작해 보자. 모두 알다시피 조삼모사는 저공狙公이 원숭

---

3   춘추전국시대에 '저공'이라는 사람이 원숭이를 기르면서 일어난 에피소드로 알려져 있다. 그런데 이 이야기의 교훈은 계산을 정확히 하자 또는 원숭이와 같은 어리석음을 범하지 말자가 아니라 가뭄이 들어 먹을 것이 없어진 어려운 상황 속에서도 기르던 원숭이를 차마 방목하지 못하고 먹이를 챙겨 준 저공의 휴머니즘에 있다는 견해도 있다.

이에게 먹이를 아침에 세 개, 저녁에 네 개를 주겠다고 하자 원숭이들이 항의한다. 그래서 다시 아침에 네 개, 저녁에 세 개를 주겠다고 하니 원숭이들이 만족했다는 이야기다. 당장 눈앞에 닥친 현실에만 급급한 어리석은 상황을 묘사할 때 주로 인용된다. 그런데 현재가치 관점에서 이를 재해석해 보면, 그 원숭이들은 상당히 똑똑하다는 사실을 알게 된다. 아침에 더 받은 한 개를 투자한다면 저녁에는 먹이 개수가 최소한 1개 이상으로 늘어나 있을 것이기 때문이다. 화폐의 시간가치는 이러한 문제를 다루고 있다.

시간대가 다르면 돈은 더하거나 뺄 수 없다: 화폐의 시간가치

돈을 계산하고 비교하려면 돈이 놓여 있는 시점이 같아야 한다. 예를 들어 작년에 1억 원을 벌었으며 금년에도 1억 원을 벌 수 있으리라 예상되고 내년 말에 1억 원이 생길 전망이라면 '전체 현금 수입은 3억 원이다.'라고 말할 수 없다. 시점이 다른 돈은 서로 더하거나 뺄 수 없다. 시간이 흐르면 돈의 가치가 달라지므로 같은 시점으로 환산되어야 한다. 시간대가 다른 돈은 모두 현재 시점으로 환산된다. 과거의 돈은 이자가 붙어서 오늘에 이른 반면, 미래의 돈은 할인되어 현재에 이른다.

이야기의 줄거리에서 벗어난 다른 이야기: 돈과 심리

조금 다른 관점에서 이야기를 살펴보자. 개인투자자의 관점에서 투자 여부를 고려할 때 가장 중요한 사항은 현재가치 할인을 이해하

고 리스크에 유의하는 것이 거의 전부가 아닐까 생각될 만큼 현재가
치의 개념은 중요하다. 자금 흐름의 비교에서 무엇이 큰 지 알 수 없
다면, 오랜 시간을 겪어야 하는 장기투자에서 손익을 계산하기 어렵
다. 미래 현금흐름을 알고 현재가치 할인[4]을 이해할 수 있다면 투자
에서 발생하는 이익과 손실을 계산할 수 있다. 원래 전공을 하지 않
은 사람의 시각에서는 투자활동에 필요한 경영·경제학의 이론에 이
해하기 힘든 전문적인 무언가가 있을 것이라는 선입견을 갖기 쉽다.
재무개념과 투자이론은 난해한 수식과 모형으로 표현되지만, 사실
특별히 어려울 게 없다. 다만 문제는 주어진 정보를 탐욕과 공포 그
리고 게으름으로 올바르게 해석하지 못하는 데 있다. 그러다 보니
망설이거나 조급함이 앞서 의사결정 과정이 잘못된다. 돈은 재무와
투자의 논리로 움직인다고 하지만 돈을 움직이는 것은 사람이며 사
람은 심리에 의해 행동한다. 그런데 이러한 점도 투자이론과 투자전
략에 반영되어 있다. 이에 대한 설명은 조금 후에 등장한다. 그러므
로 일단 현재가치 계산에 집중하자.

---

4 현금흐름할인DCF, Discounted Cash Flow모형은 미래 예상 현금흐름에 기반한 투자
   가치평가기법으로, 현재의 투자가 미래에 얼마만큼의 현금흐름을 창출할 수 있
   을지를 예상한 후 이러한 현금흐름을 현재가치로 할인해 현재 시점의 투자 가
   치를 산정하는 분석기법이다.

$$DCF = \frac{CF_1}{(1+r)^1} + \frac{CF_2}{(1+r)^2} + \cdots + \frac{CF_n}{(1+r)^n}$$

$(CF_n = n$ 특정 시점의 현금흐름, $r =$ 할인율$)$

현재가치 계산

현재가치로 할인한다는 뜻은 과거 또는 미래 시점의 가치를 현재 시점에서 얼마로 평가할 수 있는지를 말한다. 예를 들어 1년 후 100만 원은 지금 시점에서 얼마일까? 직관적으로 당연히 100만 원보다는 적을 것이다. 만약 내가 지금 90만 원을 빌리고 1년 후 이자를 10만 원 지급해야 한다면 1년 후 100만 원은 현재 시점에서 90만 원의 가치가 있다고 말할 수 있다. 이때 현재가치가 미래가치보다 적다는 의미에서 할인discounted되었다고 말한다. 이를 다른 시각으로 바라보면, 90만 원을 빌리는 대가로 이자 10만 원을 더해 만기 시점에 100만 원을 상환한 것이다. 즉 이자율 또는 할인율은 11.1%이다. 반대로 빌려준 사람 입장에서는 90만 원을 빌려준 대가로 이자 10만 원을 받았으니 투자수익률은 11.1%다. 할인율이 곧 수익률이 된다. 그리고 이는 시장에서 통용되는 금리인 이자율이다. 이 예를 식으로 간단히 나타내면 다음과 같다.

90 = 100 ÷ (1+0.11) 즉, 현재가치 = 미래가치 / (1+이자율)

다양한 자산가격 평가에서 활용되는 현재가치 개념

우리가 생각할 수 있는 자산인 주식, 채권, 부동산 등의 적정 가치를 평가할 때도 기본적으로 동일한 방식이 활용된다. 주식은 배당 또는 영업활동에 따른 현금 유입, 채권은 이자와 원금, 부동산은 임차료 수입 등 장래 현금흐름이 정기적으로 발생한다. 이러한 미래 현금흐름을 모두 현재가치로 각각 할인하여 합산한 것이 현시점에서 해당 자산의 가격이 된다. 결국 자산가격 평가의 정확도는 얼마만큼 미래에 발생할 현금흐름을 정확히 예측할 수 있고, 또 할인율을 적절히 결정할 수 있는가에 달려 있다. 금리의 적용은 1년, 5년, 10년 등으로 확장될 수 있다. 예를 들어 10년이라면 1에 이자율을 더한 값(1+이자율)의 10승으로 계산된다. 이제 우리는 금리가 주어지면 과거가치를 현재가치로 만들 수 있으며 미래가치를 현재가치로 환산할 수도 있다. 다만 현금흐름의 예측과 할인율 적용에 리스크를 얼마나 반영해야 하는지는 아직 설명하지 않았다. 조금 후 이에 대해 알아보자.

현재가치 계산의 예: 채권의 가격은 곧 미래 현금흐름의 현재가치

투자에서 현재가치는 여러 부분에서 활용된다. 채권가격 계산을 통해 이를 조금 더 알아보자. 국채에 대한 투자를 예로 들면, 1년 후 만기금액 100만 원을 상환받는다고 가정할 때, 지금 이 채권을 얼마에 살 수 있을까? 이때 채권을 살 수 있는 가격은 1년 후 받을 만기금액 100만 원을 채권 이자율로 할인한 금액이 된다. 만약 현시점에서 시장금리가 높은 수준일 경우에는 현시점에서의 채권가격은 저렴하다. 왜냐하면 시장금리가 아주 높다면 적은 금액만을 현시점에서 투자해도 1년 후 100만 원을 받을 수 있기 때문이다. 반면 시장금리가 아주 낮다면 이를 할인한 현시점의 채권가격도 크다. 이처럼 시장금리와 채권가격은 역逆의 관계에 있다고 하는데, 이는 채권 보유자가 얻을 미래 현금흐름을 시장금리로 할인하는 채권가격 공식에서도 확인할 수 있다. 채권의 만기는 1년뿐 아니라 5년, 10년 등 다양하며 만기가 더 긴 채권도 많다. 예를 들어 만기 10년 채권의 경우에는 각 이자가 들어오는 6개월 주기의 시점별로 각각 다른 할인율을 적용하고 만기 시 원금에는 10년 할인율을 적용하면 된다. 좀 더 상세한 내용은 'Topic 24 주식과 채권 그리고 박쥐들'에서 다시 알아보기로 하자.

참고 7.1 **시간의 기회비용**

'시간은 돈'이라는 말이 있다. 정확하게 말하면 '시간의 기회비용은 이자'가 된다. 현재 금고에 들어가 있는 금金의 미래가치는 현재 시점에서 금을 판 돈과 그 돈을 예금하여 얻는 이자의 합계가 된다. 모든 투자에는 이자라는 이러한 시간의 기회비용이 포함되어 있다.

조금 다른 이야기지만, 금융시장 참가자는 남보다 0.1초라도 먼저 정보를 습득하기 위해 치열하게 경쟁한다. 초단타 증권매매와 관련된 서적[5]에 의하면 거래소 전용 초고속 통신망과 고성능 컴퓨터를 기반으로 남보다 수백만 분의 1초라는 매우 짧은 시간을 확보할 수 있다면 수백, 수천 번의 거래를 하며 수백억 달러의 매매차익을 남길 수 있다고 한다. 물론 그만큼 빠른 속도로 돈을 잃을 수도 있다.

또 얼마 전 언론 기사에서 한국은행이 금융통화위원회의 통화정책 방향 결정회의 직후 기준금리 조정과 같은 회의 결과를 카카오톡을 이용해

---

5 Michael Lewis, 《Flash Boys: A Wall Street Revolt》, 2014

시장 참가자에게 통보한다는 내용이 있었다. 그 이유는 기준금리의 조정 여부와 조정 폭이 금융시장을 흔들 수 있는 민감한 정보이므로 시장참여자 모두에게 동시에 알려야 공정하기 때문이다. 먼저 받는 사람과 나중에 받는 사람 간 격차가 없도록 하는 것이 중요하다. 한국은행이 이동통신사와 카카오 등에 확인한 결과, 카카오톡 메시지는 격차가 10만분의 3초에 불과한 것으로 조사됐지만 휴대전화 문자메시지는 초 단위의 시차가 발생했고, 이메일은 2분 넘게 차이가 나는 경우도 있는 것으로 확인되었다. 금융시장에서는 그야말로 시간이 돈이다.

투자 의사결정에 적용되는 현재가치 개념

얼마 전 뉴욕증시에 상장한 쿠팡은 거의 100조 원에 육박할 만큼 가치를 높게 평가받았다. 아직 적자가 지속되고 있는 기업에 대한 평가 결과가 어떻게 이렇게 높이 나올 수 있을까? 이 경우 적자를 지속해 왔더라도 미래 어느 시점부터는 상당한 흑자가 발생할 수 있다는 기대가 반영된 결과로 볼 수 있다. 그렇지 않다면 만성 적자기업에 대한 이 같은 가격 형성이 이루어지지 못했을 것이다. 유능한 투자자라면 지금은 알기 어려운 미래의 현금흐름을 전망할 수 있는 능력과 해당 자산과 금융시장이 처한 리스크 정도를 계산할 수 있는 혜안이 있어야 한다. 그러나 증권회사의 유명 애널리스트라도 미래를 예측하기는 쉽지 않다.

이와 관련하여 지금까지 다루어 온 현재가치의 개념을 다시 생각해 보자. 쉬운 사례를 통해 투자안의 가치 평가를 응용해 보려 한다. 가장 대표적인 기법이 순현재가치NPV, Net Present value라는 개념이다. 예를 들면 반도체 라인을 하나 증설해야 할지 결정해야 하는 상황을 가정해 보자. 이때 NPV 산정 결과를 투자 의사결정에 참고할 수 있다. 즉 투자를 집행하기 위해서는 당연히 투자비용보다 투자수익이 클 것이라는 분석이 뒷받침되어야 한다. 그런데 투자수익은 주로 미래에 순차적으로 나누어 발생하기 때문에 현시점에서 이를 평가하기 위해서는 미래 투자수익을 현재가치로 모두 환산할 수 있어야 한다. 이 경우 NPV는 미래 무수한 현금흐름을 현재가치로 각각 할인해 더한 총합에서 현재의 투자금을 차감하여 계산할 수 있다. 당연히 투자안의 NPV가 0을 크게 초과할수록 투자가치는 높아지며 이러한 수익성 높은 투자가 많아질수록 주식 가치는 상승하게 된다.

3. 불확실성과 위험

리스크 vs 불확실성

투자론 교과서에서 가장 많은 분량을 차지하는 포트폴리오이론은 수익과 위험의 관계에서 시작된다. 포트폴리오이론으로 들어가기 전에 먼저 위험에 대해 정리해 보자. 투자자의 관점에서 위험risk은 쉽게 '수익의 변동성'이라고 이해하면 좋다. 단시일 내 주식가격이 급격히 변동할 때 우리는 본능적으로 불안하고 위험하다고 느낀다. 리스크는 위험과 같은 뜻이다. 이러한 유형의 리스크를 '가격 변동 리스크 또는 시장 리스크'라고 한다. 이 외에도 발생 원천과 유형에 따라 리스크는 신용 리스크, 유동성 리스크, 채무불이행 리스크, 시스템 리스크, 컨트리 리스크 등 다양하게 구분된다.

그런데 리스크는 향후 무슨 일이 벌어질지 전혀 모르는 불확실성[6]과는 조금 다른 개념이다. 예를 들면 1달 후 5월 15일의 기온에 대해 전망하자면, 우리는 과거 일기예보 데이터로부터 1달 후 기온이 어느 정도의 확률과 범위로 나타날지 대략 예상할 수 있다. 5월의 평균 기온이 14~23도 정도이니 대략 이 정도의 분포에 포함될 확률이 매우 높을 것이다. 이처럼 향후 있을 사건의 확률과 기댓값이 알려져 있다면 이는 리스크 영역에 속한다. 그러나 예상되는 확률의 분포를 알 수 없다면 우리가 관심을 가지는 변수가 미래 어떤 값을 가질지 예상조차 못하게 된다. 이런 경우 미래는 리스크와는 다른 불확실성의 영역에 놓인다.

리스크 어떻게 측정하나: 표준편차와 분산

그러면 이러한 위험을 재무학에서는 어떻게 측정하는지 살펴보자. 위험을 측정하는 방식은 매우 다양하지만, 일반적으로 통계학에서 나오는 분산Variance을 가장 흔히 활용한다. 평균, 분산, 표준편차

---

6 불확실성不確實性은 미래에 전개될 상황에 대해 정확한 정보를 얻을 수 없거나 어떤 상황이 발생할 가능성인 확률을 전혀 알 수 없어 명확히 측정할 수 없는 상태를 뜻하는데, 경제학에서는 1921년 프랭크 나이트Frank Knight의 저서 《Risk, Uncertainty and Profit》에서 최초로 사용되었다. 불확실성과 달리 위험은 사건의 발생 확률을 알 수 있어 측정 가능한 불확실성을 의미한다는 점에서 구분된다.

등을 배웠던 수업 시간을 떠올려볼 때, 이러한 통계 용어가 낯설지는 않을 것이다. 표준편차 또는 분산은 어떤 대상의 흩어진 정도나 상태를 의미하는데 평균으로부터 차이가 클수록 이들의 값은 증가한다. 예를 들어 역대 5월 평균 기온이 20도였으나 갑자기 이상고온으로 30도 이상으로 치솟는다면 매우 이례적인 현상이 된다. 즉 발생한 각각의 값이 평균과의 편차가 클수록 분산이 증가하고 날씨 예측이 맞지 않을 위험이 증가하게 된다. 이처럼 장래 발생할 기대 자체가 매우 낮은 확률을 가진 이벤트가 실제 일어날 때 우리는 리스크 수준이 높아진 것으로 인식한다[7]. 국제금융시장에서도 VIX[8]라고 불리는 위험지수가 빈번히 등장하는데 이 또한 미국 S&P 지수의 변동성을 측정한 것이다.

---

[7] 이러한 유형의 리스크를 '테일(꼬리) 리스크tail risk'라고 부른다. 대표적 예로 글로벌 금융위기를 들 수 있는데, 테일은 정규분포도 양쪽 끝(꼬리) 부분의 발생 확률이 매우 낮은 영역을 뜻하는 것으로 실제 가능성은 희박하지만 한 번 일어나면 평균값과 차이가 커 엄청난 충격을 초래할 수 있는 리스크다.

[8] VIX는 미국 주식시장의 단기 변동성에 대한 시장의 기대치를 나타내며 정식 명칭은 CBOE Volatility Index이다. VIX는 향후 30일 동안 S&P500 지수의 변동성에 대한 시장의 기대치로서, 지수의 변동성이 클 것으로 예상될 때 옵션가격이 높아지는 점을 이용해 시카고옵션거래소CBOE에 상장된 다양한 행사 가격의 S&P500 지수 옵션가격을 활용해 산출된다. 일반적으로 주가와 VIX 간에 음(-)의 상관관계가 존재하는 것으로 알려져 VIX를 공포지수fear index로 부르기도 한다. 1993년 로버트 웨일리Robert E. Whaley 교수의 논문에서 처음 소개된 이후 시장의 변동성과 투자자의 심리를 나타내는 주요 지표로 널리 활용되고 있다. 《한국의 외환제도와 외환시장》(한국은행, 2016)에서 인용하였다.

사람들은 왜 위험을 싫어하는가?: 수학적 기댓값 vs 심리적 기댓값

지금까지 우리는 사람들이 위험을 싫어한다고 암묵적으로 가정하고 이야기를 진행해 왔다. 그런데 사람들이 위험을 싫어한다는 말은 사실일까? 이는 많은 사람을 대상으로 벌인 실험을 통해 사실이 증명되었다. 예를 들어 동전의 앞면이 나오면 1원을 주는 대신 동전의 뒷면이 나오면 1원을 받는 게임에는 장난처럼 생각하여 많은 사람이 참여하지만, 만약 1억 원이 걸리면 이야기는 달라진다. 1억 원을 잃게 되었을 때 그 큰돈을 어디서 마련한다는 말인가? 이 게임에서 수학적 기댓값은 0원으로 같지만 사람들은 참여하지 않는다. 수학적 기댓값과 심리적 기댓값은 다르다.

만일 동전 던지기 게임을 앞면이 나오면 10만 원을 받는 대신 뒷면이 나오면 8만 원만 내야 하는 조건으로 바꾼다면 어떻게 될까? 이 게임에 참여할 때 기댓값은 1만 원[9]이 되므로 참여하는 사람들은 늘어난다. 기댓값에 반응하는 사람들의 태도는 다르다. 어떤 사람들은 조금의 대가에도 기꺼이 위험에 참여하는 반면 어떤 사람은 상당히 큰 대가가 아니면 위험을 부담하는 게임에 참여하지 않는다.[10] 개별적으로 조사해 그들의 평균을 찾아낼 수는 없지만, 금융시장이 투자자의 수요와 발행자의 공급을 반영해 평균을 알려 준다. 수요와

---

9 (10만 원×1/2) − (8만 원×1/2) = 1만 원
10 앞서 'Topic 01 작은 투자, 어떻게 준비할 것인가?'에서 설명한 것처럼 투자자는 위험선호형, 위험중립형, 위험회피형으로 나눌 수 있는데 재무학에서는 일반적으로 위험회피형 투자자를 가정한다.

공급이 만나는 지점에서 투자의 수익률이 형성된다.

수익과 위험의 관계

투자자는 수익과 위험을 중요하게 생각한다. 수익은 높을수록 좋지만 위험은 낮을수록 좋다. 투자자들은 주식과 채권 등 자산의 가격을 평가할 때 당연히 내재된 리스크 수준을 반영한다. 우리는 입수 가능한 정보를 기반으로 향후의 변동성 정도를 예측한다. 무엇을 예측하기란 쉽지 않으므로 과거의 오랜 기간 지속된 변동성을 반복한다고 가정한다. 즉 지난 통계 자료를 분석해 그 변동성을 계산하게 된다. 그 결과 해당 자산가격의 변동이 불안정하다고 평가될 경우, 즉 위험이 크다고 생각할수록 투자자는 더욱 높은 대가를 요구한다. 그러나 얼마를 요구할지 지금까지 논의로는 아직 알지 못한다. 다음 Topic에서 이를 살펴보자.

기대수익과 투자위험
포트폴리오이론과 그 이후

> + 사람들은 같은 위험이면 수익이 높은 투자 대상을 선택하고 같은 수익이면 위험이 낮은 투자 대상을 선택한다.
> + 객관적인 기준에 의해 선택된 효율적인 포트폴리오 중에서 위험에 대한 주관적 선호를 반영해 포트폴리오를 선택하면 최적 포트폴리오가 된다.

높은 수익률을 얻고 싶다면 높은 위험을 감수해야 하고 낮은 위험을 원한다면 낮은 수익률밖에 얻지 못한다. 즉 위험과 수익은 상충관계 trade-off를 가진다. 하지만 여러 가지 자산을 골고루 섞어서 투자하게 되면 동일한 수익률을 유지하면서도 위험을 줄이는 것이 가능하다. 다시 말해 자산을 분산투자해 포트폴리오를 만들면 분산투자하기 전보다 위험을 감소시킬 수 있다. 그러나 위험을 줄일 수 있더라도 특정 하한선 아래까지 줄이기는 힘들다. 왜 그럴까? 이러한 사실은 투자자에게 어떤 시사점을 주는가?

포트폴리오이론은 이후 여러 가지 이론의 바탕이 되면서 현대투자론의 근간이 되었다. 그중 대표적인 이론이 자본자산가격결정모형CAPM, Capital Asset Pricing Model이다. 여기서는 시장 포트폴리오 market portfolio, 효율적 포트폴리오efficient portfolio, 최적 포트폴리오 optimal portfolio의 구성과 선택에 대해 좀 더 알아보자. CAPM의 균형 가격과 같은 다른 이야기는 'Part 8 소극적이거나 적극적인 투자 전략'에서 소개한다. 포트폴리오이론은 증권회사 보고서에 종종 등장하므로 금융회사 종사자가 아닌 개인투자자도 알아야 한다. 그러나 이 포트폴리오이론은 개인투자자의 투자에 직접적인 도움이 될까? 이에 대해서도 살펴보자. 이론은 언제나 시장의 움직임을 통해 검증된다.

1. 포트폴리오의 구성과 위험 줄이기

수익과 위험을 동시에 고려한다

모든 투자자산의 수익은 확실하지 않고 기대하는 수익률을 중심으로 어떤 분포를 가진다. 이를 위험이라고 한다. 수익률과 위험은 밀접한 관계가 있다. 일반적으로 수익률이 높으면 위험이 크고, 수익률이 낮으면 위험이 작다. 같은 말이지만 위험이 크면 수익률이 높고, 위험이 작으면 수익률도 낮다. 정기예금은 안전하므로 수익률이 낮고 주식투자는 위험하므로 수익률이 높다. 그러므로 많은 투자 대상 중에서 같은 위험이면 높은 수익률을 기대할 수 있는 대안을 선택하고 같은 수익률이면 위험이 낮은 대안을 선택하는 편이 유리하다. 만일 많은 투자자산 중에서 수익률이 높은데도 위험이 작은 증권이 있다면 사람들은 모두 이 증권을 선호하게 되므로 증권 가격이 올라서 수익률이 낮아지게 된다. 많은 사람이 이러한 기준에 의해 투자한다면 이렇게 특별히 좋은 자산은 더 이상 금융시장에 존재하지 않게 된다.

아이스크림 회사와 외투 회사 사이의 위험 상쇄

다양한 종류의 주식을 보유하면 개별 기업에 있는 여러 가지 위험은 서로 상쇄되어 작아진다. 예를 들면 더울 때 잘 팔리는 아이스크림회사와 추울 때 잘 팔리는 외투회사에 함께 투자할 때 계절변동에 따른 매출 변화를 상당 부분 상쇄할 수 있다. 이러한 회사들의 매출에 따라 주가가 서로 반대 방향으로 움직이는, 즉 음(-)의 상관관계 correlation를 가지는 주식들을 동시에 보유할 경우에는 전체 손익의 변동 폭이 축소되어 위험이 작아진다. 그러므로 여러 자산의 집합인 포트폴리오를 구성하면 시장에서 새로운 위험과 새로운 수익률을 찾아낼 수 있다. 여기서 핵심은 포트폴리오에 포함되는 증권들이 서로 반대 방향으로 움직이면서 위험이 감소한다는 점이다. 아이스크림과 선글라스를 같이 팔 때는 계절변동에 따른 위험이 줄어들지 않는다. 더울 때는 동시에 매출이 증가하고 추울 때는 동시에 매출이 감소하기 때문이다.

위험을 줄일 수 없는 체계적 위험과 줄일 수 있는 비체계적 위험

투자 대상을 늘리면 위험은 작아지지만, 투자 대상 수를 무조건 늘린다고 위험이 계속 작아지지는 않는다. 대상 수를 늘려서 위험을 줄이는 데에도 일정한 한계가 있다. 수익률 변동의 분포인 분산(σ^2)을 '총위험'이라고 할 때, 투자 대상 수를 늘려도 감소하지 않는 위험과 투자 대상 수를 늘리면 감소하는 위험이 있다.

이를 체계적 위험systemic risk과 비체계적 위험unsystemic risk이라는 두 개의 위험으로 나누어 생각할 수 있다. 체계적 위험은 포트폴리오에 포함되는 증권 수를 늘리더라도 감소하지 않는 개별 자산이 가진 회피 불가능한 위험을 말하며, 비체계적 위험은 포트폴리오에 편입되는 종목의 수를 늘림으로써 회피 가능한 위험을 의미한다. 체계적 위험은 코로나19 바이러스 확산, 예기치 못한 인플레이션 확대, 경기의 변동, 자본의 국외 유출, 정부정책 변화 등과 같이 모든 기업에 공통으로 영향을 미치기 때문에 개별 기업으로서는 이를 회피하기 매우 어렵다. 반면 비체계적 위험은 경영진 교체, 기업의 법적 분쟁, 파업, 신제품 출시 등 개별 기업에서 일어나는 사건이나 경제 상황의 변동 같은 위험은 여러 기업에 분산하여 투자하면 제거할 수 있다.

대기업의 분산투자와 시사점

분산투자와 관련한 사례를 살펴보고 우리에게 어떤 시사점을 주는지 알아보자. 과거 우리나라 대기업은 다양한 업종으로 사업 다각화를 추진하였다. 이러한 전략도 CEO 입장에서는 나름 상이한 사업들로 포트폴리오를 구성해 비체계적 위험을 최소화하려는 노력이었다. 일종의 분산투자였으나 글로벌 경기 침체로 위기가 확산되며 어려움을 겪은 바 있다. 여기서 몇 가지 시사점을 발견할 수 있다. 첫째, 분산투자가 적절히 이루어졌다면 경제적 충격에 달리 반응하는 기업들로 구성되어야 했는데 과연 그러했는지 하는 점이다. 둘째, 분산투자를 통해서도 오너owner 리스크, 과도한 부채 등의 비체계적 위험까지는 완전히 제거할 수 없다는 점이다. 셋째, 평소 경기 변화에 반대 방향으로 움직이는 업종도 심각한 경제위기가 도래하면 동반하여 상황이 어려워진다는 점이다.

2. 시장 포트폴리오의 구성과 따라하기

시장 포트폴리오를 구성하면 전체 주식과 같이 움직인다

주식시장에 상장된 전체 투자 대상의 비율과 동일하게 구성된 포트폴리오를 '시장포트폴리오market portfolio'라고 한다. 그러므로 여러 투자자산으로 잘 분산된 주식들을 포함하는 포트폴리오는 주식시장 수익률과 일정한 관계가 있다. 주식시장이 1% 상승하면 시장포트폴리오도 1% 상승하고 주식시장이 2% 하락하면 시장포트폴리오도 2% 하락한다. 이와 같이 전체 주식시장과 투자포트폴리오가 같은 방향으로 움직이는 상관관계를 '베타(β)계수'라고 한다. 시장과 같이 움직이면 베타값은 1이다.

개별 투자상품의 수익률과 주식시장 전체의 수익률의 관계: 베타(β)계수

어떤 포트폴리오 또는 어떤 주식의 베타값이 작으면 시장의 움직임에 비해 투자포트폴리오의 수익률이 적게 움직이며, 베타값이 크면 시장의 움직임에 비해 투자포트폴리오의 수익률이 더 민감하게 움직인다는 뜻이다. 만일 개별 주식의 베타값이 0.5라면 주식시장이 1% 상승할 때 주식가격이 0.5% 상승하고 주식시장이 1% 하락하면 주식가격도 0.5% 하락한다. 한편 시장의 평균수익률과 반대 방향으로 움직이는 경우도 있다. 시장의 평균수익률이 올라가면 반대 방향으로 일정 비율만큼 내려가고 평균수익률이 내려가면 반대 방향으로 일정 비율만큼 올라간다. 이 경우 베타값은 마이너스를 가진다. 만일 마이너스가 크다면 시장수익률이 올라갈 때 많이 떨어지며, 마이너스가 작다면 시장수익률이 올라갈 때 적게 떨어진다. 베타값은 분산투자로 제거할 수 없는 해당 주식의 체계적 위험을 의미하며 시장과의 관계를 나타낸다. 증권회사의 보고서에는 개별 주식의 베타값이 표현되어 있는 경우도 많다. 그러면 그 주식의 가격이 전체 주식시장 변동과 어떤 관계에 있는지 알 수 있다.

시장 포트폴리오의 체계적 위험

전체 주식시장에 영향을 미치는 공통된 요인들은 무엇이 있는가?

성장률, 물가, 금리, 환율 변동 등 여러 가지가 있다. 이러한 변수들은 시장 전체의 투자수익률 변동과 밀접히 관련되어 있다. 이러한 변수들은 전체 주식시장에 영향을 준다. 그러므로 시장포트폴리오에 포함되는 주식의 수를 늘리더라도 이러한 요인에 의한 위험은 감소하지 않는다. 주식시장이 가지는 체계적 위험이다.

3. 객관적 선택과 주관적 선택

가장 좋은 것의 선택: 지배의 원리와 효율적 포트폴리오

투자를 위해 포트폴리오를 구성한다면, 많은 투자 대상 중에서 무엇을 선택할 것인가? 같은 수익률이면 위험이 적은 주식을 선택하고 같은 위험이면 수익률이 높은 투자 대상을 선택한다. 즉 동일한 수익률인데도 위험이 상대적으로 큰 주식은 배제하고, 동일한 위험이면 수익률이 낮은 주식은 배제한다. 그러면 위험마다 수익률이 가장 높은 투자 대상만 남게 된다. 이 경우 서로 비교하는 대상은 하나의 주식일 수도 있고 여러 주식 또는 예금, 채권 등이 포함된 포트폴리오가 될 수도 있다. 이렇게 수익률과 위험 간의 관계를 비교하여 가장 좋은 증권을 선택하는 기준을 '지배의 원리dominance principle'라고 하여 이러한 기준으로 선택된 포트폴리오를 '효율적 포트폴리오efficient portfolio'라 한다. 즉 모든 투자 가능 포트폴리오의 위험과 기대수익률의 관계에서 상대적으로 최소의 위험과 최대의 기대수익률을 갖는 하나의 포트폴리오가 만들어지는데, 이를 '효율적 포트폴리오'라 부른다.

그런데 시장에는 무위험 자산인 국채가 존재한다. 이 무위험자산을 포함해 투자를 결정할 경우 지배의 원리에 의해 가장 효율적인 투자기회선을 찾으면, 시장 포트폴리오와 무위험자산의 수익률을 잇는 직선이 되는데 이를 '자본시장선CML, Capital Market Line'이라고 한다. 즉 자본시장선상에는 여러 개의 효율적 포트폴리오가 놓여 있다.

마음에 드는 것의 선택: 최적 포트폴리오

가장 좋다고 생각되는 여러 개의 효율적 포트폴리오 중에서 가장 마음에 드는 대상을 선택하면 최적 포트폴리오optimal portfolio가 된다. 효율적 포트폴리오는 객관적으로 결정되지만, 그중에서 무엇을 선택할지는 주관적이다. 예를 들면 우리는 여러 음식점의 짜장면, 짬뽕, 설렁탕, 비빔밥 중에서 가장 가성비가 좋은 짜장면, 짬뽕, 설렁탕, 비빔밥의 상차림을 구성할 수 있다. 맛에 비해 비싸거나 가격에 비해 맛이 없는 음식은 선택되지 못한다. 다음 가장 가성비가 좋은 음식들 중에서 먹고 싶은 음식을 선택할 수 있다. 가성비가 좋은 음식은 객관적으로 결정되지만, 가성비가 가장 좋은 음식만으로 여러 포트폴리오를 구성한 후에는 주관적 선호에 따라 주문을 결정하게 된다.

4. 개인투자자에게 주는 시사점

개인투자자의 한계

포트폴리오이론에 바탕을 둔 자본자산가격결정모형CAPM이 금융회사만을 대상으로 전개되는 이론은 아니다. 하지만 개인투자자가 이용하기에는 여러 가지 한계가 있다. 그런데 아직 이야기하지 않았지만, 이 CAPM은 몇 가지 가정을 전제로 펼쳐진 이론이다. 이러한 가정은 현실적이지 않다. 그래도 어느 정도 합리적이기 때문에 여러 비판이 제기되고 다른 이론들이 등장했음에도 불구하고 아직도 가장 많이 활용되고 있다. 먼저 이들 가정에 대해 살펴보자.

CAPM의 가정과 비판

전통적으로 많은 재무이론은 복잡한 자본시장의 현상을 단순화한 몇 가지 가정 하에서 논리적 과정을 통하여 필요한 결론을 이끌어 낸다. 때로는 다소 비현실적인 가정을 설정하여 이로부터 논리적 결론을 도출한 후 가정을 현실에 가깝게 수정해 나감으로써 보다 현실적인 결론을 얻어내기도 한다. CAPM도 예외가 아니며 몇 가지 가정으로부터 도출된다.

첫째, 증권시장은 완전자본시장perfect capital market이다. 증권시장에는 무수한 투자자가 있으며, 각 투자자는 시장가격에 영향을 줄 수 없는 가격순응자price-taker다. 또한 거래비용, 소득세, 정보비용 등은 존재하지 않는다. 둘째, 모든 투자자는 자본자산의 기대수익률과 표준편차 또는 분산에 따라 투자를 결정한다. 위험이 있는 자산에 투자할 때는 효율적 포트폴리오상에 존재하는 포트폴리오를 선택한다. 셋째, 자본시장에서 무위험자산risk-free asset이 존재하며, 모든 투자자는 무위험이자율risk-free interest rate로 언제든지 투자 자금을 무제한 빌리거나 빌려줄 수 있다. 넷째, 모든 투자자는 각 자본자산의 미래 수익률과 위험에 대하여 동일한 예측을 하고 있다. 다섯째, 증권시장은 균형 상태다.

이러한 가정들은 모두 현실과는 괴리가 있다. 그러나 누구나 쉽게 알 수 있으므로 일일이 비판하지는 않겠다. 그러나 이들 가정 중 '셋째, 자본시장에서 무위험자산이 존재하며, 모든 투자자는 무위험이자율로 언제든지 투자 자금을 빌리거나 빌려줄 수 있다.'는 개인투자자에게 특별히 와닿는다. 개인이 무한히 차입하기란 불가능하며 더욱이 정부와 같이 무위험이자율로 거래하기 어렵다. 개인이 이론에 따라 포트폴리오를 구성하기란 불가능하다.

CAPM이 개인투자자에게 주는 시사점

가정에 대한 비판과 개인투자자의 한계에도 불구하고 CAPM을 이해하면 좋다. 우선 포트폴리오 구성의 중요성을 알려 준다. 개인투자자의 경우도 가장 위험이 적은 예금, 중간 위험인 채권, 위험이 높은 주식투자로 이루어진 포트폴리오 구성을 생각해 볼 수 있다. 물론 이렇게 몇 개의 투자 대상으로 구성된 포트폴리오는 시장 포트폴리오와는 다르다. 다음으로 시장 포트폴리오와 비슷한 포트폴리오를 구성할 수는 없지만, 그 중요성을 알게 된다. 시장 포트폴리오를 추종하는 펀드에 가입할지 여부에 대한 관심을 가지게 된다. 예를 들면 직접투자 대신 주가지수펀드에 가입할 계기가 된다. 물론 펀드 가입이 반드시 직접 투자할 때보다 더 나은 수익률을 가져다 주리라고 보장할 수는 없다. 마지막으로 주식투자를 위한 증권회사 보고서를 읽을 때, 시장과 기업 상황을 이해하는 데 도움이 된다.

이론이 있으면 항상 반론이 있다. 포트폴리오이론과 CAPM도 많은 비판을 받았다. 시장의 움직임을 잘 설명하지 못한다는 주장과 잘 설명한다는 지지가 엇갈리지만, 현재 투자와 관련된 실무에서 가장 많이 이용되는 이론으로 남아 있다. 언제나 시장의 움직임을 통한 검증이 이론의 존립을 좌우한다.

그런데 포트폴리오이론의 분산투자를 무시하고 한 종목 또는 몇 개의 종목에 집중 투자하여 높은 수익을 올린 투자자도 많이 있다. 투자의 대가 워런 버핏Warren Buffett은 "폭넓은 분산투자는 투자자가 확신이 부족한 경우에만 필수적이다."라고 말하며 소신이 없는 과도한 분산투자를 경계한 바 있다. 포트폴리오이론에 대한 찬반양론은 지금도 계속되고 있다. 여기에 대해서는 다음 'Topic 09 모든 정보는 즉시 반영되는가?'에서 살펴보자. 이러한 논쟁은 'Part 8 소극적이거나 적극적인 투자전략'으로 이어진다.

모든 정보가 즉시 반영되는가?
효율적 시장가설 논쟁

+ 두 명의 경제학자가 산책을 하다가 길가에서 20달러짜리 지폐를 발견
  했다. 한 경제학자가 돈을 주우려 하자 다른 한 사람이 말했다. "쓸데없
  는 짓 하지 마! 진짜라면 벌써 다른 사람이 주워 갔겠지."
+ "금융시장은 효율적이다."라는 가설은 실증분석을 통해 증명되어야 한다.
+ 금융시장이 이미 효율적이라면 초과이익을 얻기 위한 어떠한 분석도
  소용없다. 그러나 다양한 분석을 이용한 결과로 시장이 효율적으로 움
  직였다고 볼 수도 있다.

가설은 이론이 아니다. 가설이 이론으로 우뚝 서려면 증명되어야 한다. 오랜 세월 동안 금융시장이 효율적으로 움직이는지에 대한 논쟁이 지속되는 가운데 많은 연구자가 시기와 시장을 달리하며 검증했지만 완전한 결론에 이르지는 못하였다. 그런데 효율적 시장가설이 성립하는지, 즉 정보가 가격에 즉시 반영되는지 여부에 따라 투자전략의 큰 틀이 달라진다. 가설의 성립 여부는 그만큼 중요하다. 여기서는 우선 효율적 시장가설에 대해 알아본 후, 'Part 8 소극적이거나 적극적인 투자전략'에서 가설의 수용 여부에 따른 전략의 수립에 대해 살펴보려 한다.

1. 금융시장이 잘 움직이고 있는가?

여러 가지 효율성

다음 'Part 4 적정가격을 찾아 움직이는 금융시장'에서 설명하겠지만 금융시장은 자원 배분을 위한 가격 결정 기구로서 역할을 한다. 가급적 낭비가 없도록 자원을 효율적으로 배분하는 기능을 한다. 여기서 배분을 효율적으로 하기 위한 측면을 세 가지로 구분할 수 있다. 배분의 효율성, 운영의 효율성, 정보의 효율성이다. 이에 대해 자세히 알아보자. 미리 말해두지만 투자자의 입장에서는 정보의 효율성이 가장 중요하다. 효율적 시장가설은 여기에서 출발한다.

배분의 효율성

우선 배분의 효율성allocation efficiency에 대해 알아보자. 이익이 많이 생기는 곳으로 돈을 보내는 기능을 금융시장이 잘 수행하면 배분의 효율성이 있다고 말한다. 적자가 누적되어 곧 없어질 기업으로 시장이 돈을 보내면 그동안 그 돈을 축적하기 위한 많은 사람의 노력은 물거품이 된다. 이 경우 시장은 배분의 효율성이 없다.

그러면 배분의 효율성은 언제 이루어지는가? 돈은 수익이 많은 곳으로 자연스럽게 흘러가는 속성이 있는데 금융시장이 이러한 흐름이 잘 이루어지게 할수록 제 기능을 수행한다고 볼 수 있다. 그런데 특정 부문에 돈이 많이 공급되어 생산량이 늘어나면 수익률은 낮아지게 된다. 그러면 더 이상 그곳으로 돈이 흘러가지 않게 되는데 이와 같은 과정이 잘 이루어지도록 기능을 수행하는 것도 금융시장의 역할이다. 그리하여 마침내 돈이 추가로 공급되었을 때 수익률이 경제의 각 부문에서 같아지도록 만들면 좋은 결과이며, 금융시장이 자금의 배분 기능을 충실히 수행한 것이 된다. 즉 배분의 효율성이 있게 된다. 조금 더 정확한 용어로 설명하면, 자본자산의 수요자와 공급자 모두에 대해 위험 조정 후 한계수익률이 일치하도록 가격이 결정될 때 배분의 효율성이 이루어진다고 말한다.

한편 배분에 대한 논의는 형평성이라는 단어를 떠올리게 하는 경향이 있다. 그러나 배분의 효율성에 대한 논의는 금융시장에 대한 사회·윤리적인 접근과는 관계가 없다. 가난한 사람들에게 자금이 더 싸고 많이 배분되어야 한다는 분배의 경제학과는 거리가 멀다. 이러한 논의는 다른 차원에서 이루어져야 한다.

운영의 효율성

운영의 효율성operation efficiency은 내부적 효율성이라고도 한다. 금융시장이 자원을 얼마나 빠르고 저렴하게 이전할 수 있는지에 대한 제도적 측면을 말한다. 금융시장의 발전 정도에 따라 하나의 거래가 시장에 미치는 충격은 작아진다. 이를 시장의 깊이가 깊어진다고 말한다. 또 금융거래에 드는 비용은 줄어든다. 예를 들어 주식시장의 규모가 작은 경우에는 보유하고 있는 주식을 조금만 팔아도 주가가 크게 하락하는데, 그러면 대규모 주식을 적정가격으로 매도하기 어렵다. 반면 시장이 발달되어 있으면 대규모 주식을 매도하더라도 워낙 거래되는 물량이 많기 때문에 주가에 큰 영향을 주지 않을 수도 있다. 또한 대규모 거래가 이루어지면 상대적으로 적은 비용으로 거래할 수 있다. 거래비용이 싼지 비싼지는 중요한데, 매입과 매도를 하고 싶어도 비용이 많이 들어 거래하기를 주저한다면 시장이 적정한 가격을 발견하기 어려워지므로 효율적이라고 말할 수 없다.

정보의 효율성

우리가 많은 관심을 가져야 할 정보의 효율성information efficiency은 외부적 효율성이라고도 한다. 운영의 효율성을 내부적 효율성이라고 부르는 것과 대비된다. 또는 가격 형성의 효율성이라고도 한다. 이는 이용 가능한 정보를 순간적으로 동시에 반영하여 자본자산의 가격이 결정되는지의 문제다. 뒤에서 설명되겠지만 투자전략의 수립과 관련되므로 투자자가 가장 관심을 가지는 분야다. 지금부터 이에 대해 자세히 살펴보자.

2. 모든 정보가 가격에 즉시 반영되는가?

정보의 종류와 시장의 반응

조금 전 언급했던 정보의 효율성은 효율적 시장가설EMH, Efficient Market Hypothesis에 대한 이야기다. 정보의 효율성이 있다면 금융시장은 순식간에 모든 정보를 증권 가격에 반영하게 된다. 여기서 정보란 첫째 누구나 구할 수 있는 시장정보, 둘째 공식적으로 발표되는 많은 경제정보, 셋째 누구나 구하기는 어려운 기업 내부의 정보를 말한다. 이러한 주장에는 가격이 증권의 내재가치를 가장 잘 반영한다는 믿음이 바탕에 깔려 있다. 비싼 것은 그럴 만 하니까 비싸고 싼 것은 그럴 만 하니까 싸다는 뜻이다. 즉 증권의 가치는 모두 가격에 반영되어 있다는 이야기다.

그런데 효율적 시장가설을 주장하는 사람들도 위의 세 가지 정보가 즉각적으로 가격에 반영되는지는 의견이 엇갈린다. 일부 사람들은 첫째 정보인 시장정보만이 가격에 즉각 반영된다고 주장한다. 이를 '약형의 효율적 시장가설'이라고 한다. 또 일부 사람들은 첫째 정보뿐 아니라 둘째 정보인 공개된 경제정보도 가격에 즉각 반영된다고 주장한다. 이를 '준강형의 효율적 시장가설'이라고 한다. 마지막으로 일부 사람들은 첫째와 둘째 정보는 물론 셋째 정보인 내부정보도 가격에 즉각 반영된다고 주장한다. 이를 '강형의 효율적 시장가설'이라고 한다.

가설의 제기

효율적 시장가설은 이론theory이 아닌 가설hypothesis이다. 즉 증명되지 않은 이론이다. 많은 연구자가 가설이 성립되는지에 대한 실증분석을 시도하였다. 약형 가설, 준강형 가설, 강형 가설별로 시기와 시장을 달리하여 다양한 연구가 이루어졌다. 과연 금융시장은 정보를 신속히 반영하고 있는지 각각의 가설을 살펴본 후 알아보기로 하자.

다만 한 가지만 먼저 설명하자면 효율적 시장가설이 성립한다면 정보가 이미 주가에 반영되어 있으므로 그 정보를 분석해서는 주가의 향방을 예측할 수 없다는 사실이다.

약형 효율적 시장가설

약형 효율적 시장가설은 현재의 주식가격은 주식시장이 시장정보를 완전히 반영하고 있다고 가정한다. 여기서 정보란 거시경제의 다른 움직임과는 상관없이 과거의 주가 움직임, 주가 변동 폭, 주식 거래량 등 주식시장의 움직임만 분석해도 알 수 있는 정보만을 말한다. 그러므로 어떠한 주식시장정보를 사용해 주가 동향을 분석하더라도 평균수익률을 초과하는 추가 이익을 얻을 수 없다.

약형 효율적 시장가설의 성립하는지의 검증은 증권 가격의 시계열이 어떠한 추세를 가지는지를 살펴보는 작업이다. 일정한 추세를 가진다면 이 추세를 통해 다음 가격을 예측할 수 있으므로 약형의 효율적 시장은 성립하지 않게 된다. 주가의 움직임이 술 취한 사람의 발자국처럼 무작위적 변화random walk를 그린다면 약형 효율적 시장가설이 성립함을 나타낸다.

준강형 효율적 시장가설

준강형 효율적 시장가설은 해당 주식과 발행 기업에 관련된 모든 공적정보publicly available information도 주가에 즉각 반영된다는 주장을 말한다. 여기서 공적정보란 기업의 재무상태와 경영성과를 나타낸 회계보고서, 거시경제 뉴스와 그 기업을 둘러싼 뉴스 등 모든 비시장정보를 포함한다.

여기서 주의할 점은 준강형 효율적 시장가설에서 정보는 약형 가설이 주장한 모든 주식시장 정보도 포함한다는 사실이다. 그러므로 준강형 효율적 시장가설이 성립되면 약형 효율적 시장가설도 당연히 성립한다.

준강형 효율적 시장가설은 증권 가격에 공적정보가 반영되었는지에 관심을 가지므로 공적정보가 발표되는 시점을 전후하여 주가가 어떻게 변동하는지를 분석하는 이벤트 스터디event study의 방법론을 이용해 가설의 성립 여부를 검증한다.

강형 효율적 시장가설

강형 효율적 시장가설은 모든 정보는 증권의 가격에 즉각 반영된다고 주장한다. 여기서 말하는 모든 정보에는 앞서 약형 가설과 준강형 가설에서 주장했던 시장정보와 공적정보뿐 아니라 그 기업에 근무하고 있는 직원에게만 알려진 내부정보도 포함된다. 예를 들면 '다음 달에는 A기업과 인수합병이 이루어질 것이다.', '획기적인 신약 개발에 성공해 곧 특허 출연 예정이다.' 등이 있다. 물론 내부정보를 이용한 내부자 거래는 법에 따라 엄정하게 처벌받겠지만, 내부정보도 은밀히 외부로 흘러나온 후 급속히 확산되면서 주가에 반영될 수 있다고 본다.

효율적 시장가설은 성립하는가?

효율적 시장가설의 의의는 여러 가지 정보가 증권 가격에 반영되어 있는가를 살펴보는 데 있다. 모든 정보가 증권 가격에 반영되어 있다면 여러 가지 정보를 분석해 증권 가격을 찾으려고 노력할 필요가 없으며 어떤 정보를 이용하더라도 초과이익을 얻을 수 없다. 가설이 성립한다면 효율적 시장에서 가격은 관련된 모든 정보를 즉각 반영하여 결정되므로 증권의 내재가치를 가장 잘 표현한다. 그러므로 효율적 시장가설이 성립하게 되면 성공적인 투자전략이란 있을 수 없다. 전문투자자의 투자 성과도 뛰어나지 않으며 보통 수준의 투자 성과를 얻는데 그친다.

이제 효율적 시장가설에 대한 논쟁의 결과를 정리해 보자. 그동안 발표된 실증분석 논문을 통해 증권시장의 효율성 문제를 살펴보면 금융시장이 '효율적이다 또는 비효율적이다'의 이분법으로 결론을 내릴 수 없다. 이러한 결론은 어쩌면 당연하다. 여러 연구자에 의한 다양한 검증은 분석 기간을 다르게 하는 가운데 국가별 시장을 달리하면서 다양한 방법론으로 행해졌다. 새로운 방법론에 의한 분석이 나오면 여러 시장에 동일하게 적용하여 그 성립 여부를 검증하는데, 한 나라에서 나온 결과가 다른 나라에서는 달라지기도 한다. 이는 각국의 시장제도와 시장참가자가 상이하기 때문인 것으로 분석된다. 그러므로 상대적으로 얼마나 효율적인 시장인지 말할 수 있을 뿐이다.

시장의 효율성을 지지하는 대부분의 검증 결과에 따르면, 주식분할과 같은 공개적인 정보와 각종 투자전략 등에 대해서 시장은 대체로 효율적이라고 한다. 즉 공적정보는 시장에 즉시 반영되며 투자전략을 달리하더라도 초과이익을 얻기는 힘들다는 뜻이다. 반면에 비효율성을 지지하는 결과에 따르면, 장기수익률의 시계열 움직임을 분석해 수익률의 반전 현상을 발견할 수 있다고 한다. 또 1월과 주말 등 특정 기간과 다른 기간 간에 수익률이 차이를 보이는 결과도 발견되었다. 아울러 소규모 기업의 주식과 낮은 PER를 가진 주식에서도 초과이익 가능성을 발견하였다.

이러한 여러 가지 상반되는 증거를 놓고 보면 증권시장은 엄격한 의미에서는 효율적이라고 할 수 없지만, 상당히 효율적이라고 결론지을 수 있다. 이러한 사실은 현실의 증권시장에서 비정상적 초과이익을 획득하는 일이 불가능한 일은 아니지만, 결코 쉽지 않다는 뜻이다. 그러므로 이는 남보다 뛰어난 민첩성이나 창의성 없이는 초과이익을 획득할 여지가 매우 적음을 시사한다. 그런데 이 말을 달리 표현하면 남보다 뛰어난 민첩성이나 창의성을 가진다면 초과이익을 거둘 수 있다고 해석할 수 있다.

역설은 존재한다

그런데 효율적 시장가설에는 역설paradox이 존재한다. 현실에서 많은 사람은 효율적 시장을 믿지 않고 초과이익을 얻기 위해 밤낮을 가리지 않고 거시경제 변수의 변동, 기업 동향, 주가의 움직임 등을 분석한다. 이처럼 효율적 시장을 믿지 않는 투자자들의 움직임이 가

격을 움직여서 시장을 효율적 시장에 가까워지도록 만든다는 뜻이
다. 이러한 주장에 따르면 가설 검증을 위한 실증분석 결과가 어떻
게 나오든 증권분석을 할 가치는 충분하다.

논쟁은 계속된다

효율적 시장가설에 대한 설명은 여기서 끝났지만, 이 가설이 성립
되는지에 대한 논쟁은 'Topic 28 과연 초과이익을 얻을 수 있는가?'
에서 투자전략을 둘러싸고 계속된다.

Q 투자이론에서 수익률뿐 아니라 위험이 중요하다는 사실을 다시 한번 알게 되었습니다. 그렇다면 같은 수익률을 올리더라도 위험을 감안해 투자 결과를 평가해야 할 것 같습니다. 금융회사들에서는 실제로 이렇게 리스크를 감안한 성과 평가가 이루어지고 있는지요?

A 좋은 질문입니다. 질문하신 바와 같이 투자를 바라볼 때는 수익 극대화도 중요하지만 리스크의 최소화도 그에 못지않게 중요합니다. 이러한 개념은 실제 펀드매니저들의 투자 성과를 평가할 때 흔히 사용하는 방법인 샤프지수Sharpe Ratio에 잘 나타나 있습니다. 물론 다른 성과평가 방법[11]도 있지만, 대표적인 방법에 대해서만 설명해 보지요. 샤프지수는 기대수익과 위험을 활용해서 산출된 위험대비 수익률 지표를 말합니다. 이 평가 방법은 상당히 간단하여 널리 사용되는데 무위험수익률을 초과하는 포트폴리오의 기대수익률을 포트폴리오 수익률의 표준편차로 나누어 산출합니다.[12]

좀 풀어 설명하자면, 여러분이 브라질 회사채로 구성된 펀드에

---

11 투자 성과 평가 방법으로는 샤프Sharpe지수 이외에도 트레이너Treyner지수, 젠센Jensen지수 등이 있다.

12 샤프지수 = (포트폴리오 기대수익률 − 무위험수익률) / 포트폴리오 수익률의 표준편차

투자했는데 기대수익률이 10% 수준으로 가정하고, 우리나라 회사채 펀드의 수익률은 5% 정도, 우리나라 국채 수익률은 2%라고 가정해 봅시다. 이때 브라질 펀드는 우리나라 무위험 채권인 국채 대비 초과이익률이 8%인 반면, 우리나라 회사채 펀드는 국채 대비 초과이익률이 3%에 불과하므로 브라질 펀드는 꽤 괜찮은 투자라고 생각할 수 있습니다. 그런데 만약 브라질 펀드 수익률의 표준편차가 15% 정도로 매우 높다면 샤프지수는 0.53[=(10%−2%)/15%]로 계산되는 반면, 우리나라 회사채 수익률의 표준편차가 4%라면 샤프지수는 0.75[=(5%−2%)/4%]로 산출됩니다. 이처럼 리스크까지 고려한 샤프지수를 통해 브라질 펀드와 우리나라 펀드를 비교해 보니, 오히려 우리나라 회사채 펀드가 더욱 우월한 투자인 것으로 나타나게 됩니다.

참고로 다른 예를 들어 보면, 가끔 언론에서 국민연금 운용수익률과 민간 주식펀드의 수익률을 비교하면서 갑론을박하는 경우가 있습니다. 당연히 국민연금과 민간 주식펀드의 포트폴리오는 매우 상이하며, 따라서 각각이 가지는 리스크의 속성profile도 크게 차이가 납니다. 이처럼 포트폴리오의 구성에 따른 리스크 차이를 고려하지 않고 수익률만 단순 비교하는 것은 무의미한 논쟁일 수 있습니다.

PART 4

적정가격을 찾아
움직이는 금융시장

주식시장은 모든 것의 가격은 알지만 그 가치는 모르는 사람들로 가득 차 있다.

The stock market is filled with individuals who know the price of everything, but the value of nothing.

Philip Fisher

적정가격을 찾아 움직이는 금융시장은 투자가 이루어지는 전장이다. 이번 장에서는 금융시장이 어떠한 구조를 가지며 서로 어떻게 연계되어 있는지 알아본다. 금융시장은 이후에 다룰 금융상품과 물론 밀접히 관련되어 있다. 또 이러한 금융시장에서 금융회사들이 움직이는 행태와 그 이유에 대해 분석한다. 그리고 금융시장의 가장 중요한 두 개의 축을 이루는 주식시장과 채권시장의 기본개념과 제도에 대해 알아본다. 마지막으로 금융시장의 본질을 이해하기 위해 거품이 붕괴되면서 초래되어온 금융위기의 역사와 그 원인에 대해 정리해 본다.

금융시장과 상품

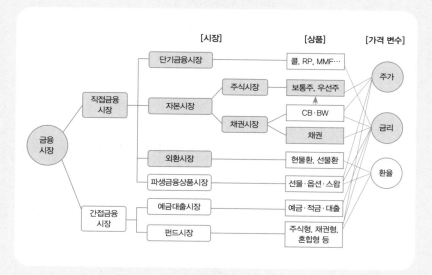

시장의 다양한 모습
금융시장의 구조와 연계

✦ 여러 자금거래와 투자활동으로 금융시장이 만들어진다. 이렇게 만들어진 금융시장의 시스템은 다시 자금거래와 투자활동에 영향을 미친다.
✦ 각각의 금융시장이 구분되어 만들어진 것은 아니다. 자연발생적으로 형성된 금융시장 중 비슷한 성격끼리 묶어 놓으면 우리는 이를 '시장의 구조'라고 부른다.
✦ 각각의 금융시장은 따로 존재하지 않는다. 어떤 방식으로든 반드시 관계를 가진다. 돈은 시장을 구분하지 않고 돌아다니기 때문이다.

투자를 위해서는 금융시장의 거래시스템 또는 제도와 함께 참여하는 금융회사의 움직임을 알아야 한다. 금융시장을 전장에 비유한다면 금융회사는 승리를 위해 싸우는 참전 용사라고 말할 수 있다. 큰 기관들의 동향을 파악하는 작업은 언제나 중요하다. 이들의 움직임이 나에게 영향을 미치는 시장의 방향을 결정하기 때문이다. 여러 가지 기준에 의해 금융시장을 다양하게 구분할 수 있다. 그러나 개인투자자에게 친숙한 증권시장은 주식시장과 채권시장이라는 두 개의 축으로 이루어져 있으므로 이에 집중해 보자. 한편 금융시장은 거래가 원활하게 이루어지는 기능을 하지만 당국에 의해 여러 가지 규제를 받는다. 금융은 언제나 빠르게 대규모로 움직이므로 한 방향으로 치닫기 쉽고 위기에 취약하다. 특히 금융 환경이 변화하는 시기는 시장이 발전할 기회가 되지만 대응하지 못하면 경제위기가 발생하기 쉬운 순간이 된다.

1. 금융시장이란 무엇인가?

보이는 시장과 보이지 않는 시장

금융시장financial market은 돈이 거래되는 곳이며 금융상품이 뛰어노는 운동장이다. 돈을 빌리고 싶거나 돈을 빌려줄 사람은 모두 금융시장에 나온다. 자금의 공급자와 수요자 간에 금융거래가 조직적으로 이루어진다. 여기서 시장이란 특정한 지역이나 건물의 실제 공간뿐 아니라 거래가 정보시스템에 의해 유기적으로 이루어지는 추상적 공간을 포함한다. 금융시장은 증권거래소처럼 눈에 보이기도 하지만 장외시장처럼 눈에 띄지 않기도 한다. 보이지 않는 시장은 전화와 인터넷 전산망으로 사고파는 사람들이 연결되어 있다.

금융상품을 매개로 돈을 빌리고 빌려주다

금융은 원래 자금융통資金融通에서 온 말이며 좁은 의미에서의 금융거래는 돈을 빌리고 빌려준다는 뜻을 가진다. 다양한 목적의 금융거래가 이루어지기 위해서는 거래의 수단인 금융상품financial instruments이 필요하다. 또는 상품을 거래하기 위해 돈을 주고받는다고도 말할 수 있다. 금융상품을 가지고 있으면 금융자산이 되며, 금융상품을 발행해 돈을 빌렸으면 미래에 갚아야 할 부채가 된다.

넓은 의미에서의 금융거래는 다양하다. 금융상품을 팔고 사는 거래와 돈을 빌리고 빌려주는 거래는 다른 시장에서 이루어진다. 팔고 사는 거래는 대표적으로 주식시장과 외환시장에서 일어난다. 다른 대부분의 금융거래는 돈을 빌리고 빌려주는 거래다. 빌리고 빌려주는 거래도 대출과 차입, 예금과 투자 등으로 다양하게 구분할 수 있다. 또한 긴 시간 또는 짧은 시간 동안 빌려주기 그리고 필요한 사람에게 직접 빌려주거나 중개기관을 통해 간접적으로 빌려주기 등 다양하다. 거래되는 상품에 따라 금융시장도 여러 형태로 존재한다.

금융시장의 이해는 상품의 특징과 거래 방식을 아는 것

금융시장은 결국 금융상품별로 이루어지는 시장이다. 주식시장은 주식이 거래되는 시장이며 채권시장은 채권이 거래되는 시장이다. 그러므로 주식시장을 이해하면 주식이라는 금융상품을, 채권시장을 이해하면 채권이라는 금융상품을 우선 알아야 한다. 그러나 시장은 운동장이고 시스템이며 제도다. 각각의 개별 금융상품만 안다고 시장을 이해한 것은 아니다. 금융상품마다 거래되는 방식을 규정하는 시장의 제도는 상이하다. 주식을 안다고 주식시장을 이해한 것은 아니다.

시장의 구조란 유사한 특징으로 묶어진 체계

거래 방식과 거래 기간의 기준에 따라 유사한 특징을 가진 시장들로 분류해 묶어본다. 개별 금융시장들이 몇 개의 그룹을 형성하면 금융시장의 구조가 된다. 몇 가지 그룹을 형성하는 기준에 대해 살펴보자.

그림 10.1 우리나라 금융시장의 구조

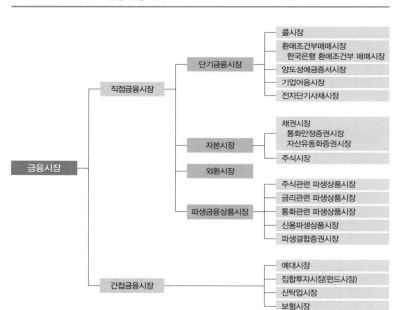

자료: 《한국의 금융시장》(한국은행, 2016.12)

2. 금융시장은 우리에게 어떤 도움을 주는가?

돈의 수요와 공급을 연결

금융시장은 다른 모든 시장과 마찬가지로 수요와 공급을 연결하는 역할을 한다. 금융시장은 돈의 수급을 연결한다. 즉 돈을 운용하고자 하는 사람들과 돈이 필요한 사람들을 연결해 모두가 이득이 될수 있게 한다. 이때 금융회사는 돈을 연결하는 과정에서 매개 역할을 함으로써 저축, 소비, 투자 등을 통해 실물경제를 위한 거래가 원활히 이루어지도록 도와준다.

대규모 자금 조달

소규모 자금의 조달은 금융시장이 없어도 이루어질 수 있지만, 대규모 조달은 시장을 통하지 않으면 어렵다. 기업은 주식과 회사채발행을 통해 기업활동에 필요한 거액의 자금을 조달할 수 있으며, 정부와 공공기관은 국공채 발행을 통해 거액의 자금을 확보함으로써 예산집행과 같은 재정정책의 수단으로 활용할 수 있다.

금융시장을 통한 대규모 자금 거래는 양적으로도 중요하지만, 규모의 경제를 통해 낮은 비용으로 자금을 조달할 수 있도록 한다. 낮은 조달비용은 투자의 효율을 높인다.

가격의 발견

시장에 옷을 사러 갔는데 파는 사람과 사는 사람 간에 가격을 합의하지 못한다면 거래가 이루어지지 않는다. 가격을 발견할 수 없다면 시장은 기능하지 못하는 것이다. 적정한 가격을 찾아내기 위해서는 우선 거래가 빈번하게 이루어져야 하며 거래량이 많아야 한다. 거래가 띄엄띄엄 일어나면 적정한 가격을 알 수 없다. 거래 빈도야말로 시장이 제 기능을 하기 위한 핵심 요건이다. 금융시장에서도 금융거래가 빈번히 일어나면서 시장은 적정한 금리, 주가, 환율 등 가격을 찾아낸다. 금융시장이 존재하는 이유로 여러 가지를 나열할 수 있지만, 적정한 가격을 찾아내는 기능이 가장 중요하다. 적정한 가격이 있어야만 자금의 수요와 공급이 원활하게 이루어지면서 효율적으로 자금이 배분될 수 있다.

생산과 소비의 분리

금융시장이 "생산과 소비를 분리시켜 준다."는 사실은 투자자에게 썩 와닿지 않는 사실이지만 금융시장의 핵심 기능 중 하나다. 금융시장에서 형성되는 금리는 현재가치와 미래가치를 연결시키는 기회를 모든 사람에게 제공한다. 따라서 생산과 소비를 위한 의사결정은 직접 연결되지 않고 금융시장을 통해 조정된다. 다시 말하면 생산자는 소비자의 만족과 무관하게 생산투자의 기회와 금융시장의 기회만을 고려하여 생산하면 되며, 소비자는 생산투자 결정과 상관없이 금융시장이 제시하는 기회를 고려하여 자신의 만족을 극대화시키는 소비를 결정할 수 있다. 즉 금융시장이 원활히 움직이는 조건 속에서는 최적생산 결정은 시장금리 수준에 따라 결정되며 주관적인 개인의 선호와는 무관한데 이를 '피셔의 분리정리Fisher's separation theorem'라고 한다.

그 밖의 기능들

금융시장은 효율적인 생산을 뒷받침하면서 위험 분산의 수단을 제공하고 자금이 필요할 때 유동성을 확보하게 해 준다. 그리고 자금의 저축과 차입 기능을 제공함으로써 소비와 투자의 예산 제약을 완화시킨다. 이러한 기능은 모든 사람이 금융시장에 참가하도록 만드는 유인이 된다. 아울러 금융시장은 각종 가격 정보와 같은 금융거래 정보를 투자자에게 제공하는 기능을 한다. 한편 통화정책 수행에 있어 매우 중요한 현재의 시장금리 수준을 알려 주는 기능도 한다.

3. 여러 가지 기준에 따른 금융시장의 구분

직접금융시장과 간접금융시장

금융거래는 중개기관의 개입 여부에 따라 직접금융과 간접금융으로 구분된다. 직접금융거래는 돈을 빌리는 사람이 자기 이름으로 증권을 발행하고, 돈을 빌려주는 사람은 이 증권을 매입하는 방식으로 이루어진다. 돈을 빌려주는 사람은 누구에게 돈을 빌려주는지 알고 있으며, 돈을 빌리는 사람도 마음만 먹으면 누구에게 돈을 빌리는지 알 수 있다. 주식시장과 채권시장이 대표적이다. 직접금융시장에서는 수요와 공급을 반영한 시장규율이 중요하다.

　반면 간접금융거래는 은행과 같은 금융중개기관financial intermediaries 을 통해 돈을 빌려주는 사람과 빌리는 사람이 연결된다. 대표적인 금융중개기관은 은행인데 어느 곳에 돈을 빌려줄지를 심사하는 기능이 중요하다. 빌려주는 사람은 최종적으로 누구에게 빌려주는지 알 수 없고 이에 대한 관심도 없으며 그 돈을 어디에서 운용하든 상관하지 않는다. 중개기관의 신용만이 중요할 뿐이다. 예금과 대출시장이 대표적이다.

단기금융시장과 장기금융시장

　간접금융시장은 예금과 대출의 기한을 기준으로 단기금융시장과 장기금융시장을 나눌 수 있다. 직접금융시장도 거래되는 금융상품의 만기를 기준으로 단기금융시장과 장기금융시장으로 나눌 수 있다. 단기금융시장을 자금시장, 장기금융시장을 자본시장이라고 말하기도 한다. 한편 외환상품과 파생금융상품이 거래되는 시장도 상품의 만기에 따라 장단기금융시장에 포함할 수 있지만, 굳이 포함하지 않고 각각 별도로 구분한다.

　통상 1년 이내의 금융상품이 거래되어 일시적인 자금 수급을 조정하는 단기금융시장에는 콜시장, 환매조건부채매매시장(RP시장), 양도성예금증서시장, 기업어음시장, 전자단기사채시장 등이 포함된다. 단기금융시장도 하루, 1주일 등 만기가 아주 짧은 거래와 6개월, 1년 등 조금 긴 만기를 가지는 거래로 구분된다. 한편 만기가 짧은 금융상품은 유동성이 높은 만큼 거래가 활발하지는 않지만, 만기가 짧으므로 조금만 기다리면 현금으로 바꿀 수 있다. 반면 대기업과 금융회사 등이 만기 1년 이상의 장기자금을 조달하는 자본시장에는 주식시장과 채권시장이 포함된다. 자본시장은 만기가 길므로 유동성과 함께 수익성이 중요하다. 투자 기간이 긴 만큼 수익률 변동 같은 여러 위험에 더 크게 노출되므로 투자자산에 대한 각별한 리스크 관리가 필요하다.

장내시장과 장외시장

금융거래가 일어날 때 표준적인 규칙의 적용을 받는지 여부에 따라 금융시장을 장내시장과 장외시장으로도 구분할 수 있다. 표준화란 우선 거래상품이 동일하게 만들어졌다는 뜻이다. 백화점에서 파는 기성복은 표준화된 동질의 제품이다. 반면 맞춤복은 소비자의 다양한 요구에 맞게 만들며 표준화되지 않기 때문에 대량 거래가 어렵다. 표준화된 상품만이 시장에서 대량으로 거래될 수 있다. 다양한 수요에 부응하는 각기 다른 조건의 금융상품은 장외에서 거래된다. 예를 들어 주식은 만기가 없으므로 일반주와 우선주 등 몇 개에 불과해 장내시장에서 거래될 수 있지만, 회사채는 발행 시점에 따라 만기와 이자율이 달라지므로 표준화되기 어려워 장외시장에서 거래된다. 단기금융상품이나 파생금융상품도 표준화가 어려워 장외시장에서 거래된다.

한국거래소가 운영하는 유가증권시장이나 코스닥시장이 대표적

인 장내시장이다. 반면 장외시장OTC Market, Over-The-Counter Market
은 상품이 표준화되어 있지 않아 중개기관을 통해 개별적으로 거래
가 이루어지는 시장이다. 장외거래는 보통 중개회사가 전화, 인터넷
메신저 등을 통해 매도 또는 매수를 원하는 투자자의 호가를 받은
후 반대거래를 원하는 상대방을 찾아 거래를 성사시키는 방식으로
진행된다. 장외거래가 활성화되기 위해서는 중개기관의 역할이 매
우 중요하다.

발행시장과 유통시장

금융상품이 최초로 발행되어 거래되는지 여부에 따라 발행시장
primary market과 유통시장secondary market으로 구분하기도 한다. 발행
시장이란 자금을 필요로 하는 기업, 금융회사, 정부, 지방공공단체
등이 주식이나 채권과 같은 유가증권을 신규로 발행하는 시장을 말
한다. 반면 유통시장은 이미 발행된 채권, 주식 등 유가증권이 투자
자 사이에서 매매되는 시장을 말한다. 금융상품은 발행시장에서 출
생신고를 하며 유통시장에서 여기저기 이사 다니며 주민등록을 옮
긴다.

외환시장과 외화자금시장

앞선 설명과 같이 금융시장 전체를 구분하는 기준은 아니지만, 외
화 또는 외환이라는 용어가 들어가는 시장은 헷갈리기 쉽다. 외환시
장은 서로 다른 통화가 거래되는 시장이다. 즉 미 달러화, 유로화, 엔

화 등 외국통화를 사고파는 시장이다. 반면 외화자금시장은 외국통화를 빌리고 빌려주는 시장이다. 그러므로 외화자금시장에서는 서로 다른 통화가 교환될 필요는 없다.

한편 외환시장은 거래 당사자에 따라 은행 간 외환매매가 이루어지는 은행간시장과 은행과 고객 간에 외환매매가 이루어지는 대고객시장으로 구분할 수 있다. 은행간시장은 금융회사, 외국환중개기관, 한국은행 등이 참가하는 시장으로 외환거래가 대량으로 이루어지는 도매시장의 성격을 가진다. 일반적으로 외환시장이라 할 때는 은행간시장을 의미한다.

4. 금융시장 간의 연계

모든 시장은 연결된다

돈은 이익을 찾아 어떠한 경계도 넘는다. 각 금융시장은 연결된다. 주요 가격 변수인 금리, 주가, 환율 수준의 움직임에 따른 수익률 변동은 위험을 가지면서 시장을 연결한다. 국내와 국외를 넘나드는 채권거래는 외환거래를 거치면서 이익과 손실이 조정된다. 주가와 금리는 위험을 감안하여 균형을 이루면서 시장을 연결한다. 외국인 투자자의 국내주식투자와 내국인 투자자의 해외주식투자 손익도 환율에 의해 조정된다. 여러 파생금융상품시장들이 이들을 연결해 주기도 한다.

물론 하나의 시장 내에서 단기시장과 장기시장은 긴밀히 연계된다. 채권시장에서 거래되는 장단기채권도 선도금리forward rate에 의해 단기금리와 장기금리가 조정되면서 서로의 가격에 영향을 미친다. 또한 현물가격은 선물가격에 영향을 주어 파생금융시장을 움직이며 다시 선물가격은 현물가격에 영향을 준다. 모든 연계관계를 다 나열하지 못할 정도로 복잡하다. 그러므로 하나의 시장 자체만을 이해했다고 그 시장을 잘 안다고 말할 수는 없다.

금융시장은 서로 연계되어 있어 자신이 직접 투자하지 않는 금융상품의 가격 변동도 자신의 손익에 영향을 미칠 수 있으므로, 금융투자를 위해서는 금융시장구조와 연계에 대한 기본적 지식을 갖출 필요가 있다.

차익거래로 설명하는 시장의 연계

위에서 살펴본 바와 같이 금융시장은 밀접하게 연결되어 있으므로 거래관계를 이해하기 힘들다. 더욱이 실제 거래에서는 금융원리 이외에도 다른 상황 요인들이 가세한다. 이를 모두 설명하는 일은 이 책의 범위를 벗어나는 일이지만, 하나의 법칙만을 알고 있다면 다양하고도 복잡한 연계에 다가갈 수 있다.

우선 연계를 이해하기 위해 동일한 금융상품의 거래를 전제로 생각해 보자. '동일한 상품은 동일한 가격으로 거래되어야 한다'는 일물일가의 법칙law of one price만 알고 있다면 연계의 많은 부분을 이해할 수 있다. 즉 동일한 금융상품이 다른 가격으로 판매될 경우 차익거래arbitrage transaction가 일어나게 된다. 여러 시장 중 상대적으로 비싸게 거래되는 상품을 팔고 상대적으로 싸게 거래되는 상품을 사면 이익이 남게 되며 그 과정에서 각 상품의 가격은 결국 하나의 가격으로 수렴한다는 법칙이다. 이러한 법칙은 어느 시장에서나 성립한다.

간단하게 예를 들면, 금 0.1그램을 한 곳에서는 1만 원에, 한 곳에서는 9000원에 사고팔 수 있다면 9000원에 금을 사서 1만 원에 팔아 차익을 남길 수 있다. 이런 행위가 계속되면 결국 1만 원에 팔리던 곳에서는 금의 공급이 늘어 가격이 내려가고, 9000원에 팔리던 곳에서는 금의 수요가 늘어 가격이 오를 것이다. 그리고 이러한 차익거래는 두 곳의 금의 가격이 비슷해질 때까지 지속된다.

다음으로 채권거래와 외환거래가 연결된 거래의 예를 들어 보자. 우리나라의 채권금리가 5%, 미국의 금리가 3%라고 가정하고, 외국인 투자자가 미국에서 3% 금리로 자금을 조달해 우리나라 채권에 1년간 투자할 경우 2%의 차익을 얻을 수 있다. 이 경우 한국 채권에 대한 수요가 증가해 한국 채권금리가 하락 압력을 받을 것이고, 이론상으로는 미국의 금리와 일치하는 수준까지 하락하게 된다. 물론 여기서는 우리나라 국채와 미국 국채의 위험이 같다는 전제를 가정한다. 현실에서는 국가신인도가 다르므로 국가 간 금리차(내외금리차)가 일정 스프레드 이상 좁혀지지 않는다.

어쨌든 이러한 접근은 주식시장, 채권시장, 파생금융시장의 모든 거래에 적용되어 같은 상품이 다른 가격으로 움직일 때 차익을 노리고 움직이는 많은 거래를 설명해 준다. 다만 실제 거래에서는 운송비용, 진열비용, 정보수집비용 등 여러 내용을 고려해야 한다. 이로 인해 같은 물건이 서로 다른 가격으로 판매되는 경우가 빈번하다. 그러나 금융시장의 경우에는 각종 거래비용이 적어 상품시장보다는 일물일가의 법칙이 비교적 잘 적용된다.

5. 시장을 키우는 증권화

연금술로 등장한 증권화

지금까지 각 금융시장에 관해 설명하였다. 이제 시장의 발전 과정 중 현재 상황을 이해하는 데 가장 중요한 사항을 짚어보자. 경제성장에 발맞추어 금융에서도 많은 발전이 이루어져 왔다. 무한책임을 지던 사업가들이 주식이라는 증권의 도입으로 유한책임만을 부담하면서 활발한 투자활동이 이루어진 이후, 금융 부문에서 가장 혁신적인 변화를 하나만 선택하라면 증권화securitization를 꼽는 데 주저하지 않겠다.

증권화의 넓은 의미와 좁은 의미

일반적으로 거론되는 증권화는 대출의 증권화보다 조금 더 넓은 뜻을 가진다. 넓은 의미의 증권화는 모든 금융자산을 증권의 형태로 바꾸는 일이다. 이러한 작업은 많은 이점을 가진다. 한편 그 의미를 좁혀보면 증권화는 이미 실행된 대출을 증권으로 바꾸는 연금술이다. 넓은 의미의 증권화는 돈이 필요한 기업이 은행을 통해 차입하지 않고 직접 주식, 회사채, 기업어음CP 등의 발행을 통해 자금을 조달하는 방식을 말한다. 금융시장이 발달하기 전 기업들은 주로 은행대출과 같은 간접금융방식으로 자금을 조달했으나 금융시장이 발달하게 되면서 유가증권 발행을 통해 스스로 자금을 조달할 수 있게 되었다. 유가증권은 시장에서 자유롭게 거래가 이루어지므로 저렴한 비용으로 대규모 자금을 조달할 수 있는 장점이 있다. 정부가 국채를 발행해 자금을 조달하는 방식은 역사를 거슬러 올라가면 그보다 훨씬 오래되었다. 이후 은행도 장기로 자금을 차입하는 과정에서 은행채를 발행했으며, 단기 예금 유치를 대신해 양도성예금증서CD를 통해 단기자금을 조달하였다. 지방자치단체와 정부투자기관도 이에 가세하여 각종 지방채과 공사채를 발행하였다. 증권화의 원래 뜻은 이와 같은 자금 조달 방식이다.

어쨌든 이렇게 증권으로 자금을 조달하는 방식이 확대되면서 투자자도 은행에 예금하는 대신 자금을 증권으로 운용할 수 있게 되었다. 돈을 예금하거나 빌려주면 만기까지 돈이 묶이지만, 증권으로 가지고 있으면 필요할 때 매각하여 현금으로 바꿀 수 있는 유동성을 얻을 수 있으므로 조금 낮은 금리를 받더라도 감내할 수 있다.

그런데 여기에 더해 자산을 증권화하는 방식이 생겨났다. 이는 금융회사가 보유하고 있는 대출채권과 같은 유동성이 낮은 자산을 매매 가능한 유가증권 형태로 전환하는 방식을 말한다. 한 번 실행된 대출로 인해 자산이라는 이름으로 묶여 있는 돈을 증권화를 통해 다시 움직이게 만든다. 대출을 유동화시키므로 이때 태어난 증권을 '자산유동화증권'이라고 부른다. 금융이란 간단히 말해 돈이 필요한 부문으로 원활하게 돌아다니게 만드는 작업이다. 증권화는 이러한 점에 기여한다.

그러므로 증권화를 폭넓게 정리하면 자금 조달도 증권으로 하고 자금 운용도 증권으로 하는 방식을 말한다. 그런데 금융시장에서 조달과 운용은 동전의 앞면과 뒷면이다. A의 조달은 B의 운용이며, B의 조달은 C의 운용이다.

이제는 증권화라고 이야기하면 일반적으로 좁은 의미의 증권화를 가리키게 되었다. 대출뿐 아니라 다른 모든 자산도 증권화의 대상이 되지만, 대출에서 이야기를 시작했으므로 우선 자산 중 대출에 초점을 맞추자. 금융회사가 대출자산을 만기까지 가지고 있으면 자금이 묶이게 되므로 더 이상 이 자산을 활용할 수 없게 된다. 대출을 증권으로 만들어 팔게 되면 금융회사는 들어오는 자금으로 다시 대출할 수 있다. 증권을 잘 만들면 금융시장에서 거래가 용이하다. 증권화를 통해 대출 재원을 확보할 수 있을 뿐 아니라 자산유동화증권을 만들고 매각하는 과정을 통해 이익도 얻을 수 있게 되었다. 한편 투자자도 이 증권을 사서 좀 더 나은 투자수익을 얻을 수 있으니 발행자와 투자자 모두 이익을 얻을 수 있다. 윈-윈 게임win-win game이 성립한다. 다만 어떤 방식을 이용해 어떤 증권으로 바꿀 것인지가 중요하다. 위험을 줄이면서 수익률을 높이는 기법을 설계하는 가운데 우량 대출을 싼 가격에 많이 확보하는 역량이 핵심이다. 투자란 결국 위험과 수익의 상충관계trade-off에 놓여 있다.

구조화의 다소 복잡한 과정

이제 자산을 증권으로 만드는 과정을 살펴보자. 대출도 물론 자산이다. 일종의 연금술이다. 자산유동화는 대출 등 기초자산을 자산보유자로부터 분리하여, 증권화를 위하여 만든 페이퍼 컴퍼니paper company인 특수목적회사SPC, special purpose company[1]에 매각한다. 그러면 이 회사는 여러 분리된 대출을 모은pooling 후 다시 쪼개어 수요자에게 증권을 매각한다. 이러한 과정에서 증권의 현금흐름을 조정하고 매각 대상 증권의 신용을 보강하게 되는데 이를 '구조화 과정'이라고 한다. 증권화 과정에서는 특히 두 가지가 중요하다. 하나는 특수목적회사가 자금을 원활히 조달하는 일이며 다른 하나는 대출을 기초자산으로 하는 증권의 신용도를 높이는 일이다.

무슨 자산이든 증권화의 대상이 된다

어떠한 대출도 증권화의 대상이 된다고 앞에서 설명하였다. 심지어 앞으로 취득하게 될 자산도 대상이 된다. 매각할 자산유동화

---

[1] 회사 형태가 아닌 신탁과 같은 다른 법적 형태로도 이루어진다. 이를 '특별목적기구SPC, special purpose company' 또는 '콘딧conduit'이라고 한다. SPC는 독립적으로 존재하지 않으며, 대출자산을 매각하는 은행이 설립해 대출의 증권화 작업을 목적으로 운영한다.

증권은 기초자산인 대출의 종류에 따라 다양한 명칭이 붙는다. 우선 모기지대출을 기초자산으로 유동화한 증권인 주택저당채권담보부채권MBS, Mortgage Backed Securities이 제일 유명하다. 이는 최초의 자산유동화증권일 뿐 아니라 규모가 가장 크기 때문에 대출채권의 증권화에 포함되지만 별도의 이름으로 불린다. 그리고 일반적인 대출채권을 기초자산으로 유동화한 증권을 CLO Collateralized Loan Obligation, 회사채와 같은 채권을 기초자산으로 유동화한 증권을 CBO Collateralized Bond Obligation라고 부른다. 또 이들을 한꺼번에 유동화한 증권을 CDO Collateralized Debt Obligation[2]라고도 부른다. 그리고 앞에서 설명한 모든 증권을 포괄하여 자산담보부증권ABS, Asset Backed Securities라고 부른다. 한편 채권 형태 이외에도 만기가 짧은 CP 형식을 가지는 ABCP도 발행된다. 그 밖에도 대출자산의 종류에 따라 다양한 증권의 이름이 있다.[3]

증권화한 증권을 다시 증권화하다

그런데 증권화 과정은 한 번으로 끝나지 않는다. 여러 가지 유동화증권을 대상으로 새로운 유동화증권을 만들 수 있다. 글로벌 금융

2 　금융채권을 기초자산으로 유동화한 증권이다. 금융회사 입장에서는 자산이나 돈을 빌린 입장에서는 은행 차입과 회사채 발행은 부채가 되므로 이러한 명칭이 붙었다.
3 　자동차할부금융을 기초자산으로 유동화한 증권을 'auto loan ABS'라고 부른다. 미래에 들어올 고속도로 통행료를 기초자산으로 발행하는 ABS도 있다.

위기 이전에는 유동화할 수 있는 대출이 소진되는 과정에서 대출이 아닌 유동화된 증권을 기초자산으로 새로운 유동화증권을 발행하는 현상이 나타났다. 2차 증권화다. 이런 과정은 이론상 무한히 반복될 수 있는데 실제 2차, 3차, 4차까지 주택저당채권담보부채권MBS이 발행되기도 하였다. 처음 발행된 MBS를 기초로 발행되었으면 MBS-CDO라는 이름을 가졌으며 몇 개의 CDO를 묶어 CDO2가 발행되고 다시 CDO2를 기초자산으로 CDO4가 발행되었다.

자산유동화증권의 신용과 신용보강

유동화증권이 양호한지는 기초자산인 대출에서 이자가 제때 나오고 대출만기가 되었을 때 원금을 받을 수 있는지에 달려 있다. 그런데 유동화증권을 매입하려는 투자자는 기초자산인 대출의 건전성을 판단할 수 없으므로 증권을 매각하려면 신용도가 높다는 점을 부각시켜야 한다. 이렇게 신용도를 높이는 연금술에 대해 알아보자.

유동화증권의 신용도는 기본적으로 다음 기법에 달려 있다. 첫째, 다양한 대출을 사 모아서 하나의 집합으로 만든 후에 신용도별로 차등해 증권을 발행한다. 신용등급이 높은 순으로 상위트란세senior tranche, 중간트란세mezzanine tranche, 하위트란세junior tranche 등 가장 신용도가 낮은 지분equity으로 구성된다. 전체 집합의 리스크는 그대로지만 대출에서 부도가 발생할 경우 지분과 신용도가 가장 낮은 트란세부터 손실을 부담하도록 설계함으로써 상위트란세는 웬만한 부도 발생으로부터 자유로울 수 있다. 즉 지분과 하위트란세의 가치가 완전히 소멸된 후에야 중위 트란세 투자자는 손실을 부담하며, 중위트란세의 가치가 소멸된 후에 상위트란세 투자자가 손실을 부담한다.

여기서 확률과 기댓값을 생각해 보자. 서울 시내 자동차들이 모두 보험에 가입했을 때 동시에 고장이나 사고가 나지는 않는다. 보험회사는 수많은 개별 운전자의 각기 다른 사고 발생 가능성이 모여 형성된 확률분포를 가진다. 우선 유동화증권의 기초자산인 수많은 개별 대출도 부도가 날 확률이 각각 독립적이므로, 우량 대출채권으로 구성된 상위트란세는 높은 신용도를 유지한다. 이는 보험회사가 무사고 운전자들의 보험만 모아 놓은 것과 동일하다. 둘째, 특수목적회사를 설립한 은행이 신용이 가장 열위인 지분을 매입함으로써 다른 증권들의 신용도를 높였다. 셋째, 은행이 특수목적회사에 현금을 공급함으로써 부도날 경우의 손실을 보전해 주는 장치를 갖출 뿐 아니라 외부 기관의 지급보증도 부여해 신용도를 높였다.

이러한 장치들을 통해 유동화증권이 리스크가 낮은 것으로 포장되었고 고수익을 제시하면서 수요를 증가시켰다. 그러나 여기에는 많은 문제가 숨어있었다. 평소 잘 작동하던 메커니즘이 위기가 발생하자 문제점을 드러냈다. 가뭄이 들어 저수지에 물이 줄어들면 바닥에 있던 쓰레기가 모습을 드러내기 마련이다.

위험은 항상 존재한다

위험은 언제나 작다고 무시하고 새로운 기법으로 잘 관리되고 있다고 방심하던 곳에 도사리고 있다. 증권화 과정은 첨단 금융공학의 치밀한 뒷받침을 받고 있다고 생각하면서 금융회사 CEO들과 고객들은 메커니즘을 신뢰하였다. 또한 이를 지원하던 단기금융시장은 만기가 짧아서 위험이 있다고 해도 얼마나 있겠느냐며 방심하고 있었다. 그러나 금융위기가 발생하면 이야기가 달라진다. 대규모 자금인출사태bank-runs가 야기되면서 복잡한 네트워크 구조를 통해 상호연계된 고리를 타고 리스크가 은행시스템으로 전이되었다. 인화물질이 가득하면 이웃집에서 발생한 화재는 쉽게 옮겨 붙는다.

자산유동화증권의 위험들

자산유동화의 과정은 금융회사의 자금조달원을 다양하게 해 주며 조달비용을 절감하고 위험을 분산할 수 있는 유용한 수단을 제공해 주지만, 여러 가지 리스크를 가진다. 우선 기초자산이 부실화될 위험인 채무불이행 리스크를 항상 가진다. 다음으로 구조화 과정이 복잡하여 신용위험 파악이 곤란한 정보 비대칭 리스크를 가진다. 발행한 사람은 위험을 알고 있지만, 증권을 매입한 사람은 그 속에 들어 있는 정보를 제대로 알기 어렵다는 뜻이다. 한편 신용보강은 당초 리스크를 줄이는 좋은 장치지만, 위기가 발생할 경우에는 채권보증기관이 부실화되면서 연쇄 리스크가 발생할 수 있다. 또한 높은 레버리지leverage를 가지고 있으므로 기초자산이 부실화되면 확대된 레버리지만큼 리스크를 증폭시킬 수 있다. 그뿐만 아니라 금융시장이 발달할수록 금융회사들 간의 연계가 이루어져 있으므로 한군데서 위험이 발생하게 되면 다른 금융회사들로 쉽게 전파될 위험이 있다. 너무 위험을 강조한 듯하지만 실제 글로벌 금융위기 과정에서 이러한 위험이 전 세계로 확산되었다.

위험은 관리되어야 한다.

금융위기 이후 파생금융상품 같은 모든 금융상품의 위험에 대한 검증이 이루어지면서 위험이 큰 금융거래는 위축되었다. 그런데 새삼스럽지 않다. 금융규제 완화가 이루어진 후에는 금융위기가 발생하고 그 이후 금융시장이 안정되면 새로운 혁신의 이름으로 금융규제가 다시 완화되는 모습이 반복된다. 증권화 과정도 예외는 아니었다. 감독당국은 은행을 통한 간접 규제 방안을 마련하였다. 먼저 화재에 대비해 불이 옮겨 붙는 곳에 방화벽을 설치하는 방안을 마련하는 한편 은행의 비규제 대상 금융회사에 대한 투자 규모exposure를 제한하고 은행이 자체적으로 비규제 대상 금융회사를 설립하여 관리하게 함으로써 위험을 억제할 방안을 제시하였다. 그리고 자산유동화 과정의 유인incentive체계를 일치시키며 증권 발행자가 스스로 리스크를 부담하도록 의무조항을 부과하는 한편 발행자와 투자자 간에 놓여 있던 정보 비대칭 문제를 해소하기 위한 투명성 제고 방안도 제시되었다.

그런데 앞에서 살펴본 바와 같이 자산의 증권화는 조금 더 효율적인 방식으로 자금을 조달하는 가운데 수익률이 높은 상품에 투자하려는 노력으로 만들어 낸 금융 혁신의 결과였다. 이러한 혁신은 전통적 은행시스템의 한계를 보완한 장점이 있던 것도 사실이다. 금융은 항상 역동적으로 움직이면서 규제를 회피하거나 뛰어넘으려고 한다. 평소에는 최신 금융기법이라고 금융시장의 찬사를 받는다. 금융 혁신을 완전히 규제하면 발전은 없다. 문제는 제대로 된 감독과 통제가 이루어지지 못한 데도 있다. 혁신과 규제는 언제나 새로운 이름을 가지면서 반복된다.

금융회사들이 움직이는 이유
거래의 목적과 특징[4]

+ 다양한 금융거래는 각각 목적이 있다. 하나의 거래에도 여러 목적이 있을 수 있다.
+ 다양한 금융거래의 목적을 몇 개의 패턴으로 구분할 수 있다.

투자를 잘하기 위해서는 다른 투자자가 어떻게 움직이는지를 알아야 한다. 금융회사를 비롯한 투자자의 움직임을 몇 가지 유형으로 정리하여 알아보자. 대규모 자금의 움직임은 금융시장에 영향을 주므로 이들의 거래 속성을 알아두면 좋다. 다양한 금융거래를 살펴보면 금융회사들의 움직임은 투자 목적으로만 한정되지 않으며 다양한 목적을 가진다는 사실을 알게 된다. 돈이 움직이는 패턴을 알게 된다면 복잡한 거래를 분석하고 앞을 예측할 힘이 생긴다. 거래 유형을 이해한다면 투자가 반드시 경제 전망만을 기초로 이루어지지

---

4 임경, 권준석, 《돈은 어떻게 움직이는가?》(2021)을 주로 참고하였다.

않는다는 사실도 알게 된다. 다양한 요인은 거래에 영향을 미치면서 우리의 투자에 영향을 준다.

1. 나를 믿는다: 전망에 의한 투자

전망에 기초한 자산 보유long

우리는 때로 자신 있게 이야기한다. "투자는 결국 전망이다." 그러나 전망은 언제나 어렵다. 언제나 마음에 담고 있는 말씀은 다음과 같다. '단기 전망은 감感이고 중기 전망은 이론理論이며 장기 전망은 철학哲學이다.' 단기 전망의 경우 시장의 최일선에 있는 종사자, 매일 시황판을 들여다 보는 외환딜러나 채권 브로커의 감이 비교적 정확하며, 중기 전망의 경우 교과서와 이론에 의지하고 있는 전문가의 말이 맞을 확률이 높을 수 있지만, 장기 전망의 경우 '네가 대한민국 국민의 저력을 믿느냐?'와 같은 신념이나 철학과 관련한 문제다.

그래도 우리는 항상 전망을 한다. 전문가가 아닌 사람들도 나름대로 자기주장을 한다. 심리학자는 사람들이 자신의 판단에 대해 과신하는 경향이 있다고 말한다. 투자자는 다른 투자자에 비해 자신이 더 현명하다고 믿는 경향이 있다. 투자자는 현재의 시장이 자산의 가치를 적정하게 반영하지 못하고 있다는 자신의 믿음에 기초해 투자long한다. 과감한 투자는 야성적 충동animal spirit에 기초한다. 항상 사건이 벌어지면 '나는 알고 있었다.'라고 하는 사람들이 나타나기 마련이다. 그런데 알고 있었다는 것과 행동했다는 것은 엄청난 차이가 있다. 확신했기 때문에 행동했다는 말은 무섭다. 소신과 아집은 종이 한 장 차이이며 우연을 필연으로 오해하는 경우도 많다. 아무런 정보와 분석이 없더라도 성공확률이 50%인 동전 던지기에서 앞이나 뒤를 10번의 시도 중 10번 모두 맞출 수 있는 사람이 1000명 중에 평균적으로 1명은 나타나기 마련이다.[5] 우연히 성공한 사람도 자신이 경제에 해박하다고 자랑한다.

전망에 기초한 마이너스 자산 보유short

금융자산에 투자하여 이익을 얻는 방법은 간단하다. 매입한 주식, 채권, 외환의 가격이 오르면 된다. 당연하고도 무책임한 말이다. 그렇다면 자산가격이 하락할 경우에도 이득을 볼 수는 없을까? 그러한 예상에 확신이 있다면, 가지고 있지 않은 자산을 빌려서 파는 숏을 잡을 수 있다.

숏거래는 공매도short selling[6]와 선물futures 등을 통해 활발히 일어나지만, 가격 하락이 예상될 때 숏을 잡는 일은 평소 자산 투자long보다 결정하기 어렵다. 자산을 가지고 있다면, 즉 롱을 잡고 있다면, 자

---

5 앞 또는 뒤가 나올 확률이 1/2인 동전 던지기를 10번 할 경우 1000명 중 1명은 10번 모두 앞이 나올 가능성이 있다. 1000명 × $(1/2)^{10}$ ≒ 1명

6 공매도空賣渡는 없는 것을 판다는 의미로, 본인이 소유하지 않는 자산을 빌려서 매매하고 추후 다시 동일한 자산을 매수하여 갚는 투자 기법을 말한다. 보다 상세한 내용은 232쪽 〈Q&A〉를 참고하기 바란다.

산 자체에서 수익이 생기기 때문이다. 간단히 말해 주식의 경우 배당수입, 채권의 경우 표면이자, 외환의 경우 외화예금이자를 얻게 되지만, 숏을 잡고 있다면 매매손익 이외에는 아무런 수익이 발생하지 않는다. 그럼에도 불구하고 주식 또는 채권을 빌려서 파는 경우short, 앞으로 가격이 크게 떨어지리라는 자기 전망에 대해 대단한 확신이 있기 때문이다.

2. 틈새를 노린다: 차익거래

일물일가의 법칙

앞에서 설명한 일물일가의 법칙에 대해 시각을 조금 달리하면서 다시 이야기해 본다. 동일한 두 가지 상품이 있다면 그 가격은 같아야 한다. 여러 시장에서 동일한 상품이 다른 가격으로 거래될 경우 싼 상품을 사고 비싼 상품을 팔면 차익을 얻을 수 있다. 모든 차익거래를 쉽게 이해하기 위해서는 동일한 상품이면 어디에 투자하든 '이익이 같아져야 한다.'는 말을 기억하자. 여기서 중요한 점은 동일한 두 가지 상품의 가격을 재빨리 알아차릴 수 있는 능력이다. 금융회사는 온종일 이러한 차이를 발견하려고 애쓰고 있다. 생업에 몰두하는 개인투자자가 이러한 거래를 따라 하기는 힘들다.

차익거래가 더 우월하다

금융시장에는 여러 가지 이익 획득 방법이 있지만, 금융회사의 관리자와 평가자는 투자 성과 중 전망에 의해 돈을 번 직원보다 차익거래에 의해 이익을 거둔 직원을 더 높게 평가하고 성과급을 더 준다. 왜냐하면 전망에 의해 성과를 거둔 직원은 다음에 실패할 수 있지만 차익거래 기회를 재빨리 포착하여 성과를 거둔 직원은 다음 기회에도 비슷한 성과를 낼 확률이 높기 때문이다. 위험을 부담하지 않고 이익을 얻는 방법이 더 우월하다. 유능한 투자자는 계속 시장을 주시하고 있다가 순간을 포착한다.

3. 위험을 회피한다: 위험의 이전, 분산, 상쇄

위험의 이전과 분산

대부분 사람은 위험을 회피하고 싶어 한다. 그런데 회피하면 위험을 없앨 수 있을까? 우선 리스크 헤지risk hedge 파생금융상품[7]인 선물환forward, 선물futures, 옵션options을 생각해 볼 수 있다. 파생금융상품들을 리스크 헤지 상품으로 기억하고 있는 까닭은 다른 금융상품의 자금흐름과 반대 방향으로 사용하는 경우가 많이 있기 때문

---

[7] 다만 옵션은 파는 경우에는 위험을 부담하지만 사는 경우에는 일정 매입비용한 지불하면 되므로 위험을 부담한다고 할 수 없다.

이다.[8] 또한 앞에서 설명했듯이 대출 또는 매출채권을 증권으로 만들어 파는 증권화도 개별 증권을 매입하는 투자자의 입장에서는 분산된 위험을 매입한다고 볼 수 있다.

위험의 상쇄

금융회사들을 살펴보면 적극적인 이익 획득보다 위험을 상쇄하려는 움직임을 발견할 수 있다. 특히 은행들은 자산과 부채의 서로 다른 성격 차이에서 발생하는 위험을 상쇄하기 위한 목적으로 자금을 운용하는 경우가 많다. 금융회사들은 고객의 요구에 수동적으로 대응하는 과정에서 자산과 부채간 조건과 규모의 차이를 가지게 된다. 동일한 조건으로 자산과 부채의 규모를 맞추어 균형을 유지할 경우 스퀘어포지션square position을 가진다고 말한다. 여기서 조건의 차이란 만기가 긴 자산과 만기가 짧은 예금의 규모 차이, 달러화 자산과 달러화 부채의 규모 차이, 위험이 큰 자산과 위험이 작은 부채의 차이 등을 말한다. 은행들은 이러한 차이를 이용해 이득을 취하지만 너무 큰 규모의 차이가 벌어지면 영업이익의 변동 폭이 커지며 극단적인 경우에는 조직 존립의 문제까지 생기게 된다.

자산부채종합관리ALM, Asset Liability Management는 금융회사에서 널리 이용되는 위험회피 방법이다. 금융회사는 주로 단기로 자금을 조달해 장기로 운용함에 따라 구조적으로 자산과 부채의 만기가 다

---

8 물론 여기서 새로이 발생하게 되는 파생금융상품 거래비용은 제외한다.

른 장단기 만기불일치maturity mismatch 상태에 놓여 있게 되는데, 이러한 불일치가 클수록 금융회사의 이익은 높아질지라도 높은 리스크에 노출된다. 만기불일치가 작을수록 금융회사는 금리 변동 리스크가 낮은데, 자산과 부채 각각에 미치는 영향이 상쇄될 수 있기 때문이다. 그러므로 금융회사를 포함한 모든 기업은 이러한 만기불일치[9]를 관리하여 자산의 만기와 부채의 만기 간 격차가 과도하게 커지지 않도록 관리한다.

4. 일단 챙겨야 한다: 유동성 확보

유동성은 언제나 필요하다

이익이 많이 나더라도 현금이 없을 때가 있다. 유동성을 가지고 있어야 하는 이유는 언제 필요할지 모르는 자금을 미리 확보해 놓아야 하기 때문이다. 유동성 자산은 비상금이다. 이때 유동성이란 어떤 자산을 자본손실 없이 즉시 현금으로 전환하기 용이한 정도를 말한다. 어느 기업이든 최소한 확보해야 할 유동성 수준을 미리 정해 놓는다.

---

9 정확하게 말하면 자산의 듀레이션과 부채의 듀레이션을 측정하고 관리한다. 듀레이션의 개념은 'Topic 24 주식과 채권 그리고 박쥐들'을 참조하라.

비상금을 확보하려면 비용을 부담해야 한다

그렇다면 유동성 자산은 많이 확보할수록 좋은가? 유동성이 높은 자산은 수익률이 낮다. 유동성이 떨어지는 자산일수록 유동성 프리미엄liquidity premium이라는 명목으로 할인된다. 유동성이 떨어지는 자산을 발행하려면 지급하는 이자에 웃돈을 더 얹어 주어야 하는 반면 그러한 자산을 사려면 그만큼 싸게 살 수 있다. 국채와 대형 우량 주식의 유동성은 회사채와 소형주식보다 더 높다. 일반적으로 장기자산보다 단기자산의 유동성이 더 높으나 만기가 짧은 회사채는 만기가 긴 국채보다 유동성이 낮은 경우가 많다. 신용도가 떨어지기 때문이다.

5. 친구 따라 강남 간다: 군집행동

군집행동은 진화의 산물

군집행동herd behavior은 몇 백만 년 전부터 시작된 인간의 본능에서 비롯되었다고 한다. 태풍이 불거나 벼락이 칠 때, 인간의 조상은 초원에서 극심한 공포를 느끼면서 무리를 지어 생활하였다. 또한 먹이를 사냥할 때도 몰려다니는 게 더 유리했으며, 무리를 만들어 달려들어야 달아나는 동물을 붙잡아서 배고픔을 달랠 수 있었다. 무리에서 벗어나면 생존을 위협받았다. 몰려다니는 본능이 형성되지 않았다면 인류는 진화의 생존 경쟁에서 살아남지 못했을 것이다. 그런

조상의 후손이 우리 자신이다. 그러므로 호머 사피엔스Homo Sapiens 의 군집행동은 자연스러운 현상이다. 진화생물학은 산업사회에서 는 더 이상 그럴 필요가 없는데도 아직 남아 있는 인류의 본능을 지 적한다. 우리에게는 군집행동으로 불안감을 떨쳐 버리며 남들에게 묻어가고자 하는 투자 본능이 남아 있다.

군집행동은 정보의 차이에서 비롯된다

한편 금융시장에서 일어나는 군집행동을 정보의 차이로 설명하 기도 한다. '많이 아는 사람을 따라가면 본전 이상은 하더라.'라는 이 야기가 있다. 사람에게는 누구나 자신을 과신하는 경향이 있지만 정 보가 부족하면 다른 사람을 따라 하려고 한다. 또한 여러 가지 보상 체계 또는 투자 성과 평가제도에 따라 군집행동이 나타나기도 한다. 다른 금융회사 투자 담당자의 성과와 비교되는 전문투자자는 '중간 만 하자'고 생각하면서 시장 평균으로 가고자 하는 유혹에 휩쓸리는 경우가 많다. 그런데 중간이 꼭 나쁜 것은 아니다.

기업의 가치를 평가하다
주식시장[10]

◆ 투자의 관심은 미래가치에 대해 있다. 기업의 과거가치는 미래 예측에 도움이 될 때만 의미가 있다.

◆ 치열한 고민이 수반되지 않는 주식투자는 아름답지 않은 추억으로 귀결된다.

주식시장은 자본주의의 꽃이다. 그리고 금융투자라고 하면 많은 사람이 주식투자를 생각한다. 주식시장을 한 마디로 규정하면 '주식이 거래되는 시장'이다. 이러한 주식시장을 이해하려면 주식의 적정 가치에 대해 알아야 하지만 이번 장에서는 주식시장에 대해 우선 개관하고, 주식 가치 평가는 'Part 7 이익을 만드는 투자상품의 이해와 선택'을 이야기할 때 함께 설명한다. 다음 'Topic 13 금리가 알려 주는 시그널'에서의 채권시장도 같은 방식으로 설명한다. 왜냐하면 다

---

10 《한국의 금융시장》(한국은행, 2016)과 《한국의 금융제도》(한국은행, 2018)를 주로 참고하였다.

른 관점에서 금융상품을 잘 이해하려면 그 상품이 거래되는 금융시장을 이해해야 하기 때문이다. 결국 숲이 먼저냐 나무가 먼저냐의 문제다. 이번 Topic에서는 주식의 의의와 종류라는 개요, 주식이 태어나는 발행시장과 돌아다니는 유통시장 등 시장제도를 다룬다. 발행시장은 새로운 주식이 최초로 출시되는 시장이라는 점에서 '제1차 시장primary market'이라고 부르며 이와 대응하여 유통시장은 '제2차 시장secondary market'이라고 부른다. 아울러 많은 투자자가 관심을 가지는 기업의 문을 여는 IPO, 주식시장을 잠시 STOP 시키는 장치 등에 관심을 가지고 알아본다.

1. 주식이란 무엇이며 어떠한 종류가 있는가?

기업의 가치는 자산, 주주의 몫은 순자산

주식은 주식회사가 발행한 출자증권이다. 투자자는 주식을 소유하면 기업 일부를 소유하는 주주가 되어 기업의 중요 사업을 다루는 의사결정에 참여할 수 있다. 그러나 대부분 사람은 기업의 이익에서 발생하는 배당을 받거나 주식을 싸게 사서 비싸게 팔아 생기는 자본차익capital gain을 얻기 위해 주식에 투자한다. 또한 주식을 가지고 있으면 회사가 유상 또는 무상으로 새로운 주식을 발행할 경우 우선해 새 주식을 받을 수 있는 신주인수권을 갖는다. 그리고 만일 기업이 적자가 쌓여 문을 닫는 경우에도 남은 재산을 나누어 갖는 잔여재산

분배청구권을 갖게 된다.

　주주는 투자한 금액 한도 내에서 경제적 책임을 지게 된다. 간단히 말하면, 투자기업이 도산하는 최악의 상황이 벌어지면 투자금 전부를 잃어버릴 수 있다는 뜻이다. 주주는 주주총회에서 이사 선임과 같은 주요 안건에 대한 의결에 참여할 수 있는 의결권을 가진다. 이 밖에도 회계장부 열람청구권, 이사해임요구권, 주주총회 소집요구권 등을 갖게 되지만, 우리가 지금 투자의 관점에서 보려는 초점은 아니므로 설명을 생략한다.

보통주, 우선주, 대형주, 중소형주, 가치주, 성장주

　주식을 여러 가지로 구분해볼 수 있다. 주식은 크게 보통주 common stock와 우선주preferred stock로 구분되어 발행되고 거래된다. 앞서 이야기했던 경영의사결정 참여 권리를 갖는 주식을 '보통주'라고 하고, 이러한 권리의 행사보다는 배당을 우선으로 받을 수 있어 조금 더 높은 투자수익을 얻을 수 있는 주식을 '우선주'라고 한다. 우선주는 배당을 받거나 잔여 재산을 분배받을 때 보통주에 비해 우선적 지위가 인정된다. 그러나 우선주에는 보통주에 있는 의결권이 제한된다.

　다음으로 시가총액 기준[11]으로 대형주와 중소형주로 구분된다.[12] 대형주는 대기업의 주식일 확률이 높고 시가총액과 거래 규모가 크

11　시가총액이란 현재 주가에 총 발행 주식의 수를 곱한 값이다.

므로 안정적으로 주식에 투자하고자 하는 사람들이 선호한다. 반면 중소형주는 기업규모가 작고, 경제나 경기변동에 따라 가격의 등락 폭이 큰 경우가 많기 때문에 투자위험이 상대적으로 크지만 수익 기 회도 크므로 이를 선호하는 투자자도 많다.

또 가치주value stock와 성장주growth stock로 구분할 수 있다. 가치 주란 기업의 매출액, 이익 등으로 평가한 내재가치에 비해 상대적으 로 가격이 낮아 향후 가격 상승이 예상되는 주식을 말한다. 성장주 는 동종 업종이나 시장 평균에 비해 성장 속도가 빠를 것으로 예상 되는 주식으로 현재 이익보다 미래 이익이 더욱 클 것으로 기대되는 주식을 말한다.

2. 주식이 태어나는 발행시장

주식은 언제 태어나는가?

주식은 먼저 주식회사가 설립될 때 자본금을 조달할 목적으로 발 행된다. 그리고 그 회사가 커가면서 자본금을 증액할 필요가 있을 때 다시 발행된다. 그런데 자본금 증액을 위한 주식 발행에는 금전

---

12 보통 유가증권시장에서 시가총액 순서로 1~100위 기업의 주식을 대형주라 고 한다. 중소형주는 시가총액이 101위 이하의 기업을 말한다. 101~300위를 중형주, 301위 이하를 소형주로 나누기도 한다.

으로 출자를 받아 자본금을 증가시키는 유상증자와 돈을 납입하는 방식이 아닌 무상증자, 주식배당 및 전환사채의 주식전환 등이 포함된다.

기본 구조

발행시장은 자금을 필요로 하는 기업 또는 금융회사인 발행인과 주식발행사무를 대행하고 발행위험을 부담하는 인수인으로 구성된다. 물론 주식을 사는 자금 공급자인 투자자가 있어야 주식이 발행될 수 있다. 투자자는 개인투자자와 전문투자자로 구분되며 인수인의 역할은 투자매매업자가 담당한다.

발행 형태

주식의 발행은 기업공개, 유상증자, 무상증자, 주식배당 등 여러 가지 형태로 이루어진다. 첫째, 기업공개IPO, Initial Public Offering란 주식회사가 신규 발행 주식을 다수의 투자자를 모집하거나, 이미 발행되어 대주주 위주로 소유한 주식을 팔아 주식을 분산시키는 방식을 말한다. 둘째, 유상증자란 기업재무구조 개선과 같은 목적으로 회사가 신주를 발행해 자본금을 증가시키는 방식을 말한다.[13] 셋째,

---

[13] 유상증자 시 신주인수권의 배정 방법에는 주주배정증자방식, 주주우선공모증자방식, 제3자배정증자방식, 일반공모증자방식 등이 있다. 주주배정증자방식은 주주와 우리사주조합에 신주를 배정하고 실권주가 발생하면 이사회의 결의에 따라 그 처리 방법을 결정하는 것이다. 주주우선공모증자방식은 주주배

무상증자란 금전의 납입 없이 이사회의 결의로 준비금 또는 자산재평가적립금을 자본에 전입하고 전입액만큼 발행한 신주를 기존 주주에게 소유주식 수에 비례하여 무상으로 교부하는 방식을 말한다. 마지막으로 주식배당이란 현금 대신 주식으로 배당함으로써 이익을 자본으로 전입하는 방식을 말한다.

발행 방식

주식의 발행 방식은 주식의 수요자를 선정하는 방법에 따라 공모발행과 사모발행으로, 발행에 따르는 위험부담과 사무절차를 담당하는 방법에 따라 직접발행과 간접발행으로 구분된다.

공모발행public offering이란 발행회사가 투자자에 제한을 두지 않고 동일한 가격과 조건으로 주식을 다수의 투자자(50인 이상)에게 발행하는 방식으로 모집과 매출이 이에 해당한다. 반면 사모발행private placement은 발행회사가 특정한 개인과 법인을 대상으로 주식을 발행하는 방법이다. 한편 직접발행은 발행회사가 자기 명의로 인수위험을 부담하고 발행사무도 직접 담당하는 방식으로 직접모집 또는 자기모집이라고도 한다. 이 방식은 미청약분이 발생하면 발행규모를

정방식과 거의 동일하나 실권주 발생 시 불특정다수인을 대상으로 청약을 받은 다음 청약이 미달되면 이사회의 결의에 따라 그 처리 방침을 정한다는 점에서 차이가 있다. 제3자배정증자방식은 주주 대신 관계 회사나 채권은행 등 제3자가 신주를 인수하도록 하는 방식이며, 일반공모증자방식은 주주에게 신주 인수 권리를 주지 않고 불특정다수인을 대상으로 청약을 받는 방식이다.

축소하거나 재모집해야 하므로 발행 규모가 작고 소화에 무리가 없는 경우에 주로 이용된다. 반면 간접발행은 발행회사가 전문적인 지식, 조직, 경험을 축적하고 있는 금융투자회사를 통해 주식을 발행하는 방식이다. 이 경우 발행회사는 주식 발행과 관련한 위험을 금융투자회사에 부담시키고 그 대가로 수수료를 지급하게 된다. 대체로 기업공개, 유상증자는 간접발행을 통해 이루어진다.[14]

3. 주식이 돌아다니는 유통시장

주식은 어디를 돌아다니는가?

주식은 늘 거래소 안에 있는 듯 보이지만, 비상장주식의 경우처럼 거래소 밖에서 소유권이 바뀌기도 한다. 한번 태어난 주식은 기업이 문을 닫기 전까지 좀처럼 죽지 않지만, 소유주는 계속 바뀔 수 있다. 주식은 발행될 때 유통시장을 정해서 태어나지만 가끔은 거래소를

---

[14] 간접발행은 금융투자회사의 발행 위험 부담 정도에 따라 다시 모집주선, 잔액인수 및 총액인수로 구분한다. 모집주선best-effort basis이란 발행회사가 발행 위험을 부담하고 발행 사무만 금융투자회사에 위탁하는 방법이다. 잔액인수 stand-by agreement란 응모총액이 모집 총액에 미달할 경우 금융투자회사가 소화되지 못한 부분의 인수 의무를 부담하는 방식이다. 총액인수firm-commitment는 발행금액 전액을 금융투자회사가 인수하는 방식이다. 한편 총액인수의 경우 인수에 따른 자금소요 및 위험부담이 큰 만큼 이를 분산시키고 발행 주식의 매출을 원활히 하기 위해 통상 여러 금융투자회사가 공동으로 참가한다.

바꾸며 돌아다니기도 한다.

유가증권시장

유가증권시장은 흔히 코스피KOSPI시장이라 불린다. 우리나라에서 태어난 주식이 돌아다닐 수 있는 가장 큰 시장이다. 그러므로 그만큼 여기 한국거래소에 입학할 수 있는 자격 심사는 까다롭다. 즉 주식을 신규로 상장하고자 하는 기업은 영업활동기간, 기업규모, 주식분산 등과 관련된 심사 요건을 충족해야 하며 매출액, 영업이익 등과 관련된 경영성과도 일정 수준 이상이어야 한다. 또한 유가증권시장 상장기업은 영업활동을 하는 과정에서도 일정 요건을 계속 충족해야만 시장에 머무를 수 있다.[15]

참고 12.1 **IPO, 기업의 문을 열다**

최근 최초 기업공개IPO에 참여하여 상당한 이익을 짧은 시일 내에 얻는 경우가 많아서 일반 사람의 관심도 높아졌다. 일반적으로 창업 초기의 기업은 소수의 특정인에게 주식을 발행해 자금을 조달하게 된다. 그러나 기업이 성장하면서 더 많은 자금이 필요해지면 특정되지 않은 많은 기관이나 개인을 상대로 주식을 모집 또는 매출한다. 최초 기업공개를 성공적으로 마치게 되면 증권거래소에 상장하게 된다. 기업이 상장되면 상장되지

---

15 한국거래소는 상장 유가증권의 상장 요건 충족 여부와 기업내용의 적시공시 실시 여부를 관찰해 상장기업이 이를 지키지 못한 경우 상장을 폐지할 수 있다. 상장이 폐지되기 전에는 일정 기간 관리 종목으로 지정하여 상장폐지를 유예할 수 있다.

않았을 때에 비해 대체로 신뢰도가 높아지게 된다. 이때부터 이 주식을 거래소에서 자유롭게 매매할 수 있다. 기업의 입장에서는 자금이 필요해지면 유상증자를 통해 추가로 자금을 조달할 수 있다.

코스닥시장

코스닥시장은 유가증권시장과 함께 우리나라 주식시장 제도에서 두 개의 큰 축을 이루고 있다. 유망 중소기업, 벤처기업 등이 진입하는 시장이므로 유가증권시장에 비해 완화된 상장 요건을 적용하고 있다. 유가증권시장의 높은 기준을 충족하지 못하는 기업들도 코스닥시장의 요건만 충족하면 여기에 상장할 수 있다. 다만 코스닥시장 상장기업도 유가증권시장에 상장된 기업과 마찬가지로 상장 후 영업활동 과정에서 일정한 요건을 충족해야 하며 부실화된 기업과 공개기업으로서 의무를 충족하지 못하는 기업은 상장이 폐지된다. 코스닥시장에서도 기업이 상장폐지 전까지 일정 기간을 관리종목으로 지정해 유예기간을 둘 수 있다

코넥스시장, K-OTC시장

이 밖에도 중소기업에 특화된 시장으로 〈중소기업기본법〉상 중소기업 주식이 거래되는 코넥스시장, 한국금융투자협회가 등록 또는 지정한 비상장주식이 거래되는 K-OTC시장 등이 있다.

금리가 알려 주는 시그널
채권시장

+ 금리와 채권가격은 동전의 앞뒷면이다. 채권가격은 곧 금리의 다른 이름이다.
+ 주요 금융시장 가격 변수는 금리, 주가, 환율이다. 주가와 환율은 금리를 이용하여 설명된다. 금리는 주가와 환율을 이용하지 않고 설명될 수 있다. 그만큼 금리를 형성하는 채권시장은 중요하다.

개인투자자에게 채권은 주식보다 친숙하지 않다. 여러 사람이 모이는 동창회와 같은 모임에서 주식 전문가 주위에는 사람이 모이지만 채권 전문가의 이야기는 인기가 없다. 대체로 사람들은 채권에 관해 관심이 없다. 우리 앞에 놓인 다양한 금융상품을 잘 차려진 한정식에 비유하자면 채권은 '밥'과 같은 존재다. 양식에서는 '빵'과 같다. 일반적으로 눈에 두드러지지 않으며 주식만큼 변동성이 크지는 않지만, 대규모 자금이 움직이므로 영향은 크다. 주식 같은 곳에 투자하고 남은 자금을 모두 받아 줄 만큼 그릇이 크다. 이번 Topic에서도 채권이 무엇인지 설명한 후 채권이 태어나는 발행시장과 채권이 돌아다니는 유통시장을 설명한다. 채권금리와 채권가격평가에 관한

내용은 'Part 7 이익을 만드는 투자상품의 이해와 선택'에서 다룬다. 다만 이익을 겨냥하는 금융상품으로서의 속성이 아닌 채권이 거시경제에 던지는 시그널signal에 대해서는 이번 Topic에서 설명한다.

1. 채권이란 무엇이며 어떤 종류가 있는가?

채권은 왜 발행되는가?

채권은 정부 또는 기업이 부족자금을 자본시장에서 조달하기 위해 발행한 채무증서다. 정부는 국채를 발행하며, 기업은 회사채를, 은행은 은행채를 발행한다. 이들은 이름만 다를 뿐 일정 기간 후 원리금을 갚기로 약속했다는 점에서는 동일하다. 과거 우리나라는 균형재정 달성을 위해 정부 재정지출에 소요되는 자금을 대부분 세금을 징수해 충당함에 따라 국채를 발행할 필요성이 크지 않았으나 그 발행 규모가 막대하게 확대되었다. 기업도 자금을 조달할 때 은행 대출에 대한 의존도가 높았다. 그러나 외환위기를 거치며 자본시장이 급격히 개방되는 가운데 기업을 정책적으로 지원하기 위해 은행 대출이 제한됨에 따라 회사채 시장을 통한 자금조달이 지속적으로 늘어나면서 채권시장은 비약적으로 성장하였다. 그 결과 채권시장은 우리가 투자하는 모든 투자상품 중 규모가 가장 크고 중요한 시장으로 성장하였다. 채권거래자금은 주식거래자금보다 더 많아졌다.

고정수입증권은 고정된 수입?

때로 영어 Fixed Income Securities를 직역하여 채권을 '고정수입증권'이라고 부르기도 하나 이는 잘못된 번역이다. 채권을 고정수입증권이라고 번역하면 잘 모르는 사람들은 모든 채권에서 정기적으로 이자가 일정하게 나온다고 오해하기 쉽다. 대부분 채권의 금리지급 조건이 일정하게 정해져 있는 것은 사실이지만, 그러면 변동금리부채권이 설 자리가 없어진다. 변동금리부채권은 단기금리 변동에 따라 이자금액이 변한다. Fixed Income Securities를 그냥 '채권'이라고 부르는 편이 적정하다.

채권을 구성하는 필수 요소

채권을 구성하는 여러 요소를 살펴보면 먼저 액면가액par value이 있다. 이는 채권을 발행한 채무자가 만기 시점에 채권 보유자에게 상환해야 할 금액이다. 다음으로 표면이자율coupon rate은 채권 발행자가 정기적으로 채권 보유자에게 지급해야 하는 금리다. 예를 들어 100만 원의 액면가액에 10%의 표면이자율이 정해져 있으면 이자지급일에 매번 10만 원을 지급해야 한다. 이때 채권 발행자는 발행기관 또는 기업의 순이익 발생 여부와 관계없이 이자를 지급해야 한다. 주식의 경우에는 상황에 따라 배당정책이 달라질 수 있으나 채권의 경우에는 발행회사에 손실이 발생하더라도 이미 확정된 이자를 지급해야 한다. 또한 채권에는 돈을 언제 갚겠다거나 언제까지만 빌리겠다는 원리금의 상환 기간이 미리 정해져 있다. 주식은 만기가 없으므로 발행기업이 문을 닫지 않으면 영원히 존재하지만, 채권은 만기가 정해져 있어 태어나면 언젠가는 소멸한다.

한편 채권에 투자할 경우에는 채권 발행자가 이자를 제때 지급할 수 있고 만기 시 차질 없이 원금을 갚을 수 있는지 등을 믿을 수 있어야 한다. 즉 발행자의 신용도가 중요하다. 물론 주식 발행자의 신용도도 중요하나 주식투자는 최악의 경우 돈을 돌려받지 못할 위험을 감수한 반면, 채권투자는 원금과 이자를 차질 없이 받는 것을 전제로 한다.

채권의 종류는 주식의 종류보다 많다

채권은 발행 주체, 상환 기간, 이자 지급 방법, 보증 유무 등에 따라 다양하게 분류될 수 있다. 먼저 발행 주체별로 살펴보면, 정부가 발행하는 국채, 지방정부 및 지방공공기관 등이 발행하는 지방채, 특별한 법률에 의해 설립된 기관이 발행하는 특수채, 은행 등 금융회사가 발행하는 금융채, 주식회사가 발행하는 회사채 등이 있다. 발행 주체에 따라 신용도 즉 위험이 다르다. 예를 들면 회사채는 국채에 비해 위험이 더 크므로 금리를 더 주어야 한다.

다음으로 상환 기간에 따라 분류해 보면, 상환 기간이 1년 이하의 채권을 단기채라고 하는데, 은행이 발행하는 금융채 중 일부가 여기에 속한다. 다음 만기 1년 초과 5년 이하의 중기채가 있다. 우리나라에서는 대부분의 회사채와 금융채가 만기 3년으로 발행되고 있다. 한편 장기채는 만기 5년 초과인 채권을 말하는데, 우리나라에서는 주로 국채가 만기 3년, 5년, 10년 또 10년을 넘는 장기로 발행되고 있다.

마지막으로 이자 지급 방법에 따라 구분해 보면, 이표채는 이자 지급일에 정기적으로 이자를 지급받는 채권으로서 가장 일반적인 형태이며, 할인채는 이자가 명시적으로 지급되지 않는 대신에 액면 금액을 할인한 금액으로 매출되는 채권을 말한다. 예를 들면 1년 후 1만 원을 받을 수 있는 채권을 9500원에 파는 식이다. 이때 할인금액 500원이 실질적으로는 이자인 셈이다. 이러한 할인채는 무이표채zero-coupon bond라고 불리기도 하는데 주로 만기가 짧은 단기채가 이러한 방식으로 발행된다. 발행 기간이 짧아 굳이 이자를 주고받는 번거로움을 피하는 방법으로 사용된다.

2. 채권이 태어나는 발행시장

정부가 발행하는 국채

국채는 국고채권, 재정증권, 국민주택채권, 보상채권 등 자금 용도에 따라 네 가지 종류로 나누어지며 종목에 따라 발행 방식과 이자 지급 방식 등이 서로 다르다. 우선 발행 방식을 보면 국고채권과 재정증권은 경쟁 입찰을 통해 발행되며, 국민주택채권은 인허가와 관련해 의무적으로 매입토록 하는 첨가소화방식으로, 보상채권은 당사자 앞 교부방식으로 각각 발행된다. 이자 지급 방식을 보면,

국고채권은 6개월마다 이자가 지급되는 이표채이며 재정증권은 할인채이다. 국민주택채권과 보상채권은 원리금이 만기에 일시 상환되는 복리채이다. 또한 발행만기별로는 국고채권의 경우 3년, 5년, 10년, 20년, 30년 그리고 50년으로 나뉜다.

기업이 발행하는 회사채

회사채 발행은 공모발행public offering과 사모발행private placement으로 구분된다. 공모발행의 경우 인수기관인 증권회사가 총액을 인수하여 발행하며, 사모발행의 경우에는 발행기업이 최종매수자와 발행 조건을 직접 협의하여 발행하게 된다. 한편 공모발행을 하는 경우 증권신고서를 금융위원회에 제출해야 한다.

만기를 보면 일반적으로 1년, 2년, 3년, 5년, 10년 등으로 발행되는데 대체로 3년 이하가 주종을 이루고 있다. 표면금리는 발행기업과 인수기관 간 협의에 의해 자율적으로 결정되는데 시장금리 수준이 낮아지면서 표면금리와 유통수익률(발행금리) 간의 괴리가 0.5%p 이내로 좁혀졌으며, 표면금리를 유통수익률에 맞춰 발행하는 경우도 많아졌다. 이 경우 발행가격과 액면가격이 거의 같게 된다.

신용평가기관이 부여한 회사채 신용등급은 투자자에게 원리금 회수 가능성 정도에 대한 정보를 제공함으로써 회사채 발행금리 결정에 결정적인 영향을 미친다. 회사채 발행기업의 입장에서는 신용평가 수수료의 부담에도 불구하고 객관적인 신용등급을 획득함으로써 잠재 투자자를 확보할 수 있기 때문에 총 자금조달비용이 낮아지는 효과가 있다. 현재 무보증회사채 발행기업들은 2개 이상의 신용평가회사로부터 기업의 사업성, 수익성, 현금흐름, 재무안정성 등을 기초로 회사채 상환능력을 평가받고 있다. 회사채 평가등급은 AAA~D까지 10개 등급으로 분류되는데 AAA~BBB는 원리금 지급 능력이 양호하다고 인정되는 투자등급, BB이하는 지급 능력이 상대적으로 의문이 드는 투기등급을 나타낸다.

3. 채권이 돌아다니는 유통시장

채권은 주로 장외에서 거래된다

채권 유통시장은 장외시장과 장내시장으로 구분된다. 현재 대부분의 채권거래는 장외시장에서 주로 증권회사의 단순 중개를 통해 이루어지고 있다. 채권이 주로 장외에서 거래되는 이유는 종류가 많아 표준화되어 있지 않기 때문이다. 맞춤복이 아닌 표준화된 기성복이 되어야 백화점에서 쉽게 거래될 수 있지만, 채권은 표준화하기 쉽지 않다. 장내시장으로는 한국거래소 내에 일반채권시장과 국채전문유통시장이 개설되어 있다.

장외시장

채권거래는 증권회사(inter-dealer broker 포함)를 중개기관으로 하는 장외거래 비중이 높다. 이는 채권의 종목이 다양하고 거래조건이 표준화되어 있지 않아 한국거래소의 자동매매시스템을 통해 거래하기가 곤란하기 때문이다. 현재 증권회사는 전화, 인터넷 메신저 등을 통해 매도 또는 매수를 원하는 투자자의 호가를 받은 후에 반대거래를 원하는 상대방을 찾아 거래를 중개한다. 따라서 매수·매도 호가bid-ask quotes를 미리 제시하고 고객의 거래 요청에 반드시 응해야 하는 시장조성market making의무가 없어 채권 재고를 유지하는 위험을 부담할 필요가 없다. 이와 같이 증권회사들이 단순중개방식brokerage으로 채권 거래를 중개하는 것은 증권회사들이 자체 채권 재고를 보유할 만큼 자금 여력이 크지 않고, 금리 변동에 따른 위험을 충분히 헤지할 만큼 다양한 파생금융상품이 많지 않은 데다, 과거 채권딜링업무 수행 과정에서 큰 손실을 경험했던 데 따른 소극적 태도에 주로 기인한다.

장내시장

장내시장은 한국거래소에 상장된 채권을 대상으로 표준화된 거래 방식에 따라 거래가 이루어지는 조직화된 시장이다. 장내시장은 크게 일반채권시장과 국채전문유통시장IDM, Inter-Dealer Market으로 구분된다. 일반채권시장은 불특정 다수의 개인투자자가 참가할 수 있는 시장으로서 국채전문유통시장에서 거래되는 국고채를 제외한 모든 거래소 상장채권이 거래 대상이다. 현재 소액 국공채와 전환사채 위주로 거래가 이루어지고 있다. 반면 국채전문유통시장에는 국고채전문딜러PD, Primary Dealer와 같이 국고채 인수, 매수·매도 호가 제시 등과 같은 시장조성 활동을 담당하는 금융회사만 참가하고 있다.

반복되는 역사
거품 붕괴와 금융 위기

✦ 거품은 언젠가 붕괴한다. 하지만 그 시점을 사전에 예측하기는 어렵다.
✦ 모든 금융위기는 과다한 부채 그리고 부채를 이용하는 레버리지와 밀
  접히 연계되어 있다.
✦ H_2O를 이해하려면 평상시 물분 아니라 0°C 이하의 얼음과 100°C 이상
  의 수증기를 알아야 한다. 경제를 이해하려면 거품과 위기의 속성을 알
  아야 한다.

1997년 말 우리나라에서 외환위기가 발생하자 해외 언론들은 "한국
은 샴페인을 너무 일찍 터트렸다."고 평가하였다. 외환위기는 당시
아시아의 네 마리 용 가운데 하나로 각광받던 우리의 자존심에 깊은
상흔을 남겼다. 이후 축하연에서 마시던 샴페인에 부정적 뉘앙스가
가미되었다. 샴페인 거품은 내재가치를 넘어 선 자산가격의 과도한
상승을 연상시켰다. 영화 〈빅숏Big Short〉[16]에서 여주인공은 맨해튼
고급맨션에서 거품 목욕 중 샴페인을 마시며 글로벌 금융위기 당시
미국의 서브프라임 모기지채권subprime mortgage bond과 부동산시장

---

16   빅숏Big Short은 대규모 공매도short selling를 의미한다.

에 얼마나 거대한 거품이 형성되었는지를 설명한다. 샴페인의 달콤하고 청량한 맛도 무수한 기포와 함께 금방 사라진다.

거품경제는 언제 붕괴되는가? 지금 우리 경제에는 거품이 끼어있는가? 그렇다면 거품이란 과연 무엇인가? 과도한 거품만이 문제이고 일정한 거품은 경제 순환의 자연스러운 결과이며 오히려 경제에 도움이 된다는 주장도 있다. 서서히 커지던 거품은 왜 갑자기 터지게 되는가? 광야에서 위기를 외치는 사람들은 언제나 존재했으므로 새삼스럽지 않다.

1. 우리는 금융위기를 예측할 수 있을까?

자산 가격이 적정 수준을 과도하게 넘어 형성되면 거품이 된다. 그런데 적정가격은 얼마인가? 적정가격을 찾아내는 일은 시장의 가장 중요한 기능이지만 시장은 때로 과도하게 상승하거나over shooting 과도하게 하락한다under shooting. 우리는 지금 자산시장에 거품이 끼었는지 또는 아닌지 정확히 알지 못한다.[17] 언제나 그러하였다. 위기는 항상 우리가 예측하지 못한 시기에 취약점을 파고들며 순식간에

---

17 자산가격이 펀더멘털과 괴리되지 않도록 해야 된다는 것은 버블형성을 사전에 막도록 노력해야 한다는 이야기인데, 버블은 사후적으로 알게 되며 사전적으로는 인지할 수 없다는 것이 일반적인 견해다.

확산된다.

2000년 2월 10일 영국 런던, 밀레니엄 브리지millennium bridge가 일반에 공개되었다. 새천년을 기념하기 위해 건설된 템스 강을 가로지르는 인도교人道教는 관심 대상이었다. 그런데 준공 당일 많은 사람이 새로운 다리를 막 건너기 시작했을 때, 구조물이 좌우로 크게 흔들리는 예상치 못한 결함이 나타나면서 통행이 바로 중단되었다. 다리 설계자는 다리 위 사람들의 걸음이 서로 달라 무게가 분산되면서 다리 전체로는 힘의 균형이 유지될 것으로 예상했다. 그러나 조금씩 다리가 흔들리며 모든 사람의 걸음걸이와 진동이 유사해졌고 군중의 거대한 무게가 동일 방향으로 다리에 전달되었다. 이후 좌우로 흔들리는 미세한 진폭이 점차 증폭되며 다리 전체가 뒤흔들리는 결과가 초래되었다고 한다.[18]

이상은 다리 설계자가 예상하지 못했던 원인이 촉매trigger가 되어 시스템 위기를 촉발한 사례를 설명해 준다. 글로벌 금융위기 또한 확률적으로 발생하기 힘들다고 많은 전문가가 예상했던[19] 일들이 현실화되면서 전 세계 금융시스템을 패닉panic으로 몰아넣은 사건이다. 크고 작은 금융위기가 끊임없이 반복되어 온 역사는 앞으로도 위기를 사전에 예측하기 어려울 것이라는 점을 알려 준다. 옛날 사

18 당시 흔들리는 밀레니엄 브리지의 실제 상황을 보고 싶다면 유튜브에서 검색하기 바란다.
19 꼬리 위험tail risk과 검은 백조black swan는 발생하기 힘든 확률을 나타내는 말로 등장하였다.

람도 바보가 아니었다. 그동안 위기에 관한 우리의 이해가 깊어졌다고 하지만 사람의 마음을 다 알지는 못하기 때문이다. 거품과 위기는 기본적으로 인간의 탐욕과 공포를 밑바탕으로 한다. 그래서 위기는 예측보다는 대응의 영역이며, 소 잃고 외양간을 고치고 또 고치며 잠재적 위험 요인을 점검하는 노력이 불가피해 보인다. 우선 금융위기의 역사에 대해 살펴보면서 교훈과 시사점을 찾아보자. 또 앞으로 다가올 위기를 어떻게 알아낼 수 있으며 어떻게 대처할 수 있을지 고민해 보자.

2. 수시로 찾아온 금융위기의 사례[20]

블랙먼데이Black Monday

1987년 10월 19일 월요일 전 세계에서 갑작스럽게 주가가 대폭락하였다. 홍콩에서 시작된 주가 폭락은 유럽으로 퍼졌으며, 이후 미국에도 큰 영향을 미쳤다. 블랙먼데이 하루에만 뉴욕증시에서 주가는 역사상 하루 최대 하락폭인 22.6% 폭락하였다. 주가 급락에 거래량이 급증했고 증권 결제와 자금 이체 시스템도 몇 시간 이상 마비되었다. 이외에도 전 세계 주요 8개 주식시장에서 주가가 20~29% 폭락하는 가운데 말레이시아, 멕시코, 뉴질랜드의 경우 30~

20 위키피디아www.wikipedia.org를 참고해 주요 내용을 정리하였다.

39%, 홍콩, 호주, 싱가포르는 40% 이상 하락하면서 폭락을 넘어 붕괴 수준까지 도달하였다. 전 세계 주식시장의 손실 규모는 약 1.7조 달러로 추산되었으며, 대공황Great Depression에 버금가는 경제적 공포를 불러일으켰다.

블랙먼데이가 발생한 원인으로 우선 장기간 지속된 자산 버블이 거론되었다. 미국 다우지수는 직전 5년간 무려 3.5배 상승했으며, 1987년에만 44% 상승하며 호조를 보였다. 이외에도 미국의 재정적자와 국제수지적자the twin-deficits, 미 달러화 약세에 따른 금리 상승 우려, 포트폴리오 보험의 프로그램 매도[21] 등 요인을 꼽기도 하지만 정확한 원인이 무엇인지에 대해 명확히 확인되지 않았다. 그렇지만 미 연준은 위기 관리 체제를 가동해 최종 대부자로서 시중 유동성을 공급했고 상업은행들이 증권회사에 대출을 늘리도록 독려하였다.[22] 이후 시장은 급속도로 안정을 되찾았으나 이전 수준으로 주가가 회복하기까지는 약 2년이 소요되었다.

---

21 포트폴리오 보험Portfolio insurance은 주가의 손실 폭 축소를 위해 경제의 펀더멘털보다는 주가 변동만을 참고해 자동으로 매수매도 주문을 내도록 설계되었다. 즉 주가 상승 시 매수하고 주가 하락 시 매도 주문을 내는데 이로 인해 매도 주문이 확대되며 하락 폭을 확산시켰다는 주장이 제기되었다.

22 당시 연준의장이던 그린스펀은 다음과 같은 짧은 성명을 발표하였다. "연준은 중앙은행으로서 책임감 있게 경제·금융 시스템을 지원하기 위한 유동성을 공급할 준비가 되어 있음을 밝힙니다."

LTCM 파산 사태[23]

미국의 헤지펀드 LTCM Long Term Capital Management은 러시아 국채를 과도하게 매입한 상황에서 러시아가 1998년 8월 17일 모라토리엄을 선언하면서 큰 손실을 입은 결과, 1990년대 말 파산하였다. 당시 LTCM은 1994년 살로먼 브라더스 출신의 채권시장 거물이었던 존 메리웨더와 블랙-숄즈모형의 창시자인 숄즈가 주도해 설립했으며, 채권가격의 일시적 불균형과 높은 레버리지를 활용한 차익거래를 통해 엄청난 이익을 거두며 월가에서 큰 성공을 거둔 바 있다.

특히 LTCM은 MIT, 하버드, LSE 등 출신의 경제학 또는 수학을 전공한 석학들로 채워진 탁월한 인적 구성으로 더욱 주목을 받았다. 더욱이 노벨경제학상을 수상한 머턴과 숄즈도 이 펀드의 운용에 참여하였다. LTCM은 자산 12.5억 달러로 출범해 1997년까지 3년간 매년 21~43%의 고수익을 내며 단일 펀드로는 유례없이 성장해 1998년 초 순자산이 47억 달러, 부채는 1245억 달러에 달할 정도로 몸집을 불리게 되었다. 그러나 동아시아 금융위기로 손실이 늘어난 상황에서 러시아 정부가 루블화 표시 국채에 대해 지급불능을 선언하면서 LTCM의 손실은 약 4개월간 46억 달러에 달하게 되었다. 이는 LTCM이 대량으로 보유하고 있던 러시아 국채 가격은 급락한 반면, LTCM이 공매도해 놓은 안전자산의 가격은 상승했기 때

---

23 Roger Lowenstein, 《When Genius Failed: The Rise and Fall of Long-Term Capital Management》(2001)을 참고하기 바란다.

TOPIC 14 반복되는 역사   217

문이다. 참고로 당시 LTCM이 전 세계 은행들과 거래하던 파생금융상품 규모는 무려 1조 2500억 달러를 상회했던 것으로 추산되었다.

LTCM의 손실 소식에 뉴욕 다우지수는 1000포인트 이상 폭락했고, 뉴욕 연준은 시장붕괴로 확산될 위험을 차단하기 위해 14개 금융회사를 소집해 36억 달러의 구제금융을 지원함으로 시장붕괴를 방어하였다. 후일 경제사학자 니알 퍼거슨Nial Ferguson은 LTCM이 붕괴한 원인이 수학 모형 설계 시 과거 5년치 데이터만을 이용하면서, 블랙먼데이와 세계대전 등 대규모 위기의 리스크를 과소 평가한 구조적 오류에 부분적으로 기인한다고 주장하였다. LTCM 사태는 소위 '천재들의 실패' 사례로 유명해진 동시에 파생금융상품 투자의 위험성을 전 세계에 알린 사태로 아직까지 회자되고 있다.

북유럽 3국 은행위기[24]

스웨덴, 핀란드, 노르웨이 등 북유럽 3국의 금융위기는 1989년부터 1993년까지 약 4년 동안 지속되었다. 이들 나라는 금융시스템에 대한 규제 완화, 외환 자유화에 따른 대외 개방 확대 등을 적극적으로 시행했는데, 그 결과 해외로부터의 자금 차입과 은행들의 대출이 크게 늘어나면서 부동산, 주식 등 자산가격이 큰 폭으로 상승하였다. 이에 정책당국은 경기 과열과 자산가격 폭등을 막고자 기준금리 인상[25]과 같은 긴축 통화정책을 시행하였다.

---

24 정후식, 《대공황 이후 주요 금융위기 비교》(2009.7)을 참고하였다.

그러나 이러한 금융긴축정책이 집행되는 가운데 대외적으로는 세계 경제 둔화로 수출이 감소해 경상수지 적자 규모가 확대되고, 국내 경기도 하강 국면으로 접어들면서 부동산 가격이 하락세로 반전되었다. 당시 북유럽 3국의 자산가격 하락률을 살펴보면 부동산 가격은 약 30~50% 하락했으며 주가도 약 29~59% 폭락하였다. 그 결과 금융회사에서 대규모 부실채권이 양산되었다. 이에 따라 금융회사의 수익성은 악화되는 가운데 금융시스템의 불안이 초래되면서 금융외환 위기로 확대되었다. 이에 따라 각 정부는 위기 확산을 방지하기 위해 대규모 재정자금을 투입할 수밖에 없었으며 부실 금융회사를 국유화한 후 매각하였다.

동아시아 외환위기

1997년 7월 2일 태국의 바트화가 처음으로 투기적 공격을 받아 20% 평가절하된 데 이어 7월, 8월에 말레이시아 링기트화, 인도네시아 루피아화가 차례로 공격을 받았고, 11월에는 한국도 외환위기를 겪기에 이르렀다.

알려진 위기 요인들을 병렬적으로 요약해 보면 첫째 총외채와 단기외채가 갑자기 증가했던 문제, 둘째 경상수지적자가 지속되었던

---

25 스웨덴 중앙은행은 대출금리를 1990년 12월에 11.5%까지 인상했고 핀란드 중앙은행은 1989년 10월 7.5%였던 기준금리를 1992년 5월에는 9.5%까지 인상했으며, 노르웨이 중앙은행도 기준금리를 1991년 5월 8.0%에서 1992년 9월 11.0%까지 인상하였다.

문제, 셋째 부동산 버블이 형성되었던 문제, 넷째 대기업의 문어발식 확장, 차입경영, 과잉중복투자 문제, 금융기관들의 무절제한 대출 등을 들 수 있다. 특히 대기업은 수익성이 악화되고 있음에도 불구하고 무리한 사업 확장을 지속해 나갔다. 기업들의 의욕에 발맞추어 은행들은 소위 대마불사大馬不死, too big to fail 인식으로 정부 지원이 계속되리라고 예상하면서 대출을 지속하였다. 대기업의 욕심 또는 의욕은 국민경제가 조달할 수 있는 자금의 규모를 넘어서고 있었다.

이 가운데 주된 요인을 내외금리차와 환율 변동 측면에서 살펴보자. 당시 우리나라 금융 여건은 내외금리차가 약 8%포인트에 달했으며 환율이 안정적으로 유지[26]되고 있었으며 '세계화'를 슬로건으로 자본시장이 갑자기 개방[27]되면서 국내외 금리와 환율의 재정거래를 겨냥한 외화차입이 급증하였다. 즉 기업과 금융기관 등의 외환보유와 외환거래가 규제 완화를 통해 자유로워진 상황에서도 환율은 여전히 고정된 수준이 지속되고 고금리가 유지되고 있던 것이다. 따라서 기업은 국내 예금보다 훨씬 낮은 금리의 외화차입을 선호했으며, 종합금융회사를 비롯한 금융기관도 예대마진 확보를 위해 외

---

26 1995년 1~1996년 12월 중 원/달러 환율(월 평균)은 755.5~835.7원/달러 수준을 유지하였다.

27 1992년부터 금융자유화 3단계 추진계획에 따라 각종 규제 완화와 시장자유화가 진행되는 과정에서 외환거래의 실수요원칙 폐지, 외화보유한도 확대, 한국은행 외화집중제도 폐지 등이 이루어졌다.

화차입에 치중하였다. 더욱이 정부가 환율을 일정 수준으로 유지해 줌에 따라 기업과 금융기관은 환율 변동 리스크를 부담할 필요도 없었다. 환율이 안정적인 상황에서는 외화차입과 관련된 환위험이 거의 없기 때문에 내외금리차를 이용한 재정거래 목적의 외화차입이 크게 늘어나게 되었는데, 이것이 우리나라 외환위기의 주요 요인으로 작용하였다.

닷컴 버블[28] 붕괴

닷컴Dot-com버블은 1990년대 말 인터넷이 빠르게 확산되면서 IT 관련 기업에 대한 투기가 비이성적으로 과열[29]되며 생성된 주식시장 거품을 일컫는다. 1995년부터 2000년 3월 고점까지 나스닥 주가지수는 무려 400% 넘게 급등했으나 이후 2002년 10월까지 급락세로 반전하였다. 이로 인해 수많은 온라인상거래 기업이 파산했으며 시스코, 아마존, 퀄컴 등 대형 IT 기업들의 주가 또한 큰 폭 하락하였다.

돌이켜 보면 2000년 밀레니엄시대로 접어들면서 어디서나 뉴스와 영화를 보고 멀리 있는 사람과 새로운 방식으로 대화할 수 있게 하는 인터넷이 대중화되기 시작하면서 관련 사업에 대한 투자가 집

---

28 이외에도 IT버블, Tech버블, 인터넷버블 등으로 불리기도 한다.
29 "비이성적 과열irrational exuberance"은 1996년 미 연준 그린스펀 의장이 미국 기업연구소American Enterprise Institute에서 행한 연설에서 언급한 이후 주식시장의 고평가를 경고하는 문구로 널리 회자되었다.

중되었다. 'IT' 또는 '.com'과 조금이라도 연관된 스타트업들은 미약한 실적에도 기업공개IPO를 통해 거액의 자금을 손쉽게 조달할 수 있었다. 또한 장래 이익에 대한 장미빛 기대가 확산되면서 나스닥지수는 2000년 3월 10일 최고점인 5048까지 상승했고 기업의 주가수익비율PER도 200배 이상 치솟았다. 1999년 한해만 볼 때 기술주로 구성된 나스닥지수는 85.6% 상승한 반면, S&P500지수는 19.5% 상승에 불과한 가운데 대다수 가치주의 주가는 닷컴 주식에 투자하기 위한 자금을 마련하기 위한 매도세로 하락을 면하지 못하였다. 특히 미국 최대의 인터넷 사업자였던 AOL과 기존 엔터테인먼트 분야의 세계적 미디어 그룹인 타임워너 간의 합병은 엄청난 시너지 효과를 창출할 것이라는 전망이 IT 기업 성장에 대한 기대감을 부풀렸다.

그러나 비싼 요금과 질 낮은 서비스로 고객들이 외면하며 주가가 폭락하기 시작했고 연이어 수많은 벤처기업들 역시 파산을 면치 못하였다. IT 기업들이 시도했던 인터넷 서비스들은 과도기적인 인터넷 기술에 너무 많은 것을 융합하려다 보니 시대를 너무 앞서가게 되었다는 비판을 초래했으며 결과적으로 실패로 귀결되었다. 당시 인터넷은 획기적으로 새로운 기술이었다. 그러므로 과거 경제위기의 교훈을 알고 있던 사람들도 앞으로 다가올 새로운 세상은 다를 것이라고 확신하였다.

3. 글로벌 금융위기는 검은 백조[30]처럼 날아왔는가?[31]

여진은 계속된다

2008년 촉발된 글로벌 금융위기는 1929년 대공황 이후 가장 큰 경제위기였을 뿐 아니라 현재도 세계 경제에 영향을 미치고 있다. 화재에 대응한 소방수들의 활약은 그동안 축적해 놓은 위기 대응 정책을 모두 동원한 과감한 조치였으며 현재의 코로나19 팬데믹 상황에도 그대로 적용되고 있다. 지금부터 21세기 들어 전 세계를 가장 큰 혼돈의 도가니로 몰아넣었던 글로벌 금융위기에 대해 조금 자세히 살펴보도록 하자.

MBA 학생의 경험

글로벌 금융위기가 시작될 당시, 필자 중 한 사람은 MBA 학생으로 미국에서 공부하고 있었다. 기억나는 작은 경험으로부터 이야기를 시작하자. 당시 서브프라임 모기지sub prime mortgage 버블이 붕괴

---

30 나심 탈레브는 2007년 출간한 《블랙 스완the black swan》을 통해 금융위기는 검은 백조의 출현과 같이 수십 년, 수백 년에 한 번 일어날 만큼 매우 희귀한 현상이지만, 앞으로는 더욱 자주 출몰할 것이라 예측한 바 있다. 검은 백조는 발생 가능성이 거의 없어 보이지만 일단 발생하게 되면 엄청난 충격과 파급 효과를 가져오는 사건을 말하는데, 과거의 경험에 의존한 판단이 행동의 준거가 되어서는 안 된다고 반성한 데서 유래하였다.

31 《한국은행 60년사》(한국은행, 2010)를 참고하였다.

되면서 이를 연결고리로 엮인 파생금융상품 가격이 동반 급락하며 시스템 위기가 전개되고 있었다. MBA 학생 대부분이 월스트리트 투자은행으로 커리어 개발을 염두에 두고 있던 만큼 리만브라더스 파산 직후 학교 분위기는 암울하였다. 당시 금융공학 수업에서 한 교수님께서 씨티Citi은행 주가의 폭락을 보여주며 금융시스템 붕괴를 걱정하는데 그치지 말고 거꾸로 지금이 Citi은행 주식을 매수할 때라고 얘기하며 본인의 투자전략을 공개하기도 하였다. 불확실성으로 인한 패닉으로 실제 가치보다 훨씬 저평가되어 있으므로 매수 적기라고 투자를 권고했지만, 당시 그 누구도 섣불리 떨어지는 칼날을 잡을 용기가 없었다. 영화 〈빅숏〉에도 비슷한 내용이 있다. 마이클 버리는 당시 서브프라임 모기지 가격이 과도하게 고평가됐음을 확신하고 대규모 공매도를 단행한다. 하지만 시간이 지나도 고평가가 해소되지 않아 관련 손실이 점차 불어나자 투자자들의 비난이 쇄도하기 시작한다. 그는 본인의 판단이 옳다고 확신하며 고객과 소통을 단절하고 드럼을 치며, 모기지 가격이 폭락하기를 기다린다.

시장은 양면적이다. 위기가 닥쳐올 때 누구는 그 영향에 고통스러워하지만 반대로 이를 이용하는 누구는 큰 기회를 잡을 수 있다. 다만 이러한 기회를 잡기 위해서는 평소 냉정히 상황을 분석하고 투자 대상에 대한 올바른 평가를 바탕으로 흔들리지 않는 신념이라는 밑바탕이 있어야 한다.

저금리 기조가 영향을 미친 위기의 시작

2000년대 초반 우리나라를 포함해 세계적으로 저금리 기조가 형성되었다. 미 연준의 경우 조금 전 이야기했던 IT버블 붕괴 이후의 주가 하락과 경기 침체에 대응해 2000년부터 2003년까지 연방기금금리Federal Fund Rate를 6.5%에서 대공황 이후 최저 수준인 1%까지 인하하였다. 이에 힘입어 세계경제는 높은 성장세를 나타냈으나 저금리 기조의 장기화로 유동성 규모가 크게 확대되면서 부동산 가격이 급등하였다. 미국에서는 2001년부터 2005년까지 케이스·실러Case-Shiller 주택가격지수가 연평균 12.6% 상승하는 한편 신용도가 낮은 차주를 대상으로 한 서브프라임 모기지 대출과 이에 기반한 파생금융상품 발행이 크게 늘어나는 잠재적 위험 요인도 증가하는 모

그림 14.1 미국채 10년물 금리 추이

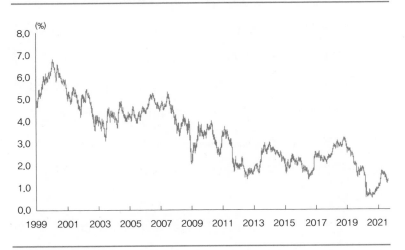

자료: Bloomberg

습을 보였다.

이러한 상황에서 미 연준은 인플레이션 압력을 우려하지 않을 수 없었다. 연준이 금리 인상에 나서자 2006년 하반기 이후 미국의 주택 경기가 둔화되는 가운데 서브프라임 모기지의 연체율과 주택압류율이 점차 높아지기 시작하였다. 미국 부동산시장의 침체는 주택저당채권담보부채권MBS, 부채담보부증권CDO 등 자산유동화증권시장을 통해 빠르게 금융시장에 파급되었다. 국제금융시장에서는 S&P, 무디스Moody's, 피치Fitch 등 주요 신용평가사들이 서브프라임 모기지 관련 투자상품에 대한 등급을 하향 조정하기 시작했으며 골드만삭스, 씨티그룹 등 주요 투자은행 소속 헤지펀드들의 대규모 손실 발표가 잇따랐다. 2007년 8월에는 프랑스 비엔피파리바은행이 자사 펀드에 대한 환매를 중단한 데 이어 9월에는 영국 노던록Northern Rock은행의 예금인출사태bank run가 발생하였다.

2008년 들어서도 금융 불안이 계속되었는데 1월에는 부채담보부증권 발행 보증기관인 모노라인의 신용등급이 큰 폭으로 하향 조정되고 3월에는 미국 투자은행 베어스턴스가 부도 처리되면서 글로벌 금융시장이 크게 동요하였다. 결국 9월 14일 미국 4대 투자은행 중 하나인 리먼 브러더스Lehman Brothers가 파산보호 신청을 하면서 서브프라임 모기지 부실에서 촉발된 금융 불안이 글로벌 금융위기로 확산되었다.

이후 위기에 어떻게 대처할 것인가에 대한 이슈가 당연히 제기되었으나 미국에서는 모든 수단을 총동원하여 위기를 조속히 진화해야 한다는 주장과 국민 세금을 이용해 지원함으로써 도덕적 해이moral hazard를 용인해서는 안 된다는 주장이 극렬히 대립하였다. 9월 29일 미 하원이 월스트리트에 대한 7000억 달러 규모의 구제금융안을 부결시키자 금융위기는 더욱 맹렬한 기세로 확산되었다. 결국 10월 3일 비상경제안정화법Emergency Economic Stabilization Act이 통과되었다. 그럼에도 2009년 3월까지 미국 주식시장은 큰 폭 하락을 지속하였다.

위기의 파급: 선진국을 넘어 신흥시장국으로, 금융을 넘어 실물경제로

리먼 브러더스의 파산보호 신청 직후 국제금융시장에서는 안전자산 선호 경향과 유동성 확보 경쟁이 강화되면서 신용경색이 심화되었다. 그 결과 선진국 회사채 스프레드가 급등하고 주가가 폭락하였다.[32] 이러한 위기는 곧 전 세계로 전파되었다. 주요 선진국 금융기관들이 신흥시장국에서 투자자금을 급격히 회수함에 따라 신흥시장국의 주가와 통화가치도 큰 폭 하락하였다.[33]

글로벌 금융위기는 실물경제로도 빠르게 파급되면서 선진국 경

---

[32] 미국과 유로지역의 10년물 BBB등급 회사채의 국채 대비 스프레드는 2008년 9월 14일 각각 263bp, 236bp에서 2008년 말 441bp, 537bp로 치솟았다. 미국 다우존스공업평균지수는 리먼 사태 직전 11,422에서 2008년 말 8,860으로 23% 가까이 하락했고 일본과 유럽의 주가도 같은 기간 중 각각 28%, 24% 떨어졌다.

[33] 글로벌 금융위기 발생 이후 연말까지 주요 신흥시장국의 주가는 중국 8%, 인도 28%, 브라질 22%, 러시아 42% 하락하고 통화가치 역시 인도 6%, 브라질 31%, 러시아 15% 하락하였다.

제의 동반 침체와 신흥시장국의 성장세 둔화를 초래하였다. 금융위기의 진원지인 미국이 마이너스 성장을 보이면서 경기하강이 가속화[34] 되었음은 두말할 나위도 없지만, 일본과 유로지역 경제도 마이너스 성장세가 4분기 연속 이어졌다. 신흥시장국도 선진국 신용경색에 따른 외국인자금 이탈, 수출 부진 등으로 성장률이 크게 하락하였다.

우리나라 금융시장 역시 리먼 사태 이후 매우 불안한 모습을 보였다. 회사채 수익률이 신용위험에 대한 우려가 심화되면서 가파른 상승세를 지속했으며[35] 주가도 큰 폭의 하락을 지속하였다.[36] 외환시장에서는 원/달러 환율이 외국인 증권투자자금 유출, 외화차입 여건 악화 등으로 큰 폭의 상승[37]을 기록했으며 국내 실물경제도 크게 위축되었다.[38]

---

34 2008년 3·4분기 성장률이 전기대비 -0.5%를 기록한 데 이어 4·4분기 -5.4%, 2009년 1·4분기 -6.4%로 경기하강이 가속화되었다.

35 국고채(3년물)와 회사채(AA-, 3년물) 간 스프레드는 2008년 12월 10일, 외환위기 이후 최고 수준인 465bp까지 확대되었다.

36 리먼 사태 직전까지 1,400대 중반이었던 코스피지수는 글로벌 증시의 동반 하락과 외국인의 국내주식 순매도로 2008년 10월 24일에는 939까지 하락하였다.

37 2008년 9월 중순 이후 큰 폭으로 상승하여 11월 24일에는 9월 초 대비 26% 절하된 1,513원을 기록하였다.

38 전기대비 실질GDP 성장률이 2008년 3·4분기 -0.1%에서 4·4분기 -4.5%로 급락하였다. 민간소비가 전기대비 0.1%에서 -4.5%로 큰 폭 감소하고 설비투자도 전기대비 -1.0%에서 -13.9%로 감소 폭이 크게 확대되며 내수 부진이 심화되었다. 총수출도 3·4분기 중 -0.1%에서 4·4분기 중 -8.9%로 감소 폭이 크게 확대되었다.

위기가 다가올 줄 알고 있었는가?

월스트리트는 대부분 폭풍 전야에도 위기가 다가오는 줄 모르고 있었다. 물론 위기의 도래를 알고 그 확신으로 거액을 벌어들인 투자자도 있었지만, 소수에 불과했다. 대부분은 탐욕의 시장에서 즐기고 있었다. 광야에서 위기를 외치던 목소리도 있었지만, 역사적으로 그러한 사람들은 항상 있었으므로 그다지 주목 받지 못하였다. 사후적으로 평가를 받지만 앞으로 어떤 상황에서도 다양한 목소리는 있을 것이다.

그러므로 책임 있는 의견을 들어보자. 미국 정부와 연준은 왜 글로벌 금융위기를 예측하지 못했을까? 미 연준 벤 버냉키Ben Bernanke 의장에 따르면[39] "주택가격 하락 자체는 중요한 위협이 아니었다고 생각합니다. … 결론은 경기 침체를 겪게 되리라는 것이었으며, 주택가격 하락이 금융시스템 안정에 그리 광범위한 영향이 있을 것으로 보지는 않았습니다. 주택가격이 내려갈 수도 있다는 가능성을 항상 인지하고 있었지만, 주택가격 하락의 영향이 그와 다소 비슷했던 닷컴주식 하락의 영향에 비해 훨씬 더 심각하게 나타나리라는 것에 대해 충분히 예상하기란 정말 어려웠습니다. … 이유는 주택가격 하락이 주택담보대출에 영향을 미쳤고 이로 인해 금융시스템의 불안정을 불러온 것과 같은 연쇄적 방식에 있었습니다. 그러니까 여러

---

39 2013년 3월 벤 버냉키 의장의 조지워싱턴대학교 강연 중에서, 《벤 버냉키, 연방준비제도와 금융위기를 말하다》(미지북스, 2014)를 인용하여 정리하였다.

사건의 전체적인 연쇄가 중요했다는 것이지요. 주택가격 하락만 중요했던 것이 아니라 주택가격 하락이 일으킨 전체적인 연쇄가 중요했습니다."

금융위기에서 연쇄반응이 중요한가?

위기의 원인은 연쇄반응인가? 그렇다고 생각한다. 연쇄반응을 일으키지 않으면 위기가 아니다. 국지적인 위기는 지역에서 해결해야 할 찻잔 속의 태풍일 뿐이다. 그러므로 그 연쇄반응은 어떻게 일어나게 되었던 것인지에 대한 생각이 필요하다. 이에 대해서는 너무나 많은 사람이 너무나 다양한 이야기를 하고 있는데 따지고 보면 모든 의견이 다 옳다고 할 수 있다. 글로벌 금융위기의 원인은 지금까지 발생했던 원인과 본질적으로 다르지 않다. 이를 간략히 정리해 보자.

4. 소를 잃은 후에도 외양간은 고쳐야 한다

반복되고 파급되는 위기에 대한 대응

지금까지 살펴본 몇 가지 경제위기는 비교적 최근 발생한 사례일 뿐이다. 역사상 크고 작은 위기들은 셀 수 없이 반복되었다.[40] 잘 알

---

40 보다 자세한 내용은 찰스 킨들버거Charles P. Kindleberger의 《광기, 패닉, 붕괴 금융위기의 역사》를 참조하기 바란다.

다시피 우리나라도 외환위기의 아픔을 겪은 후 뼈를 깎는 구조조정을 통해 이를 극복한 바 있다.[41] 그러나 그 이후에도 신용카드 사태, 저축은행 사태 등 외환위기의 여진을 겪었다.[42] 글로벌 금융위기 또한 미국을 진원지로 하지만 그 여파가 유럽에 도달하여 재정건전성이 취약한 일부 국가가 재정 위기로 큰 고난을 겪었으며 우리나라도 예외가 아니었다. 아울러 미 연준의 양적완화 규모 축소를 일컫는 '테이퍼링'의 영향은 신흥국으로부터 급격한 자본유출sudden stop[43]을 촉발하며 다시 한번 글로벌 금융시장을 뒤흔든 바 있다. 이러한 금융위기들을 자세히 살펴보면, 위기는 대체로 비슷한 양상으로 태동하고 전개되는 모습을 보인다. 위기는 반복되고 파급되므로 원인을 살펴 미리 대응해야 할 뿐 아니라 사후라도 대처해야 한다.

연쇄반응을 일으킨 글로벌 금융위기의 원인들

글로벌 금융위기의 원인에 대해서는 일반적으로 다음과 같은 점이 지적된다. 그 원인들을 나열해 보자. 우선 주택저당채권담보부채

---

41 임경, 권준석 《돈은 어떻게 움직이는가?》 중 우리나라 외환위기의 원인과 진행 과정에 대한 설명을 참고하라.

42 우리나라의 과거 경제위기 사례는 《한국은행 60년사》, 《돈은 어떻게 움직이는가?》 등의 서적을 참고하기 바란다.

43 버크셔해서웨이 회장인 워런 버핏은 2014년 1월 미 연준의 양적완화 축소로 신흥시장국의 자본유출 위험이 부각된 상황에서 "썰물이 빠져나갔을 때에야 비로소 누가 벌거벗고 수영했는지 알 수 있다."고 언급하며 신흥시장국의 취약한 거시경제 여건을 비유하였다.

권MBS과 신용파산스왑CDS 같은 자산담보부증권이 확대되는 가운데 파생금융상품이 급격하게 증대된 점, MBS를 취급하던 금융회사들과 중개인들이 도덕적 해이에 빠져 있던 점, 파생금융상품을 만들어 내는 금융공학에 대해 과도한 신뢰를 보였던 점, 닷컴주식의 상승에 따라 낙관적으로 경제를 전망하고 있던 점, 민간 부문이 과다한 채무를 부담하고 있던 점, 일반인에 대한 금융교육이 부족했던 점, 신흥시장국으로부터 대규모 자금 유입이 있던 점, 은행들의 단기자금 유출에 대한 리스크 관리가 취약했던 점, 개별 감독기구들이 금융시스템에 대해 충분히 주의를 기울이지 않은 점 등 이루다 말할 수 없다. 이러한 원인들을 찾아 각각의 대책을 마련해야 한다. 그러나 이러한 원인에 대한 대책을 다 마련했으면 소임을 다한 것일까? 다음 위기는 같은 깊이의 동일한 원인일지라도 아마 다른 모습으로 찾아올 것이다.

원인들의 원인은 무엇인가?

겉으로 드러난 상처의 밑에는 원인이 있고 그 원인 밑에는 더 깊은 원인이 있다. 본질적인 원인에 대응해야 한다. 앞에서 살펴본 바와 같이 글로벌 금융위기의 원인은 너무나 다양하지만 이를 간단히 요약하자면, 결국 모든 위기는 인간의 과도한 탐욕과 이를 증대시키는 유인구조incentive scheme가 절묘하게 상응하며 잉태된다고 볼 수 있다. 이러한 순간은 누구도 예상하지 못했던, 확률적으로 발생하기 어려운 사건이 찾아오면서 일어난다. 경제의 구조적 허점이 드러나면서 안정성이 붕괴되는 과정으로 귀결되는 것이다. 요약하면 인간 본성에 의해 좌우되는 취약한 펀더멘털fundamental을 자극한 장치인 촉매가 있었고 촉매에 의해 자극받은 펀더멘털이 있었다. 시발점은 인간의 탐욕이다. 그중 두 가지 사실에 초점을 맞춘다.

우선 탐욕이 증폭되는 장치에 주목한다. 가장 정형화된 패턴 중 하나는 과도한 부채를 수반하는 레버리지 투자의 행태다. 이를 살펴보면 여기에는 리스크가 크면 클수록 수익도 극대화할 수 있다는 인간의 욕심이 기저에 자리하고 있다. 즉 자기 돈만으로 투자했으면 위기의 확산은 제한된다. 문제가 생겼을 때 자기만 망하면 되는 것이다. 그러나 커다란 이익이 예상될 때 사람들은 자기의 작은 돈만으로 투자하려고 하지 않는다. 투자자의 탐욕은 레버리지를 통해 확대된다.

다음으로 탐욕이 전이되는 과정에 주목하자. 특정 자산에 대한 투자를 늘리는 쏠림현상인 군집행동은 사회 전체를 붕괴시킬 만큼 위험성이 배가될 힘을 가지면서 확산된다. 개인의 탐욕은 실패하더라도 그 개인의 불행으로 종결되지만, 사회 전체가 과도한 맹신을 가지고 일방향으로 달려가면 위기가 확산된다.

어떻게 대응할 것인가?

우선 시장의 규율을 확립해야 한다. 시장은 돈에 의해 움직이지만 돈을 움직이는 것은 인간이며 평소에 합리적인 인간도 결정적인 순간에는 본능적인 탐욕에 사로잡힌다. 탐욕에 사로잡히는 인간을 욕할 수는 없다. 탐욕이 없으면 인간이 아니라 로봇이다. 탐욕은 당연하지만 '적절히' 제어되어야 한다. 그러나 우리 모두가 알다시피 '적절하다'라는 말은 모호하며 정치적인 입김에 의해 흔들리기 마련이다. 정치란 흔들리는 대중의 여론과 정서를 대변한다. 금융위기에 대응하는 '적절한' 방안을 수립할 수는 있다. 그러나 위기는 언제나 모습을 달리하여 다가오므로 매번 그 '적절한' 수준을 찾기 어렵다. 위기는 다시 찾아올 것이다.

둘째, 과도한 탐욕을 제한하는 장치가 필요하다. 과도한 탐욕은 레버리지를 일으키는 차입으로 실현된다. 가계의 차입은 신용도, 수입, 재산 상태에 의해 적절히 관리할 필요가 있다. 은행의 포지션은 금리, 주가, 환율의 변동에 반응하는 만기별 자산과 부채의 반응에 따라 규모가 제한되어야 한다. 선물과 같은 파생금융상품의 위험도 규정에 의해 제한 폭이 설정되어야 하며, 옵션과 보험의 기능은 강화되어야 한다.

셋째, 파급되는 위기에 대응할 수 있는 방화벽을 쌓아야 한다. 코로나19 팬데믹이 확산되면서 세계 각국은 출입자를 통제하였다. 경제위기가 국경을 넘어 파급되는 경로를 차단하는 장치를 갖추어야 한다. 글로벌 자금이동을 제한함으로써 위기가 국경을 넘어서 확산되는 영향을 줄여야 한다. 변동환율제 아래에서 자금의 이동을 완전히 제한하기는 어렵지만, 적절히 제어되어야 한다.

마지막으로 최후 시점에는 치료제 투여가 불가피하다. 보통 정부와 중앙은행이 등판해 파격적 통화정책과 재정정책을 내놓으며 위기 확산을 막기 위한 긴밀한 대응이 이루어진다. 금융시장의 유동성 경색을 막기 위해 긴급 유동성 지원을 실시하고 기준금리를 대폭 인하하며 통화정책 기조를 완화적으로 운용하는 한편 취약 기업과 금융회사 구제 등을 위해 막대한 재정자금을 투입해 해결에 나선다. 그런데 이러한 수습은 공짜가 아니다. 결국 국민의 세금이 투입되게 되고, 이후 시간이 흐르면서 불확실성이 완화되어 시장참가자의 패닉이 진정되며 금융시장은 회복 과정에 접어든다.

그러나 국민의 부담은 남아 다시 다른 위기의 진원지가 되기도 한다. 항상 상처가 생기면 연고를 바르고 딱지가 떨어지면 새로운 상처가 생기듯, 그간 수많은 금융위기가 발생했고 이를 방지하기 위한 제도적 개선이 지속되었지만, 위기는 앞으로도 끝없이 시장의 취약점을 파고들며 수없이 반복될 것이다. 그래서 결국 각자도생하는 수밖에 없을지도 모른다. 정책당국이 위기 발생 가능성을 지속적으로 모니터링하는 이유이기도 하다.

Q 금융회사가 주식의 가격 하락을 예상할 때 공매도short selling를 취한다고 하셨는데 이에 대한 자세한 설명을 부탁드립니다.

A 도대체 왜 공매도를 하는 것일까요? 이는 투자자가 주식을 보유하지 않은 상태에서 주가 하락이 예상되는 경우 금융회사에서 주식을 빌려 먼저 매도한 후 실제 주가가 하락하면 하락한 가격으로 주식을 매입해 차익을 획득할 수 있기 때문입니다. 예를 들어 투자자가 A주식을 빌려 시장에서 1만 5000원에 공매도를 했다고 가정하고, 며칠 후 예상대로 주가가 1만 원으로 하락하면, 투자자는 시장에서 A주식을 사서 되갚아서 결과적으로 5000원의 이익을 얻게 됩니다. 물론 예상과 달리 주가가 상승한다면 투자자는 그만큼 손실을 보게 되지요. 기대와 달리 주가가 움직일 경우 큰 손실을 볼 수 있기 때문에 공매도 투자에는 매우 신중한 접근이 필요합니다.

또한 공매도에는 자산시장에서 자산의 가격이 과도하게 고평가되지 않도록 방지하는 순기능이 존재합니다. 예를 들어 농산물시장에서 수급 불균형이 발생해 일시 가격이 급등하고 사재기와 같은 투기가 성행하고 있다고 가정해 봅시다. 이 경우 농산물 가격이 고평가되었다고 확신한 정부가 비상시에 대비해 비축하던 재고 물량을 시장에 대량 방출하게 되면 가격은 다시 원래 수준에 가까이 하락할 것입니다. 그러므로 투기 세력은 정부 개입을 의식해 과거처럼 대담한 가격담합을 벌이기 힘들게 됩니다. 이처럼 금융시장에서도 주식의 시장가격과 내재가치 간에 과도한 불균형이 발생할 경우 차익 획득을 위한 공매도가 활성화될 것이므로 공매도는 주식가격이 내재가치를 반영해 적정 수준에서 움직이도록 조정하는 역할을 한다고 볼 수 있습니다.

그러나 주식시장이 약세를 보일 때 공매도를 통해 이득을 취하려는 기대가 쏠리며 지나치게 확산할 경우에는 주식시장이 한순간에 폭락하며 주가의 변동성을 확대시키는 측면이 있기 때문에 각국에서는 공매도에 대해 많은 규제를 취하고 있습니다. 우리나라도 2008년 9월 글로벌 금융위기 직후와 2020년 3월 코로나19 위기 이후 주식시장 안정을 위해 공매도를 금지한 바 있습니다.

Q 금융시장 중 채권시장과 관련한 질문입니다. 채권가격은 곧 금리라 설명하셨는데 신흥국의 국채금리가 선진국 국채금리보다 높은 수준에서 형성되는 이유는 무엇인가요?

A 'Part 7 이익을 만드는 투자상품의 이해와 선택'에서 채권금리를 설명한 후 답변 드리면 더 좋겠지만, 이번 장의 채권시장과도 관련되므로 여기서 다른 나라와의 금리 차이에 대해 알아봅시다. 일단 명목채권금리는 무위험수익률에 유동성 프리미엄과 신용 프리미엄

이 가산되는 방식으로 결정됩니다. 무위험수익률은 대체로 물가상승률과 경제성장률에 주로 영향을 받는데, 대체로 신흥국은 선진국보다 성장잠재력이 높고 물가 또한 선진국 수준을 상회합니다. 따라서 다른 모든 조건이 동일하다 하더라도 신흥국 채권투자자들은 최소한 높은 물가 상승, 즉 인플레이션에 대한 보상을 요구할 것입니다. 그리고 만일 물가수준이 비슷하더라도 성장이 높은 국가의 자금 차입 수요가 더욱 클 것이고 이는 돈의 가격인 실질금리를 상승시킬 것입니다. 요약해 보면, 모두 정부가 발행한 국채라 하더라도 경제성장률, 인플레이션 등 서로 다른 거시경제 여건에 따라 국가별 채권금리는 달리 결정됩니다.

이외에도 신흥국 국채의 경우 국제금융시장 불안정성이 고조되거나 재정건전성이 취약하다는 평가가 높아질 경우 상환 리스크가 부각되기 마련입니다. 따라서 동일 국채라도 신흥국보다는 주요국이 발행되는 국채가 상환 위험이 낮아 보다 선호될 것입니다. 또한 국제금융시장에서 활발히 거래되는 국가의 채권일수록 보다 안정적인 가격이기 때문에 필요하면 즉시 현금화가 가능하므로 더욱 선호될 수 있습니다. 대표적으로 미국 정부채는 시장에서 활발히 거래되므로 채권 보유자가 원할 경우 즉시 안정적 가격으로 대규모 매각이 가능하며 유동성이 매우 양호합니다. 이처럼 채권의 만기상환 가능성과 유동성 차이도 채권금리 결정에 영향을 미치고 있습니다. 요약하면 신흥국 국채는 선진국에 비해 성장률과 물가상승률은 높은 반면, 상환 리스크와 유동성은 열악하므로 신흥국 채권금리는 선진국보다 높은 수준에서 결정된다고 말할 수 있습니다.

Q 글로벌 금융위기도 가계 부문의 부채증가가 최신 금융기법으로 연결되었다고 설명하셨습니다. 그 도화선이 된 서브프라임 모기지는 어떤 금융상품인가요?[44]

A 서브프라임 모기지는 주로 미국에서 신용단계에서 최고prime 단계 다음인 서브프라임subprime층의 대출 상품을 말합니다. 즉 증권의 이름이 아닌 대출의 종류입니다. 주택담보대출에서 심사에 통과하지 못하거나 신용등급이 낮은 사람을 위한 대출을 말하는데 최고 다음이라는 이름을 붙이다 보니 마치 꽤 우량한 대출처럼 보이지만 서브프라임 대출은 신뢰도가 낮아 금리가 높게 설정됩니다. 2000년 이전에는 가장 신용도가 높은 우량 차입자prime borrower만이 주거용 모기지를 얻을 수 있었습니다. 그런데 컴퓨터 기술과 새로운 통계분석 기법이 발전하면서 보다 위험한 주거용 모기지 계층인 서브프라임 모기지의 신용위험에 대한 계량적 평가기법이 개발되면서 취급이 확대되고 이를 담보로 증권이 발행되었습니다.

서브프라임 모기지는 증권화 과정을 거쳐 세계 각국의 투자자에게 판매되었습니다. 이 증권을 주로 발행한 미국에서는 2001년부터

44 임경, 권준석, 《돈은 어떻게 움직이는가?》(2020)를 참고하였다.

2006년까지 지속된 주택 가격 상승을 배경으로 신용평가사에서 이러한 증권에 높은 신용등급을 부여했습니다. 또한 이 증권은 다른 금융 상품과 결합되어 전 세계에 판매되고 있었습니다. 그러나 2007년 여름 상환 연체율이 상승하면서 비우량 주택 담보 대출, 서브프라임 모기지 사태가 일어났던 것입니다. 앞서 증권화를 설명하면서 자산유동화증권을 말씀드렸습니다. 서브프라임 모기지 증권도 이러한 자산유동화증권의 일종입니다.

이처럼 대출을 증권화할 때에는 매개변수에 대한 가정이 매우 중요하나 동 변수의 신뢰성 확보를 위한 관련 시계열 자료가 미비했던 것이 문제였습니다. 특히 당시 이루어진 서브프라임 대출에 대한 부도와 연체 데이터에 대한 충분한 시계열이 축적되지 않아 부도율과 부도 시 회수가능비율 산정에 상당 수준의 오류가 확인되었습니다. 그리고 이러한 오류는 재구조화채권을 통해 보다 손실을 증폭시키는 결과를 초래했던 것입니다. 구체적으로는 대부분의 평가 모형은 제2차 세계대전 이후 미국 주택시장이 전국적인 동반 침체를 나타낸 적이 없었으므로 지역별로 분산된 모기지 풀pool의 경우 위험분산효과가 클 것으로 가정하습니다. 그러나 예상과 달리 전국에서 동시에 주택가격이 하락하는 이벤트가 실제로 일어났던 것입니다. 그 결과 신용도가 매우 높은 선순위증권마저 급속히 부실화되며 위기가 도래하였습니다. 우려가 커지자 증권의 신용도가 높은지 낮은지를 물을 겨를도 없이 매도가 쏟아졌던 것입니다.

Q 최근 가계부채가 지속적으로 확대됨에 따라 우려도 높아지고 있습니다. 우리나라 또한 과거 외환위기 이후 신용카드 사태가 발생하며 금융시장에 충격을 준 것으로 알고 있는데 이에 대한 설명을 부탁드립니다.[45]

A 근래 일어난 대부분의 위기는 과다한 채무, 레버리지 확대와 관련이 깊습니다. 외환위기가 대기업의 무분별한 확장에 따른 과도한 부채비율과 연관되었듯이 2003년 우리나라에서 발생한 신용위기는 가계 부문의 신용 확대가 일으킨 전형적 부채위기 중 하나라 할 수 있습니다.

정부는 외환위기 직후 급격히 위축된 소비 진작 방안의 일환으로 신용카드 현금서비스 월 이용한도(70만 원) 폐지(1999.5), 신용카드 소득공제제도 도입(1999.8), 신용카드 매출전표 발행사업자에 대한 세액공제혜택 확대(2000.1) 등 각종 신용카드 거래 활성화정책을 시행하였습니다.

이러한 정책적 지원을 배경으로 신용카드사들은 경쟁적으로 신용카드 가맹점과 회원 수를 확대했습니다. 그 결과 1999~2002년 중 신용카드장수가 3900만 장에서 1억 500만 장으로 급증하고 신용카드사의 자산규모는 3배 이상 증가했으며 명목GDP 대비 신용카드 거래액의 비율도 9.3%에서 94.1%로 급상승하였습니다. 또한 현금대출도 크게 늘어나 2002년에는 가계의 처분가능소득 대비 현금

---

45 《한국은행 60년사》(한국은행, 2010)을 참고하여 정리하였다.

대출 비율이 103.4%를 기록하였습니다.

그러나 신용카드사 사이의 과당경쟁, 고위험 현금대출 위주의 영업 등으로 인해 2002년부터 신용카드사의 경영 실적이 악화되기 시작했으며 개인 신용불량자 수도 급증하였습니다. 신용불량자 수는 2001년 245만 명에서 2003년 372만 명으로 지속적으로 증가했습니다.

이러한 상황에서 2003년 3월 11일 'SK글로벌' 분식회계 사건을 계기로 카드채 부실에 대한 우려가 크게 증대되면서 투자신탁회사 및 은행신탁에서 환매 요구가 급증하였습니다. 이에 따라 MMF시장에 투자신탁회사가 만기 도래한 카드채의 상환을 요구하면서 신용카드사들은 채무불이행 위험에 직면하였습니다. 또한 카드채의 신규 발행과 기존 발행 채권의 유통이 중단되며 카드채 시장은 큰 혼란에 빠졌습니다.

정부와 한국은행은 신용카드사의 유동성 위기가 금융시스템 전반으로 확산되는 것을 방지하기 위해 다각적인 조치를 시행하였습니다. 한국은행은 2003년 3월 13일 '금융시장안정대책'을 발표하고 RP매입, 국고채 매입, 통화안정증권 조기 상환 등을 통해 유동성을 지원하였습니다. 정부는 3월 17일 '금융시장 안정을 위한 신용카드사 종합대책'을, 4월 3일에는 '신용카드사 및 투자신탁회사 유동성 문제 해소를 위한 금융시장 안정대책'을 발표하였습니다.

Q 금융시장에 대한 설명을 들었는데, 얼마 전 알게 된 그림자금융에 대한 이야기는 없었습니다. 그림자금융이란 무슨 뜻인지요?

A 그림자금융shadow banking이란 용어는 호기심을 끌지만 의미는 다소 모호한데, 대체로 대출의 증권화와 증권화 관련 대규모 단기금융의 움직임을 뜻합니다. 위기와 관련된 다소 부정적인 어감을 드러내고 있지요. 그림자금융은 대체로 은행의 전통적인 자금중개기능을 보완하는 금융을 말합니다.[46] 돌이켜 보면 그림자금융의 범위에 속하는 금융상품들은 한때 혁신의 깃발을 높이 들었지만, 글로벌 금융위기가 닥치면서 위기를 초래한 주범으로 인식되었습니다. 새로운 거래와 상품이란 언제나 양면성을 가집니다. 빛이 있으면 그림자가 생깁니다.

우선 넓은 뜻으로는 "은행시스템 밖에서 은행과 비슷한 신용중개기능을 제공하는 기관 또는 활동"으로 정의됩니다. 그러므로 증권회사, 자산운용사, 보험사, 여신전문금융회사 등 은행을 제외한 금융회사의 활동이 이에 모두 포함됩니다. 반면 좁은 뜻으로는 "비은행 금융회사의 신용 가운데 만기와 유동성의 변환, 신용리스크의 불완전한 이전, 금융 레버리지[47] 등을 통해 시스템적 리스크를 유발하

---

46 2007년 8월, 미국 자산운용회사인 PIMCO의 폴 맥컬리Paul McCulley 이사가 "표면적으로 드러나지 않으면서Shadow 은행과 유사한 신용중개기능Banking을 수행하는 시스템"을 지적하면서 처음으로 사용되었다.

거나 규제차익regulation arbitrage을 추구하는 부문"이라고 정의됩니다. 그림자금융의 대표적인 활동을 살펴보면, 대체로 전문화된 금융기법을 이용한 중개 과정을 통해 서브프라임 모기지와 같은 위험한 장기대출을 외견상 신용위험이 없는 단기의 현금과 유사한 상품으로 변환하는 작업을 통해 이루어진다고 정리할 수 있습니다. 또 이를 거액의 단기자금을 빌려서 각종 대출채권을 집합해 증권으로 판매하는 행위로 요약할 수 있습니다. 한편 이와 같은 그림자금융의 과정은 앞에서 설명한 대출의 증권화와 단기도매금융의 연계라는 두 가지 흐름으로 나누어볼 수 있습니다.

이러한 그림자금융은 일반적인 금융과 비교하면 몇 가지 특징을 가집니다. 새로 생긴 금융상품들은 은행과 유사하게 신용중개기능을 수행함에도 불구하고 은행과 같은 엄격한 건전성 규제를 받지 않으며, 그렇기 때문에 중앙은행의 유동성 지원이나 예금보험공사의 예금자보호 대상도 아닙니다. 또한 은행보다 레버리지가 대체로 높으며 여러 기관이 연계되어 이루어지므로 자금을 중개하는 경로가 길고 복잡해 다소 위험하다고 볼 수 있습니다.

47 타인의 자본을 지렛대처럼 이용해 자기 자본의 이익률을 높이는 행위를 말한다. 고정영업비용의 부담 정도에 따라 귀속되는 이익이 달라진다.

PART 5

금리와 돈의 방향을
제시하는 통화정책

중앙은행 직원은 통화량을 지켜보는 눈, 그리고 금리를 지켜보는 눈, 이렇
게 두 눈을 가지고 태어난다.

Central bankers were born with two eyes so they could use
one to watch the money supply and the other to watch interest
rates.

Paul Samuelson

이번 장에서는 투자전략의 기본 프레임으로 제시한 이론·전략, 시장·상품, 정책·제도라는 삼각형 중 정책·제도를 다룬다. 금리와 돈의 방향을 제시하는 통화정책은 외환정책, 거시·미시 건전성정책과 함께 금융시장에 커다란 영향을 미치는 중요한 정책이다. 통화정책을 이해하기 위해 금융시장과 통화정책 간의 관계, 통화정책에서 가장 중요한 기준금리의 결정과 파급경로를 살펴본다. 그리고 목표를 이루기 위한 다양한 수단들을 전통적 통화정책수단과 비전통적 통화정책수단으로 구분하여 정리해 본다.

금융·경제 정책과 제도

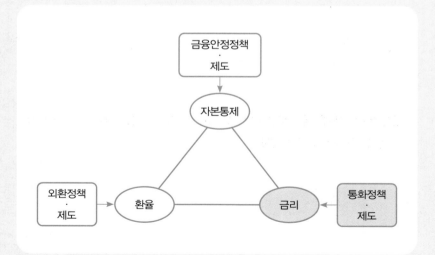

보이지 않는 손과 보이는 손
시장과 정책의 대화

> + 통화정책은 금융시장을 목표로 행해지지 않는다. 금융시장을 넘어 물가와 성장이라는 실물경제를 바라본다.
> + 실물경제의 변동성을 줄이기 위한 고심은 통화정책에 반영된다.
> + 통화정책에서 돈의 양보다 금리가 중요하다.

1. 시장과 정책의 대화

금융시장과 중앙은행은 서로를 쳐다본다

금융시장은 자금을 조달하고 운영하는 과정에서 이득이 될 만한 곳에 돈을 보내고, 손실을 볼만한 곳에는 돈을 보내지 않으려고 한다. 이러한 과정에서 시장규율market discipline이 자연스럽게 이루어지면서 배분의 효율성이 달성된다. 그러나 결과적으로 이러한 배분의 효율성이 반드시 달성되는 것은 아니다.

통화정책은 독점적 발권력을 지닌 중앙은행이 통화량이나 금리에 영향을 미쳐 물가안정과 금융안정을 달성함으로써 경제가 지속 가

TOPIC 15 보이지 않는 손과 보이는 손

247

능한 성장을 이룰 수 있도록 하는 정책을 말한다.[1] 중앙은행은 시장 참가자의 수요와 공급이 반영되는 금융시장을 쳐다보며 간섭한다. 금융시장은 시장에 간섭하는 중앙은행을 쳐다보며 대응한다.

금융시장과 통화정책은 왜 대화하는가?

"중앙은행에 맞서지 말라!" 금융시장이 통화정책을 지속적으로 바라보는 이유는 자신들의 이익을 좌우하는 금리 변동과 통화량의 증감 등에 중앙은행의 정책이 큰 영향을 미치기 때문이다. 중앙은행은 금리의 수준과 대규모 유동성 조절로 신호를 전달한다. 금융시장 참가자는 중앙은행이 보내는 메시지를 읽으려고 '통화정책 방향'이 발표되자마자 곧 연필로 줄을 그어 가며 의미를 파악하려고 노력한다.

"시장의 움직임을 읽어라!" 통화정책이 금융시장을 면밀히 모니터링하는 이유는 평소 시장의 움직임만큼 경제 상황을 잘 나타내는 곳은 없다고 생각하기 때문이다. 시장 중심의 자본주의 경제에서 자연스럽게 가격을 찾아 나가는 시장이 제일 중요하다. 이를 제외하고는 매 순간 변화하는 수요와 공급 그리고 가격을 알 수 없다.

통화정책과 금융시장은 서로를 믿는가?

통화정책과 금융시장은 서로를 대체로 신뢰하지만 믿지 못할 때

---

1 《한국의 통화정책》(한국은행, 2017)에서 인용하였다.

도 있다. 평소에는 서로를 존중하지만, 결정적 순간에는 갈등을 드러내기도 한다.

통화정책 담당자는 이해득실을 따지는 가운데서도 자금을 효율적으로 배분하는 시장원리를 신뢰하지만, 시장참가자가 경제 전체를 조망하면서 치밀한 계산을 해내는 것이 아니라 투자심리에 의해 흔들린다는 사실을 알고 있다. 그러므로 기준금리를 결정하고 물가와 성장을 전망하는 판단은 합리적이고 이성적으로 해야 한다고 생각한다. 시장이 패닉에 사로잡히면 시장에 개입하여 진정시킨다. 개입을 왜 하는가? 한마디로 요약하면 믿지 못하기 때문이다.

반면 시장참가자는 물가안정과 지속가능한 성장을 이루고자 하는 통화정책의 목적을 존중하지만, 통화정책이 그 목적의 당위성에 집착해 변화하는 시장 상황을 외면할 때가 있다고 생각한다. 어떤 일이든 목적과 현실은 종종 상충된다. 정책이 수요와 공급을 읽지 못하거나 외면한다고 생각했을 때, 시장은 통화정책에 대항한다. 중앙은행이 기준금리를 갑자기 올렸을 때 채권금리는 하락하기도 한다. 물론 인상 기대가 이미 채권금리에 충분히 반영되어 있을 수도 있다. 외환정책에서 정책당국이 환율을 안정적으로 운영하고자 하나 환율이 급등하는 사례와 같다.

그러므로 시장과 정책 사이의 신뢰가 중요하다. 교과서의 말은 항상 그러하며 옳다. 그러나 현실은 그렇게 움직이지 않는다. 기본적으로 중앙은행은 시장을 믿을 수 없기 때문에 설립된 조직이다. 시장이 항상 안정적으로 움직인다면 중앙은행의 존재 가치는 희석된다.

시장은 자금의 수급을 위해 존재하지만, 참가자가 이익을 위해 노력하는 가운데 거래가 이루어진다. 상당수의 시장참가자는 시장의 변동성을 좋아한다. 가격의 변동성 속에서 이익이 탄생한다. 시장을 안정적으로 가져가려는 중앙은행의 개입을 시장은 좋아하지 않는다.

조금 거칠게 비유하면, 정책과 시장은 간섭하는 시어머니와 자유롭게 살려는 며느리의 관계와 같다. 떠들지 말라고 하는 선생님과 재미있는 교실을 좋아하는 학생과 같다. 둘 사이에 긴장은 필요하다. 일방적 힘의 관계는 경제를 잘못된 방향으로 인도하게 될 것이다.

시장이 실패하면 정책이 나선다

시장은 때로 실패한다. 경제에 가해지는 어떠한 충격에 의해 주가, 금리, 환율 등이 급변동하게 된다. 이에 따라 시장 메커니즘이 원활히 작동하지 않는 경우도 발생한다. 시장이 급등할 때는 사기 어렵고 시장이 급락할 때는 팔기 어렵다. 이러한 시장 실패의 원인으로 독과점적 시장 지배, 담합, 경제활동에서 발생하는 외부 효과, 공공재의 존재 등이 지적되지만, 대체로 근본 원인은 심리에 있다. 시장의 혼란 밑바탕에 인간의 본능인 '탐욕과 공포'가 자리 잡고 있다. 가격이 오르면 더 오를 것이라고 생각하며 누구나 자신이 마지막 상투를 잡지 않을 것이라는 생각을 하게 된다. 반면 가격이 계속 떨어질 때는 손실을 보면서 기다리기보다 차라리 지금 팔고 더 떨어지면 다시 사자는 성급한 생각에 사로잡히게 된다.

이렇게 시장이 크게 요동치면 정책이 나서게 된다. 시장이 인간의 본능에 사로잡힐 때 정책은 이성적으로 접근한다. 우리나라 외환위기, 글로벌 금융위기, 최근의 코로나19 위기 모두 시장만의 잘못이라고 비난할 수는 없다. 하지만 금융시장이 혼란에 빠지게 되면 정부와 중앙은행은 재정지출을 늘리거나 금리를 낮추며 완화적 정책을 통해 원활한 경제활동을 위한 구원투수로 나설 수밖에 없게 된다.

정책은 왜 실패하는가?

그럼 정책은 왜 실패하는가? 미래를 예측하기 위해 주로 과거의 추세에 의지한다. 다른 방법이 별로 없기 때문이다. 다만 과거의 시계열을 단순히 연결하지 않고 관련 변수와의 관계를 고려하지만 이를 근거로 가격이 어떻게 진행될지 방향을 알아내기가 어렵다. 변곡점은 자신을 쉽게 드러내지 않는다. 시장참가자는 이상한 분위기를 느낄 수 있지만, 욕심이 눈을 가려 알아채지 못하는 경우가 많은 반면, 정책당국과 학자들은 시장과 멀리 있어 문제를 제때 발견하기 어렵다.[2]

또한 정책은 먼저 나서기보다 늦게 대응하는 속성이 있다. 대다수 사람과 견해가 다른 올바른 방향을 설정하기 위한 지식과 지혜도 필요하지만, 경제가 좋다고 즐거워하는 파티를 깨기 위해서는 만일 위기가 아닌 것으로 밝혀질 경우 받아야 할 비난을 감수해야 한다. 아직 오지 않은 위기를 사람들은 인정하기 싫어하기 때문이다. 미래

---

2 이를 '정보의 비대칭성information asymmetry 문제'라고 한다.

를 증명하기도 어렵다. 그러므로 정책은 차라리 발생한 문제를 확인한 후 대응책을 마련해 생색을 내려는 속성이 있다. 반면 비난을 무릅쓸 각오를 다지기 위해서는 상당한 용기가 필요하다.

그리고 정책은 문제의 해결 방법과 책임 소재에 대한 갈등으로 실패하기도 한다. 하나의 문제에 대한 접근 방식은 주관 부처에 따라 다르다. 정책조합policy mix은 조율되어야 하지만, 부처 간 이해관계에 따른 협력 부족으로 실패하는 경우가 많다. 정책을 움직이는 것도 결국 사람이다.

평소에 정책은 무엇을 하고 있는가?

많은 정보를 가지고 있는 정책당국은 평소에 무엇을 하길래 실패를 가져오는가? 화재가 발생하면 시장은 소방수의 투입을 기대한다. 어려울 때 긴급 지원 또는 구제금융의 역할에 대해 일반 국민도 귀를 세우지만, 정책의 평소 역할에 대해서는 금융회사 외에는 대체로 무관심하다.

일상적인 경우 정책은 만들어진 시스템이 잘 작동하는지, 여건 변화에 따라 무슨 문제가 생기는지, 주어진 범위를 넘어 움직이는 시장지표들은 없는지 등을 점검하면서 방향을 제시한다. 다만 정책은 큰 방향만 제시할 뿐인데, 왜냐하면 겸손해서가 아니라 세세히 간섭하기 위해서는 경제의 곳곳을 잘 알아야 하는데 정책은 그에 대해 아는 바가 부족하기 때문이다. 시장이 경제의 움직임을 더 빨리 더 잘 알고 있으므로 더 세밀하게 자금을 배분할 수 있다.

252

통화정책은 이성적 판단과 이론으로 시장의 움직임을 읽는다. 시장의 '보이지 않는 손'과 대비하여 '보이는 손'이라고도 일컬어진다. 예를 들어 기준금리를 정하는 의사결정은 거시경제변수의 움직임을 반영하여 이루어지지만 금융시장의 움직임뿐 아니라 시장의 예상 반응을 주시하며 조심스럽게 이루어진다. 금융시장도 이를 존중해 결정된 정책에 반응하고 앞으로 이루어질 정책을 예상하며 움직이게 된다.

2. 목표를 지향하는 통화정책

무엇을 위해 통화정책은 존재하는가?

앞서 정의한 바대로 통화정책이란 중앙은행이 금리 또는 통화량에 영향을 미쳐 물가안정과 금융안정을 달성함으로써 경제가 지속적으로 가능한 성장을 달성할 수 있도록 하는 정책을 말한다. 즉 통화정책이 금융시장에만 영향을 미치는 정책이 아니라 실물경제에 영향을 미치려는 정책이라는 점이 중요하다. 물론 금융시장 불안 시 일시적으로 유동성이 부족한 금융회사를 지원하는 최종대부자lender of last resort로서의 역할도 수행하지만, 초점은 언제나 물가안정과 경제성장에 있다.

한편 중앙은행의 발전 과정에서 자연스럽게 주어진 중앙은행의 '금융안정' 책무는 근래 들어 다시금 주목받게 되었다. 금융시장이 불안해지면 금융거래의 지원을 받는 경제가 제대로 돌아가기 어렵다. 미국의 서브프라임 모기지 부실에서 촉발된 글로벌 금융위기를 계기로 물가안정만으로는 거시경제의 안정을 보장하기 어렵다는 인식이 확산되었기 때문이다. 아울러 그동안 빠르게 진행된 경제의 금융화financialization와 금융시장의 세계화globalization로 금융 불안이 실물경제에 미치는 부정적 영향과 이를 극복하기 위한 정책적 비용이 과거와 비교해 매우 크다는 교훈을 얻게 되었다. 이에 따라 나라별로 정도의 차이가 있지만 각국은 '물가안정'을 중장기적 시계에서 통화정책의 주된 목표로 추구하면서도 금융불균형financial imbalances이 쌓일 가능성을 주시하며 금융시스템 리스크에 유의하여 통화정책을 수행하고 있다.

목표에 다가가는 다양한 접근들[3]

중앙은행의 통화정책체계를 교과서에 나온 대로 또는 한국은행의 자료에 따라 설명하면 다소 길고 복잡하다. 일단 이를 인용한 이후에 요점만 정리해 보자. 중앙은행은 통화정책의 최종목표와 밀접한 관계가 있는 통화량, 환율, 물가상승률 등의 지표 중에 하나를 선택하여 그 지표의 목표 수준을 결정한 이후 이를 달성할 수 있도록 통화정책을 수행한다. 이렇게 선택된 지표를 '명목기준지표nominal anchor'라고 하며 이 중 물가상승률을 제외한 통화량, 환율 등은 최종

---

3 《한국의 통화정책》(한국은행, 2017)을 주로 참고하여 정리하였다.

목표를 달성하기 위한 '중간목표intermediate target'로 활용한다. 그러나 물가상승률, 통화량, 환율 등은 중앙은행이 직접 제어할 수 있는 지표가 아니다. 따라서 중앙은행이 다른 변수의 영향을 받지 않고 직접 제어해 원하는 수준을 유지할 수 있는 지표가 필요한 데 이를 '운용목표operating target'라고 한다. 우리나라는 기준금리를 통한 단기시장금리 수준의 조절을 목표로 하고 있다. 중앙은행은 이러한 운용목표를 위해 여러 가지 정책수단을 사용하여 최종목표를 달성하기 위해 노력한다. 그리고 중앙은행은 운용목표의 수준을 조절하기 위해 지급준비금제도, 중앙은행 여수신제도, 공개시장운영 등의 통화정책수단을 활용하고 있다. 이상 알아본 최종목표, 명목기준지표, 운용목표, 정책수단, 의사결정 관련 제도 등을 모두 포괄하여 '통화정책체계monetary policy framework'라고 한다.

그러나 위의 설명은 너무 길다. 간단히 물가안정을 고려해 기준

그림 15.1 **통화정책체계**

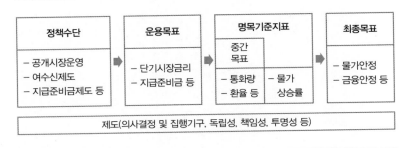

자료: 《한국의 통화정책》(한국은행, 2017)

금리를 조절한다고 요약할 수 있다. 다만 경제성장과 금융안정에도 관심을 가지고 고려한다. 이 정도가 되겠다. 그런데 우리에게 와닿는 것은 기준금리다. 바로 다음 'Topic 16 작은 것이 모두에게 주는 영향'에서 기준금리에 대해 알아보자.

한편 앞에서 언급한 대로 지급준비제도, 중앙은행 여수신제도, 공개시장운영 등의 통화정책수단은 지금도 기준금리를 적정한 수준으로 유지하는데 기여하는 수단인가? 이에 대해서는 전통적 통화정책수단을 다루고 있는 'Topic 17 정책을 위한 오래된 무기들'에서 다루기로 한다.

작은 것이 모두에게 주는 영향
기준금리 결정과 파급경로

+ 기준금리는 시장금리를 움직이고, 시장금리는 예금·대출 금리를 움직
  인다. 그리고 모든 금리는 경제를 움직인다.
+ 끈을 당길 수는 있으나 밀 수는 없다.

하늘에서 북극성을 찾아본다. 바다를 항해하던 배가 닻을 내린다.
움직이는 장단기 금리체계에서 기준점을 확보한다. 기준금리는 시
장금리를 넘어서 최종적으로는 물가와 성장을 바라본다. 다양한 만
기의 금리체계 중 가장 짧은 만기에 영향을 미치는 금리를 결정하는
일이다. 기준금리 조정은 단기를 넘어 장기금리 변동으로 파급된다.
한국은행 금융통화위원회는 경제 상황과 금융시장 동향 등을 감안
하여 연 8회에 걸쳐 다음 결정 때까지 기준이 되는 기준금리를 다수
결로 결정한다. 사람마다 판단이 다를 수 있으므로 위원회제도로 운
영된다.

1. 닻을 내리다

기준금리[4]는 다른 금리로 전파된다

금융통화위원회가 기준금리를 결정하면 수익률곡선yield curve[5]상의 장단기금리들이 영향을 미치면서 변화한다. 단기금리와 장기금리는 기간프리미엄[6]을 자율적으로 계산해낸다. 이렇게 채권시장을 통해 형성된 시중금리는 예금금리와 대출금리를 움직이는 기준으로 활용되면서 기업, 정부, 가계의 경제활동에 영향을 미치게 된다.[7] 시장금리는 채권시장에서 만들어져서 모든 경제활동과 자산가격 평가에 기준이 된다. 그런데 시장금리는 채권의 수요와 공급에 의해서도

---

4 기준금리는 한국은행이 금융기관과 환매조건부증권RP 매매를 할 때 기준이 되는 정책금리이다. 한국은행은 기준금리를 7일물 RP매각 시 고정입찰금리로, 7일물 RP매입 시 최저입찰금리로 사용한다.

5 채권의 만기와 만기수익률 간의 관계를 나타내는 곡선을 말한다. 일반적으로 만기가 길수록 수익률이 높으므로 우상향하는 곡선 형태가 일반적이다. 수익률곡선 상 3년 만기 채권의 수익률은 현재로부터 1년, 1년으로부터 2년, 2년으로부터 3년 기간 중의 채권수익률을 반영하여 결정된다.

6 향후 경제의 불확실성과 유동성 감소를 반영해 단기채권 수익률에 비해 장기채권 수익률이 높게 형성되는데 기간프리미엄term premium은 이 수익률 간의 차이를 말한다. 장기채권 보유자는 단기채권 보유자에 비해 더 높은 수익을 얻을 수 있다.

7 물론 채권시장금리가 매일 변한다고 은행들이 예금과 대출금리를 매일 바꾸지는 않지만, 일반적으로 3개월 또는 6개월 정도의 기간 동안 조달한 자금의 금리를 가중평균한 값으로 사용하면서 시장금리가 상승했거나 하락했을 경우 일정한 폭만큼 예금금리와 대출금리 등에 반영한다.

움직이지만 기준금리 변경을 시작으로 바뀌는 경우가 많으며, 시장 금리의 움직임이 기준금리의 방향을 크게 벗어나지 않으므로 기준금리가 경제활동의 기준anchor이라고도 말할 수 있다.

왜 통화량이 아니고 금리인가?

현재 통화정책은 금리 중심으로 이루어지고 있다. 정책이 통화량이 아닌 금리를 통해 이루어진다는 사실만 알더라도 통화정책의 반은 이해한 것이다. 그러나 과거에는 통화량 중심으로 이루어졌다. 우리나라의 경우에는 'IMF 사태'라고 불리는 외환위기를 전후하여 종전의 통화량 중심 정책에서 선진국이 도입하고 있던 금리 중심 정책으로 바뀌었다. 통화량보다 금리가 여러 경제변수의 움직임과 더 밀접한 관련이 있다고 밝혀졌기 때문이다. 또한 금전신탁, 양도성예금증서CD, 머니마켓펀드MMF 등 예금과 비슷한 금융상품이 새로 생겨나면서 통화량이 무엇인지 규정하기조차 힘들어졌던 탓이기도 하다.

여전히 통화량은 중요하다

그러나 통화량[8]은 여전히 경제 내에서 유통되는 화폐의 양이 어느 정도인지를 알려 주는 중요한 역할을 한다. 즉 돈이 경제 규모보

---

8   M1, M2, Lf 등 통화량지표에 대한 자세한 설명은 〈부록 1〉 '용어 점검'을 참고하기 바란다.

다 너무 많이 풀리면 인플레이션이, 너무 적으면 디플레이션이 발생할 수 있기 때문이다. 다음 〈그림 16.1〉은 우리나라의 통화증가율 추이를 나타낸 것인데, 2008년 금융위기 이전에는 견조한 실물경제 성장률, 대외자금 유입, 부동산시장 호황 등을 바탕으로 상승세를 보였으나 위기 이후 경기둔화, 부동산시장 약세 등으로 하락하였다. 그러나 2018년부터 가계 및 기업 대출 증가세 확대로 통화증가율이 빠르게 상승했는데 이는 금융 완화가 지속해서 이루어졌음을 나타낸다. 쉽게 말해 경제주체가 적극적으로 대출을 받으면 받을수록 통화량은 더욱 빠르게 증가하게 된다. 통화증가율은 금융 완화가 자산 가격에 미치는 영향과 같이 여러분의 투자활동과도 밀접히 연계되어 있다. 매월 발표되는 통화증가율 지표를 좀 더 관심 있게 지켜보도록 하자.

그림 16.1 통화량 증가율 추이

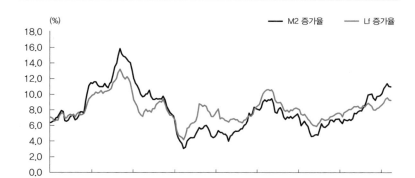

자료: 한국은행 ECOS

2. 기준금리 조정 바라보기

아기 걸음걸이

기준금리를 인상하거나 인하할 경우 그 변동 폭을 결정해야 한다. 위기 상황과 같은 특수한 상황이 아니면 대부분의 중앙은행은 점진적인 방식을 선호한다. 결정이 잘못 이루어질 가능성을 경계하면서 신중히 접근하고자 하는 의도가 깔려 있다. 미 연준은 1990년대에 들어서면서 정책금리를 조정할 때 0.25%p 단위로 소폭 조정하는 방식을 활용해 왔는데 이와 같은 방식을 당시 미 연준 의장의 이름을 따서 '그린스펀의 베이비스텝Greenspan's babystep'이라고 부른다.

그림 16.2 한국은행 기준금리 추이[1]

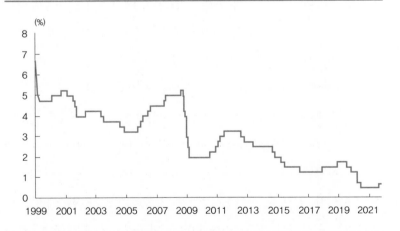

주: 1) 2008년 2월까지는 콜금리 목표, 이후는 7월물 RP매매 시 기준금리임
자료: 한국은행 ECOS

왜 장기시장금리를 직접 관리하지 않는 것일까?

중앙은행은 기준금리를 조절하여 채권금리에 영향을 미친다는 사실을 여러 번 강조하였다. 예금금리와 대출금리는 시중은행에 의해 자율적으로 결정되지만, 이러한 예대금리는 채권시장에서 형성되는 장기시장금리에 의해 영향을 받는다. 왜냐하면 채권시장금리는 은행의 자금조달 비용과 밀접한 관계가 있을 뿐 아니라 자금운용의 기준이 되는 금리이기 때문이다. 그러므로 중앙은행은 은행이 결정하는 예대금리를 직접 관리하지는 않지만, 기준금리를 조정하고 시장금리에 대해 간접적인 영향을 미치는 여러 가지 수단을 사용함으로써 예금금리와 대출금리에 영향을 미치므로 간접적으로 시중의 자금 사정에 영향을 미친다고 볼 수 있다.

그렇다면 한국은행은 왜 직접 은행의 예대금리를 결정하지 않는 것일까? 또 다른 측면에서 질문을 던지면, 예대금리는 시장금리를 중심으로 결정되는데 중앙은행이 영향을 주려는 의도는 바람직한 모습일까? 그리고 한국은행은 어떠한 방식으로 장기시장금리에 영향을 주는 것일까? 이러한 질문들에 대해 생각해 보자.

한국은행은 명시적으로 장기금리에 영향을 주려고 노력하지 않는다. 다만 일반적으로 여러 가지 정책을 발표하고 조치하는 과정에서 장기시장금리에 영향을 주는 결과가 나타날 뿐이다. 이 장기금리가 경제성장, 물가 등 거시경제변수에 영향을 미치기 때문에 단기정책금리를 움직여서 장기금리에 영향을 미치려고 한 결과 돈의 양에 영향을 미치게 된다.

그런데 한국은행의 기준금리 결정만이 장기금리에 영향을 미치는 것일까? 먼저 여러 정책보고서와 조사보고서를 정기적으로 또는 수시로 발표하여 우리 경제의 현황과 문제점 그리고 나아가야 할 방향을 제시하는 과정에서 장기금리에 대한 시장참가자의 기대에 영향을 미칠 수 있어 보인다. 우리 경제의 성장 동력 확충을 위한 산업구조의 개선에 대한 올바른 전략이나 향후 성장률, 물가 등 경제 전망에 대해 금융시장과 한국은행이 인식을 같이한다면 장기금리가 급변동하지는 않을 것이다.

어떤 길을 통해 영향을 미치는가?

기준금리를 변경하는 목적은 장단기시장금리를 변경하는 데 그치지 않는다. 변동하는 시장금리는 다양한 경로를 거쳐 실물경제에 영향을 미치게 된다. 통화정책의 효과를 이해하기 위해서는 이러한 파급경로를 알아야 하지만, 통화정책의 파급경로는 블랙박스black box라고 불릴 만큼 매우 복잡하다. 또한 나라마다 금융구조, 거시경제 환경과 경제발전 단계의 차이 등에 따라 상당히 다르므로 그 실체를 정확히 파악하기는 쉽지 않다.

통화정책이 물가, 생산 등 실물경제에 파급되는 경로로는 대표적으로 금리경로interest rate channel, 자산가격경로asset price channel, 환율경로exchange rate channel, 기대경로expectation channel, 신용경로credit channel를 꼽을 수 있으며, 글로벌 금융위기 이후 위험선호경로risk-taking channel도 파급경로로서 주목받고 있다. 예를 들어 간단히 설명하면 자산가격경로란 기준금리 조정이 시장금리에 영향을 주고 이에 따라 부동산 또는 주식가격을 변동시켜 물가와 성장에 영향을 준다는 뜻이다. 또한 기대경로는 경제주체들의 미래 통화정책에 대한 기대, 경기 전망과 기대인플레이션을 변화시킴으로써 소비와 투자의 결정과 물가에 영향을 주는 데 주목한다. 이러한 다양한 파급경로는 서로서로 영향을 주고받으므로 하나의 경로만이 미치는 영향을 명확하게 추적하기 어렵다.

어느 정도 시간 차이를 두고 영향을 미치는가?

통화정책이 실물경제에 이러한 경로를 통해 언제쯤 영향을 미칠 수 있는지 하는 파급시차를 정확히 파악하기는 쉽지 않다. 다양한 경로를 통해 파급되어 생산, 물가 등의 경제 변화에까지 이르려면 어느 정도의 시간이 필요하다. 이에 관한 연구를 살펴보면 파급시차는 3개월에서 1년까지 다양하다.[9] 통화정책은 일차적으로 금융·외환시장에서 금리, 환율 등의 변수를 움직이고 이에 따른 수요 변화가 마침내 생산과 물가에 영향을 미치게 된다. 이와 같이 금리 변동

---

9 미국을 대상으로 한 연구에 의하면 통화정책의 효과가 실물생산에 영향을 미치기까지 적어도 2분기가 걸리며 물가에는 적어도 1분기가 걸린다. 또한 2005~2014년에 개발된 거시금융모형들을 활용해 미국을 대상으로 분석한 연구에 따르면 통화정책의 효과가 실물생산에는 3분기 내외에서 최고 수준에 달하고, 물가에는 5~6분기에 최고 수준에 달하는 것으로 나타났다. 《한국의 통화정책》(한국은행, 2017)에서 인용하였다.

이 실물경제에 미치는 영향에 시간 차이가 있다. 이는 정책목표 달성을 위해 통화정책이 선제적preemptive으로 이루어져야 한다는 것을 의미한다.

한편 과거 미 연준의 경우 기준금리 변경이 조심스러울 때는 물가 수준이 변동되는 상황을 확인한 이후에 조정하겠다는 경우도 있었다. 그러한 정책의 변화를 보면 세상에 정해진 것은 없다는 생각이 든다. 섣불리 방향을 정했다가 이를 되돌리는 실수를 하지 않겠다는 의미로 읽힌다.

끈은 당길 수는 있어도 밀 수는 없다

한편 통화정책이 실물경제에 미치는 영향을 살펴보면 수축·확장·긴축·완화 국면에 따라 다르게 나타날 수 있다. 일반적으로 통화정책은 과열된 경기를 진정시키는 데는 효과가 있으나 침체된 경기를 부양하는 데는 효과가 떨어진다고 한다. 흔히 '끈은 당길 수는 있어도 밀 수는 없다.'는 말로 이를 표현한다.

이러한 점을 감안하여 일부에서는 중앙은행은 금리를 올리는 데는 적극적이지만 내리는 데는 소극적이라고 평가하기도 한다. 일정 수준으로 올려놓아야 경제가 어려워질 경우 다시 인하할 수 있기 때문이다. 유효한 실탄을 함부로 사용하지 않고 아끼고자 하는 생각도 숨어 있다.

정책을 위한 오래된 무기들
전통적 통화정책수단

✛ 칼에도 여러 종류가 있다. '소 잡는 칼과 닭 잡는 칼은 다르다.'는 말이 흔히 인용된다.
✛ 금리 중심 통화정책체계에서 통화정책수단들은 콜금리와 같은 초단기 금리를 일정한 수준으로 유지하기 위해 사용된다.

수단은 목적을 따르며 목적은 수단에 의존한다. 전통적 통화정책수단은 지급준비금제도, 중앙은행 여수신제도, 공개시장운영으로 이루어졌지만 공개시장운영open market operation만이 활발히 이용되고 있다. 투자자가 관심을 가져야 할 정책이다. 위기 시 활약하는 최종대부자 기능은 별도 정책수단이 아니라 이들 수단을 이용하여 시행되는 기능이다. 전통적이라는 수식어는 뒤에 나올 비전통적이라는 말에 대응하여 추가되었다. 전통적 수단을 간단히 설명하고 다음 'Topic 18 새로운 무기들의 고군분투'에서 비전통적 수단에 대해 설명한다. 글로벌 금융위기와 코로나19 팬데믹을 극복하기 위해 고군분투하는 과정에서 양적완화와 같은 비전통적 수단이 오히려 주목

받는 세상이 되었다. 전통이 힘을 다한 곳에 비전통이 등장하게 된 것이다.

1. 통화정책을 위한 수단들

돈을 강제로 맡기게 하는 지급준비율정책

지급준비제도는 중앙은행이 예금은행으로 하여금 예금의 일정 비율에 해당하는 금액을 중앙은행 계좌에 예치하도록 하는 제도를 말한다. 맡기는 돈을 '지급준비금'이라 하고 맡겨야 하는 비율을 '지급준비율'이라 한다. 지급준비금은 원래 은행 고객이 대규모 자금을 찾으러 올 경우를 대비하여 준비해 놓은 돈을 말한다. 그러나 단기간에 일정 수준 이상으로 자금 수요가 크게 늘어나는 일은 좀처럼 일어나지 않을 뿐 아니라 위기가 발생하여 대규모 자금이 필요해지면 미리 준비한 자금으로는 어림도 없다. 만약 이러할 경우에는 중앙은행에서 돈을 빌려서 대처한다.

지급준비금은 이러한 인출에 대비한 비상금의 성격을 넘어서 지급준비율을 올리고 내리면서 돈을 거두어들이거나 내보내는 정책으로 활용되었지만, 이제 우리나라를 비롯한 선진국은 돈의 조절을 위한 수단으로 지급준비율을 조정하지 않는다.[10] 지급준비금 정책의 영향이 너무 강력하기 때문이다.[11]

돈을 빌려주거나 맡아주는 여수신제도

한국은행은 금융회사에게 특정 목적을 가지고 돈을 빌려준다. 여러 가지 대출 중에서 가장 널리 알려진 대출로는 금융지원이 상대적으로 취약한 중소기업에 정책자금을 간접적으로 지원하는 '금융중개지원대출'이 있다.[12] 쉽게 말해 시중보다 낮은 금리로 대출해 주는 정책자금이다. 한편 한국은행은 은행의 여유자금을 맡아 주기도 한다.

대출제도는 특정 목적을 달성하기 위해 운영되며 시중에 풀린 돈의 양 자체를 조절하기 위한 목적으로 운영되지는 않는다. 예금제도는 금융회사가 돈이 남는데 다른 곳에 운용할 데가 없으면, 비록 이자는 미미하지만 한국은행에라도 예금하고 싶으면 하라는 시스템으로 운영되고 있다. 결과적으로 대출제도는 단기금리에 영향을 주지

---

10 우리나라는 2006년 12월 23일 마지막으로 지급준비율을 조정했으며 이후 조정은 없었다. 현재 지급준비율 수준은 저축성예금 중 원화 정기예적금, 부금, CD 등은 2.0%, 수시입출식예금 7.0%, 외화 비거주계정 1.0%, 외화 거주자계정 2.0%이다. 그리고 요구불예금 중 원화 7.0%, 외화 비거주계정 1.0%, 외화 거주자계정 7.0%이다.

11 지급준비율이라는 수단을 사용해야 한다면, 시장 충격을 완화시키기 위해 단기적으로 지급준비율 조정과 반대되는 방향으로 공개시장운영을 하게 된다. 예를 들면 돈을 풀기 위해 지급준비율을 인하하는 경우 돈이 일시에 너무 많이 풀리게 될 것이 걱정되므로 인하 시점과 동시에 공개시장운영의 일환인 통화안정증권 발행을 통해 지급준비금으로 늘어난 돈의 양을 상당부분 환수하게 된다.

12 현재 한국은행은 금융회사를 대상으로 금융중개지원대출, 자금조정대출과 자금조정예금, 일중당좌대출, 특별대출을 취급하고 있다.

않을 뿐 아니라 통화량에도 영향을 주지 않는다.[13]

채권을 팔고 사는 공개시장운영

통화정책수단 중 투자자에게 가장 밀접한 수단이다. 이에 대해서는 조금 후에 자세히 알아보자.

왜 전통적이란 말이 붙었는가?

앞에서 살펴본 지급준비금제도, 여수신제도, 공개시장운영이라는 정책수단 앞에는 왜 '전통적'이란 말이 붙어있는가? 뒤에서 설명할 비전통적 통화정책수단이 등장하면서 이들과 구분하기 위해 '전통적'이란 말을 내세웠기 때문이다. 즉 과거부터 계속 사용해 왔다는 뜻이기도 하다. 여기에 잠시 주목하면 이들은 금리 중심 통화정책체계가 아닌 통화량 중심 통화정책체계에서도 사용됐다는 사실이다. 따라서 이들은 당초 금리보다 통화량에 더 초점을 맞춘 정책이라는 점을 알 수 있다.

---

13 중앙은행 대출은 통화량이 아닌 지급준비금에 직접 영향을 준다. 지급준비금의 변동은 공개시장운영으로 조절되어 통화량에 영향을 미치지 않게 된다.

2. 공개적으로 시장을 운영하다: 공개시장운영

돈의 흐름을 조절하는 수단

공개시장운영이란 중앙은행이 채권을 사면서 돈을 공급하는 한편 채권을 팔면서 돈을 거두어들이는 정책을 말한다. 그런데 채권을 사고팔 때는 금리가 있어야 한다. 공개시장운영은 다른 정책수단과 달리 공개적으로 언제 유동성 조절을 하겠다고 사전에 알리고 금리도 입찰방식을 통해 공개적으로 결정한다. 이러한 점 때문에 시장운영에 앞에 '공개'라는 이름이 붙었다.

공개시장운영을 위해 한국은행은 통화안정증권을 직접 발행하거나 채권시장에서 정부가 발행한 국채를 단순히 사고팔 뿐 아니라 일정 기간 빌리고 빌려주는 거래[14]를 통해 시중 유동성을 조절한다. 또한 한국은행 통화안정계정에 시중은행 자금을 예치시킬 수 있다.[15]

---

14 중앙은행 RP제도라고 한다. 한국은행과 금융회사 간에 미래의 특정 시점에 특정 가격으로 동일한 증권을 반대 방향으로 매수 또는 매도할 것을 약정하고 이루어지는 증권의 매매거래를 말한다. 법적으로 RP거래는 약정기간 동안 대상증권의 소유권이 RP매도자에서 RP매수자로 이전되는 증권의 매매거래지만 경제적 실질 측면에서 보면 RP매도자가 RP매수자에게 증권을 담보로 제공하고 자금을 차입하는 증권담보부 소비대차의 성격을 지닌다.

15 통화안정계정은 한국은행 내에 설치된 금융회사의 기한부 예금계정인데, 금융회사가 여기에 돈을 넣으면 단기 유동성이 흡수되고 돈을 찾아가면 단기 유동성이 공급된다.

270

금리 중심 정책에서 왜 돈을 양을 조절하는가?

그런데 이러한 의문이 생길 수 있다. 금리 중심 정책에서 왜 돈의 양을 조절하는가? 궁극적으로는 돈의 양을 조절하여 콜시장에서 형성되는 콜금리를 금융통화위원회에서 정한 기준금리 수준으로 맞추기 위해서다. 단기자금시장에서 돈이 너무 많거나 적으면 초단기금리인 콜금리가 미리 정해 놓은 기준금리 수준에서 벗어나게 되므로 자금의 수요와 공급을 적정수준으로 조절할 필요가 있다.

설거지: 돈을 조절하는 마지막 작업

정책은 많은 경우 동시에 진행된다. 그럼 여기서 질문을 제기해 본다. 공개시장운영, 한국은행 대출, 외환시장 개입, 정부의 예산집행 등이 같은 날 이루어졌다면 어떤 일이 가장 마지막에 이루어질까?

정부가 세금을 걷어 한국은행에 예치하거나 한국은행이 외화자산을 매각하면 자금시장에서 돈이 흡수되고 한국은행이 외화자산을 매입하거나 금융회사에 대출하면 자금시장에 돈이 공급된다. 이러한 과정에서 돈이 적정수준보다 남거나 모자라게 되어 단기자금시장의 금리인 콜금리[16]가 변동하게 된다.[17] 따라서 한국은행은 이러

---

16 구체적으로는 무담보 익일물 콜금리를 의미한다.
17 한국은행의 과제는 콜금리가 금융통화위원회에서 결정하는 기준금리 수준에서 크게 벗어나지 않도록 은행의 지급준비금 규모를 적절히 조절하는 것이다. 은행이 지급준비금의 과부족을 해결하기 위해 초단기(대부분 익일물)로 자금이 거래되는 콜시장을 이용하기 때문에 콜금리는 은행의 지급준비금 상황에 따라 크게 영향을 받는다.

한 변동 요인을 감안해 지급준비금의 공급 규모를 예측하고 이를 지급준비금 수요와 비교하여 돈이 부족할 것으로 예상되면 돈을 공급하는 방향으로, 남을 것으로 예상되면 돈을 흡수하는 방향으로 시장을 운영함으로써 콜금리가 기준금리 수준에서 크게 벗어나지 않도록 조절한다.

그러므로 앞에서 던진 질문에 대해 답해 보면 거래의 마지막에 자금을 정리하는 일은 공개시장운영의 몫일 수밖에 없다. 즉 정부부문, 국외부문, 한국은행의 다른 부문에서 발생하는 거래가 모두 끝난 뒤 잉여자금이나 부족자금이 없도록 지급준비금 총액을 적정수준으로 맞추는 것이다. 공개시장운영을 담당하는 사람들은 지급준비금 예치 마감일에 자금을 맞추고 조정하는 작업을 '설거지'라고 표현한다. 잔치가 끝난 후 주방에서 남은 음식을 정리하고 그릇을 깨끗이 씻어야 하는 사람들이 있다.

3. 위기 시 동원되는 최종대부자 기능

소방헬기의 출동

최종대부자 기능이란 기업과 금융회사가 위기 상황에 빠져서 자금이 모자라 모두가 곤경에 처했을 때 금융시장에서도 더 이상 자금을 빌리기 어려운 상황에 봉착하면 중앙은행이 나서서 자금을 빌려주는 기능을 말한다. 자금조달에 실패한 기업이나 금융회사에 대해 유동성을 지원해 주는 최종대부자 기능은 중앙은행의 책무이자 권한이다. 화재 위기를 진압하기 위한 소방차나 소방헬기의 출동이라고 말할 수 있다. 위기 시 금융회사에 자금을 빌려주면 금융시장을 안정시키는 데 큰 도움이 된다. 특히 평상시 자금구조는 튼튼하나 일시적으로 유동성이 부족한 경우, 금융시장 불안을 이유로 자금 인출이 갑작스럽게 일어나는 경우bank run 은행에 대한 자금 지원은 필수적이다. 이들 기업과 금융회사를 좋아서 빌려주는 것이 아니라 이들이 부도날 경우 경제에 더 큰 혼란이 예상되기 때문에 경제를 안정시키기 위해 어쩔 수 없이 지원하게 된다.

특혜 논란과 담보 확보

그런데 이러한 최종대부자 기능은 종종 특혜 지원의 논란을 불러온다. 왜 누구는 지원해 주고 누구는 지원해 주지 않느냐의 문제는 언제나 여론과 언론의 공격 대상이 되기 쉽다. 경제에 얼마나 큰 충격을 줄 가능성이 있느냐의 범위를 정하기도 어렵다. 때로는 경영을 잘못한 책임을 묻기도 한다. 발권력을 가진 중앙은행이 민간기업에 돈을 빌려주는 일에는 여러 형식과 위험 문제가 따른다. 그러므로 중앙은행이 시중은행이나 정책기금에 자금을 빌려주거나 공급한 후 시중은행이나 정책기금이 다른 기업과 금융회사에 지원하는 형식을 취하기도 한다.

한편 중앙은행의 입장에서는 돈을 빌려주되 위기가 종료된 이후 확실히 상환받기 위해 담보를 확보해야 하는 문제도 있다. 담보의 문제는 평소 중앙은행 대출이 실행될 때 언제나 신경을 써야 하는 부분이지만 위기 상황에서 지원받는 금융회사로부터 적정한 담보를 확보하기 어렵다. 이때 담보는 양질이어야 하며 그렇지 않다면 신용도에 맞게 할인해서 담보 가치를 산정한다. 적정한 담보를 확보할 수 있다면 다소 높은 금리를 부과하더라도 유동성을 충분하게 공급해 주어야 한다. 만일 빌려준 돈을 돌려받지 못하게 될 경우 국민의 부담으로 모두 돌아가게 된다. 반면 일시적 유동성 부족으로 쓰러지는 기업과 금융회사를 그냥 바라보고만 있다면 이 또한 모든 국민의 경제적 피해로 귀결된다.

최종대부자 기능을 위한 수단

금융시장이 불안할 때 금융회사를 대상으로 돈을 빌려주어 구원한다는 최종대부자 기능을 위해서는 일반적으로 대출제도를 거론하지만, 그뿐 아니라 공개시장운영을 통한 채권매입도 주요 수단으로 사용된다. 우리나라도 과거 금융시장 불안에 대처하는 과정에서 그러했으며 2008년 글로벌 금융위기나 금번 코로나19 위기 시 주요국 중앙은행도 단기 유동성을 제공하기 위해 채권매입이라는 수단을 사용하였다.

새로운 무기들의 고군분투
비전통적 통화정책수단

> ✛ 기준금리를 더 이상 낮출 수 없어 금리정책이 한계에 도달했을 때 양적
> 완화가 등장하였다.
> ✛ 기준금리 변경을 통해 시장금리에 간접적인 영향을 미치는 방식이 바
> 람직하지만 어쩔 수 없는 상황이 오면 시장금리에 직접 개입한다.
> ✛ 돈을 사용하지 않고 말로만 방향을 제시할 때는 신뢰가 더욱 중요하다.

비전통적이란 전통적이지 않다는 이야기다. 다른 말로 하면 비전통
적이란 글로벌 금융위기 이전까지 필요 없었다는 말처럼 들린다. 언
제든 생소한 모든 것에는 비판이 있다. 찾아보면 이러한 정책은 과
거에도 간헐적으로 있었지만, 위기 상황에서 새롭게 등장하였다. 전
통이냐? 비전통이냐? 그것이 중요한가? 사실 흰 고양이든 검은 고
양이든 쥐를 잡으면 그만이다.[18] 비전통적이라는 용어 대신에 '보완

---

18 1979년 미국을 방문하고 돌아온 덩샤오핑은 중국의 개혁개방정책을 주창하
면서 '고양이가 검든 희든 그건 문제가 안 된다. 쥐를 잘 잡는 고양이가 좋은
고양이다.'라고 말하였다.

적complementary', '비일상적unusual', '일시적temporary', '비표준적non-standard', '추가적additional' 등 다양한 표현이 사용되기도 하였다. 그런데 핵심은 직접적directly 조치라는 점이다. 그만큼 다급했다.

1. 비상대책을 가동하다

시장금리에 직접적인 영향을 미치다

기준금리가 제로금리 수준에 도달하자 전통적 통화정책수단이 할 수 있는 일은 거의 없어졌다. 이때 비전통적 통화정책수단이라는 이름을 달고 새로운 정책이 가동되기 시작했다. 비전통적 통화정책이란 한 마디로 시장금리에 직접 영향을 미치는 정책을 말한다. 그동안 통화정책은 시장금리를 직접 관리하지는 않았다. 원칙적으로 시장금리는 말 그대로 시장에서 형성되어야 한다고 알려져 왔다. 시장의 가장 중요한 기능은 가격을 발견하는 일이다. 통화정책이 1년, 3년, 5년, 10년 만기 시장금리 등을 직접 통제하게 되면 많은 사람의 의견이 합의consensus를 이루는 적정한 금리 수준을 판단하기 어렵다. 그러나 위기 상황이 닥치자 좌고우면할 여유가 없었다. 정책은 금융시장을 면밀히 모니터링하면서 금리 수준을 판단하고 대응하게 되었다. 이를 위해 몇 가지 정책수단이 등장하였다. 이들을 살펴보면 우선 '양적완화QE, Quantitative Easing'라고 돈을 마음껏 푸는 대표적인 방법에 장단기금리를 비트는 '오퍼레이션 트위스트operation twist', 향후 금리 방향을 제시하는 '선제적 안내forward guidance' 등이 있다. 명목 정책금리가 제로 수준에 도달하거나 더 이상 인하할 수 없는 실효 하한effective lower bound에 이르렀을 때 또는 전통적 통화정책의 파급경로가 현저히 훼손된 상황에서는 금융안정을 회복하고 경기 침체를 방지하기 위해 새로운 수단을 도입할 수밖에 없었다.

유동성함정을 극복하기 위하여

일부 비판적 시각도 있지만, 2008년 9월 리먼 브라더스 사태 이후 글로벌 금융위기가 심화되면서 세계 경기가 급격히 위축되었기 때문에 각국의 중앙은행은 정책금리를 큰 폭으로 인하하는 방식을 통해 경기부양에 나설 수밖에 없었다. 그러나 이러한 조치에도 불구하고 경제 상황은 더욱 악화되었으며 글로벌 금융시장이 불안해지는 상황을 쉽게 막을 수는 없었다. 주요 선진국 중앙은행들은 정책금리를 제로 수준까지 내린 이후 실탄이 모두 소진되자 비전통적unconventional 수단까지 도입하였다.

유동성함정liquidity trap[19]에 빠진 경제를 구해야 한다는 절박함이

---

19 유동성함정이란 금리 인하를 통한 확장적 통화정책이 투자나 소비 같은 실물 경제에 영향을 주지 못하는 상태를 말한다. 경제가 침체될 것으로 예상되면 중앙은행은 정책금리를 낮추고 유동성을 공급한다. 그러나 금리를 계속 낮추는데도 경기가 회복되지 않고 이 이후에 명목이자율을 더 이상 낮출 수 없어 확장적 통화정책을 통한 경기 진작이 어려워지는데 이를 유동성함정에 빠졌다고 표현한다.

었다. 미 연준은 금융위기에 맞서 싸우는 과정에서 가장 적극적인 방식으로 비전통적 통화정책수단을 활용해 왔는데, 새롭고 다양한 방식을 만들어 가는 모습이 창의적 예술가처럼 보였다. 미 연준 이외 유럽중앙은행ECB, European Central Bank, 일본은행Bank of Japan, 영란은행Bank of England 등도 모두 정책금리 하단이 제로에 붙어서 더 이상 인하할 수 없는 막다른 골목에 몰린 상황에서 이에 적극 동참할 수밖에 없었다. 물론 미국의 경우는 경기회복 가능성이 보이면서 이후 양적완화로 풀린 돈을 거두어들이는 조치를 했지만, 다른 나라들은 그럴 처지가 되지 못하였다. 그러다 코로나19로 실물경제와 금융시장 모두로 충격이 확산되면서 미국도 위기 상황으로 회귀하게 되자 돈을 더 풀 수밖에 없었다.

2. 돈을 무제한으로 푸는 양적완화

돈을 왜 푸는가?

양적완화란 중앙은행이 단기시장금리를 아주 낮은 수준, 즉 거의 제로(0) 수준으로 유지할 경우 장기시장금리를 낮추기 위해 국채나 여타 채권을 매입하는 방식으로 대규모 유동성을 공급하는 정책수단이다. 기준금리를 인하하여 장기금리를 끌어내리려야 하는데 기준금리를 더 이상 인하할 수 없으니 추가로 돈을 풀어서까지 장기금리를 낮추려는 전략이다. 또한 돈을 풀기 위해 매입할 수 있는 대상 중

그림 18.1 미 연준의 자산 규모 추이

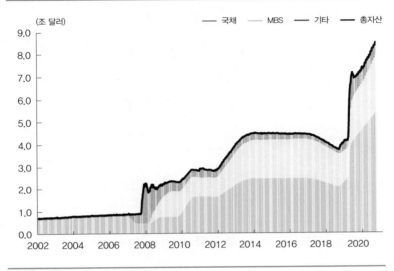

자료: 미 연준

권의 범위를 우량 회사채까지 확대하였다.[20]

기준금리가 제로 수준이 되어야만 실시할 수 있는 정책

미국, 유럽, 일본 같은 주요국 중앙은행은 양적완화를 하는데 한
국은행은 왜 양적완화를 하지 않느냐는 의문도 제기된다. 정책금리
가 제로 또는 제로에 수렴하는 아주 낮은 수준으로 인하되어 있지
않으면 돈을 대규모로 공급하는 비전통적 정책수단을 사용할 수 없

---

20 코로나19 위기 대응을 위한 양적완화정책의 결과 미 연준의 보유자산 규모는
2021년 9월 말 8.5조 달러 수준까지 확대되었다.

다. 왜냐하면 기준금리 목표를 제로에서 다소 높은 수준으로 정해 놓은 상황에서 돈을 대규모 공급하면 콜금리와 같은 단기시장금리가 거의 제로 수준으로 떨어져 기준금리 목표를 지키지 못하게 되기 때문이다. 대규모로 돈을 푸는 양적완화를 시행하는 선진국을 살펴보면 모두 기준금리를 제로 수준으로 낮추어 놓은 나라들이다.

3. 장단기금리를 비트는 오퍼레이션 트위스트

과녁을 정하여 특정 금리를 공략하다

비전통적 통화정책 중에서 통화량을 확대하는 양적완화 방식은 널리 알려진 반면, 다른 비전통적 통화정책은 상대적으로 덜 알려져 있다. 그러나 장단기금리 간 격차의 정도에 직접 영향을 주는 오퍼레이션 트위스트도 중요한 수단이다.

통화정책의 핵심은 금리정책인데, 중앙은행은 금리정책을 위한 수단을 그다지 많이 가지고 있지 않다. 이미 설명한 바와 같이, 전통적 통화정책은 하루짜리 초단기 시장금리를 조정하여 장기시장금리에 영향을 주고자 한다. 그러나 시장참가자가 미래를 어떻게 바라보느냐에 따라 기준금리를 조정하는 방향과 다르게 시장금리가 움직이기도 한다. 다시 말해 기준금리를 변경하지 않더라도 시장금리는 올라가거나 내려갈 수 있으며, 심지어 기준금리를 내릴 때, 시장금리가 올라가기도 한다. 특별한 경우가 아니면 중앙은행은 직접 장기금리에 영향을 미치는 조치를 취하지는 않는다. 시장참가자의 판단을 존중한다.

그러나 글로벌 금융위기 이후에는 달랐다. 미 연준은 경기 침체 요인으로 작용하고 있는 이자비용 부담 상황을 금융회사, 기업, 가계별로 구분해 분석하였다. 일반적으로 금융회사는 주로 단기금리에 민감하고 기업과 가계는 주로 중장기금리에 민감하다. 금융위기 초기에는 금융회사의 비용 절감이 필요하다고 판단해 금융회사와 밀접한 관련이 있는 단기시장금리 하락에 초점을 두었지만, 이후에는 주택담보대출 이자에 부담을 느낀 가계의 문제를 반영해 장기시장금리를 낮추는 데 주력하였다. 단기금리와 장기금리를 조정하는 방식 자체는 그렇게 복잡하지 않다. 장기금리를 낮추고 싶으면 장기채권을 사서 돈을 풀고 단기금리를 낮추고 싶으면 단기채권을 사면 된다. 채권을 사면 해당 채권 만기의 금리가 하락한다.

양적완화의 여력을 감소시키는 않는 가운데 금리를 조정

예를 들어 오퍼레이션 트위스트는 단기채권을 팔고 장기채권을 사는 방식으로 금리를 조절한다. 한편으로는 유동성을 공급하면서 다른 편으로는 유동성을 거두어들인다. 그러므로 유동성을 무한히 공급하는 양적완화와는 구분된다. 다시 말해 장기채권을 사면서 풀리는 유동성을 단기채권을 팔면서 거두어들이기 때문에 유동성 총량이 크게 변하지 않는다. 양적완화에서 이루어지는 무제한 유동성 확대로 중앙은행 부채가 팽창하는 부담을 줄이면서 금융시장 상황에 따라 세부적으로 필요한 특정 금리를 공략하는 정책이라고 볼 수 있다.

4. 미래를 약속하는 선제적 안내

말로만 하는 정책

선제적 안내는 사전적 정책 방향 제시라고도 한다. '구두개입' 또는 '말로만의 정책'이라고 쉽게 이야기할 수도 있다. 안내guidance란 말 그대로 '금리나 돈'으로 말하지 않고 '언어'로 표현한다는 뜻이다. 그런데 돌이켜보면 그동안 세계 각국의 중앙은행이 향후 정책 방향에 대해 말을 아껴 오기는 했지만, 전혀 미래에 관해 이야기하는 방식을 삼가한 것은 아니었다. 그러나 정책금리가 제로로 수렴하여 움직이지 못하게 되자 좀 더 확실한 메시지를 전하는 방식을 들고 나왔다. 금융위기 이후 새삼스럽게 선제적 안내가 주목받았다. 이러한 방식을 조금 더 이해하려면 안내의 방식을 구체적으로 살펴보는 과정이 필요하다.

델파이 방식과 오디세이 방식

선제적 안내는 향후를 구속하는 강도에 따라 좀 약한 델파이 Delphi 방식과 좀 더 센 오디세이Odyssey 방식으로 구분된다. 여기서 델파이란 알다시피 그리스의 유명한 신전의 이름인데 향후 정책 방향에 대한 선제적 안내가 그리스 신전의 신탁과 같다는 의미를 가진다. 반면 오디세이 방식[21]이란 호메로스Homeros의 〈일리어드Iliad〉, 〈오디세이Odyssei〉에서 따온 이름이다.

어쨌든 금융위기 과정에서 일정 기간 통화정책의 완화적 기조가 유지될 것이라는 점을 공표함으로써 시장의 기대를 관리하고자 하였다. 예를 들어 2008년 12월 미 연준은 공개시장위원회FOMC 회의 직후 '경제 상황의 취약성으로 인해 예외적으로 낮은 수준의 정책금리 목표를 한동안for some time 유지하게 될 것 같다.'는 표현을 넣어 선제적 안내를 시장에 내보냈다. 한편 최근의 예를 들면, 코로나19 상황에 대응하여 미 연준의 제롬 파월Jerome Powell 의장은 2023년까지 정책금리를 올리지 않겠다는 식으로 신호를 보냈다.

인식의 차이와 커뮤니케이션

그런데 이러한 선제적 안내의 시행 배경을 살펴보면 중앙은행이

21　오디세이 방식은 오디세우스가 전쟁 후 귀국 길에 세이렌 섬에 가까이 오자 부하들로 하여금 자신의 손발을 묶고 돛대에 몸을 고정시키게 했듯이 세이렌들의 노래 즉 어떠한 경제 환경의 변화에 따른 유혹에도 흔들리지 않고 당초의 약속을 지키겠다는 의지를 강하게 표시하는 방식이다. 미리 일러둔 대로 부하들은 더 많은 밧줄로 그를 꽁꽁 묶었기에 오디세이는 무사히 난관을 통과할 수 있었다. 이와 같이 어떠한 경기변동 신호에도 불구하고 미리 정한 약속을 지켜 내겠다는 의지를 표현한 신호를 시장에 전달하는 것이다. 《모비딕Moby-Dick》 소설에 나오는 1등 항해사의 이름을 딴 스타벅스 커피숍에는 오디세이에 등장하는 세이렌의 모습이 새겨져 있다.

실제 정책금리를 이렇게 운용하겠다는 의지와 다른 경제주체들이 향후 중앙은행은 정책금리를 이렇게 운용할 것이라는 예상에 차이가 있다는 사실을 알게 된다. 어쨌든 선제적 안내는 중앙은행의 정책 의도에 따른 여러 가지 고려 사항을 제시해 줌으로써 시장의 불확실성을 줄이는 데 기여하였다.

말로만 할 때에는 신뢰가 더욱 중요하다

모든 정책이 그러하듯 선제적 안내에도 문제점이 있다. 생각해 보면 돈을 뿌리는 정책보다 말로만 하는 정책이 더 복잡하고 위험하다. 더욱이 막다른 골목에서 내세운 궁여지책의 경우라면 더욱 그렇다. 중앙은행이 선제적 안내를 했음에도 상황이 변하여 정책금리를 조기에 인상하는 것 같이 내뱉은 말에 책임을 지지 못할 경우 정책이 신뢰를 잃게 된다. 반면 상황이 변화했는데도 자신이 내뱉은 말의 약속을 지키려고 하는 경우 정책 운용이 탄력을 잃을 수 있다. 말은 곧 신뢰다. 신뢰가 무너지면 다음에 다시 선제적 안내를 시행했을 때 이를 믿는 사람들이 적어 효과가 떨어질 것이다. '양치기 소년' 우화와 같이 문제를 해결하기 위한 조치가 이후에는 또 다른 리스크가 될 수도 있다.

5. 두 얼굴의 영향과 새로운 기준

두 얼굴을 가진 야누스

비전통적 통화정책수단은 기본적으로 시장 원리에 따르지 않고 시장금리의 움직임에 직접 개입하는 것을 말한다. 위기 시 비상 상황에 행해진다는 어쩔 수 없는 불가피성을 부인할 수는 없지만, 금융을 과도하게 규제하게 된다.

금융위기에 대응하여 미 연준, 유럽중앙은행ECB 등 주요 선진국 중앙은행이 활용한 비전통적 통화정책수단은 글로벌 경기의 심각한 침체를 완화시키고 유럽지역에서 국가채무위기에 대한 우려를 완화시키는 한편 국제금융시장이 안정을 회복하는데 상당한 역할을 한 것으로 평가된다. 또한 선진국 중앙은행이 비전통적 통화정책을 시행했기 때문에 글로벌 시장의 불안이 완화되었으며, 이에 따라 신흥시장국 금융시장도 어느 정도 안정을 찾고 경제주체의 투자와 소비심리가 회복되는 데도 기여했다고 볼 수 있다.

반면 이러한 정책수행으로 글로벌 유동성이 확대되면서 국제유가 같은 원자재가격이 한때 상승하는 요인이 되기도 했으며 신흥시장국 통화가치가 절상되어 수출이 둔화되는 경우도 있었다. 또한 자본이동의 변동성 확대라는 부정적인 영향도 나타났다. 그리고 이러한 선진국들의 양적완화와 같은 비전통적 수단은 경기 침체를 막는 데 어느 정도 역할을 했지만 늘어난 돈이 자기 나라의 주식시장과 부동산시장으로 흘러들어 자산가격을 다시 상승시켰으며 투자수익률이 상대적으로 높은 신흥시장국으로 유입되기도 하였다. 이렇게 자산가격의 급등이 잉태한 위기를 치유하기 위한 방법이 다시 자산가격 상승을 만들고 이에 따라 경기가 미약하나마 회복되는 결과를 만드는 과정이 바람직한 것일까? 자본시장이란 근본적으로 불안정하므로 버블이 생성될 수밖에 없으며 이렇게 생성된 버블은 다른 버블로 치유할 수밖에 없다는 주장도 있다.

Q 앞에서 금리 변경과 같은 통화정책이 경제에 영향을 주려면 3개월에서 1년 정도 걸린다고 말씀하셨는데, 기준금리를 변경하고 나서 며칠 후 은행이 바로 대출금리를 조정했다는 뉴스를 본 적이 있습니다. 어떻게 이렇게 빠른 반응이 나타날 수 있는지 설명해 주세요.

A 앞서 말씀드린 것처럼 실물경제에 영향을 미치는 과정과 언제쯤 영향을 미칠 수 있는지 하는 시차를 정확히 파악하기는 쉽지 않습니다. 기준금리 조정이 경제에 미치는 영향은 대체로 2단계로 설명할 수 있습니다. 1단계는 기준금리 조정이 시장금리 변동에 이르는 단계, 2단계는 시장금리 변동이 물가와 성장의 변화에 이르는 단계라고 말할 수 있습니다. 1단계인 금융시장에 파급되는 과정은 비교적 짧은 시간 내에 이루어지는 반면, 시장금리 변동이 실물경제에까지 영향을 미치는 데는 상당한 시간이 필요하다는 말입니다. 심지어 금융시장의 가격 변수인 시장금리는 기준금리 인상 또는 인하 발표를 기다리지도 않고 미리 움직이기도 하지요. 금리, 주가, 환율 등의 변수는 기대에 의해 먼저 저만큼 가 있는 경우가 많지요. 물론 기대가 틀리다고 밝혀지면 재빨리 돌아오지요.

그런데 금융투자자의 위치에서는 1단계에 관심을 가질 수밖에 없습니다. 기준금리 인상이나 인하 발표에 따라 시장금리는 즉시 영향을 받습니다. 여기서 중요한 점은 기대의 형성과 실현입니다. 기대한 만큼 이루어진다면 영향은 거의 없지요. 그러나 만일 채권시장이 25bp[22]의 기준금리 인상을 기대하고 있었는데 기준금리가 50bp 인상된다면 시장은 충격을 받으면서 예상하지 못했던 25bp 정도 추가로 상승하는 반면, 시장이 50bp의 기준금리 인상을 기대하고 있는데 기준금리가 25bp만 인상된다면 시장은 오히려 하락하게 되지요.

그러나 여기서 기준금리 인상 또는 인하 그 자체 외에도 중요한 점이 또 있습니다. 경제 상황을 바라는 기본적인 시각과 향후 기준금리 조정 가능성에 대한 예측이지요. 기준금리를 조정할 때는 왜 그러한 조치를 하는지 배경이나 이유를 설명하게 됩니다. '지금 경기가 매우 좋아지고 있으며 상당히 지속될 것이다.' 또는 '향후 물가가 급등할 가능성이 매우 높다.' 등이지요. 이는 기준금리의 추가 조정 가능성을 알려 줍니다. 그런데 '이번 기준금리 인상이 당분간은 마지막이고 더 이상은 없다.'라는 기대가 형성되면 기준금리 인상이 발표되는 순간 시장금리가 오히려 하락하는 현상이 종종 나타납니다. 누구나 상투 잡기는 싫어하지요. 투자는 금융시장에서 일어나는 일종의 연속 게임입니다. 한 번의 게임은 항상 다음 게임을 염두에 두고 진행됩니다.

---

22 bp(basis point)는 금리나 수익률을 나타낼 때 사용되는 기본단위로 1/100%p를 뜻한다. 즉 1bp는 0.01%p이므로 25bp는 0.25%p가 된다.

Q 투자자의 입장에서 통화정책 방향을 어떻게 읽어야 하는지 설명해 주세요.

A 투자자는 언제나 정책이 제시하는 메시지를 주의 깊게 볼 필요가 있습니다. 중앙은행이 발표하는 주요 정책보고서와 시장에 던지는 신호는 홈페이지뿐 아니라 신문기사에 보도되면서 이에 대한 해설도 덧붙여 나옵니다. 투자자의 관점에서 관심을 가지고 읽어 볼 필요가 있습니다. 특히 기준금리와 함께 제시하는 '통화정책 방향'은 지난 방향과 비교하면서 주의 깊게 읽어 보아야 합니다. 항상 지난 자료와 비교하는 자세를 가져야 한다는 점이 중요하지요. '통화정책 방향'은 때로 크게 바뀌는 경우도 있지만 대체로 시간에 따라 미묘한 뉘앙스 차이를 보입니다. 문구를 대폭 수정하지 않는 이유는 시장에 큰 충격을 주지 않으려는 이유와 함께 미래를 조심스럽게 예측하기 때문입니다. 말을 자주 바꾸면 시장과 투자자의 신뢰를 잃게 되기 때문입니다.

Q 한국은행이 돈의 양을 늘렸다 줄였다 하는 것으로 알고 있는데 그렇지 않다고 하셨습니다. 그러면 중앙은행은 돈이 늘어나는 데 아무런 역할도 하지 않는다는 말씀인가요? 돈(또는 통화량)은 어떠한 방식으로 늘어나는지요?[23]

A 이제 돈이 어떻게 늘어나는지에 대해 살펴봅시다. 중앙은행, 은행, 예금자가 있는 아주 간단한 메커니즘입니다. 예를 들어 중앙은행이 예금은행에 100원을 빌려주고 예금은행은 지급준비금 5원을 은행에 남긴 후 개인에게 95원을 빌려주면 개인은 이 중 2원을 현금으로 가지고 다시 93원을 은행에 예금합니다. 그 후 은행은 다시 이 93원 중 개인에게 90을 대출하고 개인은 이중 다시 85를 예금한다고 가정하면 통화량은 얼마나 늘었을까요? 간단하지요. 예금이 증가한 부분만 계산해 보면 처음 93원과 다음 85원을 합해 178원이 늘었군요. 이와 같은 과정을 '승수적 예금창출multiple deposit creation'이라고 합니다.

이제 이러한 일련의 과정에서 어떤 요인들이 영향을 미쳤는지 알아볼까요? 첫째 본원통화의 규모(중앙은행이 얼마나 돈을 시중에 공급하는가?), 둘째 지급준비율의 영향(은행들이 늘어난 예금 중 얼마나 중앙은행에 다시 넣어야 하는가?), 셋째 초과지급준비금 보유율(은행은 들어온 돈 중 지급준비금을 제외한 후에도 더 돈을 자기가 가지려고 하는가?), 넷째 현금보유비율(예금자가 대출받은 돈 중 얼마나 다시 예금으로 입금되는가?) 등에 의하여 영향을 받았다는 사실을 알 수 있습니다.

그러므로 '중앙은행만이 통화량을 결정한다.'라고는 말할 수는 없지요. 그리고 그 중심에는 예금과 대출 과정이 있었습니다. 예금자가 적극적으로 대출을 받고 예금을 하려는 문제와 은행이 적극적으

---

23 임경, 권준석, 《돈은 어떻게 움직이는가?》(2021)에서 인용하였다.

로 대출을 늘리려는 문제가 중요하였습니다. 그러나 좀 더 생각해 보면 그 가운데 금리 문제가 있습니다. 예금금리와 대출금리의 수준에 따라 예금과 대출 행태가 달라지기 마련이며, 이러한 예금금리와 대출금리는 중앙은행이 결정하는 기준금리의 영향을 많이 받게 됩니다. 그러므로 중앙은행은 본원통화의 공급과 기준금리 결정을 통해 통화량에 영향을 미치게 된다는 사실을 알 수 있습니다.

Q 통화정책은 물가와 성장을 바라본다고 하셨는데 자산가격이 과도하게 고평가되어 거품이 발생할 경우에는 아무런 일도 하지 않나요? 중앙은행은 이에 어떻게 대응하나요?[24]

A 어려운 질문입니다. 중앙은행이 자산시장을 안정시키기 위해 정책적으로 개입해야 하는지에 대해서는 오랜 기간 논쟁이 있어 왔지만 대체로 미 연준을 중심으로 한 소극적 대응이 많은 지지를 얻었다고 할 수 있습니다. 자산시장에 대한 미 연준의 입장은 자산가격 상승 국면에서는 중앙은행이 최대한 개입을 자제하고, 자산가격 하락으로 경기가 둔화하는 부작용이 현재화될 때 이를 통화정책을 통해 한꺼번에 해소하자는 것이었습니다. 그 논거로는 자산가격의 거품 여부와 자산가격 상승의 원인을 그때그때 적절하게 판단하기

---

24 《한국의 통화정책》(한국은행, 2017)을 참고하였다.

가 매우 어렵고 기준금리는 주식이나 부동산 같은 특정 자산의 가격뿐만 아니라 경제 전반에 영향을 미치기 때문에 자산가격 상승을 억제하기 위해 기준금리를 인상할 경우 경기둔화와 같이 예상치 못한 문제가 발생할 수 있다는 점이 제시되었습니다.

그러나 글로벌 금융위기 이후 경기 침체와 저물가가 지속되면서 중앙은행이 물가안정은 과도하게 중시하는 반면 자산시장 과열과 금융시스템 리스크에 대해서는 소극적으로 대응한 점이 금융위기를 초래한 원인 중 하나라는 비판이 제기되었습니다. 이에 따라 자산시장에 투기적 거품speculative bubble의 징후가 나타날 때에는 중앙은행이 기준금리를 인상해 자산가격을 안정시킬 필요가 있다는 주장이 위기 이전보다 더 큰 설득력을 얻게 되었습니다. 실제로 통화정책 결정에서 주택가격을 명시적으로 고려하는 사례가 나타나기도 하였습니다. [25]

한편 금융위기를 극복하는 과정에서 주요 선진국 중앙은행을 중심으로 저금리정책과 대규모 양적완화를 실시함에 따라 자산가격이 크게 상승하게 되었는데, 이 과정에서 부채 규모가 대폭 증가하는 위험도 증대되었습니다. 이를 반영하여 중앙은행들은 중장기적 시계에서 물가안정을 통화정책의 주된 목표로 추구하되 금융안정 리스크에도 유의하면서 통화정책을 수행하고 있습니다.

---

[25] 예를 들어 스웨덴 국립은행은 주택가격 상승세를 둔화시키기 위해 정책금리를 인상한 적이 있다.

이러한 점들을 고려해 보면 글로벌 금융위기 이후 금융안정에 대한 중앙은행의 대응전략은 과거보다 적극적인 방향으로 바뀐 것으로 보입니다. 그러나 위기 이전부터 지적되어 왔던 여러 가지 논란에 대해서는 여전히 합의되지 않고 있습니다. 즉 어느 정도가 되어야 자산가격에 거품이 있다고 말할 수 있는지, 자산시장의 과열 가능성에 대해 사전적으로 대응할 경우 경제적인 편익은 무엇이며 사회 전체적으로 어떠한 비용을 지불해야 하는지에 대해 답을 쉽게 찾지 못한 상태로 시간이 흐르고 있습니다. 더욱이 최근 코로나19 위기 과정에서도 주요국 중앙은행의 대규모 양적완화로 자산가격이 큰 폭 상승했는데 이에 어떻게 대처해야 하는지도 논란을 증폭시키고 있습니다. 하나의 칼로 여러 책무를 동시에 수행하기는 어렵습니다. 통화정책과 같은 거시정책은 모든 부문을 고려해야 하는 만큼 부동산과 같은 자산가격 문제에 대해서는 수요와 공급을 점검하는 해당 시장의 논리와 정책도 매우 중요하다고 생각합니다.

PART 6

글로벌 자본이동과 외환시장

나에게 한 국가의 화폐를 통제할 권리만 준다면 나는 누가 국가의 법을 만
드는지 상관하지 않을 것이다.

Give me control of a nation's money and I care not who makes
its laws.

Mayer, Amchel Rothschild

이번 장에서는 글로벌 자본 흐름의 성격과 이동 요인에 대해 알아보고 국제수지표를 통해 외화자금의 유출입을 구분해 본다. 또 환율 변동 요인과 경제에 미치는 영향 그리고 이와 관련된 외환정책을 살펴본다. 이와 함께 삼불일치론을 통해 자본유출입 규제와 외환건전성정책을 알아본다.

금융시장과 상품

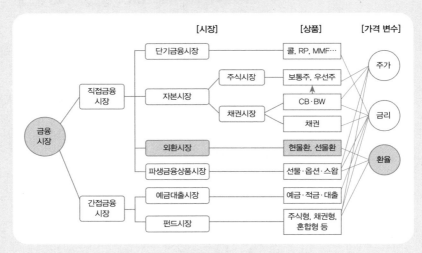

금융·경제 정책과 제도

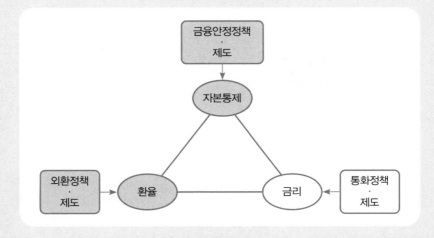

글로벌 자금은 어떻게 움직이는가?
거래의 성격과 자금이동 요인

+ 돈은 남는 곳에서 모자라는 곳으로 흐른다.
+ 돈은 평소에는 이익을 좇아 안전한 곳에서 위험한 곳으로 흐르지만, 위기가 발생하면 위험한 곳에서 안전한 곳으로 빠르게 이동한다.
+ 원화거래와 외화거래는 거래의 성격과 이동 요인이 기본적으로 같다. 다만 외화거래의 경우 환율 변동과 국제금융시장의 여건 그리고 그에 대한 규제를 더 고려해야 한다.

지금까지 많은 설명을 해 왔지만 대부분 원화의 움직임에 관한 이야기였다. 이번 장에서는 외화에 관해 이야기해 보자. 우리나라 원화는 기축통화key currency도 아니며 국제결제통화international settlement currency도 아니다. 우리나라 돈으로는 수출과 수입을 할 수 없다는 뜻이다. 개인이 살아가려면 돈이 필요하듯 국가도 돈이 필요한데 우리나라 돈은 세계적으로는 통용되지 않는다. 그러므로 외화를 벌어야 한다. 쉽게 말하면 수출을 통해 달러를 벌어 와야 한다. 국제 자금거래에는 국내거래와 달리 환율이 개입된다. 환율은 우리나라 돈의 대외적인 값이다. 환율은 변동하면서 여러 가지 거래를 일으킨다. 먼저 간단한 예를 들어 복잡한 글로벌 자금의 이동을 개략적으로 알아보고, 복잡한 거래를 간단하게 구분하는 방법을 정리한다.
또 글로벌 자본을 이동시키는 요인과 국경을 넘나드는 자금의 성격
을 살펴본다. 마지막으로 외국인 투자의 순기능과 역기능에 대해 알
아본다.

1. 복잡한 글로벌 자금의 이동

긴밀하게 얽혀 있는 세계 경제

우선 하나의 무역거래를 따라가 보자. 우리가 지금 입고 있는 티
셔츠에서 출발한다. 티셔츠는 어떤 경로를 거치면서 만들어져 나에
게 전달되었을까? 글로벌 경제가 어떻게 움직이는지를 티셔츠의 여
정을 통해 상세히 설명한 책[1]에 의하면, 미국 중부 텍사스 평원에서
수확한 목화가 중국으로 수출되어 티셔츠로 제조되고 다시 미국으
로 수입된다. 미국에서 입다가 버려진 티셔츠는 이후 중고 티셔츠가
되어 다시 아프리카의 구제 옷 시장에서 판매된다. 티셔츠 한 장은
전 세계를 돌아다니며 여러 경제적 부가가치를 창출한다. 미국의 토
지와 목화농장 농부, 중국 의류공장의 자본과 노동자, 티셔츠 판매
가 이루어지는 전 세계 각국 도소매점, 각 유통 단계마다 물류업체
등이 창출한 다양한 부가가치가 합쳐져 티셔츠의 가격을 형성했다.

---

1 Pietra Rivoli, 《The Travels of A T-Shirt in the Global Economy》, 2005

이처럼 국가 간 분업에 따라 시장에서 가장 생산성이 높은 방식으로 만들어진 티셔츠는 글로벌 공급망GVC, global value chain[2]을 활용하는 전형적 사례다. 21세기 들어 이러한 생산방식은 하나의 표준으로 자리 잡았다. 반도체, 자동차, 휴대폰 등 모두 국제적 분업과 유통의 결과로 만들어지고 있다.

무역거래를 통한 국제자금흐름과 추가되는 흐름

이러한 무역거래에는 반드시 자금흐름이 동반된다. 가장 기본적 유형은 크게 두 가지 거래로 나눌 수 있다. 첫째, 수출과 수입에는 자금 결제가 수반된다. 둘째, 수출입자금이 이동하면 돈이 남는 곳과 모자라는 곳이 생긴다. 그러면 돈은 남는 곳에서 모자라는 곳으로 이익을 좇아 이동하며 선진국과 신흥국의 국경을 넘나든다. 즉 돈이 남는 쪽이 투자하고 모자라는 쪽이 투자를 받는다. 이러한 자금의 흐름은 보다 많은 투자수익을 획득하기 위한 글로벌 자본의 합리적 선택의 결과다. 앞에서 든 티셔츠의 사례는 복잡해 보이지만 간단하다. 첫째, 거래를 한다. 둘째, 거래이익을 가지고 투자를 한다. 그것이 전부다.

그러나 국제적인 자금의 흐름은 그렇게 간단하지 않고 훨씬 다양

2　하버드대 경영대학원의 마이클 포터Michael Porter 교수가 발전시켜 대중적으로 널리 알린 개념이다. 글로벌 공급망 또는 가치사슬은 상품과 서비스의 설계, 생산, 유통, 사용, 폐기 등 전 범위에 이르는 기업의 활동이 운송과 통신의 발달로 세계화되는 것을 의미한다.

하다. 우선 국경 밖에서 대규모 자금이 오가는 거래가 있다. 주로 역외금융시장off-shore financial market에서 일어나는 국제금융거래인데, 대형은행들끼리 국경 밖에서 대규모 자금을 빌려주고 빌리는 거래를 말한다. 개인투자자에게는 큰 영향이 없으므로 설명을 생략하자. 여기서는 우리에게 직접 영향을 주는 우리나라 국경을 넘나드는 여러 가지 거래만 생각한다. 우선 'Topic 20 국경을 넘나드는 돈의 흐름'에서는 '국제수지'를 특성에 따라 구분한다.

국경을 넘나드는 자금거래 vs 국내 자금거래

국제 자금거래는 국내 자금거래와 움직이는 모습이나 그 이유가 비슷하다. 그러나 두 가지 면이 다르다. 첫째, 원화와 외화가 바뀌면서 환율이 개입한다. 환율은 여러 가지 다양한 거래를 만들고 변화시킨다. 'Topic 21 모든 것은 환율에 영향을 미친다'에서 '환율 변동과 외환정책'에 대해 알아본다. 둘째, 자금의 이동에 여러 가지 제약이 따른다. "Topic 22 불가능한 삼각형'에서 '자본유출입 규제와 외환건전성 정책'에 대해 알아본다. 이렇게 추가적으로 고려해야 할 사항은 국경을 넘나드는 자금이동에 대한 생각을 더 복잡하게 만든다.

2. 복잡한 거래를 간단하게 구분하기

금융거래의 기본 모습

외화가 개입된 거래를 중심으로 일반적인 거래를 간단하게 구분하고 이해해 보자. 자금이 이동하는 모습은 두 가지 형태를 가진다. 그것은 '사고팔기'와 '빌리고 빌려주기'다. 아무리 복잡한 거래도 여기서 벗어나지 않는다. '사고팔기'는 '매매거래', '빌리고 빌려주기'는 '대차거래'라고 한다. 이러한 개념은 외화 거래에 적용되어 외화를 사고파는 거래를 '외환거래', 외화를 빌리고 빌려주는 거래를 '외화자금거래'라고 한다.

두 가지 거래로 구분

'사고팔기'와 '빌리고 빌려주기'라는 두 가지 개념은 외환거래와 외화자금거래의 성격을 이해하기 위해서는 꼭 알아야 한다.

우선 사고팔기 거래는 자산이 늘어나거나 줄어들면서 포지션 position을 변동시킨다. 자산을 사는 행위를 롱long포지션을 취했다고 하며, 자산을 파는 행위를 숏short포지션을 취했다고 부른다. 이 경우 자산가격의 변동에 따라 손익이 변한다. 자산이 부채보다 많을 경우에는 가격이 오르면 이익, 가격이 내리면 손실이다. 반면 자산이 부채보다 적을 경우에는 가격이 오르면 손실, 가격이 내리면 이익이다. 다음으로 빌리고 빌려주기는 약정한 이자로 빌린 후 약속한 기한 내에 되갚는 거래다. 일정 기간 후에는 돌려받거나 돌려주는 거래이므로 전체 기간으로 보면 포지션 변동이 없다. 좀 더 쉽게 이해하기 위해 예를 들어보자. 건물을 한 채 매수할 경우 이는 사고팔기 거래에 해당한다. 그러므로 건물 가격이 변할 때마다 나의 투자 손익도 달라진다. 반면 건물을 2년간 임차했으면 그 건물의 가격이 오르거나 내리더라도 손익이 발생하지 않는다. [3]

외환거래과 외화자금거래의 차이

외환거래는 원화를 외화로 바꾸기 위한 거래를 말한다. 즉 환전을 목적으로 하는 거래다. 반면 외화자금거래는 부족한 외화를 빌리거나 남는 외화를 빌려주는 자금의 차입과 대출을 말한다. 따라서 외환을 사고팔면 외환포지션에 변동이 발생하고 환리스크에 노출된다. 그러나 외화자금을 차입 또는 대출하면 외화자산과 외화부채가 동시에 증가 또는 감소하므로 외환포지션에 미치는 영향은 없다.

외환거래는 외화를 팔고 원화를 받거나 외화를 사고 원화를 파는 거래이므로 원화와 외화 간의 상대적 가격인 환율이 중요하다. 외화자금거래에서는 자금을 빌리고 빌려주기 위한 조건인 금리조건과 거래 상대방의 신용등급[4]이 중요하다. 국내 외환시장에서 일어나는

---

3 물론 건물 가격이 상승한 후 건물을 매입하려면 더 많은 돈이 필요하며, 건물을 매입하지 않을 계획이라도 건물 주인이 임대료를 인상할 수 있다.

4 사고팔기 거래는 한 번 매매하면 거래 상대방을 볼 일이 없으므로 거래 상대의 신용이 중요하지 않다. 반면 빌리고 빌려주는 거래는 만기 때 거래 상대방과 다시 자금을 주고 받아야 하므로 신용이 중요하다.

외환거래는 환율에 직접적인 영향을 미치지만, 우리나라 국경을 넘나드는 외화자금거래는 외화의 수급에 영향을 주면서 환율에 간접적으로 영향을 미친다.

3. 무엇이 글로벌 자금을 이동시키는가?: 국경을 넘나드는 자금의 성격

이동하는 자금의 종류

국경을 넘어 이동하는 자금의 성격은 각각 다르다. 자금을 구분하여 보자. 엄밀한 구분은 다음 Topic의 국제수지표BOP, Balance of Payment에서 설명되지만 간단하게 구분하면 크게 무역거래와 자본거래로 나눌 수 있다. 그리고 자본거래는 직접투자와 증권투자로 구분되며, 증권투자는 주식투자와 채권투자로 나누어진다.[5] 한편 모든 투자는 단기투자와 장기투자로 구분되며, 선진국에 대한 투자와 신흥국에 대한 투자로 나뉜다. 이러한 분류에 따라 자금은 각각 다른 특성을 가진다. 어떤 거래를 통한 자금인지와 누가 운용하는 자금인지를 알면 자금의 특성이 드러난다. 자금의 특성을 이해하면 국내외 자금이동의 속도와 환율 변동을 예상하는 데 도움이 된다. 언제나

---

5 이들을 함께 생각하면 선진국 주식투자, 신흥국 주식투자, 선진국 채권투자, 신흥국 채권투자와 같이 네 가지 영역으로 구분할 수 있다.

각각의 특성은 비교를 통해 명확해진다.

직접투자 vs 증권투자

우리나라 기업의 지분을 소유하는 형태의 외국인 직접투자FDI, Foreign Direct Investment는 자본 유출입을 빈번히 일으키지 않고 한 번 투자하면 국내에 자금이 오래 머무른다. 반면 주식, 채권 등 유동성이 높은 증권에 투자되는 포트폴리오 자금은 상대적으로 단기간 내 빠른 속도로 이동한다.

빌리고 빌려주기 vs 사고팔기

앞에서 설명했듯이 모든 거래는 빌리고 빌려주기와 사고팔기로 나뉜다. 즉 주식, 채권, 외환, 파생금융상품 등을 사고팔면서 주가, 금리, 환율 등 가격 변수의 변동에 따른 이익 추구를 목적으로 하는 거래가 있는 반면, 외화자금시장에서 외환의 수요와 공급에 따른 차이인 과부족을 조절하기 위해 외환을 빌리고 빌려주는 거래도 있다.

사고파는 거래는 주로 연기금, 투자회사, 헤지펀드 등 투자기관이 하고 있는데, 투자에 따른 리스크가 높다. 반면 빌리고 빌려주는 거래는 은행과 같은 금융회사가 주로 담당하는데 대출금에 대한 상환 리스크는 일부 있으나 상대적으로 리스크가 작다. 다만 사고파는 거래 중 앞에서 설명한 포트폴리오의 분산효과portfolio diversification의 경우에는 상대적으로 리스크가 작다. 중앙은행과 연기금 같은 장기 투자기관이 주로 이러한 포트폴리오 투자를 한다.

선진국 vs 신흥국, 주식 vs 채권

일반적으로 선진국이 신흥국보다 가격변동성이 낮으며, 채권이 주식보다 변동성이 낮은 안정적 투자 대상으로 인식된다. 평소에는 수익률을 겨냥해 선진국에서 신흥국으로 자금이 흐른다. 안정적 투자 대상일수록 예상되는 기대수익률은 일반적으로 낮다. 위기 시에는 리스크를 회피하기 위해 신흥국의 위험자산에서 선진국의 안전자산으로 자금이 이동flight to quality한다. 신흥국에 투자되었던 자금이 본국으로 회수되는 것이다.

국부펀드 vs 증권회사

글로벌 자금을 움직이는 주요 주체들은 상이한 투자시계投資視界를 가진다. 투자시계에 따라 두 가지로 크게 분류할 수 있다. 우선 외환보유액을 운용하는 중앙은행, 국부펀드, 공적 연금을 운용하는 연기금, 국제기구 등은 중장기투자 위주로 운용한다. 반면 상업은행, 투자회사, 증권회사, 헤지펀드 등은 단기투자를 위주로 운용한다.

이러한 투자시계는 주로 조달자금의 원천과 밀접한 관련이 있다. 보유자금의 만기가 아주 장기인 중앙은행과 국부펀드, 연기금 등은 주로 만기가 길고 상환 위험이 없는 국채 위주로 운용하는 경향이 높다. 이에 비해 조달자금의 만기가 상대적으로 짧은 상업은행, 투자회사, 증권회사 등의 경우 단기채권, 주식 위주로 투자한다.

투기적 거래 vs 헤지거래 vs 차익거래

글로벌 자금의 거래 유형에 대해 생각해 보자. 원화와 외화를 움직이는 방식은 본질적으로 같다. 우리는 'Topic 11. 금융회사들이 움직이는 이유'에서 외화를 구분하지는 않았지만, 이들을 살펴본 적이 있다. 여기서는 외화거래의 예를 들어 간단히 반복한다.

먼저 투기적 거래speculative를 정리해 보자. 외국인 투자자는 우리나라의 경제성장과 기업실적의 호조를 예상하는 가운데 주식을 매수해 향후 주가 상승 시 차익을 기대한다. 향후 주가의 상승이나 하락을 겨냥해 주관적 판단으로 거래한다. 또 외국인 투자자는 투자의사결정 시 환차익까지 추가적으로 고려해 투기적 거래를 일으킨다. 이러한 목적으로 행해지는 거래는 공격적이다.

다음으로 헤지거래hedge를 정리해 보자. 외국인 투자자는 선물환, 외환스왑[6] 등 파생거래를 통해 자산매입 시점과 동일한 또는 고정된 환율로 다시 외화를 사는 거래를 미리 맺어 둠으로써 향후의 환율변동 리스크를 제거할 수 있다. 기존 보유하고 있는 자산 또는 부채의 위험을 회피하기 위한 거래이므로 수동적이다.

마지막으로 무위험 차익거래arbitrage에 대해 알아보자. 이러한 차익거래는 외국인 투자자가 국내 채권시장에 투자하는 전형적 패턴

---

6 외환스왑FX swap은 외은지점 위주로 외화를 단기차입하는 대표적 거래로 스왑이라는 말 그대로 거래 쌍방이 동시에 보유한 돈을 '바꾼다'라는 의미이다. 결국 한 사람은 원화를 담보로 달러화를 빌려주고, 다른 사람은 달러화를 담보로 원화를 빌려주게 된다.

중 하나이기도 하다. 즉 해외에서 달러화를 차입해서 파생거래를 통해 향후 원화와 달러화 간 환전 시 환율을 고정시킨 후 우리나라 국채, 통화안정증권 등 채권을 매수한다면 추가적인 리스크 부담 없이 차익 획득이 가능해진다. 차익거래 기회는 늘 있지 않다. 국가 간 금리 차이와 환율 변동에 따라 나타났다가 사라진다. 그러므로 차익을 노리는 외국인 투자자금은 단기간에 유입된다. 이후에는 금리와 환율의 변동에 따라 이러한 거래를 지속하기도 하고 반대 거래를 하면서 빠져 나갈 수도 있다.

참고 19.1 내국인의 해외증권투자

주식과 채권 같은 유동성 높은 자산에 투자되는 포트폴리오 자금은 단기간 내 빠른 속도로 이동한다. 우리 국민 또한 2006년 이후 미국, 유럽 등 주요국과 중국, 브라질 등 신흥국에 투자하는 해외증권투자를 본격화하기 시작했다. 특히 해외주식투자의 경우 코로나19 확산 이후 해외주식시장 호조를 바탕으로 사상 최고 수준의 유출 규모를 기록했다. 반면 해외채권투자는 2017년 이후 감소세를 보이는 모습이다.

그런데 내국인의 해외증권투자에도 환율 문제가 연관된다. 대부분 주식투자에서는 환헤지를 하지 않으므로 환율 변동이 투자 성과에 직접 영향을 미치게 되는 반면, 채권투자에서는 환헤지를 통해 환율변동 리스크를 제한하는 경우가 많다. 한편 내국인의 대규모 해외증권투자가 일어날 경우 달러화 수요를 증가시켜 원/달러 환율이 상승하거나 하락 압력을 완화시키는 요인으로 작용하기도 한다.

그림 19.1 내국인의 해외증권투자 추이

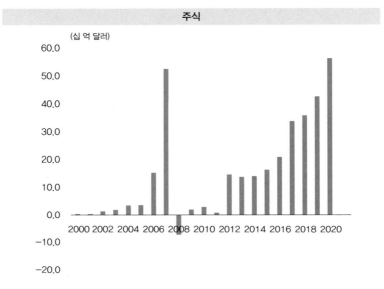

주식

(십 억 달러)

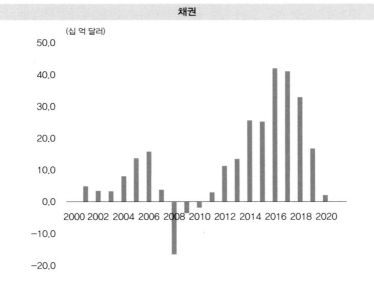

채권

(십 억 달러)

자료: 한국은행 ECOS

4. 글로벌 자본이동의 순기능과 역기능

외국인 투자의 순기능

글로벌 자본은 자본이 남는 국가에서 자본이 부족한 국가로 흘러 간다. 신흥국에서 도로, 항만, 철도, 발전 등 경제성장을 위한 사회기 반시설infrastructure을 건설해야 하지만 이를 위한 자금이 부족한 경 우에 글로벌 자본을 유치하곤 한다. 또한 기업이 공장 신축, 설비 확 충 등 신규 프로젝트를 추진하고 연구개발 자금을 마련하고자 하나 자금이 부족할 때 유상증자나 회사채 발행을 통해 외국 자본을 유치 할 수도 있다. 이처럼 글로벌 자본이동을 통해 투자금 부족으로 실 현이 어려웠던 프로젝트의 추진이 가능해진다. 최근 쿠팡이 뉴욕증 권거래소NYSE에 상장되었는데 이 또한 주식 발행을 통해 기업을 공 개함으로써 외국 투자자의 대규모 자본을 조달하려는 목적에서 단 행되었다. 우리가 알고 있는 많은 스타트업이 사업 확장을 위한 자 본금 조달을 위해 주식시장에서 향후 사업계획을 공개함으로써 기 업의 가치를 평가받고 이를 근거로 주식을 발행해 투자자로부터 자 본을 조달하고 있다.

한편 글로벌 자본이 직접투자[7] 또는 지분 참여 등 경영권과 연관

---

[7] 국제수지표상의 직접투자는 직접투자 관계에 있는 투자자와 투자 대상 기업 간 에 일어나는 대외거래를 의미한다. 직접투자 관계에는 투자 대상 기업에 대해 10% 이상의 의결권을 보유하는 일차적 직접투자 관계, 연쇄출자 등을 통해 간 접적으로 영향력을 행사할 수 있는 경우, 모기업을 공유하지만 상호 간에 직접 투자 관계가 없는 동료기업 관계 등이 포함된다.

되어 유입되는 경우 향후 투자 프로젝트 추진과 관련해 구체적 조건을 내걸기도 하는데, 이러한 과정을 통해 최신 기술, 경영기법 등이 전수되고 기업 운영의 투명성과 개방성이 강화되는 장점도 기대할 수 있다.

이 외에도 외국인 투자는 우리나라의 주식시장이나 채권시장 같은 자본시장에 참여해 유동성을 공급하고 자산가격이 균형을 찾아 유지되도록 시장참여자 역할을 하기도 한다.[8] 외환위기 이후 본격 개방된 우리 자본시장에서 외국인 투자자는 이미 주요 시장참가자로서 활발한 거래를 수행하고 있다.

외국인 투자의 역기능

글로벌 투자자의 기본 속성은 투자이익 극대화에 있는 만큼 경제 여건 변화에 따라 민감히 반응하며 변동성을 확대시키는 부작용도 있다. 외국인 투자자금은 일반적으로 들어올 때는 서서히, 나갈 때는 급속히 빠져나간다. 가장 대표적인 것인 국제금융시장의 불안이 고조되는 상황에서 신흥국에서 대규모 투자자본을 일시에 유출시키는 것인데 이를 '서든스탑sudden stop'[9]이라고 한다. 이처럼 위기 시 자

---

8   2020년 말 현재 외국인은 상장주식을 764.3조 원 보유(보유비중 31.4%)하고 있으며, 상장채권을 150.1조 원 보유(보유비중 7.3%)하고 있다.

9   대표적 사례로 1997년 아시아 외환위기, 1999년 러시아 모라토리엄, 2007년 미국의 서브프라임 위기 등이 꼽힌다. 이때 터키, 남아공, 인도 등 거시경제가 취약한 신흥국으로부터 대규모 자금이 유출된 바 있다.

산을 일시에 처분해 유동성을 확보하려는 것이 글로벌 자본의 기본 생리이므로, 시장에서 처분이 가장 용이한 유동성 높은 주식과 채권을 팔고 이를 달러화로 환전해 유출하는 경우가 발생할 수 있다. 우리는 글로벌 금융위기 상황에서 이러한 상황을 이미 경험한 바 있다. 당연히 주가는 급락하고 회사채 금리는 급등하게 되며 환율은 달러화 초과수요로 인해 빠르게 상승하게 된다. 이러한 가격지표의 변동성이 커지면서 금융시장의 불안도 확대된다. 평상시 투자자금 유입을 통해 기업, 정부 등 경제주체들의 부족한 자본을 메웠던 외국인 투자는 위기 시 변동성을 확대시키는 양날의 검과 같은 역할을 하게 된다. 이에 대한 대책은 'Topic 22 불가능한 삼각형'에서 '자본 유출입 규제와 외환건전성정책'에서 살펴보기로 하자.

국경을 넘나드는 돈의 흐름
국제수지

+ 모든 상품과 서비스의 이동에는 대가가 수반된다.
+ 한 국가의 국제수지에서 경상수지와 자본수지의 합계는 금융계정과 일치한다.
+ 대체로 불균형은 장기적으로 균형으로 복귀하려는 힘을 가진다.

우리는 이미 경제주체들의 다양한 경제활동으로 외화가 우리나라의 실물경제와 금융경제에 유입되고 유출되며 순환하고 있음을 알고 있다. 지금부터는 이러한 외환 유입과 유출을 체계적으로 파악하기 위해 각각의 요인별로 나눠 정리한 국제수지표BOP, Balance of Payment[10]에 대해 이해하고 이를 통해 우리나라의 대외거래와 외환

---

10 수지收支는 사전적 의미로 수입과 지출을 아울러 이르는 말로 거래관계에서 수입에서 지출을 차감한 이익을 나타내는 점에 유의하자. '수지 균형을 맞추다.' 또는 '수지가 맞는 장사'라는 용례를 떠올릴 경우 국제수지표의 의미를 이해하는 데 도움이 될 수 있다. 아울러 수지는 특정 기간 동안의 수입과 지출을 의미하는 유량 통계이므로 반드시 '~부터 ~까지'와 같은 시점 사이의 기간 개념을 토대로 하고 있음에 유의하자.

의 흐름에 대해 좀 더 자세히 살펴보기로 한다. 다만 개인투자자의 입장에서 중요하지 않은 부분은 과감하게 생략한다.

1. 국제수지표는 대외거래를 체계적으로 기록

국제수지는 가계부

우리는 뉴스, 잡지 등을 통해 수출이 호조를 보여 경상수지가 월 중 몇 십억 달러 흑자가 났다는 소식을 수시로 접한다. 이러한 뉴스에는 항만에서 컨테이너를 부지런히 실어 나르는 영상과 함께 우리 경제가 역동적으로 움직이는 영상이 부가된다. 또한 IMF 당시 갑작스러운 외환 유출로 외환시장 충격이 왔을 때 환율이 1962원까지 오르는 상황을 담은 전광판의 모습도 낯익은 광경이었다. 그런데 수출입과 같은 실물 경제활동은 물론 외국인들의 투자와 같은 자본 활동 등 모든 경제적 활동에는 그 대가인 돈의 흐름, 외환 유출입이 수반된다. 국제수지표는 일정 기간에 한 나라의 거주자와 비거주자 사이에 발생한 모든 경제적 거래를 체계적으로 기록한 표이다. 가정으로 말하면 가계부와 같다.

국제수지표의 구조

국경을 넘는 경제적 거래는 경상거래, 자본거래, 금융거래로 구분할 수 있으며, 국제수지표는 이러한 각각의 거래를 경상수지, 자

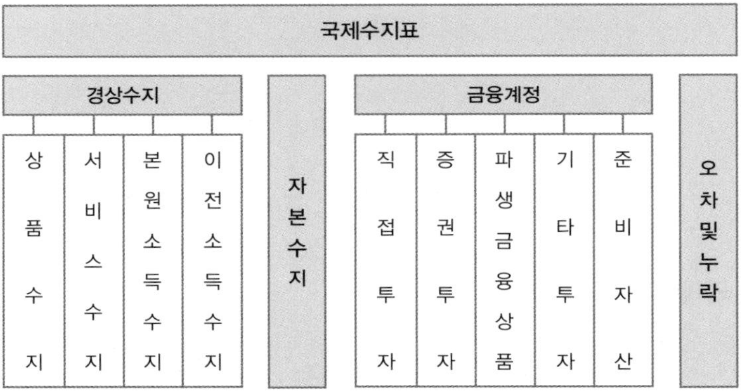

그림 20.1 국제수지표의 구성

본수지 및 금융계정으로 구분하여 기록한다. 경상수지는 상품수지와 서비스수지가 대부분을 차지하며 본원소득수지[11]와 이전소득수지[12]를 포함하는 개념이다. 이와 같은 구분에 따라 유출입되는 자금은 'Topic 19 글로벌 자금은 어떻게 움직이는가?'에서 살펴본 바와 같이 각각의 특성이 있다. 모든 항목을 자세히 알 필요는 없다. 관심 항목에 집중해 보자.

[11] 거주자가 외국에 단기간 머물면서 일한 대가로 받은 대금과 국내에 단기로 고용된 비거주자에게 지급한 대금의 차이를 나타내는 급료 및 임금수지와 함께 거주자가 외국에 투자하여 수취한 배당금·이자와 비거주자의 국내투자 대가로 지급한 배당금·이자의 차이인 투자소득수지를 기록한다.

[12] 거주자와 비거주자 사이에 대가 없이 이루어진 무상원조, 증여성 송금 등 이전거래 명세를 기록한다.

항등식은 항상 성립한다

우리나라로 유입된 외화는 차입금 상환, 여유자금 예치와 해외투자 등으로 해외로 유출된다. 이후에도 남은 자금은 다시 중앙은행인 한국은행이 매수하면서 외환보유액으로 축적된다. 외환보유액도 모두 해외에서 운용되므로 우리나라로 들어온 외화는 모두 해외로 빠져나간다고 보면 된다. 단지 소유권만 바뀌었을 뿐이다. 이러한 관계를 수식으로 나타낸 것이 바로 국제수지 항등식이다.[13] 즉, 경상수지와 자본수지 합은 항상 금융계정이 된다.

경상수지＋자본수지－금융계정(외환보유액 제외)＝외환보유액 증감

2. 경상수지는 중요하다

경상수지 흑자는 중요하다

국제수지 중에서도 경상수지는 특히 중요한 의미를 갖는다. 경상거래는 생산, 고용, 국민소득 등 국민경제에 크게 영향을 미칠 뿐 아니라 금융거래에도 많은 영향을 끼친다. 무역을 통한 흑자 또는 적

---

13 국제수지표를 작성할 때 각각의 거래는 복식부기 원칙에 따라 분개를 하고 차변과 대변에 각각 동일한 금액이 계상되게 된다. 따라서 차변과 대변의 합은 항상 일치하게 되는 복식부기의 원리에 따라 이를 구분 정리한 경상수지와 자본수지의 합계와 금융계정의 절댓값은 일치할 수밖에 없다.

자 여부는 대외적으로 우리나라가 경쟁력이 있는지에 대한 신호를 전달하게 되어 우리나라를 넘나드는 주식, 채권과 같은 자본거래에도 영향을 준다. 예를 들어 경상수지가 흑자를 나타내면 수출에 앞장섰던 기업의 경쟁력이 강하다고 인식해 우리나라 주식에 대한 투자가 늘어 자본유입이 증가하게 된다.

흑자는 지속되어야 한다

우리나라는 외환위기 이후 거의 20여 년간 대규모 경상수지 흑자를 기록하고 있다. 경상수지 흑자의 지속은 국내 통화량을 증가시켜 통화관리를 어렵게 하기도 하고, 통상 측면에서 우리가 흑자를 내는 교역대상국이 우리나라의 수출품에 대해 수입규제를 유발하게 하여 무역마찰을 초래할 가능성도 커지게 한다는 의견[14]도 있다. 하지만 경제의 대외의존도가 높은 우리나라와 같은 국가는 외부충격에 대한 흡수력을 높이고 국민소득과 고용을 안정시키기 위해 적정한 수준의 경상수지 흑자를 유지해 내는 것이 매우 중요하다.

---

14 2017~2019년 중 GDP 대비 국가별 경상수지 흑자를 살펴볼 때 우리나라 (4.2%)는 네덜란드(10.5%), 독일(7.7%), 스위스(6.9%) 등과 함께 높은 흑자를 기록한 반면, 미국(-2.1%), 캐나다(-2.4%), 영국(-3.5%) 등은 만성적 적자를 보이고 있다.

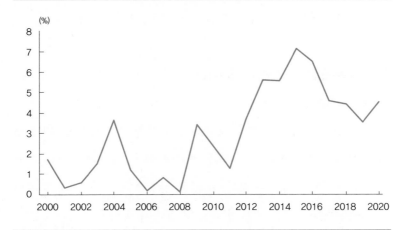

그림 20.2 우리나라 경상수지 흑자 추이(GDP 대비 비중)

자료: 한국은행 ECOS

벌어 온 돈이 빌려 온 돈보다 중요하다

수출과 수입이 반영되는 경상수지는 주식 채권투자가 반영되는 자본거래인 금융계정의 움직임보다 중요하다. 경상수지는 벌어 온 돈이므로 우리나라의 돈이다. 반면 외국인이 주식과 채권에 투자한 돈은 언제 빌려 달라고 한 적은 없으나 빌려 온 남의 돈이다. 그러므로 언젠가 외국인이 주식과 채권을 팔고 나갈 때 돌려주어야 한다. 상환 부담 없이 필요에 따라 쓸 수 있는 경상수지로 들어온 돈이 중요하다.

또한 경상수지로 들어 온 돈은 주식과 채권투자 자금처럼 이번 달에는 들어왔다가 다음 달에는 빠져나가는 가변적인 돈이 아니다. 한번 흑자 또는 적자가 발생하면 일정 기간 기조가 크게 변하지 않는다. 그러나 금융계정으로 들어온 돈은 금리와 환율 변동에 따라 크게 변동할 수 있으므로 계속 머무를 것인지 안심할 수 없다.

빌려 온 돈은 크고 변덕스럽다

글로벌 총자본거래에서 총무역거래가 차지하는 비중은 겨우 1.5%밖에 되지 않는다.[15] 우리나라의 경우 무역거래가 상대적으로 크지만, 총자본거래에서 차지하는 비중은 약 5.8%에 불과하다.[16] 자본거래는 무역거래와 비교할 수 없을 정도로 규모가 크다. 더욱이 자본거래는 움직이는 속도가 빠르며 갑자기 방향을 바꿀 수 있다. 자본거래는 단기적으로 환율에 큰 영향을 미치며 금융위기의 원인이 되기도 하므로 주의 깊게 살펴보자.

---

15 글로벌 총외환거래 규모[A](2019년, 단위: 10억 달러):6595/일×250일
＝1647500, 글로벌 총무역거래 규모[B](2019년, 단위 10억 달러):24962,
총외환거래에서 총무역거래가 차지하는 비중[B/A]＝1.5%
[자료:《BIS Triennial Central Bank Survey》(2019), WTO 연수출입 통계(2020)]

16 우리나라 총 외환거래 규모[A](2019년, 단위: 10억 달러): 43.7/일×250일＝
10925, 우리나라 총 무역거래 규모[B](2019년, 단위: 10억 달러): 635, 총 외환
거래에서 총 무역거래가 차지하는 비중[B/A]＝5.8%
[자료:《BIS Triennial Central Bank Survey》(2019), WTO 연수출입 통계(2020)]

3. 결국 남거나 모자라는 돈[17]

외화가 남고 모자라면 외환보유액이 움직인다

우리나라 전체의 외환포지션을 생각해 보자. 은행들이 모자라고 남는 돈을 끊임없이 주고받더라도 들어오고 나간 외화를 전부 합산해 보면 결국은 우리나라 전체로 외화가 남거나 모자라게 될 텐데, 이는 어떻게 처리되는가? 개별 움직임에 치중하다 보면 전체의 방향에 대해 소홀해지기 쉽다. 다시 국제수지표를 살펴보자.[18] 준비자산을 제외한 모든 국제수지의 흐름은 준비자산의 증감[19]과 당연히 일치하게 됨을 이미 설명한 바 있다.[20] '항등식은 언제나 성립한다.'는

---

17 임경·권준석, 《돈은 어떻게 움직이는가?》(2021)에서 인용하였다.

18 국제수지표는 발생주의 기준으로 작성되므로 실제 돈의 흐름과는 다소 차이가 있다. 돈의 흐름을 기준으로 파악할 때는 외환수급표를 사용해야 하나, 여기서는 편의상 국제수지표를 사용하였다.

19 국제수지표상 준비자산증감은 외환보유액 변동분 중 거래적 요인에 의한 것만 포함한다. 즉 외환보유액은 통화당국의 외환매입, 이자소득 등 거래적 요인에 의해 변동할 뿐만 아니라 환율 변동과 같이 비거래적 요인에 의해서도 변동하는데, 국제수지통계에서는 거래적 요인에 의한 외환보유액 변동분만 준비자산증감 항목에 계상하고 있다.

20 실제 국제수지표를 작성해 보면 경상수지 및 자본수지에서 금융계정을 차감하면 '0'이 되지 않을 경우가 있는데 이때 그 차이를 '오차 및 누락'error and omissions이라는 항목으로 조정하게 된다. 이와 같이 '오차 및 누락'이 발생하게 되는 요인은 국제수지표가 통관통계, 외환수급통계 등 여러 기관에서 각기 다른 목적으로 작성된 많은 기초통계를 이용하여 작성되므로 각 기초통계 간의 계상시점 및 평가 방법 상의 차이 또는 기초통계 자체의 오류, 통계작성 과정에서 보고 잘못이나 누락 등이 발생할 수 있기 때문이다.

말을 기억하자. 다시 말해 준비자산을 제외한 국제수지가 10억 달러 흑자이면 준비자산이 10억 달러 늘어나고, 국제수지가 20억 달러 적자이면 준비자산이 20억 달러 감소하게 된다. 결국 은행 간 외화를 팔고 사는 과정을 통해 포지션을 조정하고도 마지막까지 남은 외화는 결국 한국은행이 외화를 매입하거나 매각함으로써 외환보유액을 변동시키게 된다.

해외로 나가지 않은 모든 외화는 한국은행으로 들어오게 된다는 말은 중요하다. 만일 기업이 수출하여 번 돈으로 해외 원자재를 사지 않고 국내에서 은행에 달러화예금을 할 경우 돈이 해외로 나가지 않은 것일까? 그렇지 않다. 은행은 그 돈을 예치 받아서 바로 해외에 있는 다른 은행에 예금하거나 미국 채권을 산다. 왜냐하면 받은 달러를 금고에 보관하여 이자 없이 놀릴 수는 없기 때문이다. 만일 '국내 은행이 다른 국내 은행에 판다면 달러화가 국내에 남아 있지 않은가?' 이렇게 질문한다면, 그 달러화를 산 은행이 해외 예치했거나 해외 채권을 샀을 것이라고 대답할 수 있다.

은행이 마지막까지 시장에서 수요와 공급을 조정한 후에도 과도하게 남는 외화는 환율을 떨어뜨리게 되며, 외화가 부족한 경우 환율은 올라간다. 이런 경우 한국은행이 외환시장에 개입해 외화를 매각하거나 매입한다. 다만 특별한 사정이 없는 한, 당시의 시장환율 수준으로 거래를 하게 된다. 한국은행은 외환 매매를 통해 외환보유액을 조정한다.

원화를 움직이는 외환보유액

그런데 한국은행의 외환보유액이 늘거나 줄어들면 같은 금액만큼 원화 자금시장에서 원화가 넘치거나 모자라게 된다. 한국은행이 외환시장에서 외화를 매입하면서 원화를 대가로 주므로 원화가 공급되어 늘어나며, 외화를 매각하면 원화를 받으므로 시중에 원화가 줄어든다. 이렇게 외화가 넘치거나 모자라는 상태를 조정하기 위해 한국은행이 외화를 매매하는 과정에서 의도하지 않게 늘어나고 줄어든 원화는 시장의 모습을 변화시킨다.

표 20.1 국제수지표 작성 실례

(백만 달러)

	나간 돈(a)	들어온 돈(b)	수지(b-a)
경상·자본수지(A)	115	122	7
금융계정(B)[1]	227	226	-1
합계(C=A-B)	-112	-104	8
준비자산 증감			-8

1) 준비자산(외환보유액) 제외

모자라는 돈은 빌리거나 비상금을 풀어서 해결한다

경상수지 적자가 지속될 경우 일단 다른 나라에서 돈을 빌려 외국 상품을 사 올 수밖에 없다. 우리나라의 대외 부채가 늘어난다. 다른 말로 하면 국내 자산에 대한 외국인의 청구권이 증가하게 되는데, 미래의 어느 시점에 국내 자산이 유출되어야 한다는 뜻이다. 국내 경제의 미래가 대외적으로 저당 잡혀 있다는 의미에 더해 외국인들이 갑자기 청구권을 행사할 경우 우리 경제가 단기간에 크게 흔들릴 수 있다는 무서운 말이기도 하다. 또는 외환보유액을 풀어서 모자라는 돈을 공급해 주어야 하겠지만, 그만큼 집안의 비상금은 줄어든다.

모든 것은 환율에 영향을 미친다
환율 변동과 외환정책

+ 환율은 원화의 대외가치며, 원화와 외화 간 교환비율이다.
+ 환율은 넓은 세상을 바라보는 창문이다.
+ 크게 변동하는 환율에 미세조정이라는 정책으로 맞선다.
+ 비상금은 꼭 필요하지만, 다다익선多多益善이 아닐 수 있다.

환율은 누구나 알고 있다고 생각할 만큼 우리 곁에 친숙한 말이다. 환율이 오르면 오르는 대로 내리면 내리는 대로 경제에 큰일이 벌어 졌다고 신문 전면과 방송 헤드라인을 장식한다. 수출해 받은 달러화 로 국내에서 원재료를 구입해야 하는데 환율은 하락한다. 내년 해외 여행을 계획하고 있는데 달러화로 미리 바꾸어 놓아야 하나? 환율 이 급변동하면서 유학 간 아들에 보낼 돈이 늘어나기도 줄어들기도 한다.

환율의 기본 개념과 종류에 대해 알아본다. 다음으로 환율에 영 향을 미치는 다양한 요인을 살펴본 후, 환율이 경제의 각 부문에 미 치는 영향에 대해 정리해 본다. 이러한 요인과 영향을 파악하기란 쉽지 않다. 왜냐하면 환율에 영향을 끼치는 요인들은 장단기의 시계로 영향을 미치므로 요인들을 분석해 내기 어렵기 때문이다. 또한 환율이 끼치는 영향과 관련해서 하나의 부문에 직접 영향을 미치기도 하지만 다른 부문을 거쳐서 간접적으로 영향을 끼치기도 하므로 추적하기 어렵다. 이와 같은 환율의 모습을 살펴본 후에는 정책이 환율의 변동에 어떻게 개입하는지를 살펴보고 환율과 밀접한 관련이 있는 외환보유액에 대해 알아본다.

1. 환율은 원화와 외화의 교환비율

환율의 개념과 표시 방법

환율은 원화와 외화를 교환하는 비율exchange rate을 말한다. 다른 말로 하면 원화의 대외가치다. 그러나 '원화 절상은 환율 상승과 같은 말인가 또는 다른 말인가?', '환율이 오르면 수출이 잘 되는가?'라는 기본적인 물음에 답변하기 쉽지 않다. 어렵다기보다는 익숙하지 않기 때문이다.

우선 환율 표시 방법부터 연습하자. 환율 상승은 원화 절하, 환율 하락은 원화 절상과 같은 말이라는 점을 잊지 말자. 〈참고 21.2〉와 〈부록〉에서 이들을 정리하였다.

환율 표시 방법: 자국통화표시법과 외국통화표시법

환율은 두 국가의 통화 간 교환비율을 의미하지만, 어느 국가 통화를 기준으로 계산하느냐에 따라 표시 방법이 달라진다. 즉 '기준이 누구냐?'는 것이다.

첫째, 외국통화 한 단위당 자국통화 단위 수로 표시하는 방법을 '자국통화표시법 또는 직접표시법direct quotation'이라 한다. 즉 '1달러와 교환할 수 있는 원화는 얼마냐?'는 것이다. 대부분의 국가는 자국통화표시법을 사용해 자국통화의 환율을 고시한다. 우리나라도 그렇다. 예를 들어 미국 달러화에 대한 원화환율을 USD/KRW을 $1=1150원으로 표현한다. 또한 일본 엔화, 중국 위안화 등도 각각 USD/JYP=109.36, USD/CNY=6.3234와 같은 형식으로 고시한다. USD/KRW로 표시되면 앞(USD, 미국 달러)이 기준이다. 그러나 일상생활, 책, 신문기사 등에서는 'USD/KRW'를 '원/달러 환율'이라고 읽거나 쓴다. '원/달러'를 '분자/분모'로 인식하기 때문이 아닌가 한다. 이 책에서도 '원/달러 환율'로 표시되었다.

둘째, 자국통화 한 단위당 외국통화 단위 수로 표시하는 경우를 '외국통화표시법 또는 간접표시법indirect quotation'이라 한다. 영국, 호주 등 주로 영연방 국가는 외국통화표시법을 사용하고 있다. 과거 기축통화였던 영국 파운드화를 기준으로 환율을 표시했던 관행 때문이다. 유로화도 여기에 포함된다. 미국의 고향이 유럽이기 때문일까? 또는 유럽의 자존심일까? 예를 들어 유로화, 영국 파운드화, 호주 달러화는 각각 EUR/USD=1.2175, GBP/USD=1.3941, AUD/USD=0.7573와 같은 형식으로 고시된다. EUR/USD로 표시되면, 여기서도 앞(EUR, 유로)이 기준이다.

상승=절하 vs 하락=절상

환율의 상승 또는 하락 그리고 통화가치의 절상 또는 절하는 간단하지만 혼동하기 쉽다. USD/KRW의 형식에서 앞에 있는 통화를 기준으로 가치를 판단한다. 예를 들면, USD/KRW에서 환율이 상승했다면 우리나라 원화 대비 '미국 달러화의 가치가 상승하였다.'는 뜻이다. 즉 미 달러화 대비 '원화 가치가 하락하였다.'는 말이다. EUR/USD에서 환율이 상승했다면 'EUR의 가치가 상승하였다.'는 뜻이다.

그런데 우리나라의 환율을 직접표시법으로 표현할 때 실제로는 대부분 원/달러, 원/위안, 원/유로 등으로 사용한다. 외환거래 시 공식적으로 사용하는 USD/KRW 환율을 일상생활에서는 원/달러 환율이라고 사용하는 것이다. 그러므로 원/달러 환율이 상승했다면 원화 가치가 떨어졌다는 뜻이며, 원/달러 환율이 하락했다면 원화 가치가 올라갔다는 뜻이다.

한편 일반적으로 일본 엔화 환율을 나타낼 때는 100엔당 원화의 환율로 표시한다. 즉 원/엔 환율을 나타내지 않고 '원/100엔 환율은 988.2원이다.'로 표시한다.

환율의 종류

환율에는 환율 결정 시 기준이 되는 기준환율을 포함해 매매기준율, 대고객환율, 재정환율 등 다양한 종류가 있다. 너무 개념만 나열하는 듯하지만, 기본적인 몇 가지 용어는 익숙해져야 한다. 다음 〈참고 21.3〉에서 환율의 종류를 설명하였다.

환율의 종류

기준환율

기준환율이란 많은 외국통화 환율 결정에서 기준이 되는 환율을 의미한다. 우리나라의 경우도 국내 외환시장에서 결정되는 미국 달러화 환율이 기준이다. 원/달러 환율이 기준환율이며 원/엔, 원/유로, 원/파운드 등 여타 각국의 통화의 환율은 원/달러 환율을 기초로 계산해 자동으로 산출된다.

매매기준율

기준환율이라는 용어는 외국환은행[21]이 고객과 원화를 대가로 미 달러화를 매매할 때 기준이 되는 환율로 사용되기도 한다. 이를 매매기준율이라고도 한다. 즉 고객이 은행 창구에 가서 달러화를 사고팔 때 중심이 되는 환율이다. 매매기준율은 외국환중개회사를 통해 전 영업일 거래된 은행 간 원/달러 현물거래 중 익일물value spot의 거래환율을 거래량으로 가중평균하여 결정된다. 2019년 현재 서울외국환중개회사가 원/달러 기준환율, 원/위안 기준환율 그리고 41개 재정환율을 매일 아침 고시하고 있다.

대고객환율

각 은행, 환전상 등이 자국통화와 외국통화를 매입/매도하는 고객과의 거래에서 적용하는 환율을 말한다. 대고객환율은 기준환율에 외환 환전 업무 리스크, 업무처리비용, 일정 수익 등을 종합적으로 반영하여 각 은행 등이 자율적으로 결정한다. 금융기관마다 조금씩 다르게 고시된다.

---

21 외국환거래법에 의해 인가를 받아 외국환업무를 영위하는 은행을 말한다. 이해하기 쉽게 그냥 은행이라고 생각해도 된다.

> **재정환율**
>
> 재정환율arbitraged rate은 우리나라 외환시장에 직접 거래되지 않는 통화[22]와의 환율로서, 원화와 미 달러화를 제외한 여타 국가 통화와의 환율을 의미한다. 예로 우리나라 외환시장에서 원/달러 환율이 1120원/달러이고 뉴욕 외환시장에서 1.19달러/유로라고 한다면, 우리는 이를 통해 원/유로 환율을 쉽게 계산[23]할 수 있다. 즉 기축통화인 미 달러화와 우리나라 원화 간의 환율을 통해 미 달러화와 교환되는 전 세계 국가와의 환율을 계산한다. 다만 우리나라 외환시장에서는 미 달러뿐 아니라 중국 위안화도 거래되므로 원/위안 환율은 재정환율로 산출하지 않고 직접 결정된다.

2. 무엇이 환율을 움직이는가?[24]

아마존에 사는 나비의 날갯짓도 환율에 영향을 미친다[25]

환율에 영향을 미치는 요인은 너무나 많다. 세상의 모든 일이 다

---

22 우리나라 외환시장에서는 미 달러화와 중국 위안화만 직접 거래되며 엔화, 유로화, 호주달러화 등 여타 통화의 경우 원/달러 환율과 미 달러화와 해당국 통화 환율을 통해 간접 계산된다.

23 1달러＝1120원＝1/1.19유로. 따라서 1유로＝1120원×1.19＝1333원이 된다.

24 임경, 《환율은 어떻게 움직이는가?》(2020)를 참조하였다.

25 나비효과butterfly effect는 카오스이론에서 초깃값의 미세한 차이에 의해 결과가 완전히 달라지는 현상을 뜻한다. 미국의 기상학자 에드워드 로렌즈가 1972년 실시한 강연의 제목인 '브라질에 있는 나비 한 마리의 날갯짓이 텍사스에 토네이도를 일으킬 수도 있는가?'에서 유래했다.

환율에 영향을 미친다고 볼 수 있다. 물론 간단하게 외환의 수요와 공급에 의해 영향을 받는다고 말할 수 있지만 정확한 답은 아니다. 왜냐하면 '무엇이 수요와 공급에 영향을 미치는가?'의 질문으로 돌아오기 때문이다. 장기적으로는 환율에 영향을 미치는 가장 큰 요인은 물가수준이라고 알려져 있는데, 물가수준은 곧 구매력의 다른 말이라는 점을 생각하면 당연하다. 환율이란 결국 다른 나라 돈을 사는 것이며 돈의 가치는 구매력에 의해 결정되기 때문이다.

환율에 영향을 미치는 요인으로는 일반적으로 물가수준, 생산성, 국제수지, 외채와 외환보유액, 통화정책과 금리 등 주요 경제변수가 알려져 있다. 그러나 그 외에 지정학적 리스크(정치, 외교, 군사 부문의 사건)도 환율에 영향을 미친다는 사실을 잊지 말자. 또한 환율은 기대, 자기실현, 각종 뉴스에도 영향을 받는다. 이에 대해서도 알아보자.

환율을 결정하는 경제 변화

환율에 미치는 다양한 요인을 살펴본다. 일반적으로 장단기로 나누어 구분하지만 여기서는 단기, 중기, 장기로 접근해 본다.[26]

26　장기와 단기로 나누는 구분은 교과서마다 다르며 명확하지 않다. 가장 근본적인 요인만 장기로 구분하기도 하며, 아주 짧은 기간이 아니면 모두 장기로 분류하기도 한다. 세세하게 분류하기 어렵고 '반드시 그러냐?'고 질문하면 대답하기 애매하기도 하지만, 두루뭉술 합쳐서 넘어가기보다는 좀 더 명확하게 구분해 생각할 필요도 있다. 다만 여기서도 단기요인과 중기요인은 일부 중첩되며 중기요인과 장기요인도 일부 중첩된다.

표 21.1 환율 결정 요인

단기	중기	장기
- 금융계정 변동 - 통화정책, 국내외금리차 - 환율에 대한 기대 변화 - 경제 및 금융 뉴스 - 지정학적 리스크 - 은행의 외환포지션 변동 - 파생금융상품 동향	- 국내외 경제성장율 차이 - 경상수지 변동 - 외채와 외환보유액 - 생산성 변화[1]	- 물가안정목표 수준 - 잠재성장률 수준 - 지속가능한 경상수지 수준 - 국내외 물가수준 변화[2] - 무역장벽

주: 1) 중기 또는 장기요인으로 분류되기도 함
    2) 단기 또는 중기요인으로 분류되기도 함

장기 관점의 요인들이 기본적으로 중요하다 할지라도 짧은 기간의 환율 변동에 대해 설명하지 못한다. 환율은 장기적으로는 균형 수준으로 수렴한다고 한다. 그러나 환율이 급변동하게 되면 장기까지 기다릴 수 없게 된다. 장기적 요인으로 물가수준의 변화, 잠재성장률 수준 등 거시경제변수 이외에도 무역장벽과 같은 제도적 요인도 거론할 수 있다. 단기적으로는 금융계정 변동, 국내외금리차, 다양한 뉴스의 발표, 시장참가자의 기대 심리 등이 환율 변동에 영향을 준다.

무역거래가 환율을 결정하는가?

환율에 영향을 미치는 요인을 이야기할 때 무역거래 또는 무역수지를 거론하는 경우가 많다. 수출로서 외화를 벌어들이고 수입으로 외화를 내보내니 이렇게 말하는 것도 무리가 아니다. 그러나 환율 변동을 이들 요인만으로 설명하는 데는 한계가 있다. 지난 일을 돌

그림 21.1 원/달러 환율과 경상수지

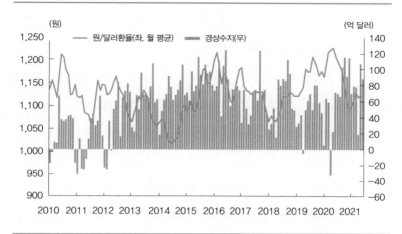

자료: 한국은행 ECOS

이켜 보면, 우리나라는 2010년 이후 대부분 기간 무역거래에 의한 외화공급이 늘어났으나 원/달러 환율은 지속해서 하락하기보다는 상승과 하락을 반복하는 모습을 보였다. 만약 환율이 무역거래에 의한 외환의 수급요인에 의해서만 변동한다면, 환율은 추세적인 하락을 나타냈을 것이다. 그러나 환율은 그렇게 움직이지 않았다.

물가수준: 중장기적으로 영향

환율을 결정하는 가장 근본적인 요인으로 해당 국가와 상대국의 물가수준 변동을 들 수 있다. 통화가치는 재화, 서비스, 자본 등에 대한 구매력의 척도이므로 통화의 대외가치인 환율은 물가수준을 반영한 상대적 구매력에 의해 결정된다. 이러한 구매력은 중장기적으로 환율에 영향을 미치지만 단기적으로는 이러한 관계가 뚜렷하지 않다. 단기에 있어서는 환율에 더 큰 영향을 미치는 요인들이 물가 수준보다 많기 때문이다.

환율은 각국의 돈이 갖는 구매력 차이의 변화에 의해 변동한다는 사실에 대해 좀 더 살펴보자. 구매력이란 돈 1만 원으로 빵을 몇 개 살 수 있느냐는 의미다. 돈 1만 원으로 빵 3개를 살 수 있는데 이제 빵 2개만 살 수 있게 된다면 구매력이 떨어진 것이다. 이는 원화의 가치가 하락한 것이므로 장기적으로 환율은 상승하게 된다. 가장 간단한 방법으로 전 세계 맥도날드 햄버거의 국가별 가격을 비교한 빅맥지수Big Mac Index[27]를 이용하여 환율수준을 평가해 볼 수 있다. 서울에 사는 홍길동은 맥도날드 점포에 들러 3000원을 주고 빅맥을 샀다. 미국에 여행을 간 홍길동은 뉴욕에서 2달러를 주고 빅맥을 샀다. 빅맥으로 본 환율은 얼마일까? 답은 2달러는 3000원이므로 1달러는 1500원이다. 동일한 물건을 사기 위해 지불한 가격은 서로

---

27 빅맥Big Mac지수는 각국 통화의 구매력 정도 또는 환율 수준을 측정하기 위해 일물일가의 법칙을 햄버거 가격에 적용한 지수다. 영국에서 발행되는 주간 경제전문지《이코노미스트The Economist》가 1986년 이래 매년 전 세계적으로 판매되는 맥도날드의 빅맥 가격을 비교·분석해서 발표하고 있다. 맥도날드의 빅맥은 전 세계 120개국에서 동일한 재화로 판매되고 있으므로, 빅맥지수를 이용하여 절대적 구매력평가를 간단하게 검증할 수 있는 기회를 독자에게 제공한다. 만약 일물일가의 법칙이 완전하게 성립한다면 세계 모든 나라의 구매력평가환율을 산정해 볼 수 있다. 최근에는 동일한 개념으로 스타벅스지수가 산출되기도 한다.

같아야 한다. 장기적 시계에서 같은 값으로 무엇을 살 수 있는지에
의해 환율이 결정된다. 〈표 21.2〉 '빅맥 가격을 이용한 구매력평가
환율'에 따르면 우리나라 원화는 저평가되어 있음을 알 수 있다. 물

표 21.2 빅맥 가격을 이용한 구매력평가환율[1]

국가	Big Mac 가격		구매력평가환율	실제 환율	고평가(+) 저평가(−)율
	자국통화(A)	US$(A/B)	(US$가격/ 4.79)*B	(B)	
미국	$4.79	4.79			
한국	won 4100	3.78	855.95	1083.3	−21
일본	Yen 370	3.14	77.24	117.77	−34
중국	Yuan 17.2	2.77	3.59	6.21	−42
유로지역[1]	euro 3.68	4.26	0.77*	0.86*	−11
영국[1]	pound 2.89	4.37	0.6*	0.66*	−9
스위스	CHF 6.5	7.54	1.36	0.86	57
스웨덴	SKR 40.7	4.97	8.5	8.19	4
러시아	Ruble 89	1.36	18.58	65.23	−72
홍콩	HK$ 18.8	2.43	3.92	7.75	−49
대만	NT$ 79	2.51	16.49	31.49	−48
태국	Baht 99	3.04	20.67	32.61	−37
호주	A$ 5.3	4.32	1.11	1.23	−10
캐나다	C$ 5.7	4.64	1.19	1.23	−3
멕시코	Peso 49	3.35	10.23	14.63	−30
브라질	Real 13.5	5.21	2.82	2.59	9
사우디아라비아	Riyal 11	2.93	2.3	3.76	−39
터키	Lira 9.25	3.96	1.93	2.33	−17

주: 1) US$/자국통화 표기방법에 따른 것임
자료: 《이코노미스트(The Economist)》 (2015.01.22.)

론 빅맥지수가 모든 상품을 가중 평균하여 산출되지도 않고 전체 물가를 대표하지도 않을 뿐 아니라 구매력지수를 통해 환율을 평가하는 방식도 일정 부분 한계를 가지고 있지만, 만일 빅맥지수를 기준으로 향후 원화가치를 평가한다면 현재의 저평가 상태가 해소될 가능성이 크다. 즉 원화가치가 상승하면서 원/달러 환율은 하락할 확률이 높다.

그러나 구매력평가이론에는 한계가 있다. 빅맥지수에서 보듯이, 많은 나라의 경우 실제 시장환율은 구매력으로 평가한 환율과 단기적으로 큰 폭의 괴리를 보이면서 상당 기간 지속된다. 일부 통화의 경우 구매력평가환율로 회귀하는데 약 10년 정도의 시간이 소요되기도 한다. 나라마다 이런 현상이 달리 나타나는 이유는 경제구조와 수출가격경쟁력이 국별로 다르기 때문이다.

생산성 변화: 성장에 대한 영향

장기적으로 환율에 영향을 미치는 또 다른 요인으로 생산성 변화를 들 수 있다. 여기서 생산성이란 제품 생산이나 서비스 제공에 있어 투입 대비 얼마만큼의 산출이 이루어졌는지를 나타내는 지표를 말한다.[28] 생산성 변화는 성장률 수준에 영향을 미친다. 한 나라의

---

28 한 나라의 생산성은 일반적으로 총요소생산성(total factor productivity 또는 multifactor productivity)으로 정의된다. 총요소생산성은 여러 가지 생산 요소가 투입되는 경제에서 요소 투입과 산출 간의 관계를 설명한다. 일반적으로 결합된 자본과 노동의 단위당 산출물로 정의된다. 측정의 용이성을 감안해 총

생산성이 다른 나라보다 더 빠른 속도로 향상될 경우 그 나라의 통화는 절상된다. 다시 말해 생산성이 향상될 경우 동일한 재화를 생산하는데 소요되는 비용이 절감된다. 보다 저렴한 가격으로 재화를 공급할 수 있으므로 각 재화의 가격이 떨어진다. 이에 따라 전반적인 물가수준이 하락하여 통화가치는 올라간다. 즉 그 나라의 환율은 하락하게 된다.

외환의 수요와 공급: 언제나 중요

환율은 외환 수요와 공급의 상대적 크기에 따라 결정된다고도 볼 수 있다. 우리나라와 같이 대외의존도와 대외개방도가 높은 나라는 더욱 그러하다. 돈이 쉽게 국경을 넘어 움직이면서 환율에 영향을 주기 때문이다. 국내외를 드나드는 모든 외환의 수요와 공급은 결국 국제수지로 귀결된다. 즉 국제수지를 보면 외환의 수급을 알 수 있다. 국제수지가 환율에 미치는 영향을 간단히 정리해 보면, 상품·서비스 거래, 자본거래 등 대외거래를 한 결과로 국제수지가 흑자를 보이면 외환의 공급이 늘어나므로 환율은 하락하게 된다. 반대로 국제수지가 적자를 보여 외환의 초과 수요가 지속되면 환율은 상승하게 된다.[29]

요소생산성보다 노동생산성 또는 자본생산성 같은 단일요소생산성이 주로 이용된다.

29 일정 기간 동안의 외환 흐름에 따라 환율 변동을 설명하고 예측하는 방법을 '플로우접근법 flow approach'이라고 한다.

눈여겨보아야 할 단기외채

경상수지가 적자를 지속하면 해외로부터 외화를 빌려와야 하므로 대외채무인 외채external debt가 증가한다. 만일 경상수지 적자가 지속되는 상황이라면 외채를 빌려서 적자를 보전해 나가는 과정에서 이러한 경제구조가 언제까지 지속될지에 대해 국내외 시장참가자의 의구심이 커지게 된다. 국제금융시장에서 그 나라에 대한 국제신인도가 떨어지게 된다. 즉 외채증가 자체도 문제이지만 신용이 낮아진다는 점이 더 큰 문제가 된다. 신용이 떨어지면 통화가치가 하락하고 환율은 상승한다. 특히 외환위기가 발생했을 경우 단기외채 규모가 크면, 외채 상환을 위해 다시 외화를 빌려야 할 시점이 수시로 다가오게 되어 환율이 급등하게 된다.

신뢰를 쌓는 외환보유액

국제수지 흑자가 확대되면 우리나라로 들어오는 외화가 외환보유액으로 쌓인다. 외채가 많을 경우 외환보유액을 쌓아 외환위기에 대비해야 한다. 경상수지 적자가 지속되는 상황에서는 외환보유액을 확충하기 어렵다. 월급이 지속적으로 들어오지 않으면 저축하기 어렵다는 뜻과 같다. 외환보유액이 줄어들면 그 나라의 대외신인도가 떨어진다. 국제금융시장에서 신용이 떨어지면 통화가치는 하락하고 환율은 상승한다.

환율로 조정된 이자율과 이자율로 조정된 환율

일반적으로 우리나라 금리가 오르면 해외에서 유입되는 달러화 공급이 늘어나고 달러화 수요가 줄어든다. 쉽게 말해 우리나라 예금에 가입하면 이자를 더 받을 수 있으므로 원화를 더 선호하는 것이다. 반면 미국 금리가 오르면 달러화 수요가 증가한다. 원화를 더 선호하는지와 달러화를 더 선호하는지는 환율을 결정하는 요인이다. 환율을 금리와 관련시켜서 생각한다.

이와 같은 관점을 '이자율평형조건interest parity condition에 의한 환율변동'이라고 한다. 이는 국내 이자율, 외국이자율, 국내 통화의 예상절상률이 어떠한 관계에 있는지를 설명해 준다. 원화를 당시 환율을 적용해 달러화로 환전하여 외국에 투자하고 만기가 되어 받은 달러화 원리금을 그때 환율을 적용해 원화로 바꾸면, 당초 원화로 예금했을 때의 원리금과 같아지게 된다. 간단히 말하면 국내에서 투자하든 외국에서 투자하든 투자 종료 후에는 같은 수익을 얻게 된다는 뜻이다.[30] 달리 말하면 이렇게 동일한 수익을 얻는 조건 하에서 환율이 정해진다는 뜻이다.

지정학적 리스크: 우리나라뿐 아니라 다른 나라의 경우도 포함

경제요인뿐 아니라 정치, 군사, 사회, 문화 등 다양한 요인이 모두

---

30 이자율 평형 조건이 성립한다면, 국내 이자율은 외국 이자율과 예상되는 외국 통화의 절상률의 합과 같다.

환율에 영향을 미친다. 미국과 중국 간 무역협상은 물론 브렉시트 Brexit, 남미의 대통령 선거 등도 우리나라의 환율에 영향을 미친다. 이들 사건이 우리나라에 직접적인 영향을 주지 않더라도 미국 또는 다른 나라에 영향을 미치면 상대적 가격인 원/달러 환율은 변동한다. 우리나라의 지정학적 리스크의 변화는 물론이다.

기대는 먼저 실현된다

모든 가격 변수의 움직임에는 기대가 항상 중요하다. 돈이 이동하여 금리, 환율, 주가에 영향을 주기 전에 경제 상황의 변화가 어떤 영향을 줄 것인지를 생각하면서 가격이 먼저 움직인다. 각종 뉴스나 주변국의 환율 변동은 외환시장 참가자의 기대를 움직여서 단기적으로 환율에 많은 영향을 준다.

한편 앞에서 설명한 물가수준, 생산성 변동, 국제수지, 통화정책에 의한 금리 변동 같은 장기 요인도 그러한 경제 현상이 장기적으로 환율에 영향을 미치기에 앞서 시장참가자의 기대를 변화시킨다. 이러한 기대는 자기실현적self-fulfilling 거래를 통해 환율을 변동시킨다. 예를 들어 대다수 시장참가자가 원/달러 환율 상승을 예상할 경우 환율이 오르기 전에 미리 외환을 매입하면 이익을 볼 수 있으므로 외환 수요가 증가하여 실제 환율이 상승하게 된다. 반대로 수출기업들이 환율 하락을 예상할 경우 환율이 내리기 전에 미리 외환을 매도하면서 실제 환율이 하락하게 된다.

그런데 여러 가지 요인이 이미 반영되었다고 시장이 평가한다면 나중에 그 요인이 실제로 나타나더라도 환율은 바뀌지 않는다. 만일 당초 경제 변화에 대한 기대가 나중에 실현된 정도보다 더욱 강하게 형성되었다면, 이후 환율은 오히려 반대 방향으로 움직이게 된다. 물론 기대보다 더욱 강하게 실현된다면 환율은 당초의 반영된 수준보다 더 크게 움직이게 된다.

예를 들면 미 연준의 기준금리가 50bp 인상될 것으로 기대되어 어제 원/달러 환율이 상승했는데, 오늘 25bp 인상을 발표했다면 오늘 환율이 하락하는 요인이 될 수 있다.

뉴스를 통한 기대

각종 뉴스는 시장참가자의 기대를 변화시켜 환율 변동에 영향을 줄 수 있다. 국내 뉴스는 물론 해외 뉴스도 환율의 움직임에 영향을 준다. 아니 해외 뉴스가 환율 변동에 더 큰 영향을 주기도 한다. 뉴스는 즉각적으로 환율에 영향을 미친다. 경제 현상이 실제 환율에 미치는 영향이 시차를 두고 나타날 것으로 예상될지라도 시장참가자는 기대에 의해 바로 반응한다. 그런데 현대 사회에서 경상수지, 국민소득, 물가의 움직임 등 환율을 변동시키는 수많은 요인은 미디어를 통하지 않고는 일반 시장참가자에게 알려질 수 없다. 아침 뉴스에서 북한이 발사체를 발사했다는 소식이 알려진다. 그 즉시 환율이 변동한다.

3. 환율 변동은 우리 경제에 어떠한 영향을 미치는가?[31]

복잡한 상호작용

교과서를 찾아보면 환율에 영향을 미치는 요인들에 대해서는 비교적 상세히 설명되어 있는 반면, 환율이 미치는 영향에 대해서는 설명이 자세하지 못하거나 설명이 길고 복잡하다. 환율 변동은 경상수지, 물가, 경제성장 등에 영향을 끼치고 이러한 거시경제변수의 변동은 서로에게 영향을 주고받는 한편 개별적으로 또는 복합적으로 다시 환율 변동에 영향을 미친다. 환율 변동이 거시경제에 미치는 기본 메커니즘을 살펴보는 작업도 복잡하다.

환율이 경제에 미치는 영향을 살펴볼 때, 장단기로 구분해 보거나 이익과 손해의 방향으로 나누어 볼 수 있다. 단기 시계에서 환율은 외화의 수요와 공급에 영향을 미친다. 환율 움직임은 돈의 흐름에 즉각 반영되며, 기대가 미리 반영되기도 하면서 환율에 다시 영향을 미친다. 반면 장기 시계에서 환율은 수출입거래, 경제성장과 고용, 물가수준 등 실물경제에 영향을 미칠 뿐 아니라 자본거래를 거쳐 외채, 외환보유액 등에도 영향을 미친다. 이 또한 다시 환율에 영향을 미친다.

---

31 임경, 《환율은 어떻게 움직이는가?》(2020)를 참조하였다.

수출입거래

원/달러 환율이 상승하면, 국내기업은 원화로 수출대금을 환산할 경우 더 많은 이익을 얻게 되므로 수출 단가를 인하하여 가격경쟁력을 높여 수출을 늘릴 수 있다. 반면 수입기업은 환율이 상승하면 원화로 지급해야 할 대금이 늘어나 국내 경쟁력이 낮아진다. 수입상품 가격은 비싸져서 수요가 줄어들면서 수입액이 감소하게 된다. 따라서 무역수지는 개선된다. 아울러 환율 상승으로 수입상품의 국내 가격이 오르면 수입상품 소비와 투자에 대한 수요가 둔화되지만, 수출 의존도가 높은 우리나라에서는 수출 증대로 경제성장이 확대되고 고용이 늘어난다. 또한 수입원자재 가격 상승으로 국내물가가 상승하며 외화차입에 대한 상환 부담이 늘어나게 된다.

만약 원/달러 환율이 하락하면, 앞에서 설명한 영향과 반대의 결과가 일어난다. 먼저 국내기업은 수출상품의 달러화 표시 가격을 올릴 수밖에 없으므로 대외 경쟁력이 낮아져서 수출이 줄어들게 된다. 반면 수입상품 가격은 싸져서 수요가 늘어나므로 수입액이 증가하게 된다. 따라서 무역수지는 악화된다. 아울러 환율 하락으로 수입상품의 가격이 내리면 수입상품 소비와 투자가 확대되지만, 수출 감소로 경제성장이 둔화되고 고용사정이 어렵게 된다. 또한 수입원자재 가격 하락으로 국내물가 상승이 제약되는 한편 외화차입에 대한 상환 부담이 줄어들게 된다.

경제성장과 고용

국내 실물경제에서 가장 중요한 변수는 경제성장과 고용이다. 수출 위주 경제구조를 가지는 우리나라에서 환율 변동은 주로 수출입 거래를 통해 이들에게 영향을 미친다. 그런데 환율 변동이 실물경제에 미치는 영향은 그 나라 경제가 얼마나 높은 대외의존도를 가지고 있는지 등에 따라 비교적 뚜렷한 차이를 나타낸다. 환율이 상승하면 수출이 증가하고 수입이 감소해 국내 생산GDP과 고용이 늘어남에 따라 경제성장이 촉진된다는 긍정적인 면이 강조된다. 반면 환율이 하락하면 수출이 감소하고 수입이 증가해 국내 생산GDP과 고용이 줄어들어 경제성장이 둔화된다는 부정적인 면이 강조된다. 물론 장기적인 관점에서 올랐던 환율이 자본거래를 통해 다시 하락하거나 내렸던 환율이 자본거래를 통해 다시 상승한다면 이러한 영향은 사라지게 된다.

물가 변동

환율 변동은 수입물가의 변화를 통해 소비자물가에 영향을 미친다. 환율이 상승하면 수입 원자재가격이 높아져 물가가 상승하는 반면 환율이 하락하면 수입 원자재가격이 낮아져 물가가 하락한다.

더욱이 원유가격 같은 국제원자재가격 상승으로 환율의 수입가격 전가율이 높은 원자재 수입 비중이 커지게 되면 환율이 물가에 미치는 영향은 이전에 비해 더욱 강화된다. 우리나라의 경우 수입에 의존하고 있는 에너지 자원의 영향이 특히 그러하다. 실증연구에 따르면 환율 변동의 수입가격 전가율은 2000년대 이후 1에 가까워지는 모습을 보이고 있는데 이는 환율 변동의 영향이 거의 그대로 국내 가격에 반영되고 있음을 의미한다.

자본이동: 환율에 민감하게 반응

환율이 변동하면 외국인이 투자한 국내 자산의 가격에 영향을 미친다. 물론 여기서 자산가격이란 국내 보유 자산의 가격을 외화로 표시한 가격이다. 즉 환율이 오르면 국내 자산이 싸 보이니까 돈이 들어오고, 환율이 내리면 비싸 보이니까 돈이 나가게 된다. 이를 조금 어렵게 말하면, 환율 변동은 외국인의 국내 투자포트폴리오 선택에 영향을 미친다. 그런데 다른 요인들의 변화가 없다면 그러한 외국인의 투자행태는 다시 환율에 영향을 준다. 외국인이 빠져나가면 환율이 오르고 외국인이 들어오면 환율이 내리게 된다. 시차를 가지는 순환과정을 밟게 된다.

그런데 여기에는 기대가 작용한다. 환율이 상승(원화 절하)할 것으로 예상하면 자금이 해외로 유출되고, 환율이 하락(원화 절상)할 것으로 예상하면 자금이 해외에서 유입된다. 즉 자본이동에 미치는 영향은 환율이 상승했느냐, 하락했느냐의 문제가 아니라 환율이 상승할 것으로 기대하느냐, 하락할 것으로 기대하느냐의 문제다.

외채

우리 경제에서 외채는 주목의 대상이다. 환율이 상승하면 외채(외화표시채무)의 원화 환산액이 증가해 상환 부담이 증가하게 된다. 물론 달러화 금액은 그대로다. 반면 외국인의 원화채권투자(원화표시채무)의 경우 환율이 상승하면 이를 달러화로 환산했을 때 외화 금액이 감소하게 된다. 물론 원화금액은 그대로다.

아울러 순대외채권(=대외채권-대외채무)를 생각해 보면, 환율 변동에 따라 대외채권은 외채와 반대 방향으로 움직인다. 우리나라는 현재 해외증권투자와 해외직접투자 같은 대외 금융자산이 외국인의 국내 직접투자, 증권투자, 은행 해외차입 등에 따른 대외금융부채를 웃돌아 순대외채권국을 유지하고 있다. 2014년 말 기준 순대외채권국으로 전환된 이후 이를 유지하고 있다. 반가운 현상이다.

이와 같이 대외채권과 외채를 동시에 생각하면서 환율의 영향이 한 방향으로 작용하지 않는 점도 고려해야 한다. 환율이 상승할 때 대외채권이 외채보다 크면(순대외채권 > 0) 순대외채권의 원화 환산액은 증가하는 반면, 대외채권이 외채보다 작으면(순대외채권 < 0) 순대외채권의 원화환산액은 감소하게 된다. 그러나 대외채권이 외채보다 많다고 안심할 수는 없다. 자금조달과 운용 주체가 다르기도 하거니와 만기가 다르기 때문이다. 갚아야 할 돈은 당장 내일인데 받아야 돈은 3년 후라면 문제가 생긴다. 외채 중에서 단기외채의 규모가 중요하다. 단기외채를 대규모로 상환하려면 환율에 영향을 줄 뿐 아니라 환율 변동에 따라 상환 요구가 급격히 증가하기도 한다.

외환보유액

환율 변동에 따른 수출입거래와 자본거래 증감은 당연히 외환보
유액이 늘거나 줄어드는 결과를 초래한다. 그러나 자금유출입이 없
다고 가정하더라도 외환보유액 규모는 증가 또는 감소할 수 있다.
외환보유액은 달러화, 유로화, 엔화 등 다양한 통화로 구성되므로
이들 통화와 달러화 간의 환율이 변동하게 되면 달러화 표시로 발표
되는 우리나라 외환보유액 규모는 변동될 수 있다. 예를 들어 달러
화 대비 유로화 환율이 강세를 띠면, 유로화 자산의 달러화 환산액
이 증가하므로 달러화 표시로 발표되는 외환보유액 규모는 증가한
것으로 나타난다.

그림 21.2 환율 변동이 경제 각 부문에 미치는 영향

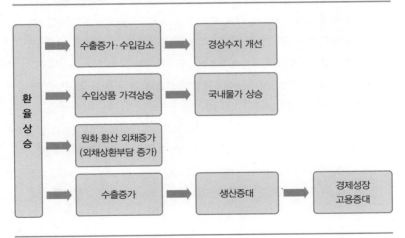

자료: 《알기 쉬운 경제이야기》(한국은행, 2020)

비트코인, 스테이블코인 시각에서 바라보는 환율[32]

최근 관심이 뜨거운 비트코인bitcoin과 스테이블코인stablecoin을 환율이라는 관점에서 간단히 생각해 보기로 하자. 우선 비트코인은 익명성과 희소성이라는 장점과 함께 주요국의 양적완화정책 등으로 법정화폐가 그 가치를 안정적으로 보존하지 못할 수도 있다는 우려가 그 확산에 일정 부분 영향을 미친 바 있다. 금 채굴과 같이 공급량이 코드에 의해 제약되는 비트코인은 최소한 채굴량이 급증할 가능성은 없다고 믿기에 장래 인플레이션의 영향을 완충할 수 있지 않을까?라는 기대를 하기도 한다. 과거 금이 기축통화 역할을 했듯이 통제할 수 없는 인플레이션이 발생한다는 비현실적 가정 하에서 비트코인이 지금 달러화의 역할을 일부 대체할 수도 있다는 논리도 있다.

그러나 비트코인의 높은 가격 변동성은 최소한 다른 통화와의 교환의 매개와 결제수단으로 활용되기에는 너무나 큰 제약으로 작용한다. 이 점이 비트코인이 설령 주식과 같은 투자자산으로 인식될 수는 있다고 하더라도 화폐로 인식될 수 없는 치명적 단점이라 할 수 있다. 한편 페이스북이 설립을 주도한 리브라협회는 최근 디엠Diem이라 불리는 스테이블코인을 발행한다는 계획을 발표하였다. 디엠은 그 가치를 달러화에 1:1로 고정시켜 발행되므로 비트코인의 단점인 가격 변동성을 제거한 스테이블코인의 일종이다. 명목가치가 안정되므로 지급결제, 송금 등에 있어서 법화와 별다른 차이 없이 활용될 가능성도 있다.

이렇게 보면 스테이블코인은 과거 금 생산량에 달러화 발행을 고정시킨 금본위제와 같이 달러화에 코인 가치를 고정한 고정환율제가 부활한 것으로 볼 수도 있다. 그러나 브레턴우즈 체제가 그러했듯이 스테이블코인의 가치가 달러화에 고정되므로 인플레이션 방어와 같은 고정환율제의

---

[32] 암호자산에 대한 상세 내용은 'Topic 34 암호자산, 탈중앙금융 그리고 금융의 미래'를 참고하기 바란다.

취약성은 극복하기 어려울 것이다. 금이든 달러화든 암호화폐이든 급격한 공급 확대는 가치를 하락시키며 신뢰가 무너질 경우 그 위상을 유지하기 힘들다.

4. 환율정책과 외환정책[33]

사전 예방과 사후 개입

정책당국은 언제나 시장을 면밀히 관찰하고 이상 신호가 있을 때 개입하려고 한다. 그러나 더욱 중요한 관점은 여러 가지 문제가 생기지 않도록 사전 예방할 수 있는 시스템을 갖추는 작업이다. 경제환경이 변하므로 제도는 조금씩 수정된다. 위기 발생 후에는 제도에 대한 전면적인 수술이 이루어진다.

평소 시장은 정책에 순응한다. 그러나 시장은 정책에 의해 관리만 당하기에는 힘이 세다. 움직임이 거세지면 정책당국은 시장의 움직임에 대해 힘을 쓰기 어렵다. 더욱이 당국은 시차를 두고 뒤늦게 대응하는 경향이 있다.

복잡한 정책들

외환정책은 크게 환율에 대한 정책과 외환제도에 대한 정책으로

33　임경, 《환율은 어떻게 움직이는가?》(2020)를 참조하였다.

구분된다. 정책은 부드럽게 말하면 조절을 목적으로 하고 거칠게 말하면 규제를 목적으로 한다. 그런데 변동환율제와 자본이동 자유화 체제 아래에서는 이루어져 있으므로 근본 취지에 반하여 제약을 가할 수는 없다. 환율을 어떻게 안정적으로 운영할지에 대해 고민하면서 외환시장 개입을 다룬다. 외환제도에 관한 정책은 외화유출입관리, 외환보유액관리, 외화유동성관리, 외채관리, 외환건전성규제 등을 포괄한다. 대부분 외화자금의 유출입을 어떻게 관리할지에 대해 다루지만, 모두 직간접적으로 환율 변동과 관련된다. 이에 대해서는 다음 'Topic 22 불가능한 삼각형'에서 살펴보기로 한다. 다만 외환보유액 관리는 환율과의 밀접한 관계에 대한 설명을 연결할 필요가 있어 이번 Topic에서 다룬다.

표 21.3 환율정책과 외환정책의 목적과 범위

	목적		주요 범위
환율정책	환율제도의 선택		고정환율제와 변동환율제 등
	환율의 안정		외환시장 개입
외환정책	외화유출입 관리		자본거래 허가제, 대외 지급 일시정지
	외환보유액 관리		적정 규모, 안정성과 수익성, 통화별 구성
	외화유동성 관리		스왑거래 방식, 외화대출 방식
	외채관리		외채 규모 및 구조의 적정 여부 은행부문의 통화불일치 및 만기불일치 관리
	외환건전성 규제	거시	외화예금에 대한 지급준비금 최저한도 설정, 금융기관의 외화대출 용도 제한, 금융기관에 대한 거시건전성 부담금 도입
		미시	외화자산 및 외화부채의 비율 설정, 역외금융 관리, 위험관리기준 설정 및 운용

외환시장 개입과 환율조정

외환시장 개입FX market intervention은 외환당국이 외환시장에서 자국통화를 대가로 미국 달러화 등 다른 나라 통화를 사고파는 거래를 말한다.[34] 대외충격에 의해 환율이 단기간에 큰 폭으로 상승할 경우 중앙은행은 달러화를 매도하고 원화 유동성을 흡수함으로써 원/달러 환율의 급격한 상승을 방지할 수 있다.[35] 반대로 환율이 단기간에 큰 폭으로 하락할 경우 달러화를 매입하고 원화를 공급함으로써 환율의 급격한 하락을 방지할 수 있다.

환율 변동을 시장에 맡기는 원칙을 유지하려는 변동환율제 국가도 일정한 수준의 환율을 유지하기 위한 목표를 은밀히 가지고 있을 수도 있다. 외환시장에서 환율이 급변동할 경우 초과 수요와 공급을 일부 충족시켜 시장의 압력을 완화한다. 이때 외환당국은 개입할 때의 목표 환율 수준을 언급하지 않는다. 목표 수준은 시장 상황에 따라 수시로 변동한다. 카드나 화투의 패를 다른 게임 참가자에 보여주지 않는 것과 같다. 환율 수준은 경제 여건에 따라 계속 변동하므

---

34 그런데 정책당국은 자신의 신분을 시장에 공개하지 않은 채, 시장원리에 따라 다른 시중은행에 위탁하여 거래한다. 따라서 외환시장 참가자는 시장 개입의 여부를 알 수 없다. 다만 갑자기 팔자 또는 사자 물량이 어느 순간 집중하여 많이 나오면 정책당국이 외환시장에 개입했다는 사실을 짐작하게 된다.

35 우리나라의 경우 환율이 원칙적으로 외환시장에서 자율적으로 결정되도록 하고 있으나 《한국은행법》 제82조 및 제83조, 〈외국환거래규정〉 제2-27조에 의거 외환시장 안정을 위해 필요하다고 인정될 때에는 중앙은행이 외환시장에 개입할 수 있다.

로 특정 시점의 목표 환율이 시장에 알려지면 잘못된 신호가 될 수 있다. 만일 그 환율 수준이 무리라고 시장이 판단하게 되면 투기세력이 등장해 공격하게 된다. 아울러 다른 나라들로부터 환율을 조작한다고 비난 받을 수도 있다.

시장환율은 균형환율로부터 수시로 이탈하는 변동성을 가진다. 시장참가자의 일시적 심리적 요인이나 외부충격에 의해 큰 폭으로 일어나는 '환율의 변동성'을 줄이기 위해 개입을 한다. 목적은 환율의 추세적인 흐름을 바꾸는 데 있지 않다. 단기적인 변동성을 줄인다는 의미에서 '미세조정smoothing operation'이라고 불린다.

또한 외환위기에 대비해 외환보유액을 충분히 확보하기 위해 외환시장에 개입하여 달러화를 매입하는 경우도 있다. 반면 외환보유액이 충분히 확보되어 있는 경우에는 달러화를 파는 시장 개입을 할 수도 있다. 외환보유액 관리에 대해서는 조금 후 좀 더 자세히 알아보자.

한편 주요 선진국 중앙은행들은 외환시장 개입의 효과를 극대화하기 위해 다른 나라의 외환시장 개입을 지원하는 공조개입concerted intervention을 실시하기도 한다. 달러화, 유로화, 엔화 등 주요 선진국의 국제통화는 전 세계의 외환시장에서 동시에 거래되고 있기 때문이다. 그래서 통화가 국제화되지 않은 우리나라 원화 시장에 개입하기 위한 국제 공조는 없다.

외환시장 개입을 언제 할지 결정하기는 어렵다. 일시적으로 외환의 수요와 공급에 불일치가 발생하거나, 불확실성이 확대되어 환율이 큰 폭으로 변동하거나 또는 균형환율로부터 장기간 상당폭 괴리될 경우 실시한다고는 말할 수 있다. 균형환율로부터 괴리된 정도는 다양한 추정방법을 통해 알 수 있다고 하지만, 실시간 변하는 환율의 괴리 정도를 즉시 계산해내기는 어렵다. 그러므로 교란 요인의 영향이 단기에 그칠 것으로 예상되거나 시장이 이를 감내할 수 없을 정도로 크지 않다면 가급적 개입을 자제한다. 외환시장에 개입한다고 반드시 성공한다고 볼 수도 없다.

지금까지 비록 시장 개입에 관해 이야기했지만, 환율시장은 가장 시장다운 시장이다. 정부가 통제하기에는 시장 규모와 거래 규모가 매우 크며 참가기관도 다양하다. 정부가 마음대로 통제하지 못한다. 특히 우리나라와 같은 기축통화 국가가 아닌 경우 해외에서 대규모 투기세력이 유입될 경우에는 더욱 그러하다. 중앙은행이 집중하여 대량 매매를 하면 시장을 잠시 움직일 수도 있지만, 다른 참가자가 이러한 움직임을 따라오지 않으면 개입 효과는 짧은 시간 안에 소멸된다. 매도 개입의 경우 아까운 외환보유액만 소진된다. 더욱이 위기에 대응해 외환보유액을 사용할 경우 상당부분 소진되었다는 뉴스는 위기 상황을 초래하거나 가속화시키는 신호가 될 수도 있다.

외환시장 개입은 예상하지 못한 순간, 대규모로 이루어지면 성공할 확률이 높다. 그러나 그 효과도 얼마가지 못한다. 그래도 예상하지 못한 방향으로 개입함으로써 투기에 참여한 세력이 손해를 보도록 운영하는 편이 좋다. 시장참가자가 '이 정도면 외환당국의 개입이 있겠지'라고 생각했을 때 개입한다면 아무 효과가 없다.

일반적으로는 외환시장에 개입smoothing operation할 경우 여러 시중은행에 분산하여 자금을 배분한 후, 그 은행들을 통해 시장에 개입한다. 언제 얼마나 개입했는지 알지 못하게 하기 위해서다. 이때 개입 시점이 중요하다. 그러나 실무자들 입장에서 과감한 결단을 내리기 쉬운 일은 아니다. 때로는 무엇을 해도 효과를 보지 못하는 때가 있다. 그럴 때면 시장을 지켜보는 것도 하나의 방법이 될 수 있다.

한편 과도하게 하락하는 원/달러 환율을 방어하기 위해 달러화를 매수할 때는 매수대금인 원화가 시중에 풀리게 된다. 이렇게 외환개입의 결과로 풀린 초과 원화 유동성은 통화안정증권을 발행하거나 통안계정 예치를 통해 중앙은행으로 거두어들여야 한다. 이때 초과 원화 유동성을 흡수한 반면 통화안정증권 발행 또는 통안계정 예치를 하게 되었으므로 이에 대한 대가로 이자를 지급해야 한다.

참고 21.5 플라자합의와 환율전쟁

국제통화제도와 환율전쟁에 관해 얘기할 때 빠짐없이 등장하는 에피소드가 바로 1985년의 '플라자합의Plaza Accord'다. 미국, 영국, 프랑스, 독일, 일본으로 구성된 G5의 재무장관들이 뉴욕의 플라자 호텔에서 만나 달러화 강세를 약화시키기로 결의한 조치를 일컫는다.

1970년대 후반 오일쇼크 영향으로 미국은 극심한 인플레이션을 겪게 되고 이를 억제하기 위해 기준금리를 20%까지 인상하는 등 고금리 정책을 구사하였다. 그 결과 자본유입이 확대되며 달러화 강세가 지속되었다. 반면 기업경쟁력이 저하되며 일본과 독일 등에 대해 대규모 무역수지 적자를 기록했으며, 1980년대 초 레이건 행정부의 감세정책으로 대규모 재정적자까지 발생하였다.

이러한 쌍둥이 적자를 더 이상 방치하기 힘들었던 미국은 달러가치 상승이 글로벌 경제가 당면한 가장 큰 문제점 중 하나라고 보고, 달러화 강세를 완화하기 위해 일본 엔화와 독일 마르크화의 절상을 요청하였다. 이후 일본 엔화의 가치는 향후 2년 동안 약 30% 이상 절상하게 된다.

플라자합의의 결과 미국 기업들은 높아진 가격경쟁력을 바탕으로 약진할 수 있었던 반면 일본은 이러한 인위적인 급격한 엔화가치 상승으로 수출에 타격을 받게 되었고 이는 일본이 '잃어버린 20년'을 겪게 되는 시발점이 된다.[36]

최근에도 미국의 경상수지 적자는 크게 개선되지 않음에 따라 교역상대국 가운데 흑자 규모가 큰 중국, 일본, 우리나라 등을 대상으로 통상 압력이 빈번하게 일어나고 있다. 특히 세계의 공장으로 부상한 중국과의 무역전쟁 확대 여부도 과거 플라자합의와 유사한 측면이 있다. 이러한 측면에서 향후 중국의 위안화 절상 여부는 매우 관심 있게 지켜봐야 할 관전 포인트 가운데 하나일 것이다.

외환보유액의 보유와 운용

아시아 외환위기 이후 신흥시장국들은 위기 재발에 대처하기 위해 외환보유액을 확충하려고 노력했다. 위기에 대처하기 위해서는 많이 가지고 있을수록 좋지만, 우선 외화가 들어와야 보유할 수 있다. 또한 보유에 따른 비용도 발생한다. 일반적으로는 외환보유액의

---

36 플라자합의로 인한 수출 부문의 타격을 최소화하기 위해 일본 정책당국은 저금리 정책을 구사하였다. 이로 인해 기업과 가계는 저금리 은행대출을 통해 주식과 부동산 투자를 큰 폭 늘리게 되었고 이는 주식 및 부동산 부문에 버블이 쌓여 가는 결과를 초래하였다.

적정 규모로 통상 3개월분의 수입 규모와 만기 1년 이내 단기외채규
모를 제시한다. 그런데 나라마다 경제 여건과 금융시장의 발전 단계
가 다르다. 국제금융시장에 대한 접근성이 높은 경우에는 외환보유
액에 의지하는 정도를 줄일 수 있다. 또한 그 나라 통화가 국제화되
어 있을 경우에는 외환보유액을 적게 보유하는 경향이 있다.[37] 아울
러 건전한 기초경제여건을 유지하고 있을 경우 외환보유액 규모를
줄일 수 있다.

　글로벌 금융위기가 닥쳤을 때, 외화 수요가 급격히 확대되어 외환
보유액을 사용할 수밖에 없었다. 당시 위기 대응을 위한 정부 합동
대책반의 일원으로 활동했던 경험에 의하면, 급등하는 외화 수요에
대응해 외환보유액을 사용하기 힘들었다. 왜냐하면 위기 상황 속에
서 외환보유액이 줄어들면, 향후 정책당국의 위기 상황에 대한 대응
이 어려워진다고 인식될 우려가 있었기 때문이다. 더 어려운 상황이
올 경우를 대비하여 가지고 있던 외환보유액을 아끼지 않을 수 없
었다.

표 21.4 우리나라의 외환보유액

(기말 기준, 억 달러)

1997	2010	2012	2014	2015	2016	2017	2018	2019	2020	2021. 9
204	2,916	3,270	3,636	3,680	3,711	3,893	4,037	4,088	4,431	4,640

자료: 한국은행

37　다만 일본과 스위스는 국제통화를 발행함에도 불구하고 상당 규모의 외환보
　　유액을 유지하고 있다.

외환보유액을 충분히 확충했다고 위기로부터 자유롭다고 말할 수 없다. '충분히'라는 말 자체도 분명하지 않을 뿐 아니라 위기 상황 속에서는 외환보유액이 줄어들게 되면, 위기가 심화된다고 인식될 수 있기 때문이다.

불가능한 삼각형
자본유출입 규제와 외환건전성정책

＋ 자본자유화라는 틀 속에서 환율 안정과 통화정책의 독자적 운용이라
  는 목표를 동시에 충족시키기 어렵다.
＋ 환율정책과 통화정책만으로 글로벌 자본이동에 대처하기에는 한계가
  있다.
＋ 급격한 자본유출에는 외환부문의 거시건전성정책으로 대응하는 것이
  효과적일 수 있다.

자본시장이 개방된 현재의 상황에서 국경을 넘나드는 자금 흐름이
금리와 환율에 미치는 영향은 크다. 자본이동이 자유로운 시대에 금
리와 환율의 변동을 이해하고 예측하려면 조금은 복잡한 매커니즘
을 이해해야 한다. 성장과 물가 등 국내 경제 사정만을 반영해 금리
를 결정하는 정책과 환율을 일정한 수준으로 안정적으로 유지하는
정책이 동시에 이루어지기는 불가능하다. 즉 금리가 국내 경제상황
만을 반영하면서 독립적으로 움직이려면 환율이 크게 변동하는 상
황도 허용해야 한다는 뜻이며 환율이 자유롭게 움직이려면 우리나
라의 금리 수준이 우리 경제 사정보다 다른 나라의 금리 수준을 반
영해 결정되어야 한다는 뜻이다. 왜 그런가? 삼불일치론impossible

trinity 또는 trilemma이라는 이론을 통해 살펴보자. 그리고 글로벌 금융 위기 이후 이러한 금리와 환율 운용의 제약에 대응한 국제적인 논의 와 우리나라의 대책에 대해서도 알아보자.

1. 삼각형의 구조 읽기[38]

연결되고 넓혀지는 투자자의 시각

투자자의 관심은 언제나 금리, 환율의 움직임을 향한다.[39] 이들 가격 변수는 각각 여러 요인의 영향을 받지만, 서로에게 영향을 미 치면서 긴밀한 관계를 가진다. 그런데 여기서 우리가 지금 살고 있 는 '자본이동이 자유화된 시대'라는 사실을 추가해 보면 또 달리 고 려해야 할 사항이 나타난다. 국경을 넘나드는 자금흐름은 주가, 금 리, 환율의 움직임에 영향을 주면서 이들의 또 다른 제약 요인으로 작용한다.

가격 변수들은 정책의 영향을 받는다. 통화정책은 물가와 성장 등 국내 경제여건을 고려하면서 금리에 영향을 미친다. 환율정책은 변동금리제 하에서도 환율을 안정적으로 가져가고자 하는 의도를

---

38   임경, 권준석, 《돈은 어떻게 움직이는가?》(2021)를 주로 참조하였다.
39   이번 Topic의 논의에서 주가는 생략되어 있다. 금리를 채권수익률로 생각한다
     면 주식투자수익률로 바뀔 수 있는 주가 변동을 포함한다고 볼 수 있다. 즉 여
     기서 금리를 수익률로 생각하자.

나타낸다. 그런데 자본자유화 시대에는 정책을 이러한 의도대로 운용하기 어렵다. 이러한 제약 요건을 알지 못한다면 금리와 환율이 어떻게 움직이는지를 예측하기 불가능함은 물론 동향을 이해하기도 어렵게 된다. 이제 이와 관련된 이론을 살펴보자.

삼불일치론: 불가능한 삼위일체

'자본이동-금리-환율 변동'에 대한 이해는 삼불일치론과 관련된다. 먼저 이론의 주장을 요약해 보면, 자유로운 자본이동free capital movement, 환율의 안정exchange rate stability, 통화정책의 독립성monetary independence 등 세 가지 정책목표를 동시에 만족시키기는 현실적으로 어렵다. 즉 '자본자유화, 환율 안정성, 통화정책 독자성[40]이라는

그림 22.1 삼불일치론의 기본개념[41]

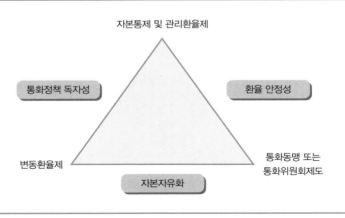

자료: 《한국의 통화정책》(한국은행, 2017)

세 가지 정책목표는 동시에 달성될 수 없으며 이 중 두 가지만 선택 가능하다.

삼불일치론의 메커니즘

삼불일치론의 메커니즘을 알기 쉽게 사례를 통해 설명해 본다. 우선 자본유출입을 개방한 나라가 고정환율제를 유지하고 있는 가운데 해외보다 높은 수준의 금리를 운용하고 있다고 가정하자. 그러면 내외금리차를 겨냥하여 상당한 해외자본이 유입된다. 환율이 고정되어 있으니 환율변동 위험이 없이 저금리로 자금을 조달해 고금리를 얻을 수 있다. 고정환율과 금리격차가 유지되는 조합은 외국인 투자자에게 상당히 매력적인 차익거래arbitrage transaction 기회를 제공한다. 그런데 고정환율제 덕분에 환율변동 위험을 부담하지 않고 높은 금리를 겨냥하여 외국인 투자자들이 외화자금을 들여오게 되면 국내 시장에 외화자금이 넘쳐나서 환율이 떨어진다. 당초 고정환율제를 유지하고자 하는 노력은 위협을 받게 된다.

이러한 상황 속에서도 정책당국이 고정환율제를 유지하기 위해 시장 개입을 통해 환율을 떨어뜨리지 않으려고 하면, 국내 금리를

---

40 '통화정책의 독자성monetary policy autonomy'은 통화당국이 인플레이션 억제, 고용 확대 등 국내 경제정책의 목표를 위해 자주적이고 유효한 수단으로 통화정책을 운영할 수 있음을 말한다. '통화정책의 자주성'이라고 옮길 수도 있다.

41 삼각형의 각 꼭짓점은 정책 선택policy choice을 나타내며, 삼각형의 각 변은 정책 목표policy goal를 나타낸다.

하락시킬 수밖에 없다. 자기 나라 금리를 낮추어 더 이상 내외금리 차가 존재하지 않도록 해서 해외에서 외화가 들어와서 환율을 떨어뜨리는 문제를 막아야 한다. 왜냐하면 고정환율제 국가에서는 환율을 일정 수준으로 유지해야 하니까. 따라서 통화정책의 독자성이 훼손되는 결과가 일어나서 삼불일치론의 세 가지 목표를 이루지 못하게 된다. 그러므로 변동환율제로 이행해야만, 환율이 시장메커니즘에 의해 조정됨으로써 내외금리차로 인한 외국인의 이득을 환율 손실로 상쇄시켜 더 이상의 외국인 투자를 막아낼 수 있다.

삼불일치론은 그동안 경제 규모가 작은 국가들에 대해 경제를 개방하라고 요구하는 정책의 기본 틀로서 이해되어 왔다고 할 수 있다. '반드시 그렇다' 또는 '그러하여야만 한다'고 말하면 종종 이데올로기가 된다. 선진국이 힘주어 이를 말할 때는 더욱 그렇다.

모서리해corner solution 선택 주장과 반론

삼불일치론의 세 가지 측면에 대해 알아보았다. 그것들은 자본자유화, 환율의 안정성, 통화정책의 독자성이었다. 이제 환율의 안정성이 엄격하게 유지될 경우 고정환율제와 동일한 의미라는 사실도 알고 있다. 삼불일치론에 따르면 세 가지 거시정책 목표를 모두 달성할 수는 없다. 그러나 자본자유화, 고정환율제도, 통화정책의 독자성이라는 세 가지 중 반드시 두 가지를 선택해야 한다는 주장에 대한 의문이 제기되었다. 삼불일치론은 이들 세 가지가 동시에 성립할 수 없음을 의미할 뿐, 이 중 반드시 극단적인 두 가지를 선택해야 하는 것은 아니며 다양한 선택이 가능하다는 반론이 제기 되었다. 예를 들면 환율의 평가절상 압력에 대응해 일부만 환율수준에 반영하고 나머지는 정책당국이 외환시장에 참여하여 중화시키는 정책도 삼불일치론과 배치되지 않는다는 뜻이다.

2. 자본규제는 필요하다

규제를 인정하는 자본자유화

글로벌 금융위기를 계기로 국가 간 자본이동 제한 여부에 대한 관심에 이어 어떻게 규제할 것인가에 대한 논의가 활발히 진행되었다. 자본거래규제에 대해서는 과거에도 금융위기 시마다 거론되어 왔으며 실효성이 있을지에 대해 많은 우려가 있어 왔다. 그러나 글로벌 금융위기에 대처하는 과정에서 선진국과 신흥시장국 모두 막대한 비용을 부담하게 되자 자본이동 제한에 대한 공감대가 폭넓게 형성되었다. 그간 전면적인 자본자유화를 옹호해온 IMF조차 자본거래규제의 필요성을 인정하지 않을 수 없었다. 그러나 이 모두 기본적으로는 자본자유화의 커다란 틀 속에서 이루어지는 논의로서 글로벌 경제의 발전과 자본자유화에 따른 편익, 그리고 대규모 자본유출입이 초래하는 비용 사이에서 고민해야 하는 문제였다.

우리나라의 사정

글로벌 자금이동의 필요성을 느낀다고 할지라도 우리나라와 같이 개방 경제 체제를 유지하고 있는 나라에서 자본의 유출입을 관리하기는 매우 어렵다. 그리고 자본의 유출입은 대출과 차입 또는 증권투자의 모습을 하고 있는데 무역거래보다 그 이동규모가 클 뿐 아니라 움직임의 속도가 빠르며 변동성도 높다. 무조건 해외자본의 유출입을 규제하는 조치는 여러 가지 부작용을 수반할 수 있으므로 바람직하지 않다. 특히 내국인과 외국인을 차별하는 전면규제를 취하기는 더욱 어렵다.

그러므로 기본적으로 '자본이동 자유화 원칙'을 유지하는 가운데 취할 수 있는 정책이 무엇일지 생각해야 했다. 여기서 대규모 자본유출이 큰 문제이니 자본유출을 규제하면 된다고 쉽게 생각할 수 있다. 그러나 자유롭게 들어온 돈을 못 나가게 막으면 우리나라의 국가신인도가 크게 하락하게 된다. 들어올 때는 마음대로 들어왔는데 돌려주지 않는다고 하면, 위기가 지나간 후 누가 우리나라에 돈을 투자하겠는가? 그러므로 자본유입을 간접적으로 제한하는 방법이 필요했다. 국제적으로 허용되는 범위 내에서 우리나라 사정에 맞는 방식을 고민하여 결정했다. 우선 자본유출입이 국내 경제에 미치는 영향을 최소화하는 거시경제정책을 고려했으며, 다음으로 여러 가지 건전성 정책을 시행하였다.

362

자본이동을 규제하려는 환율정책과 통화정책의 한계

환율 변동에 대응하는 방안은 결국 두 가지 선택 대안 밖에는 없다. 첫째 환율의 급락을 그냥 용인하는 방안과 둘째 외환시장에 개입하여 미세조정fine tuning하며 환율의 점진적인 하락을 유도하는 속도 조절 방안이다. 그런데 두 경우를 살펴보면 모두 부작용을 초래할 수 있다. 첫째 방식은 환율 급락에 따라 무역거래 등에서 대외 가격경쟁력이 급격히 약화될 뿐 아니라 환율의 단기 변동성이 크게 확대되는 문제가 있다. 두 번째 방식은 환율이 점진적으로 하락하는 과정에서 아직 충분히 하락하지 않아 추가적인 하락이 예상되면 해외 자금이 지속적으로 추가 유입될 수 있는 문제가 있다. 또한 외환보유액이 늘어나면서 시장 개입에 따른 비용이 발생한다는 문제도 있다. 어떤 방안을 선택할 것인가? 이와 같은 환율정책만으로는 대규모 해외자본 유입을 관리하는 데에는 근본적인 한계가 존재한다.

한편 자본유입이 급격히 이루어질 경우 통화정책 면에서 일단 정책금리를 인하하여 대응하는 방안을 생각해 볼 수 있다. 초단기금리인 정책금리를 낮추면 장기금리인 채권수익률이 함께 떨어질 수 있어 내외금리차를 겨냥해 해외자본이 들어올 유인이 적어진다. 그런데 이 방식은 외환정책을 사용하는 경우보다 더욱 명백한 한계가 존재한다. 우선 초단기금리인 정책금리를 인하한다고 해서 장기금리가 반드시 하락하지 않을 수 있다. 다음으로 국내 경제사정상 도저히 금리인하 카드를 사용할 수 없는 경우가 있다. 예를 들어 국내에서 물가 상승 기대가 확산되고 있거나 자산 버블 생성이 우려되는 경우에는 정책금리를 인상해야지 인하할 수는 없다. 그리고 마지막으로 선진국에서 완화적인 통화정책을 지속함에 따라 자국의 저금리를 견디지 못해 대규모 자금이 몰려들 경우에는 우리나라가 상당 폭금리를 인하한다고 하더라도 이들 유입자금을 제어하기 곤란하므로 정책금리를 인하한 효과가 제약될 수도 있다. 그러므로 통화정책으로도 자본이동을 제어하기는 어렵다. 다른 정책수단이 필요하다.

3. 외환건전성정책

외환부문의 건전성정책

자본자유화와 시장개방의 기본 틀을 유지하는 외환건전성정책은 글로벌 기준에 적합하다. 경제와 금융이 발전해 막대한 자본을 축적한 선진국은 언제나 평소에는 자유로운 거래를 옹호한다. 외환건전성정책은 외화와 원화 간 불일치는 언제나 불안정하다는 점에 주목하면서, 통화불일치currency mismatch[42]와 만기불일치 위험maturity mismatch이 문제를 일으키지 않도록 하는 데 초점을 맞춘다. 또한 외환건전성 정책은 거시건전성macro-prudential정책과 미시건전성micro-

---

42 Allen(2002), Cavallo(2001) 등은 통화불일치 확대가 신흥시장국 금융위기를 초래한 주 요인이었다고 주장하였다. Goldstein and Turner(2004)는 부문별로는 금융기관, 특히 은행 부문에 대한 건전성 규제의 중요성을 강조하였다.

prudential정책으로 구분된다.

거시건전성정책

일반적으로 외환부문의 거시건전성 규제 수단으로 외화예금에
대한 지급준비금의 최저한도 설정, 금융회사의 외화대출 용도 제한,
금융회사에 대한 외환포지션한도 설정, 금융회사에 대한 거시건전
성부담금 도입 등 다양한 정책을 생각해 볼 수 있다.

우리나라는 국제정합성[43]과 우리나라의 특수성을 감안해 선물환
포지션한도제도, 거시건전성부담금제도Macro-prudential Stability Levy,
외국인 채권투자 과세환원제도 등을 도입한 바 있다.

첫째, 선물환포지션[44]한도제도는 은행의 과도한 외환파생 레버리
지에 따른 단기 외화차입 증가를 방지하기 위해 국내은행과 외은지
점의 선물환포지션 한도를 전월 말 자기자본의 일정비율로 설정하
고 있다.

둘째, 거시건전성부담금제도는 높은 경기순응성을 보이는 은행

---

43 2011년 10월 프랑스 파리 G20 재무장관 및 중앙은행총재회의에서는 자본의
    변동성 완화를 위해 다음과 같은 자본이동 관리원칙coherent conclusions에 합의
    한 바 있다. 즉 거시건전성정책은 운용의 자율성을 대폭 인정하되, 자본통제
    는 한시적으로만 운영하며, 신흥시장국의 자본이동 관리정책과 기축통화국들
    의 국내통화정책에 대해 IMF가 감시Surveillance활동을 수행한다. 신흥시장국
    의 자본이동 관리정책의 자율성을 인정함과 동시에 점진적 자본자유화를 촉
    구한다.

44 선물환포지션＝선물외화자산－선물외화부채

의 비예금성외화부채에 대해 일정 규모의 부담금을 부과하는 가운데 단기 외화차입에 보다 높은 요율을 적용함으로써 외화차입의 만기구조를 개선하도록 유도하였다.

셋째, 외국인 채권투자 과세환원제도는 2011년 1월부터 외국인 채권투자의 이자소득과 양도차익에 대해 과세로 전환해 내국인 투자자와 동일하게 취급하도록 하였다. 이와 같은 정책을 시행한 결과, 은행의 단기 외화차입 비중이 상당 폭 줄어들고 외채구조도 크게 개선되는 등 대외충격에 대한 선제적 대응능력이 향상된 것으로 평가받은 바 있다.

미시건전성정책

거시건전성정책에 이어 개별 금융회사의 외화자산과 외화부채가 불일치하는 문제와 만기가 불일치하는 문제에 따라 발생할 수 있는 외화유동성 위험을 방지하기 위한 미시건전성정책에 대해 간단히 소개한다. 외화의 유입을 규제하기보다는 외화를 가지고 있어야 하는 금융회사의 구석구석을 규제하여 필요한 외화를 꼭 가지고 있도록 하는 방안이다.

지난 글로벌 금융위기 과정에서 금융회사의 외환 부문 취약 요인이 드러남에 따라 종전부터 운영되어 왔던 개별 금융회사의 외화유동성 비율, 만기불일치 비율, 중장기 외화대출재원조달 비율 등에 대한 규제를 강화할 필요가 있었다. 이에 대해 자세히 설명하지는 않겠지만, 외화부채의 만기 도래 일정을 고려해 그 규모에 해당하는

366

대부분의 외화 현금을 가지고 있어야 한다는 논리에 따른 규제라고
이해하면 충분할 것으로 보인다.

Q   얼마 전 신문에서 근린궁핍화近隣窮乏化정책[45]에 대한 기사를 읽은 적이 있습니다. 세계 각국이 이러한 정책의 유혹을 떨쳐내지 못하는 배경은 무엇인가요?

A   아시다시피 환율은 두 국가 간의 교환 비율이므로 상대방이 있는 가격지표입니다. 환율이 시장에서 균형 수준으로 조절되면 좋겠지만, 과거 역사를 볼 때 이는 절대 쉽지 않았습니다. 일종의 제로섬 게임이라고 할까요? 우리나라가 경상수지 흑자를 기록했다는 사실은 결국 다른 나라는 적자를 기록했음을 의미합니다. 이때 국제수지 불균형을 일으키는 근본 원인은 앞에서도 설명했듯이 부존자원의 차이, 수출상품의 품질, 가격경쟁력 차이 등에 있겠지요. 이때 교역 상대국이 지나치게 낮은 가격으로 수출함으로써 자국 산업이 충격을 받는다고 판단할 때는 관세를 부과해 이 영향을 최소화하려 합니다. 이러한 일이 상호 간에 심해질 경우 무역분쟁이 발생하고 급기

---

45   근린궁핍화정책beggar my neighbor policy은 영국 경제학자 J.V. 로빈슨이 명명한 용어로 '상대방의 카드를 전부 빼앗아 온다'는 트럼프 카드 용어에서 유래된 것으로, 세계 경제가 전체적으로 침체돼 어려움을 겪을 때 무역상대국의 수입을 줄이는 대신 자국의 수출을 촉진함으로써 자국의 경기를 부양하기 위해 환율 인상, 수출보조금 지급, 관세 인상 등을 실시하는 것을 말한다.

야 환율전쟁으로 확산되기도 합니다.

근린궁핍화정책은 말 그대로 가까이 있는 이웃을 힘들게 하려는 의도가 담긴 환율정책과 관세정책을 말합니다. 환율정책 측면에서는 정부가 자국의 환율을 시장균형 수준에 비해 절하시킴으로써 자국의 모든 수출상품의 가격경쟁력을 높이려고 하는 것입니다. 물론 수출은 단지 가격경쟁력만이 중요한 요소는 아니지만, 단기적으로 수출을 증대시키는 데 상당한 효과가 있다고 믿기 때문에 이러한 유혹을 떨치기 어렵습니다. 이에 미국과 같은 무역수지 적자국일수록 흑자국인 한국, 독일, 중국, 대만, 일본 등이 자국 환율을 절하시키려는 목적으로 외환시장에 개입하지는 않는지 경계를 늦추지 않는 것입니다.

Q 한때 우리나라는 외화가 부족하여 외환위기가 초래된 적이 있었는데 그동안 외환보유액은 어떻게 축적되었나요? 그리고 외환보유액은 많을수록 좋은 것인가요?

A 우선 외환보유액의 형성 과정에 대해 간략히 설명해 보겠습니다. 외환보유액은 중앙은행인 한국은행의 외화자산입니다. 이 말은 한국은행이 돈을 찍어 내어 외환시장에서 달러화를 산 후, 그 달러화로 외화 채권, 금 등 외화자산을 샀다는 것을 의미합니다. 즉 한국은행이 외환보유액을 축적하면 할수록 원화가 시중에 공급됨을 의

369

미합니다. 한국은행이 외환보유액을 쌓는 방법은 이렇게 외화자산을 사는 방법 이외에 그 외화자산을 운용해 수익을 얻는 방법이 있지요. 외환위기 직후에는 경상수지 흑자가 지속되고 외국인 투자자금이 들어오면서 달러화가 크게 유입되었는데, 이를 매입한 것이 지금 외환보유액의 모태가 되었습니다. 이후 외환보유액을 성공적으로 운용하면서 운용수익도 불어나서 2020년 말 현재 외환보유액은 4431억 달러로 세계 9위 수준으로 확대되었습니다.

둘째, 외환보유액 확대에 따른 직접적인 비용은 무엇일까요? 설명해 드린 데로 원화를 발행해 외화자산을 매수했으니 비용은 없는 것일까요? 외환보유액 확충을 위해 시중에서 외화를 매입할 경우 시중에 돈이 그만큼 공급됩니다. 이때 늘어난 돈을 그대로 놓아두면 시중의 통화량이 확대되면서 인플레이션이 발생하게 되므로 한국은행은 통화안정증권 발행 등을 통해 늘어난 돈을 다시 흡수하게 됩니다. 이를 '불태화정책sterilization policy'이라 하는데, 늘어난 본원통화를 종전 수준으로 되돌리기 위해 통화안정증권을 발행하였으므로 막대한 이자 부담이 발생합니다. 즉 외환보유액 확충에 따른 운용수익과 통화관리를 위한 이자비용이 동시에 발생하게 되는 구조입니다.

마지막으로 외환보유액의 적정 보유규모에 대해 생각해 봅시다. 외환보유액을 얼마나 많이 축적해야 충분한지를 일률적으로 말하기 어려운데, 이는 대규모로 외환보유액을 확충하면 잠재적 비용을 수반할 수도 있기 때문입니다. 외환보유액은 위기 시 사용하기 위한 국가비상금이며 자기보험이므로 수익성보다는 안전성과 유동성을 우선시하여 신용도가 높은 미국 국채 등의 안전자산에 투자됩니다. 따라서 보다 높은 수익률을 얻을 수 있는 투자 기회를 상실한 데 따른 기회비용도 고려해야 합니다.

선진국의 경우 국가신인도가 높고 자국통화가 결제통화로 널리 사용되므로 외환보유액을 축적할 필요성이 크지 않지만, 신흥시장국은 유사시 국제금융시장에서 외화차입이 어렵고 대외의존도가 높아 외환보유액을 되도록 넉넉히 보유하려는 경향이 있습니다.

Q 최근 개인투자자의 해외주식투자가 크게 확대되었는데, 환율이 크게 변동하면 위험할 것 같습니다. 리스크 관리 관점에서 어떻게 평가할 수 있나요?

A 코로나19 이후 경기회복 가능성이 커지며 개인투자자가 미국, 중국 등 주요국 주식에 투자하는 금액이 빠르게 확대된 바 있습니다. 개인 차원에서 미국 주식에 투자한 경우를 생각해 보면, 보통 환헤지 없이 투자하므로 주가 변동과 환율 변동에 모두 노출됩니다. 만약 금융시장 불안정 확대 시 원화 가치 하락에 따른 환차익으로 주가 손실분을 만회할 수 있어 포트폴리오 관리 측면에서는 나름 합리적 선택일 수도 있습니다. 즉 모든 자산을 원화로만 보유하기보다 일정 비율 외화자산을 보유하는 등 보유 통화를 다변화할 경우에는

만약 위기가 찾아올 경우에도 원화 자산의 가치 하락을 보유 외환의 원화 환산 이익을 통해 일부 보전할 수도 있을 것입니다.

다만 외환 매매에 따른 거래비용이 적지 않고 주가는 물론 환율 변동 리스크까지 부담해야 하므로 이를 적절히 관리하지 못할 경우에는 기대만큼 투자 성과를 올리지 못할 가능성도 높다 하겠습니다. 따라서 특정 국가 또는 종목에만 집중해 투자한다든지 아니면 원/달러 환율이 과거 대비 지나치게 높아 하락할 가능성이 높다고 판단될 때는 투자에 각별히 유의할 필요가 있어 보입니다.

한편 최근 내국인의 해외주식투자 확대는 외화자금에 대한 수요를 높여 환율 상승 압력으로도 작용하였습니다. 다만 경상수지 흑자, 외국인 투자 확대 등 외화자금 유입과 해외주식투자 증가가 맞물릴 경우 외환 수급과 환율을 안정시키는 긍정적 효과도 있을 것으로 생각합니다.

Q 글로벌 금융위기와 코로나19 팬데믹 이후 중앙은행 간 통화스왑이 외환시장을 안정화시키는데 크게 기여했던 사실이 기억납니다. 이에 대한 설명을 부탁드립니다.

A 금융위기에 대비하여 한국은행은 상당 규모의 외환보유액을 가지고 있습니다. 그러나 외환보유액은 최후의 보루로 비상시 유동성 부족을 해소하기 위해 적극적으로 사용하기가 쉽지 않습니다. 위기

	미국	캐나다	스위스	중국	호주	말레이시아	인도네시아	UAE	터키
규모 (미 달러 기준)	600억 달러	사전한도 없음	100억 프랑/ 11.2조 원 (약 106억 달러)	4,000억 위안/ 70조 원 (약 590억 달러)	120억 호주 달러/ 9.6조 원 (약 81억 달러)	150억 링깃/ 5조 원 (약 47억 달러)	115조 루피아/ 10.7조 원 (약 100억 달러)	200억 디르함/ 6.1조 원 (약 54억 달러)	175억 리라/ 2.3조 원 (약 20억 달러)
최근 체결· 연장	2021.6	2017.11	2021.3	2020.10	2020.2	2020.2	2020.3	2019.4	2021.8
만기	2021.12	없음 (상설 계약)	2026.3	2025.10	2023.2	2023.2	2023.3	2022.4	2024.8

주: 1) 양자 간 통화스왑 외에 다자간 통화스왑(CMIM)을 ASEAN+3국가들(384억 달러,13개국)과 체결 중
자료: 한국은행

의 끝이 언제가 될지 불확실한 상황에서 보유액을 당장 급한 불을 끄는데 모두 소진해 버리기가 쉽지 않지요. 따라서 우리나라는 미국, 중국, 캐나다, 스위스 등 주요국 중앙은행과 통화스왑[46]을 체결함으로써 만약의 상황에 동원할 수 있는 추가적인 외화 유동성 조달 수단을 확보해 왔습니다.

통화스왑 체결은 쉽게 말해 한국은행이 자금시장에 원화 유동성이 부족할 때 이를 공급하는 최후의 자금 공급원인 최종대부자 역할을 수행하듯이, 비상시 원화를 외국 중앙은행에 맡기고 부족한 외화

46 통화스왑은 거래 당사자 간 서로 다른 통화를 교환하고 만기 시 원금을 재교환하기로 약정하는 거래이며 계약 기간 동안 이자의 상호교환이 이루어진다.

를 빌려올 수 있게 됨을 의미합니다. 통화스왑을 제공하는 중앙은행은 외국 중앙은행을 상대로 최종대부자 역할을 하는 것과 같기 때문에 통화스왑을 중앙은행 간 최고 수준의 금융 협력이라고 표현하기도 합니다. 2021년 8월 말 현재 우리나라는 외환보유액을 제외하고도 통화스왑을 통해 총 1982억 달러 이상의 제2선 외환보유액을 확보하고 있습니다.

PART 7

이익을 만드는
투자상품의 이해와 선택

당신이 무엇을 가지고 있는지, 그리고 왜 그것을 가지고 있는지를 알아야
한다.

Know what you own, know why you own it.

Peter Lynch

투자수익은 결국 금융상품을 사고팔아야 거둘 수 있다. 이번 장에서는 여러 가지 투자상품에 대해 알아보고 자신에 맞는 상품을 선택해야 하는 중요성을 강조한다. 누구나 쉽게 접근하는 저축과 차입에서 금융투자의 주력인 주식, 채권에 이어 CB, EB, BW, MMF, CD, CP, CMA, 대고객 RP, Fund, ETF, ETN, REITs, 선물, 옵션, 스왑, ELS, DLS 등 여러 가지 파생금융상품과 결합금융상품을 그 특성별로 구분하여 살펴본다.

금융시장과 상품

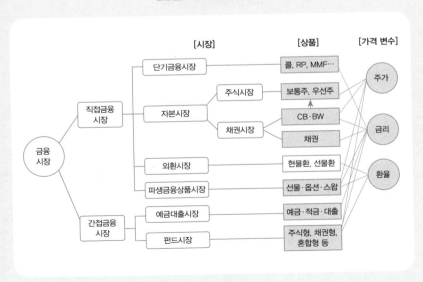

맡기기와 빌리기
저축과 차입

✦ 돈을 모으는 방법은 두 가지뿐이다. 많이 벌거나 번 돈을 쓰지 않거나.

✦ 돈을 빌릴 수 있는 것도 능력이다.

금융을 요약하면 돈을 빌리고 빌려주는 행위다. 우리가 금융회사에 돈을 빌려주면 저축이며, 돈을 빌리면 차입이다. 저축과 차입은 동전의 앞뒷면이다. 저축이 있는 사람도 차입을 하고, 차입한 사람도 저축을 한다. 저축하는 목적과 차입하는 목적이 각각 다르기 때문이다. 서로 다른 목적은 상계 처리되지 않고 나름대로 존재한다. 저축과 차입은 가장 기본적인 금융거래이므로 누가 이를 모를까 생각하기 쉽다. 그러나 기본이 제일 어려우며 기본은 항상 중요하다.

1. 금리가 낮은데 저축을 왜 하는가?

만일의 경우에 대비한다

세상은 험난하다. 살다 보면 무슨 일이 있을지 모른다. 언제든 인출할 수 있는 비상금이 없으면 불안하다. 그러나 생활에 얼마의 비상금이 필요한지에 대해 사람마다 생각이 다르다. 언제 아플지 언제 교통사고가 날지 알 수 없다. 다음 학기 납부해야 하는 학자금과 전세금 인상분 같이 미래에 쓰기로 확정된 돈은 이러한 비상금에 포함되지도 못한다. 충격을 흡수하는 자동차의 범퍼bumper는 언제나 필요하다.

지속적으로 발생하는 소득이 있으면 그나마 다행이다. 일자리를 잃을 가능성이 높아지거나 소득이 줄어들 수 있다는 우려가 커지면 돈을 쓰지 않고 저축하려는 경향이 확대된다. 그러나 경기가 더 나빠지면 비상사태에 대비하여 모아 놓은 돈을 꺼내 쓰면서 저축이 줄어든다.

기회를 노린다

살다 보면 언제 좋은 기회가 나타날지 모른다. 가격에 비해 품질이 좋은 상품일 수도 있고 저평가된 주식일 수도 있다. 공모주 청약 자금이 필요할 수 있고 좋은 자리의 상가 계약금을 급히 마련해야 할 수도 있다. 지금 당장은 손실을 보는 듯하지만 좋은 기회를 겨냥하면서 기다려야 할 때가 있다.

기회를 노리며 요구불예금에 돈을 넣어둔다는 것은 수익 일부를 포기하는 행위이다. 상대적으로 위험이 적은 저축은 주식이나 회사채 투자에 비해 수익률이 낮다. 더욱이 부채를 갚지 않거나 은행에서 돈을 빌려서 저축하고 있는 경우에는 낮은 저축금리와 높은 차입금리의 차이만큼은 명백한 손실이다. 기회비용이다. 조만간 다가올 기회를 노리고 있다면, 그리고 그 수익률이 차입금리를 초과하리라 예상한다면 기다리는 시간을 감안해 기댓값을 계산해야 한다. 기대수익은 언제나 변동하나 비용은 확정되어 있다. 아프리카 초원에서 사자는 항상 달리지 않는다. 평소에는 빈둥빈둥 어슬렁거리다 먹잇감이 나타났을 때만 비로소 사력을 다한다.

그래도 금리를 기대한다

아무리 저금리 시대라고 할지라도 이자를 기대하고 예금에 가입한다. 금리가 낮을수록 오히려 이자에 민감하다. 작은 차이는 더욱 소중해진다. 금리가 낮아지면서 물가상승률만큼도 보상받기 어려워졌지만, 사실 금리가 높았을 때도 마찬가지였다. 금리가 높을 당시에는 물가상승률도 높던 시기였다. 일단 예금한 후 갑자기 필요한 시점에서 돈을 찾으려고 할 때, 여러 가지 제약이 많으면 상대적으로 금리가 높다. 제약이 거의 없으면 이자도 거의 없다. 이자는 일정 기간 금융회사가 돈을 마음대로 운용할 수 있게 해 주는 대신 받는 대가다.

한편 돈을 모으는 데는 금리 수준이 중요하지만 절세상품[1]인지 여부도 중요하다. 세금을 절약하면 그만큼 수익이 높아진다. 즉 세후 금리가 중요하다. 절세상품은 계속 변화하면서 나타났다가 사라진다. 은행 창구에 가면 절세상품이 있는지 언제나 물어보라.

결국은 돈을 모으는 수단이다

금리가 낮더라도 저축은 돈을 모으는 수단이다. 적금이라는 강제수단에 가입해 중도해약하면 그동안 발생한 이자를 포기하게 되므로 돈이 부족한 상황에서도 일부러 적금에 가입함으로써 스스로 돈을 꺼내기 어렵게 만들기도 한다. 저축은 소비를 연기하는 것이다. 남은 여유자금을 저축하는 것이 아니라 저축한 후에 소비하는 것이라고 누가 말했던가? 저축은 결국 돈을 모으는 수단이다. 눈사람을 만들기 위해서는 언덕에서 굴릴 수 있도록 주먹만 한 눈 뭉치가 처음에 필요하다. 저축은 시간을 길게 보고 이루어 나가는 재산 형성의 기초가 된다.

한편 돈을 모으는 것도 중요하지만 금융기관이 부실화되어 저축한 돈을 찾을 수 없으면 큰일이다. 만일에 대비해 가입상품이 예금자보호 대상인지를 살피자. 1인당 한도 5000만 원은 원금뿐 아니라 만기 시 받을 이자까지 포함된 금액이다.

---

1 예금과 적금의 이자소득에는 소득세(14%)와 지방소득세(1.4%)를 합해 총 15.4%의 세금이 부과된다. 다만 개인연금저축, 장기주택마련저축, 농어가목돈마련저축, 비과세종합저축, 조합 예탁금 등의 상품은 가입 대상에 해당되는 경우 특정 한도까지 이자소득을 비과세한다.

2. 어떻게 저축할 것인가?

요구불예금과 저축성예금

언제든 현금으로 찾을 수 있으나 이자가 거의 없는 요구불예금과 이자를 조금 더 주는 저축성예금으로 구분할 수 있다는 사실은 누구나 알고 있다. 이자를 손해보지 않고 찾을 수 있는 기간과 금리 수준을 살핀다. 맡겨야만 하는 기간이 길수록, 즉 만기가 길수록 높은 금리를 받는다.

요구불예금은 금리를 목적으로 하는 대신, 도난을 방지하면서 돈을 안전하게 보관하기 위한 기능과 은행 간 자금이체, 카드대금 자금결제 등을 위해 이용한다. 저축성예금은 급히 현금으로 찾을 필요는 없지만 이자를 더 받을 수 있다. 다른 부가 혜택이 주어지기도 한다.

MMDA, MMF, CMA

은행 이외의 금융회사가 취급하는 요구불예금과 비슷한 성격의 상품으로는 MMDA money market deposit account, MMF money market fund, CMA cash management account 등이 있다. 이들은 취급 금융회사, 예금자보호, 수익률, 부가서비스 등에서 조금 다르다. 수익률은 실적배당상품의 경우가 평균적으로는 다소 높다. 그러나 성격이 다르므로 어떤 상품이 더 낫다고 말할 수 없으며 개인의 이용 선호에 따라 다르다. 은행, 증권회사 등을 찾아가면 친절히 설명해 준다. 금리 조건은 수시로 바뀐다.

표 23.1 MMDA, MMF, CMA의 비교

표 23.1 MMDA, MMF, CMA의 비교

	취급기관	수익률	예금자보호	이체 및 결제
MMDA	은행	확정금리	보호	가능
MMF	은행, 증권회사	실적배당	비보호	불가능
CMA	종금사, 증권회사	실적배당	종금사만 보호	가능

CD, 정기적금, 주택청약종합저축

정기예금과 비슷한 성격을 가지며 양도성을 부여한 특수한 형태의 저축성예금으로 양도성예금증서CD, certificate of deposit가 있다. 최소 발행단위는 1000만 원이며 최소 만기 30일 이상으로 발행된다. 중도환매는 불가능하지만 대신 다른 사람에게 양도할 수 있으므로 유동성이 높은 장점을 가진다.

정기적금은 금액과 기간을 정해 일정 금액을 정기적으로 납부한 후 만기에 계약 금액을 받는 적립식 예금이다. 매월 들어오는 돈 중 일부를 저축해 모으면서 이자를 받을 목적으로 가입하지만, 이자보다도 특별한 목적으로 가입하는 경우가 많다. 주택청약종합저축과 재산형성저축 등에 가입하면 특정 계층을 대상으로 상대적으로 높은 금리, 연말정산에서의 소득공제, 주택청약자격 등의 혜택이 주어진다.

3. 부채는 나쁜 것인가?

부채에 대한 논란

돈이 꼭 필요할 경우 없으면 빌릴 수밖에 없다. 돈을 빌리는 것도 능력이다. 금융회사는 아무에게나 돈을 빌려주지 않으며 금융당국은 일정 기준을 내세워 대출을 제한한다. 부채를 빌리면 반드시 갚아야 하므로 원리금 상환 조건의 부채는 일종의 강제 저축이 된다.

그러나 부채는 미래의 걸림돌이며, 빚은 어쨌든 나쁜 것이라는 인식이 있다. 반면 적절한 부채는 오히려 경제생활에 도움이 된다는 주장도 있다. 부채를 사용하는 편이 좋은지 또 부채를 이용한다면 적절한 규모는 얼마인지에 대한 논쟁은 기업부채, 정부부채, 가계부채 모두를 둘러싸고 진행되었다.

빚이 늘어나면 위험하지만 관리를 잘하면 부채는 새로운 소득을 발생시키며 자산을 늘리는 데 도움이 된다. 사람이 살아가는 동안 소득이 균등하게 발생하지 않으므로 부채를 잘 이용하면 소비와 지출의 균형을 잡는 데 도움이 된다. 그러나 미래에 상환할 수 있는 능력의 범위를 벗어난 부채는 채무불이행으로 이어져 정상적인 사회생활과 가정생활을 어렵게 한다.

경제주체가 자금을 필요로 할 때 다른 자금조달 원천과 비교하면서 논의가 진행된다. 기업이 주식 발행으로 자금을 조달하는 편보다 은행 차입이나 회사채 발행이 더 나은지, 정부가 세수를 확대하는 방법보다 국채를 발행하는 편이 더 나은지, 가계가 소득이 확대되기를 기다리는 편보다 차입하는 편이 더 나은지에 대한 판단을 해야 한다.

그런데 부채는 꼭 필요한가?

부채를 조달하는 목적은 크게 소비와 투자로 구분된다. 미래 시점까지 기다리기 어려울 때는 현재 시점에서 소비할 수밖에 없다. 밥 먹기, 옷 입기, 사는 곳 마련 등 살아가는 데 필수불가결한 것들은 현재 이루어질 수밖에 없으며 이를 연기하기는 불가능하다. 그 밖에도 미래에 소득이 발생하리라 예상한다면 생활에 필요한 소비를 확대할 수 있지만, 소득이 부족하다면 외부에서 자금을 조달할 수 있다. 그러나 소비를 위한 부채 확대는 불가피한 경우를 제외하고는 바람직하지 않다. 반면에 투자를 위한 부채는 물론 어떤 전제하에서 이야기이지만 일부 바람직한 측면이 있다.

기대하는 투자수익률은 자금조달비용보다 높은가?

많은 논쟁을 정리하면 결국은 자금을 조달해 투자할 때의 기대수익률이 자금조달비용보다 더 높은지에 달려 있다. 투자에서 더 높은 수익을 예상한다면, 예를 들면 필수불가결한 고속도로나 유망한 기간산업에 투자하기 위해 국채를 발행한다든지, 높은 수익이 예상되는 투자 프로젝트를 추진하기 위해 은행 차입을 한다든지, 열심히 공부할 시간을 확보하기 위해 학자금을 대출받는 전략은 바람직하다. 다만 여기서 염두에 두어야 할 점은 미래에 기대되는 투자수익은 물론이고 자금조달비용도 가변적이라는 사실이다. 특히 자금조달비용은 부채 규모가 커질수록 점차 증가한다는 점을 잊으면 안 된다. 돈을 빌려주는 입장에서 보면 차입자의 부채가 늘어날수록 돈을 제때 갚지 못할 확률이 점점 커지기 때문이다.

4. 자금을 어떻게 조달할 것인가?

신용대출과 담보대출

제도권에서의 개인 자금조달은 은행 등 금융회사의 대출을 이용하는 방법이 유일한데 크게 신용대출과 담보대출로 구분된다.[2] 그 밖에 카드사와 같은 소비자금융[3], 판매신용[4] 등도 있으나 그 중요성은 상대적으로 작으므로 이를 제외하고 신용대출과 담보대출에 대해서만 알아보자.

신용대출은 금융회사가 고객의 신용도를 판단하여 대출한도, 금리 등 대출 조건을 결정하는 대출을 말한다. 금융회사는 신용평가회사와 자체 신용도 평가기준을 적용해 대출금액과 금리를 결정한다. 개인의 신용이 불충분할 경우에는 신용보증회사의 보증을 받아 신

---

2 가족, 친척 등 지인을 통해 사적으로 빌리는 경우는 예외로 하자.
3 소비자가 주택, 자동차, 가전제품 등 고가의 제품을 구입할 때, 할부금융회사 또는 카드회사 등이 담보 없이 직접 현금을 대출해 주는 신용대출을 말한다.
4 소비자가 물품 또는 서비스를 구입할 때, 할부금융회사 또는 카드회사 등이 그 대금을 나중에 일시불로 받거나 또는 할부로 상환받는 제도를 말한다.

용대출이 이루어지기도 한다. 한편 신용대출 중 포괄계약으로 이루어지는 마이너스통장대출이 있다. 마이너스 한도액을 미리 설정해좋으면 수시로 필요할 때 돈을 인출하고 상환할 수 있어 편리한 장점이 있는 반면, 돈을 사용하고 있지 않더라도 마이너스한도액 전체가 대출로 기록되어 신용 상태에 영향을 미칠 수 있으며 금리가 다소 높은 단점이 있다.

담보대출secured loan은 채무자의 부동산, 기술 등 유무형자산을 담보로 설정하고 그 경제적 가치 이내에서 자금을 빌려주는 대출을 말한다. 담보대출은 일반적으로 신용대출보다 금리가 낮다. 주택담보대출이 대표적이다. 주택 매수 시에는 필요자금을 모두 모은 후 구입하기보다는 일부 자금을 차입해서 매수하는 것이 일반적인데, 그

표 23.2 LTV, DTI, DSR

	내용	산식
LTV	– 담보인정비율 – 주택담보가치에 대한 대출 취급 가능금액의 비율	(대출취급가능액 /주택담보가치) × 100
DTI	– 총부채상환비율, 주택담보대출 차주의 원리금 상환 능력을 측정 – 고객의 연소득에 대한 대출의 연간 원리금상환비율	(주택담보대출의 연간 원리금 상환액 + 기타 대출의 연간 이자 상환액) / 연소득 × 100
DSR	– 총부채원리금상환비율. 고객의 총부채 부담 능력을 측정 – 고객의 연소득에 대한 대출의 연간 원리금상환비율, 이때 원리금 상환금액은 주택담보대출뿐 아니라 신용대출, 마이너스통장대출 등 모든 대출의 원금과 이자를 반영해 산출	(주택담보대출 및 기타 대출의 연간 원리금 상환액 / 연소득) × 100

규모가 크므로 단기간에 상환하기 어려우므로 상환 기간은 10년에서 30년 정도로 매우 길다. 정부는 LTV Loan to Value Ratio, DTI Debt to Income, DSR Debt Service Ratio에 대한 규제를 통해 담보가치와 고객의 상환능력을 감안해 적정 수준에서 대출이 이루어지도록 규제하고 있다. DSR은 기타대출의 원금 상환액도 고려된다는 측면에서 DTI보다 강화된 조치다.

대출금리의 결정과 선택

일반적으로 금융회사의 대출금리는 기준금리에 가산금리를 더하고 우대금리를 차감해 결정된다. 먼저 기준금리로는 금융회사 간 단기자금거래에 이용되는 금리인 콜금리, 3개월 만기인 양도성예금증서금리, 시중은행의 자금조달 가중평균 금리인 COFIX cost of funds index가 많이 사용된다. 기준금리에는 금융회사의 자금조달비용인 수신금리가 반영되어 있다. 가산금리는 고객별로 다르게 적용되는데, 고객의 신용도, 담보여부, 대출 기간 등 개인적인 요소와 금융회사의 영업비용에 의해서 결정된다. 가산금리에는 금융회사가 개별 고객별로 부담해야 할 위험비용이 반영되어 있다. 우대금리는 금융회사에 따라 금융회사와의 거래 실적 같이 다양한 요소에 의해 결정되는데, 대출상품에 따라 우대금리 폭이 다르거나 없을 수도 있다.

앞서 설명한 바와 같이 대출금리는 결국 금융회사가 정한다. 다만 대출 받은 이후의 자산 증가, 취업, 승진 등 신용 상태가 개선되면 금융회사에 금리 인하를 요구할 수 있으며 금융회사가 신용 상승을

표 23.3 은행대출의 기준금리

	주요 내용
코픽스(COFIX)	주요 은행의 자금조달 금리
CD금리	은행이 발행하는 CD의 금리
금융채 금리	시중은행 등 금융회사가 발행하는 무담보 금융채의 금리
코리보(KORIBOR)	국내 은행간 대차시장에서의 단기금리

인정할 경우 금리를 낮출 수 있다.

그런데 대출을 받을 때 더 중요한 고려 요소는 고정금리로 빌릴 것인지 또는 변동금리로 빌릴 것인지를 결정하는 일이다. 대출을 받을 때에는 고객이 어떠한 금리로 차입할 것인지를 결정하게 된다. 고정금리는 대출 기간 동안 약정한 금리가 일정한 수준으로 고정되는 경우를 말한다. 변동금리는 3개월 또는 6개월의 주기를 두고 적용되는 금리가 금융시장 상황에 따라서 조정되는 금리를 말한다. 그러므로 향후 금리가 내려갈 것을 예상한다면 변동금리로 대출을 받는 것이 유리하지만, 금리가 올라갈 것으로 예상하면 고정금리로 대출을 받는 것이 유리하다. 앞에서 금융시장의 움직임과 기준금리의 결정 등에 대해 살펴보았는데, 향후 시중금리 전망에 대한 공부의 진가가 비로소 발휘된다.

대출상환 방식

대출받았던 돈을 갚는 방식은 만기에 한꺼번에 갚는 방식과 원금을 나누어 갚는 방식으로 나눌 수 있다. 이와 같은 대출상환 방식은 대체로 고객이 결정할 수 있다. 다만 어떠한 경우에는 은행 같은 금융회사가 결정하기도 한다. 어떠한 방식을 택하든지 부담하는 금리 수준은 같지만 상환하는 금액은 달라진다.

먼저 만기일시상환 방식은 대출 기간 중에는 매월 이자만 내다가 대출 만기일에 원금을 한꺼번에 갚는 방식이다. 만기에 한꺼번에 원금을 갚아야 한다는 부담은 있지만, 대출 기간 중에는 이자만 갚으면 되므로 매월 갚아야 하는 상환 부담이 덜하다. 대출 만기가 돌아오더라도 통상 새로운 대출을 통해 원금을 상환하고 대출 기간만 연장하는 경우가 많다.

분할상환 방식은 빌린 돈을 조금씩 나누어 갚아가는 방법으로 원리금균등상환과 원금균등상환이 있다. 원리금균등상환은 매월 원금과 이자를 합해서 동일한 금액을 갚아 나가는 방식이다. 반면 원금균등상환은 대출원금을 대출 기간으로 나누어 매월 일정한 금액의 원금을 갚고 이자는 대출 잔액에 대해 계산하는 방식이다. 동일 기간 동일한 이자율로 대출을 받더라도, 대출 기간이 지날수록 원금이 초기에 더 많이 상환되는 원금균등상환 방식이 이자가 더 많이 상환되는 원리금균등상환 방식보다 총납부이자액이 적다고 볼 수 있다. 그러나 남아 있는 원금에 상응하는 이자를 낸다는 측면에서 경제적 유불리를 따지기는 어렵다.

주식과 채권 그리고 박쥐들
주식, 채권, CB, EB, BW

+ 주식에 투자할 때는 상대적으로 높은 수익을 기대한다. 채권에 투자할
  때는 상대적으로 안정적인 수익을 기대한다.
+ 처음에는 채권의 형태로 있다가 유리한 상황이 발생하면 주식으로 옮
  겨갈 수 있는 증권들이 있다.

주식과 채권은 자본시장을 이루는 두 개의 큰 축이다. 모두 발행 종
류도 다양하고 발행 규모도 크고 거래 빈도도 잦으며 거래량도 많
다. 또한 이들에게 파생된 상품과 이들을 결합한 상품도 많다. 그러
므로 주식과 채권의 기본 성격과 이익구조를 잘 알아야 한다. 주식
은 투자에 성공하면 높은 수익을 얻고 실패하면 적은 수익을 얻거나
원금까지 잃는 상품이다. 채권은 기업에 돈을 빌려주되 그 기업이
사업에 성공하느냐, 실패하느냐에 관계없이 일정한 수익을 얻는 상
품이지만 그 기업이 망할 수도 있다. 투자해 수익을 배분받게 되는
지 또는 안정적인 이자를 받게 되는지를 명확히 이해하며 어떤 상품
을 선택할 것인지를 결정하는 것은 투자 공부의 첫걸음이다.

주식과 채권에 투자해 돈을 버는 방법은 간단하다. 쌀 때 사서 비싸게 팔면 된다. 싸다 비싸다는 상대적인 것이다. 그 증권의 내재가치를 알고 있다면 현재 가격이 싼지 비싼지를 알 수 있다. 그러나 내재가치를 알기는 쉽지 않다. 미래에 일어날 가치 변동은 현재의 내재가치로 할인된다.

1. 주식

주식에 투자하면 얻게 되는 이익

주식투자를 통해 얻을 수 있는 수익을 크게 자본이득capital gain과 배당금dividend 수입으로 나누어 볼 수 있다.

자본이득은 주식의 가격이 변동하는 가운데 싸게 사서 비싸게 팔아 얻는 차익을 말한다. 누구나 그렇게 하려고 하지만 결과적으로 비싸게 사서 싸게 팔아 자본손실capital loss을 보게 되는 경우도 많다. 자본이득을 얻으려면 기업의 상황, 경제성장, 물가, 국제수지 등 많은 경제변수의 움직임을 분석해야 한다. 또한 정치, 외교, 군사 등 모든 사회 상황도 자본손익에 영향을 미친다.

배당금은 기업에 이익이 발생할 경우 주주에게 이익 일부를 나누어 주는 돈이다. 주식회사는 보통 사업연도가 끝나고 결산을 한 후에 이익이 남으면 주주에게 배당금을 분배한다. 가끔은 배당을 일정하게 유지하기 위해서 이익이 나지 않으면서도 배당하는 경우도 있다. 배당은 기업이 양호하다는 신호를 시장에 보내는 역할을 하기 때문이다. 배당금을 받기 위해서는 기업에서 정하는 배당기준일까지 주식을 보유하고 있어야 한다. 배당기준일이 지나면 배당금만큼 주가가 하락하는 경향이 있다. 그만큼 기업의 자산이 외부로 빠져나갔기 때문이다.

주식투자의 위험

주식의 가격은 이론적으로 기업이 미래에 얻게 될 현금을 현재가치로 환산한 결과로 계산되지만 이를 환산하기는 쉽지 않다. 매 순간 주식을 사거나 팔려고 하는 수요와 공급에 의해 주가는 변동한다. 물론 이러한 매수와 매도의 요인에는 현재가치 평가에 대한 개인의 생각이 반영되어 있다. 주식에 투자할 경우 예금 가입과는 달리 주가 변동에 따라 원금을 건지지 못하는 손실을 볼 수 있다. 주가 하락을 가져오는 요인으로는 경기 침체, 해당 주식이 속한 산업의 위축, 기업의 경영 부실, 해당 기업이 취급하는 상품이나 서비스의 판매 부진 등 다양하다. 더욱이 기업이 도산하여 주식이 휴지조각이 되는 경우도 종종 발생한다. 또한 애써 주식을 샀으나 그중에는 거래 규모가 작아 주식을 원활하게 파는 것이 어려운 주식도 있으므로 언제든 원하는 시점에 큰 폭의 가격 하락 없이 현금으로 바꿀 수 있는 유동성이 중요하다.

다양한 주식평가 기법들(1): 배당평가모형

기업의 적정 주가를 평가하는 여러 모델이 존재한다. 우선 가장 기본이라 할 수 있는 배당평가모형에 대해 알아보자. 미래에 배당수입을 예상하고 이를 할인율을 이용해 현재가치로 환산한 후 각 시점의 현재 가치를 모두 합하여 주식을 평가하는 모형이다. 기업은 연간 순이익 중 일부를 배당으로 주주에게 환원하고 나머지는 잉여금으로 내부에 축적한 후 이를 신규 사업 시 미래의 투자 재원으로 활용하기 위해 유보한다.

그런데 현재의 배당금이 미래에도 동일하게 지급된다는 보장은 없다. 일정 비율만큼 성장(g)하는 기업이라면 미래 배당금도 그만큼 증가한다고 보는 것이 합리적이다. 또한 시장금리로 대표되는 할인율(r)에 따라 주식 평가액은 달라진다. 금리 변동이 주가에 영향을 미친다는 사실은 중요하다. 우리가 익히 알고 있는 것처럼 기업의 이익 증가 전망이 높아질수록, 기업의 조달금리가 낮아질수록 주식 평가액이 올라간다는 개념과도 부합한다. 실제 코로나19 위기 이후 주요 기업의 할인율(r)이 큰 폭으로 하락한 가운데 성장(g)이 반등한 결과 이들 기업의 주가가 큰 폭으로 상승한 바 있다. 반면 향후 기준금리 인상과 경기 추이에 따라 금리와 성장 간 격차($r-g$)가 커질 경우에는 장차 주가에 부정적 영향을 미칠 수 있음에 유의할 필요가 있다.

$$P_0 = \frac{D_1}{r-g}$$

(P_0는 현재주가, D_1는 다음 기의 배당금, r은 할인율, g는 예상되는 기업 평균성장률)

다양한 주식평가 기법들(2): 주가수익비율과 주가순자산비율

이상과 같은 배당평가모형은 주식가격이 어떻게 결정되는지에 대해 개념적 이해를 도와주는 측면에서 매우 훌륭한 이론이지만 실무에서 이용하기에는 한계가 있다. 따라서 상대 평가 방법인 주가수익비율PER, Price Earning ratio, 주가순자산비율PBR, Price Book-value Ratio 등과 같이 주가배수multiple를 이용하여 보다 편리한 방식으로 적정 주식가격을 계산하기도 한다.

우선 주가수익비율은 주가(P)를 1주당 순이익EPS, Earning per Share으로 나눈 값(P/EPS)이다. 즉 주당 순이익의 몇 배 정도에 주식가격이 형성되어 있는지를 나타내는 비율로 이 값이 낮을수록 이익에 비해 주가가 저평가되었다고 볼 수 있다. 보통 회사 실적이나 보유자산이 본래 가치에 비해 낮은 가격에 거래되는 전통 산업의 '가치주'는 주가수익비율 값이 10배 이내에 형성되어 있다. 반면 미래 성장이 빠르게 이루어질 것으로 기대되는 반도체, 정보통신, 바이오 등 업종의 주식을 '성장주'라고 하는데 이들 기업의 주가수익비율은 20배 이상의 높은 수준에서 형성되어 있다. 만약 지금 우리가 평가하려는 반도체 기업의 주가수익비율이 20배이고 기업의 EPS(주당

순이익)가 5000원이라면 적정주가는 대략 10만 원 정도라고 어림잡아 평가할 수 있다.[5] 이때 주가수익비율을 어느 정도의 값으로 가정하느냐에 따라서 주가 평가액은 달라진다.

주가순자산비율은 주가(P)를 1주당 순자산가액Book-value으로 나눈 값(P/주당순자산)이다. 여기서 순자산가액은 재무상태표의 자산에서 부채를 차감한 것으로 회사가 청산될 때 주주에게 돌아갈 몫을 의미한다. 주가수익비율이 기업의 수익성flow 측면에서 주가를 판단하는 지표인데 반해 주가순자산비율은 재무상태stock 측면에서 주가를 판단하는 지표라 할 수 있다. 일반적으로 순자산이 많다는 것은 재무상태가 양호하다는 뜻이기 때문에 주가순자산비율은 재무상태에 비해 주가가 어느 수준인지를 알려 준다. 즉 주가순자산비율이 낮으면 낮을수록 해당 기업의 주가가 저평가되고 있다고 볼 수 있는데, 주가순자산비율이 1보다도 낮으면 주가가 장부상 순자산가치인 청산가치에도 미치지 못할 정도로 저평가 되었다는 의미이다. 물론 주가순자산비율도 가치대비 가격을 결정하는 절대적 투자 판단 지표라기보다는 일종의 참고 지표로 이용에 유의할 필요가 있다. 일반적으로는 미래의 성장성에 대한 가치가 높게 평가되는 성장주의 경우 주가순자산비율이 높게 나타나는 반면, 이미 투자가 상당 부분 완료된 전통 가치주의 경우에는 주가순자산비율이 다소 낮게 산출

---

5 'PER = P(주식가격) ÷ EPS'이므로, PER에 EPS를 곱하면 주식가격을 도출할 수 있다.

되는 경향이 있다는 것을 이해할 필요가 있다. 한편 이익 흐름이 안정적이지 않거나 순이익이 마이너스인 경우 주가수익비율을 현실적으로 이용하기 어려운 한계가 있는데 이 같은 경우에도 주가순자산비율은 주가수익비율을 대신해 유용하게 활용할 수 있는 장점이 있다.

그런데 이와 같은 주가수익비율과 주가순자산비율은 단독으로 사용되기보다 경쟁 기업이나 경쟁 업종의 평균과 비교하여 사용한다. 다른 기업의 경영성과 또는 재무상태를 기준으로 놓고 주가수익비율과 주가순자산비율의 방식을 이용하여 해당 기업의 예상 주가를 추정한 후 실제 주식시장에서 거래되는 그 기업의 주가와 비교를 하게 되면 현재 시점에서 주가가 고평가되었는지 또는 저평가되었는지를 알 수 있다. 다만 이 경우 비교기준으로 사용하는 경쟁기업 또는 업종 평균의 주가가 과연 적정한지에 대한 비판이 있으며 또 기업 상황의 다른 차이를 무시하고 오로지 당기순이익 또는 재무상태로 단순화할 수 있는지에 대한 논란은 있다. 그러나 가장 간편하게 주가를 평가할 수 있으므로 널리 사용된다.

주가에 영향을 미치는 요인

이상과 같이 배당금, 당기순이익, 영업이익 등 해당 기업의 미래 현금흐름 창출이 지속 가능하고 그 규모도 확대될 것이라는 기대가 현실화될수록 주가는 상승할 것이다. 예를 들면 신규 매출처 확보, 수출액 증가, 핵심기술 개발, 원가 절감 등 현금흐름 증가에 영향을 미칠 요인을 생각해 볼 수 있다.

또한 이러한 현금흐름을 현재가치로 할인할 때 이용되는 할인율 즉 시장금리가 낮아질수록 주가는 상승할 것이다. 즉 물가하락과 같이 시중금리가 하락하거나 기업의 신용 리스크 개선으로 위험프리미엄이 낮아질수록 할인율은 하락하며 이에 따라 주가 평가액은 상승할 수 있다. 이처럼 기업의 장래 이익 성장과 할인율 가운데 어느 쪽의 영향이 큰 지에 따라 주가의 향방은 좌우될 수 있다. 아무리 이익 성장이 높더라도 이보다 금리의 상승세가 더욱 가파르다면 주가는 하락할 수 있다. 또한 이익은 정체되더라도 금리의 급격한 하락으로 유동성 장세가 펼쳐진다면 주가는 상승할 수 있을 것이다.

이제 이러한 장래 이익 성장과 시장금리에 미치는 요인들을 면밀히 알아보자. 주가의 향방을 전망하기 위해서는 이들 요인을 찾아야 한다. 우선 기업의 성장은 경기, 물가 등 거시경제변수 움직임에 영향을 받는다. 즉 거시변수의 움직임은 기업의 성장에 영향을 미치며 그 기업의 성장은 주가를 변동시킨다. 흔히 주가를 경기의 선행지표라고 하는데 대체로 주가는 경기에 앞서 반응하는 경향이 있다. 주식투자자는 오늘의 상황보다는 내일의 전망을 바라보고 투자하기 때문이다. 따라서 남들보다 먼저 거시경제변수의 움직임을 예측함으로써 투자에서 좀 더 우월한 위치를 점할 수 있다.

다음으로 주가는 비슷한 업종의 호황 불황 등 동일 산업의 요인과 동종업계의 비슷한 규모를 가진 다른 회사의 주가, 즉 상대가치에 의해서도 좌우된다. 예를 들어 환율이 급상승하면 수출 위주 기업은 수출대금의 원화 환산 이익이 큰 폭 확대되는 호황기를 맞게 되므로 주가에 긍정적 영향을 미칠 것이다. 또한 매출액, 이익 규모, 기술수준 등이 대체로 비슷한 동종 기업들에 비해 주가 수준이 낮은 상황이라면 조만간 비슷한 수준으로 주가가 상승하며 수렴할 가능성이 크다.

마지막으로 주가는 그 기업 고유의 여러 경영 상황에도 영향을 받을 수 있다. 예로 기업의 예상 밖의 실적 개선earning surprise, 인수합병M&A에 따른 시너지 가능성, 획기적 신기술 개발 등으로 장래 이익이 구조적으로 확대될 가능성이 클 경우 당연히 기업의 주가는 상승할 것이다.

이상을 종합해 증권분석security analysis 중 '기본적 분석fundamental analysis'이라고 한다. 즉 주가의 변동을 예측하기 위해 세 가지 단계로 접근한다. 1단계는 거시경제분석, 2단계는 그 기업이 속해 있는 산업 또는 업종분석, 3단계는 기업분석 체계로 이루어진다. 거시경제 추이도 파악해야 하고 해당 산업 동향에 대한 분석과 전망도 필요하다. 경기 상황은 수시로 변화한다. 또 기업 고유의 성장잠재력과 경영 현황 변동에 대해서도 꿰고 있을 필요가 있다. 반면 이와 같은 기본적 분석을 하는 대신 과거 주가의 움직임의 시계열을 체계적으로 분석하여 미래 주가를 예측하려는 기술적 분석technical analysis도 널리 행해진다. 차트chart를 통해 주가의 향방을 추정하려는 기법은 투자자의 심리investment sentiment를 강조한다. 이러한 증권분석에 대해서는 'Part 8 소극적이거나 적극적인 투자전략'에서 자세히 다룰 예정이다.

처음에는 이 모든 것이 미지의 영역이겠지만, 이를 탐구하려는 노력 여하에 따라 점점 확신과 판단이 형성된다. 물론 소신도 때로는 아집이 된다. 힘들지라도 끊임없이 시장 상황과 기업의 가치에 대해 고민하고 치열히 분석하며 투자라는 전투에 임해야만 한다. 치열한 고민이 수반되지 않는 묻지마 투자는 투자라기보다는 도박에 가까우며 결국 아름답지 않은 추억으로 귀결될 수 있다는 점을 유념하자.

2. 채권

채권에 투자하면 얻게 되는 이익

채권투자는 주식투자에 비해 상대적으로 안전하다고 알려져 있는데 실제로도 그렇다. 그러나 채권의 경우에도 금리 변동에 따라 손실을 보기도 하고 심지어 채권발행회사가 부도가 나면 원금조차 돌려받지 못하게 되는 경우도 있다. 모든 것이 그렇듯이 채권투자에도 장점과 단점이 있다.

먼저 채권투자의 좋은 점을 살펴보면, 우선 채권에 투자하면 채권을 보유하고 있는 동안 이자 수입을 얻을 수 있으며 채권을 매매함에 따라 매매차익capital gain도 얻을 수 있다. 채권의 이자는 발행할 때 정해진 표면이율coupon rate에 따라 정해진 날 정해진 금액이 들어오는 정기적인 수입fixed income이 되므로 일상생활에 도움이 된다. 한편 채권의 가격도 시장금리에 따라 변동되므로 쌀 때 사고 비쌀 때 팔 수 있다면 매매차익을 얻을 수도 있다. 만기가 긴 채권(장기채)은 만기가 짧은 채권(단기채)에 비해 가격 변동 폭이 커서 상대적으로 크게 이익을 얻거나 크게 손실을 볼 수 있다. 다음으로 채권은 만기까지 보유하게 되면 확정된 원금과 이자를 얻을 수 있는 반면 자금이 필요한 정도에 따라 만기 도래 전에도 유통시장에서 매도하여 현금으로 바꿀 수 있다. 정기예금처럼 만기일 전 중간에 해약한다고 중도상환의 불이익을 받지 않는다. 다만 채권을 팔 때의 금리 상황 등을 잘 살펴야 한다. 최초 투자 시와 매도 시의 금리 수준 차이에 따라 이익을 보거나 손실을 볼 수 있다.

채권투자수익을 생각할 때는 매매차익과 이자수입을 종합적으로 생각해야 한다. 금리 전망을 통하여 매도 시기를 늦출 경우 약간의 매매손실이 날 것으로 예상되더라도 이자 수입이 더 많을 수도 있다. 이러할 경우 굳이 채권을 매각할 필요는 없을 것이다. 왜냐하면 채권을 팔고 받은 돈은 또 어디에 투자해야 하는데 그 채권의 표면이자율coupon rate보다 수익이 더 많은 마땅한 대안이 없을 수도 있다.

채권투자의 위험

채권투자에도 위험이 따른다. 우선 거시경제 상황과 기업의 신용도 변화 등으로 인해 보유하고 있는 채권의 가격이 변동하는 시장위험을 들 수 있다. 그러므로 매도 시점에서 시장가격이 매입가격보다 낮아졌을 때에는 자본손실을 보게 된다. 물론 만기까지 계속 보유한다면 당초 약속한 원금을 받을 수 있겠지만 중도에 매각하는 경우가 생기지 않는다는 보장은 없다. 다음으로 이는 더 큰 문제라고 할 수 있는데, 채권발행기관의 경영 상황과 재무 상태가 악화될 경우 당초 정해 놓은 이자와 원금의 지급이 지연되거나 아예 받지 못하게 되는 위험이 발생할 수 있다. 마지막으로 채권의 발행 물량이 적거나 신용도가 매우 낮은 경우에는 채권을 시장에 내다 팔기 어려운 유동성 위험을 부담할 수도 있다.

채권가격 평가: 금리 및 만기와 반비례하는 채권가격

채권가격을 평가하려면 채권 보유 기간 중 들어오는 이자와 만기 때 받을 원금을 시장금리로 할인하면 된다. 채권가격은 채권으로부터 발생하는 현금흐름의 현재가치다. 이처럼 채권의 가격을 평가하는 방법은 주식보다는 간단한데, 주식 배당금은 예상하는 금액이지만 채권 이자와 원금인 원리금은 확정되어 있기 때문이다. 통상 매 분기 또는 정해진 시점마다 이자를 받는 이표채coupon bond의 가격은 다음의 식으로 계산된다. 이자가 별도로 없는 대신 할인하여 판매하는 할인채discount bond의 가격도 아래와 동일한데 이자 현금흐름(C)만 없다고 보면 된다.

$$\text{이표채 가격}: P = \frac{C}{(1+r)^1} + \frac{C}{(1+r)^2} + \cdots + \frac{C}{(1+r)^n} + \frac{F}{(1+r)^n}$$

(C: 이자 현금흐름, F: 액면가액, r: 이자율, n: 만기)

그러나 개인투자자가 채권가격을 계산하고 있을 필요는 없다. 현재 시장에서 거래되고 있는 채권의 가격이 곧 채권의 현재가치이기 때문이다. 다만 향후 시장금리가 어떻게 변동할지에 대한 예상에 따라 채권가격은 변화한다. 여기에 대한 예상은 사람마다 다르며 이러한 전망에 따라 채권을 사거나 팔게 되므로 채권가격도 항상 변화한다.

이렇게 산정된 채권의 가격은 시장금리에 반비례한다. 간단히 공식에서 분모가 커지면 값이 작아지고 분모가 작아지면 값이 커진다고 이해할 수 있다. 채권가격 평가에서 시장금리가 높을수록 현시점에서 투자자는 더욱 낮은 가격을 지불하려 한다는 점을 기억하자. 그렇다면 금리가 올라서 채권가격이 하락했다는 것의 의미를 좀 더 곱씹어 보자. 액면 1만 원인 만기 1년물 할인채에서 오늘 금리가 10%에서 20%로 급등했다면 내가 막 투자한 1년물 채권가격은 9091원에서 8333원으로 하락하게 된다. 당장의 금리 변동으로 수익률이 -8.3%만큼 평가손실이 발생하는 것이다.

그런데 만약 동 채권이 1년이 아닌 10년물, 30년물 만기의 채권이라면 금리 상승에 따른 평가손실은 더욱 증폭되므로 투자자들은 실의에 빠지게 된다.[6] 우리가 채권에 투자하는 이유는 투자의 안정

6 만기 액면 금액 1만 원인 채권의 만기별 금리별 현재가치 비교

할인율	1년	10년	30년
10%	9,091	3,855	573
20%	8,333	1,615	42
금리 상승 시 평가손실	-8.3%	-58.1%	-92.6%

성에 있지만 이처럼 시장금리 변동에 따라 채권가격의 변동은 우리의 예상을 훨씬 뛰어넘을 수도 있다. 결국 투자에 대한 리스크와 그에 대한 보상은 비례한다. 채권의 만기가 길수록, 발행자의 신용도가 낮을수록 리스크는 커지므로 우리는 이에 대한 보상으로 더 높은 이자를 요구하게 된다.

금리 변동에 따른 채권가격의 변화: 듀레이션

이제 우리는 금리 변동 시 채권가격이 변화함을 잘 알고 있다. 이처럼 금리가 1단위 움직일 때 채권가격이 얼마나 변하는지를 파악하기 위해 듀레이션이라는 개념을 알 필요가 있다. 듀레이션이란 엄밀히 말하면 ① 채권으로부터 얻을 수 있는 이자와 원금의 각 현금흐름의 만기 시점(t)에 ② 각 시점 별 현금흐름(CF)의 현재가치를 전체 가치(P)로 나누어 구한 가중치를 곱해 ③ 가중평균한 만기라고 설명할 수 있다. 즉 다음 공식이 이를 나타내고 있는데, 쉽게 얘기하자면, 듀레이션(D)이란 그냥 채권에서 발생하는 현금흐름(CF)의 가중평균만기라고 할 수 있다. 좀 더 자세히 말하면 그 가중평균만기는 일정 기간마다 지급되는 이자와 만기 시 원금 상환 금액이 현재의 채권가격에서 차지하는 비중이 감안되었다고 설명할 수 있다.

$$D = \sum_{t=1}^{n} t \times \frac{CF_t \div (1+r)^t}{P}$$

(CF_t: t년의 현금흐름, r: 시장금리(%), P: 채권의 현재가치)

예를 들면 만기까지 이자를 받지 않는 할인채의 듀레이션은 만기와 동일($D=t$)하지만, 이표채의 경우에는 만기 이전에 정기적으로 이자를 지급받기 때문에 듀레이션이 만기보다 약간 짧다($D<t$)는 정도만 기억하면 충분하다. 하지만 보통 이표 지급 여부가 듀레이션에 미치는 영향은 미미하므로 듀레이션이 길다라고 하면 만기가 장기인 채권이구나 정도로 이해하고 넘어가자. 결국 듀레이션이 긴 채권일수록 금리 상승 시 더 큰 폭으로 가격이 하락하고, 금리 하락 시 더 큰 폭으로 가격이 상승하게 된다.

채권금리에 영향을 미치는 요인

이제 채권의 대표선수인 국채의 수익률risk free rate에 영향을 미치는 요인을 살펴보자. 국채수익률인 무위험수익률은 결국 자금을 국가에 빌려주는 대가인 기회비용과 일치하게 된다. 아무리 국가가 원금 상환을 보장한다고 하더라도 최소한 물가상승률만큼은 투자수익을 보상받아야 할 것이고 이에 더해 우리 경제의 실질성장률 내외의 수익도 보상받을 수 있어야 여타 투자상품 대비 국채에 투자한 데 대한 손해가 없을 것이다. 물론 다소 차이는 있지만 대체로 무위험수익률은 실질경제성장률 및 물가상승률과 정(+)의 관계에 있다.

이제 채권금리에 영향을 미치는 요인들을 장기금리와 단기금리로 나누어 조금 더 자세히 살펴보자. 우선 1일물 초단기금리는 중앙은행인 한국은행이 결정하는 정책금리의 영향을 절대적으로 받는다. 그리고 장기금리는 성장률, 물가상승률, 고용률 등과 같은 거시경제에 대한 기대에 따라 형성된다. 초단기금리와 장기금리 사이에 있는 다른 만기의 채권금리들은 이들의 중간쯤에서 형성된다. 모든 장단기금리를 연결하는 선을 '수익률곡선'이라고 부른다.

그런데 이러한 수익률곡선은 중앙은행의 통화정책, 우리 경제의 성장과 물가 전망에 대한 기대가 반영되며 실시간 변화를 의미한다. 예를 들어 경제위기가 찾아와 장기 성장에 대한 전망이 급격히 위축될 때는 장기금리가 빠르게 하락하여 기울기가 완만해지다 급기야는 장기금리가 단기금리보다 낮아지는 역전현상inversion이 나타나게 된다. 곧이어 위기 대응을 위해 중앙은행의 기준금리 인하가 뒤따를 경우 단기금리가 빠르게 하락하여 수익률곡선의 기울기는 다시 우상향하는 모습으로 복원된다. 반면 중장기적으로 경제성장이 높아

그림 24.1 채권 수익률곡선Yield Curve의 다양한 형태

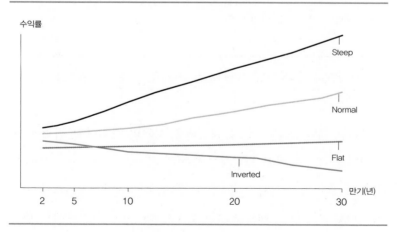

지고 고용이 개선되며 곧 인플레이션이 찾아올 것이라는 기대가 높아질 경우에는 단기금리 대비 중장기금리가 빠르게 반응하며 상승할 것이다. 이때 수익률곡선은 점차 그 기울기가 가파르게steepening 변한다.

신용위험의 반영: 신용 스프레드

지금까지 채권수익률과 채권가격에 대해 알아보았다. 즉, 채권수익률은 곧 채권가격과 반비례 관계에 있다. 그런데 우리가 물건을 구매할 때도 품질이 좋고 성능이 확실한 물건의 가격이 높듯이 채권 또한 상품성의 정도가 수익률(가격)에 적절히 반영되고 있다. 회사채의 경우 기업의 신용위험이 있으므로 국채에 비해 이자를 더 주어야 한다. 그렇지 않으면 투자자는 회사채를 사지 않고 국채만 살 것이다. 이와 같이 더 주는 금리 부분을 '신용 프리미엄'이라고 한다. 금리가 높아지면 채권가격은 반비례로 떨어진다. 그러므로 회사채는 국채에 비해 싸게 거래된다.

채권금리＝무위험수익률＋신용 프리미엄＋유동성 프리미엄

이러한 신용 프리미엄 크기는 해당 채권의 만기상환 위험에 대한 평가는 물론 나아가 채권시장의 현재 위험선호 정도risk appetite를 간접적으로나마 파악할 수 있게 해 준다. 신용도에 따른 채권 수익률 차이를 '신용 스프레드spread'라고 하는데, 이러한 스프레드 추이를 통해 시장에서 체감하는 위험선호의 정도를 파악할 수 있다. 스프레드는 특정 기업이 채무유예default를 선언하거나 북한 핵실험, 지진 등 지정학적 리스크가 부각될 경우에는 크게 확대되는 경향이 있다.[7] 이처럼 자본시장에 불확실성이 고조되면 투자자는 유동성 확보를 위해 국채와 같은 보다 안전한 자산을 선호하는 현상flight to quality이 두드러진다. 그리고 신용도가 열위에 있는 채권일수록 거래가 어려워지며 수익률이 급등하는 신용경색credit crunch 현상이 심화된다.

개인의 채권투자

채권시장에서 차지하는 일반 개인투자자의 비중은 주식시장에 비해 상대적으로 작은 편이다. 채권이라고 하면 부도나 파산 같은 이미지가 떠오르면서 낯설게 느껴지기도 하지만, 복잡한 이론과는 달리 개인이 투자하기에는 의외로 간단히 이해될 수 있는 투자상품이다. 개인투자자도 채권시장에 직접 참여할 수 있으며 펀드 등을 통해 간접적으로 채권투자를 할 수 있다. 정기예금 같이 은행에 예금할 때에 비해서는 높은 이자 수입을 얻을 수 있어 개인의 채권투자는 조금씩 늘어나고 있다. 개인의 채권투자는 증권회사를 통해 이루어진다. 한편 펀드를 통한 채권투자에 대해서는 'Topic 26 모아서

---

7   예로 2008년 초 AA－등급 회사채와 BBB-등급 회사채 간의 스프레드는 200bp 내외 수준에서 형성되어 있었으나 리먼 사태 이후 급등해 2009년에는 600bp를 상회하였다.

나누기'에서 자세히 알아보자.

증권회사를 통해 거래되는 채권은 국고채와 우량회사채를 중심으로 단기채와 중장기채 모두에 걸쳐 있다. 회사채에 투자하면 국채에 비해서는 다소 신용위험은 있으나 높은 금리를 받을 수 있다. 채권별로 안전성을 표시하는 신용등급이 정해져 있다. 개인투자자에게는 BBB+ 이상 매수를 권한다. 만기는 길수록 이자가 높으므로 장기채권을 선택하면 높은 이자를 받을 수 있다. 상대적으로 높은 수익을 얻으려면 최소 2~3년은 되어야 한다. 다만 만기가 길수록 가격 변동 위험은 높아진다는 점을 항상 명심하자.

한 때 해외 투자가 각광을 받으면서 브라질 등 신흥시장국 채권에 대한 투자가 늘어난 적도 있었으나 높은 이자에 불구하고 환율 변동 등으로 손실을 보게 되면서 해외채권투자는 빠르게 축소되었다. 한편 개인형퇴직연금IRP과 같은 연금저축계좌를 활용해 투자하면 세제 혜택을 보며 이미 정해져 있는 이자를 받을 수 있어 좋다. 채권상품은 이자수입 규모가 월급이 꼬박꼬박 나오는 것처럼 안정적이며 주식과 달리 신경이 많이 쓰이지 않는 점도 장점이다.

3. 주식으로 변신을 노리는 채권의 친구들

채권에서 주식으로 변하는 박쥐들?

주식과 채권 사이에서 계약 조건에 따라 다양하게 변형된 특수한 형태의 증권들이 존재한다. 간단히 정리하면 평소 채권으로 있다가 자신이 유리할 때 주식으로 변신할 수 있는 채권들이다. 이에 해당하는 대표선수로는 전환사채CB, 신주인수권부사채BW, 교환사채EB 등이 있다. 이들을 '여기에 붙었다 저기에 붙었다' 하는 박쥐 같은 놈 또는 휘발류와 전기를 효율적으로 사용하는 하이브리드hybrid라고 말할 수도 있지만 반드시 그렇지는 않다. 상황 변화에 따라 채권에서 주식으로의 변신은 한 번만 허용된다. 또한 주식에서 채권으로 다시 변신할 수는 없다.

전환사채

전환사채CB, Convertible Bond는 발행할 때 회사채로 발행되지만, 일정 기간 경과 후에는 소유자의 요청에 따라 그 회사채를 발행했던 기업의 주식으로 전환될 수 있는 권리가 붙어 있는 채권을 말한다. 전환할 때 받게 되는 주식 수(전환비율)는 전환사채 발행 시 미리 정해져 있다. 전환사채를 매입한 투자자는 발행회사의 주가가 어느 수준 이상으로 오르게 되면 전환권을 행사해 채권으로의 권리를 포기하는 대신 주식으로 전환함으로써 주식으로서의 권리를 가지고, 주가가 계속 낮은 상태를 보인다면 전환하지 않고 회사채의 형태로 계속 보유하게 된다. 전환사채는 보유자가 자신에게 유리할 때만 전환권을 행사해 추가 수익을 꾀할 수 있는 선택권이 주어지기 때문에 다른 조건이 같다면 투자자는 일반 사채에 비해 낮은 금리를 감수해야 한다. 한편 발행자의 입장에서는 전환사채 보유자가 권한을 행사하면 이를 받아들여야 하는 의무가 있기 때문에 낮은 금리로 발행하려 할 것이다.

신주인수권부사채

신주인수권부사채BW, Bond with Warrant란 일정 기간이 경과한 후, 그 채권 보유자가 미리 정해진 일정 가격(행사가격)으로 발행회사의 신주를 인수할 수 있는 옵션warrant(신주인수권)이 별도로 첨부되어 있는 회사채를 말한다. 신주인수권부사채 보유자는 채권 매입 후 주가 변동 추이를 보아가면서 자신의 유불리에 따라 신주인수권을 행사할 수도 있고 행사하지 않을 수도 있다. 신주인수권부사채는 당초 발행된 채권은 그대로 존속하는 상태에서 부가적으로 주식이 발행된다는 점에서 전환사채와는 다르다. 신주인수권부사채의 발행조건에는 몇 주를 어느 가격에 인수할 수 있는지가 미리 정해져 있어 전환사채와 마찬가지로 회사 주가가 행사가격보다 상승하게 되면 신주인수권을 행사해 당시 주가보다 낮은 가격에 주식을 보유할 수 있게 된다. 이와 같이 신주인수권부사채도 보유자에게 유리한 선택권이 주어지기 때문에 다른 조건이 같다면 일반 회사채에 비해 낮은 금리로 발행된다.

교환사채

교환사채EB, Exchangeable Bond란 회사채 형태로 발행되지만 일정 기간이 경과된 후 보유자의 청구에 의해 발행회사가 보유 중인 다른 주식으로의 교환을 청구할 수 있는 권리가 부여된 사채이다. 교환사채에는 발행조건으로 교환할 때 받게 되는 주식의 수를 나타내는 교환비율이 정해져 있다. 따라서 교환권을 행사하게 되면 회사채 보유자로서의 권리를 상실한다는 점에서는 전환사채와 동일하지만, 전환사채의 경우에는 전환을 통해 발행회사의 주식을 보유하게 되는 반면에 교환사채의 경우는 발행회사가 보유 중인 다른 주식(자기주식 포함)을 보유하게 된다는 점에서 차이가 있다.

TOPIC **25**

짧은 돈과 변환
MMF, CD, CP, CMA, 대고객 RP[8]

> + 단기금융상품은 일시적 목적을 위해 만기가 짧은 돈을 거래하는 수단
> 이다. 목적을 특정하지 않는 일시 여유자금의 관리는 언제나 누구에게
> 나 중요하다. 수익은 항상 클수록 좋지만 급하게 현금화 할 때 손실을
> 보지 않아야 한다는 점이 핵심이다.
> + 브레이크는 안전을 위해 중요하지만, 안전장치가 갖추어지면 속도를
> 내게 된다. 브레이크가 고장 나면 애초 없었을 때보다 위험하다.

단기금융상품은 만기가 짧은 돈을 운용하거나 조달하는 수단이다.
머니마켓펀드MMF, 양도성예금증서CD, 기업어음CP, 환매조건부채
권매매RP, 어음관리계좌CMA 등 종류가 다양하다. 그런데 짧은 만
기 상품의 종류가 다양할 필요가 있을까? 어쨌든 단기금융상품들은
일시적인 단기자금 수급 불균형에 따른 유동성 관리를 용이하게 해
준다. 항상 시장에는 돈을 빌리거나 빌려주고 싶지 않은 수요가 있
지만 오랜 기간 빌리거나 빌려주고 싶지 않은 수요가 있다. 이제 자

8 《한국의 금융시장》(한국은행, 2016), 《대학생을 위한 실용금융》(금융감독원,
2021), 각 금융회사의 상품소개 웹페이지 등을 참고하였다.

금의 운용과 조달 측면으로 나누어 단기금융상품에 대해 살펴보자. 단기금융상품에서도 작지만 수익이 나온다. 자금의 유동성을 잘 관리하면서도 수익을 얻을 수 있으면 금상첨화錦上添花다.

1. 단기자금의 운용과 조달

자금의 운용: 기회비용의 절감과 금리 변동 위험 회피

개인, 기업, 정부 등 모든 경제주체는 불확실한 미래에 대비하여 자금의 일부를 현금으로 보유한다. 일시적 여유자금을 안전성과 유동성이 높은 단기금융상품으로 운용하다가 자금이 부족해질 경우 매각하면 즉시 현금을 마련할 수 있다. 주식이나 채권 등에 투자하는 경우에 비해서는 상대적으로 수익이 낮으며, 현금을 보유하는 경우에 비해서는 수익 면에서 유리하다.

한편 단기금융상품을 보유하면 금리 변동 위험을 관리할 수 있는 이점이 있다. 일반적으로 단기금융상품은 장기금융상품에 비하여 금리 변동에 따른 가격 변동 폭이 크지 않으므로 자본손실 위험이 작으며 유통시장이 잘 발달된 경우에는 만기 이전에도 쉽게 자금을 회수할 수 있어 유동성 위험도 크지 않다. 따라서 경제주체는 장기채권 또는 주식의 가격이 하락할 것으로 예상될 경우에는 이들 자산을 매각하고 단기금융상품을 매입함으로써 자본손실 위험을 줄일 수 있다. 또한 금융시장의 불확실성이 높아진 시기에는 장기금융상품 보유 비중을 축소하는 대신 단기금융상품 보유를 확대함으로써 유동성 위험을 줄일 수 있다. 태풍이 오기 전 안전한 항구에 배를 정박시키는 것이다.

자금의 조달: 지급이자의 절감

짧은 기간 자금이 필요한 금융회사들은 단기채무증서를 발행해 필요한 시기에 맞추어 자금을 조달한다. 장기자금으로 조달한 경우에는 이후 현금이 충분해지더라도 계속 현금을 보유하게 되므로 불필요한 이자비용을 지불하게 된다. 장기차입금을 중도에 상환하려면 수수료를 물어야 하는 손해를 보거나 아예 중도상환이 불가능한 경우도 있다. 그러므로 짧게 필요한 자금은 단기로 빌리는 편이 유리하다.

그러나 장기간 자금이 필요한데도 단기금융상품으로 자금을 조달하는 경우도 있다. 왜냐하면 단기금리는 장기금리보다 대부분 낮기 때문이다. 즉 이자비용을 절감하기 위해서 장기 필요에 단기에 단기를 거듭해 연장함으로써 대응한다. 카드사와 같은 일부 금융회사는 이러한 방식을 선호한다. 그러나 짧게 빌린 후 연장을 하려고 할 때 당초 시점보다 금리가 상승할 수도 있으며 금융 상황이 악화되어 아예 자금을 빌리지 못할 경우도 있으므로 항상 바람직한 방식은 아니다. 단기로 자금을 조달하면 만기가 자주 돌아온다. 금융위기가 몰아쳤을 때 단기로 빌린 외화의 만기연장roll-over이 어려워지자 문을 닫아야 하는 기업이 많았으며 우리나라 금융회사마저 외화를 조달하느라 시련을 겪어야 했다.

2. 장기자금으로 변신하는 단기자금

짧은 돈을 긴 돈으로 변환시키기

금융시장은 크게 두 부분으로 구성된다. 기업의 시설 자금이나 장기운전자금 조달을 목적으로 발행되는 주식, 채권 등이 거래되는 자본시장capital market과 금융회사, 기업 등이 단기적인 자금 수급 불균형을 조절하기 위해 통상 만기 1년 이내의 금융상품을 거래하는 단기금융시장money market으로 나뉜다.

그런데 각기 다른 목적으로 자금이 거래되는 이 두 시장은 서로 따로 떨어져 있지 않다. 돈의 움직임에 칸막이는 없다. 긴 돈과 짧은 돈은 위험과 수익으로 얽혀 있다. 긴 돈을 조달해 짧은 돈으로 운용하기도 하고 짧은 돈을 조달해 긴 돈으로 운용하기도 한다. 즉 돈은 변신한다. 대체로 금융회사는 주로 짧은 돈을 조달해 긴 돈으로 운용한다. 왜냐하면 짧은 돈의 조달비용은 낮은 반면에 긴 돈의 운용 수익률은 높기 때문이다. 그러나 긴 돈은 짧은 돈에 비해 만기상환 위험과 수익률 변동 위험에 취약하다. 금융회사는 이러한 리스크를 무릅쓰고, 좋은 말로 표현하면 이러한 리스크를 관리하면서 돈의 변신을 꾀한다. 이익을 만들어야 하기 때문이다.

차이gap로 인한 위험

그러나 평소 낮게 유지되어 크게 신경을 쓰지 않던 리스크는 위기가 다가오면 증폭된다. 위험은 단기금융거래를 안전하게 만들고

자 했던 보호장치가 고장 나서 발생한 경우도 있지만 짧은 돈을 긴 돈으로 바꾸어 놓은 변환에서 주로 발생한다. 언제나 차이는 위험을 잉태한다. 긴 돈과 짧은 돈의 만기 차이뿐 아니라 조달과 운용의 신용도 차이, 원화와 달러화 간의 환율 차이 등 모든 차이는 위험을 발생시킨다. 차이가 클수록 레버리지를 통해 리스크는 확대된다.

3. 다양한 단기금융상품

머니마켓펀드

머니마켓펀드MMF, Money Market Fund는 수시 입출금이 가능한 대표적인 단기금융상품이다. 투자할 돈이 적은 여러 고객의 일시 여유자금을 자산운용사가 모아서 집합pooling한 후, 부도 위험이 거의 없는 국공채, CP, CD 등에 투자하고 운용수익을 배당하는 펀드의 일종이다. 자산의 운용은 자산운용사, 판매는 은행 또는 증권회사가 담당한다. 편입자산의 만기[9]는 제한되며 투자하는 증권의 신용등급[10]은 상당히 높아야 한다. 편입자산의 만기가 매우 짧은 데다 신용도

---

9 우리나라 MMF 편입 자산의 가중평균 잔존만기는 75일 이내로 제한되며 동일인이 발행하는 채무증권에 대한 투자 한도가 설정되어 있다.
10 우리나라의 MMF 편입 자산의 신용등급은 취득 시점을 기준으로 상위 2개 등급 이내(채권 AA이상, CP A2 이상)로 제한되며 주식과 관련이 있는 채권(전환사채, 신주인수권부사채 등), 사모발행채권 등은 운용 대상 자산에서 제외된다.

도 매우 우량해 장부가로 평가한다. 특히 당일 입금과 당일 환매가 가능하므로 다른 펀드에 비해 유동성이 높은 편이다.

원하면 언제든지 맡겨 놓은 돈을 찾을 수 있다는 의미에서 은행의 요구불예금과 비슷한 장점이 있으며 투자자산의 만기가 짧아서 MMF가 투자한 금융상품의 부도로 돈을 받지 못할 가능성이 적다. 비록 국가가 보장하는 예금보호상품은 아니지만 장부가평가로 원금을 보장받는다는 인식이 있다.

양도성예금증서

양도성예금증서CD, Certificate of Deposit는 은행의 정기예금증서에 양도성을 부여한 단기금융상품이다. 우리나라에도 도입된지 꽤 오래되었다.[11] CD는 만기 30일 이상으로 할인 발행되며 중도해지는 허용되지 않으나, 양도가 가능하므로 보유 CD를 매각해 현금화할 수 있다.

CD는 발행 시 매수 주체에 따라 대고객 CD와 은행간 CD로 구분된다. 개인, 일반법인 등은 주로 발행은행 창구에서 직접 매입하면 된다. 은행간 CD는 은행이 서로 자금의 과부족을 해소하기 위한 수단으로 발행은행과 매수은행 간 직접 교섭에 의해 발행되며 양도

---

11 CD는 1961년 미국의 대형 은행이 기업의 거액을 유치하기 위해 발행한 고수익 단기금융상품으로 출현하였다. 국내에서는 은행의 수신 기반 강화를 위해 1984년 6월에 본격 도입되었다.

가 엄격히 금지된다. 대고객 CD는 한국은행법상 예금채무에 해당하여 일반 정기예금과 같이 2%의 지급준비금 적립의무가 부과되고 있으나 은행간 CD의 경우 지급준비금 적립대상에서 제외된다. 한편 CD는 2001년부터 예금보호 대상에서 제외되었다.

기업어음

기업어음CP, Commercial Paper은 신용 상태가 양호한 기업이 상거래와 관계없이 운전자금 같이 단기자금을 조달하기 위하여 자기 신용을 바탕으로 발행하는 융통어음을 말한다. 따라서 상거래에 수반되어 발행되는 상업어음commercial bill(진성어음)과는 성격이 다르지만, 법적으로는 상업어음과 같은 약속어음으로 분류된다. CP는 발행 절차가 간편하고 통상 담보 없이 신용으로 발행되는 데다 대출 대비 금리 측면에서 이점도 있어 기업의 자금조달 수단으로 유용하게 활용되고 있다. CP는 민간기업, 공기업, 증권회사, 카드사, 특수목적회사SPC 등이 주로 발행하며, 자산운용회사의 MMF, 종합금융회사, 은행신탁, 증권신탁 등이 주로 매입한다.

어음관리계좌

어음관리계좌CMA, Cash Management Account는 고객이 맡긴 자금을 어음이나 우량채권 등에 운용해 그 수익을 고객에게 돌려주는 대표적인 증권회사의 단기금융상품이다. 증권회사 CMA는 고객과의 약정에 따라 예치자금을 MMF, RP 등에 투자하는 금융서비스 계좌로 고객예탁금 계좌와 연계하여 수시입출금, 급여이체, 신용카드 결제 대금 납부 등의 부가서비스도 제공하고 있다.[12]

환매조건부채권거래

환매조건부채권거래Repurchase Agreements, RP 또는 Repo는 간단히 설명 하면 보유채권을 담보로 돈을 빌리고 빌려주는 거래라고 할 수 있 다. 좀 더 엄격하게 말하면 지금 매매하는 증권을 미래의 특정 시점 에 특정 가격으로 동일한 증권을 반대 방향으로 매수 또는 매도할 것을 사전에 약정하고 이루어지는 거래다.[13] 주로 1년 이내에서 이 루어지며 믿을 만한 국공채가 담보로 제공되므로 비교적 안전한 거 래라고 할 수 있다.

이러한 RP거래는 금융회사 간에 이루어지는 기관간 RP[14]와 금융

12　당초 증권회사 CMA는 가상계좌를 통해 제한적으로만 지급결제서비스를 제
　　공해왔으나 자본시장통합법 시행으로 증권회사의 소액지급결제서비스가 허
　　용됨에 따라 2009년 8월 이후에는 은행 요구불예금 수준의 지급결제서비스가
　　가능해졌다.

13　RP의 성격은 다소 복잡한데, 법적으로 RP거래는 약정기간 동안 대상증권의
　　소유권이 RP매도자에서 RP매수자로 이전되는 증권거래이지만 경제적 실질
　　측면에서 보면 RP매도자가 RP매수자에게 증권을 담보로 제공하고 자금을 차
　　입하는 증권담보부 소비대차의 성격을 지닌다. 우리나라에서 RP거래는 거래
　　주체를 기준으로 금융회사와 일반고객 간에 이루어지는 '대고객 RP', 금융회
　　사 간에 이루어지는 '기관간 RP' 그리고 한국은행의 공개시장운영 수단으로서
　　한국은행과 금융회사 간에 이루어지는 '한국은행 RP'로 구분된다.

14　기관간 RP는 한편에서는 일시적인 자금 부족을 해소하기 위해 다른 한편에서
　　는 일시적인 여유자금을 운용하기 위해 거래된다. 여기에 돈을 빌리는 쪽에서

회사와 일반고객 간에 이루어지는 대고객 RP가 있다. 기관간 RP는 금융회사들 간에 이루어지는 대규모 자금 거래로 개인투자자와는 큰 관련이 없으므로 여기서는 대고객 RP에 대해서만 알아보자.

대고객 RP는 증권회사 수신 상품의 하나로 일정 기간 후 다시 사들인다는 조건으로 고객에게 판매하는 금융상품이다. 즉 대고객 RP는 증권회사의 자금차입 수단이다. 대고객 RP의 종류는 수시 RP와 기간 RP로 구분할 수 있다. 수시 RP는 사전에 약정한 기간이 따로 없이 보유기간에 따라 차등적으로 금리를 적용하게 된다. 기간 RP는 사전에 정해진 약정기간 동안 보유하기 때문에 수시 RP에 비해 더 높은 약정 이자를 받을 수 있고 기간별로 다양한 만기를 선택할 수 있다. 비유해 보면 수시 RP는 요구불예금과 비슷하고 기간 RP는 정기예금과 비슷하다. RP는 단기자금을 안정적으로 투자하기에 적합한 상품이다. 소액투자가 가능하고 정기예금보다 상대적으로 높은 금리를 지급받을 수 있으며 국공채와 우량 회사채 등에 투자되기 때문에 안정성이 매우 높다. RP금리는 매입 시에 금리가 확정되므로 금리가 하락하더라도 약속된 이자를 받는다. 또한 영업시간 내에 수시로 입출금이 가능하나 기간 RP의 경우 만기 전 중도 인출 시에 중도환매 수수료가 발생할 수 있다. RP는 금융회사가 확정금리를

가지고 있는 유가증권을 담보로 제공한다. 담보를 제공하므로 좀 더 낮은 금리로 차입할 수 있으며, 담보를 받은 쪽에서는 받은 담보인 주식과 채권을 RP 기간 중 여러 방식으로 활용할 수 있다.

지급하지만, 예금자보호법에 따라 예금보험공사가 원리금을 보호하지 않음에 유의해야 한다.

증권대차거래[15]

증권대차거래는 외부에서 증권을 잠시 빌려와 사용한 후 다시 반환하는 거래를 말한다. 그러므로 증권대차거래 자체에는 돈이 개입되지 않는다. 증권을 빌리고 빌려주는 수수료만 주고받을 뿐이다. 그런데 증권대차는 돈을 주고받는 또는 증권을 사고파는 거래에 이용된다. 예를 들어 RP거래를 통해 자금을 차입하려면 담보가 필요하다. 이때 보유 중인 채권이 있을 경우는 이를 담보로 제공하고 자금을 차입할 수 있지만, 보유 중인 채권이 없을 때는 대차거래를 통해 증권을 빌려와서 이를 담보로 제공하고 자금을 차입하기도 한다. 또한 공매도를 하려면 증권을 빌려와서 팔아야 하므로 이 경우에도 증권대차가 이용된다.[16] 이 경우 증권대차는 레버리지를 높이는 요인이 된다. 증권을 빌리고 빌려주는 과정에서 수수료를 주고받는다.

---

15 단기금융상품은 아니나 단기자금거래와 밀접한 관련을 가지므로 여기서 설명한다.

16 금융회사가 보유하고 있는 증권을 팔면 포지션은 제로가 되지만, 빌려온 증권을 팔면 포지션은 마이너스가 된다. 공매도란 포지션을 마이너스로 만드는 작업이다.

모아서 나누기
Fund, ETF, ETN, REITs[17]

+ 위험이 적어지면 수익이 조금 낮아도 우리는 이를 받아들일 수 있다.
+ 위험을 한 군데 모아서 나누면 개인에게 돌아가는 위험은 분산된다. 그러나 전체 위험은 줄어들지 않고 그대로 있다.
+ 전문가가 나를 위해 수익과 위험을 관리해 주면 좋은 일이다. 그러나 세상에 공짜는 없다. 대가로 수수료를 지불해야 한다. 저금리 하에서는 수수료가 상대적으로 커 보인다.

'내가 잘 할 수 있느냐?' 그리고 '내가 잘 할 수 있다 할지라도 시간과 노력을 부담할 것인가?'라는 질문에 따라 투자방식은 달라진다. 남에게 투자를 맡길 수 있다. 그러나 이 경우에도 자신이 중요한 의사 결정을 해야 한다. 어느 펀드에 투자할 것인가? 펀드에도 주식에 투자하는 펀드와 채권에 투자하는 펀드 등 여러 가지가 있다. 주식 펀드에 가입할 경우에도 성장하는 기업에 투자할지 또는 안정적인 기업에 투자할지 등을 선택해야 하며, 채권펀드에 가입할 경우에도 만

---

17 《한국의 금융시장》(한국은행, 2016), 《대학생을 위한 실용금융》(금융감독원, 2021), 각 금융회사의 상품 소개 웹페이지 등을 참고하였다.

기가 긴 국채펀드에 투자할지 상대적으로 높은 수익률이 기대되는 우량회사채 펀드에 투자할지를 선택해야 한다. 결국 기대되는 수익과 위험을 자신이 결정해야 한다. 그리고 어떤 펀드가 더 좋은지를 알아보는 것도 중요하지만 이에 앞서 자신이 수익과 위험의 관계에서 무엇을 원하는지를 명확하게 해야 한다.

1. 펀드fund: 모아서 운용한다

자기가 알아서 할 것인가 vs 남에게 맡길 것인가?

투자방식에는 크게 직접투자와 간접투자가 있다. 직접투자는 투자자가 주식과 채권투자와 관련한 정보를 스스로 수집하고 판단해 자신이 책임지고 운용하는 것을 말한다. 개인의 경우 제한된 자금만으로 투자할 수밖에 없어 여러 종목에 나누어 분산하기는 어렵다. 반면 간접투자는 자산운용 전문가에게 돈을 맡겨서 운용해 달라고 부탁하는 방식이다. 여러 사람이 위탁한 대규모 자금으로 분산투자하기 때문에 투자의 수익률 변동 위험을 줄일 수 있다. 다만 이 경우에는 몇 가지 수수료를 부담해야 한다.[18]

---

18 운용보수, 판매보수, 신탁보수, 사무관리보수, 판매수수료 등이 있다. 조금 후 본문에서 내용을 설명한다.

여러 가지 종류의 펀드[19]

펀드는 대표적인 간접투자상품이다. 불특정 여러 투자자로부터 자금을 모아서 자산운용회사가 주식, 채권, 파생금융상품과 도로, 항만, 공항 같은 사회간접자본 그리고 금, 구리, 선박 같은 실물자산 등 다양한 자산에 분산투자해 그 실적을 각 투자자의 투자금액에 비례해 나눠 준다. 이렇게 운용되는 펀드를 다양한 기준에 의해 분류해 보자. 먼저 기본적으로는 중도환매가 가능한지 여부, 투자자금을 추가로 납부할 수 있는지에 따라 달라지며 또 투자자금의 모집대상, 투자방식 등에 의해 구분할 수 있다.

먼저 환매 가능 여부에 대해 살펴보면 개방형펀드와 폐쇄형펀드로 구분할 수 있다. 개방형펀드는 언제든지 환매가 가능한 펀드로서 운용 후에도 추가로 투자자금을 모집할 수 있다. 폐쇄형펀드는 원칙적으로 만기까지 환매가 불가능한 펀드로서 첫 모집 당시에만 자금을 모집하고 기간이 끝나면 전 자산을 정산해서 상환이 이루어진다. 폐쇄형펀드의 경우에는 유동성을 보완하기 위해 증권거래소에 상장을 하도록 하고 있다. 돈이 필요한 경우에는 환매를 받는 대신 보유하고 있는 수익증권을 매각할 수 있는 길을 열어 놓은 것이다. 또한 단위형펀드와 추가형펀드로 구분된다. 단위형펀드는 추가 입금이 불가능하고 투자 기간이 정해져 있는 반면 추가형펀드는 수시로 추가 입금이 가능하다.

19　보다 자세한 내용은 《한국의 금융시장》(2016)을 참고하기 바란다.

투자자금 모집 대상별로는 공모형펀드와 사모형펀드로 분류할 수 있다. 공모형펀드는 불특정 다수의 투자자로부터 자금을 모집하는 반면 사모형펀드는 49인 이하 소수의 거액 투자자로부터 자금을 모집한다. 아울러 펀드에 납입하는 시기에 따라 구분해 보면, 거치식펀드는 일시에 거금을 투자하는 반면 적립식펀드는 정기적(매월, 매분기 등)으로 일정 금액을 투자하며 임의식펀드에는 투자금이 있을 때마다 수시로 투자할 수 있다.

이제 가장 많이 거래되는 증권펀드에 대해 알아보자. 주식과 채권에 어떤 비율로 투자하느냐에 따라 주식형, 채권형, 혼합형으로 구분할 수 있다. 자산의 60% 이상을 주식에 투자하면 주식형펀드, 채권에 60% 이상 투자하면 채권형펀드로 구분한다. 주식과 채권에 대한 투자비율이 모두 60% 미만이면 혼합형펀드로 불린다. 주식형펀드는 투자하는 주식의 특성에 따라 다시 성장주펀드, 가치주펀드, 배당주펀드, 섹터형펀드, 인덱스펀드 등 매우 다양하게 구분할 수 있다. 성장주펀드는 말 그대로 성장주에 주로 투자하는 펀드이며, 가치주펀드는 시장에서 저평가되는 가치주를 발굴해 투자하는 펀드, 배당주펀드는 배당금을 많이 주는 기업에 투자하는 펀드, 섹터형펀드는 특정 산업 또는 업종sector의 주식에 주로 투자하는 펀드, 인덱스펀드는 KOSPI200지수와 같은 지표를 따라가도록 설계한 펀드를 말한다.

펀드의 운용구조

펀드 내의 주식과 채권을 운용하는 회사와 판매 회사 이외에도 많은 기업과 기관이 펀드 운용에 관여하고 있다. 투자자 입장에서 이들의 역할을 굳이 알 필요는 없지만, 운용구조를 알게 되면 펀드에 대한 이해도 깊어지리라 생각한다. 자동차 내부의 브레이크와 엔진 구조를 알게 되면 안전 운전에 도움이 된다.

먼저 자산운용회사는 펀드를 설정하고 투자자산을 운용한다. 펀드매니저는 주식, 채권, 부동산 등 편입자산 종류와 투자 비중을 결정한다. 일단 편입자산의 포트폴리오를 구성하고 난 이후에는 거시경제 상황에 대한 판단 하에서 기업의 경영성과, 재무상태 등 다양한 위험 요소를 분석해 펀드 내의 포트폴리오를 지속적으로 조정하고 관리한다. 한편 은행, 증권회사, 보험회사 등은 투자자에게 펀드투자를 권유하고 투자계약을 체결하면서 펀드를 판매한다. 판매회사가 가지고 있는 전국의 영업점을 넓은 네트워크로 활용하는 것이다.

수익증권을 판매한 대금, 즉 투자자의 자금은 자산운용회사로 들어가지 않고 자산보관·수탁회사가 관리한다. 이는 자산운용회사가 자금을 엉뚱한 곳으로 빼돌리지 못하게 하는 안전장치일 뿐 아니라 만일 펀드 운용 중 파산할 경우에도 펀드에 투자한 자금이 안전하게 보호될 수 있게 한다. 한편 일반사무관리회사는 펀드 기준가격 산정 업무와 펀드 회계업무 등을 담당한다. 자산운용회사의 운용실적은 사무처리를 통해 관리check and balance 된다.

펀드투자비용

펀드투자비용은 펀드수익률에서 차감되어 투자의 순수익률을 좌우하므로 가입 시 비용이 적은 펀드를 선택하는 것이 중요하다. 펀드운용회사는 투자자에게 각종 수수료와 보수를 받는다. 펀드투자비용은 수수료와 보수로 구분된다. 수수료commission란 펀드투자자가 지불하는 일회성 비용이며, 보수fee는 가입 기간 동안 펀드 순자산의 일정 비율로 지속적·정기적으로 지불되는 비용이다. 펀드자산을 운용하는 대가로 자산운용회사가 받는 돈을 운용보수라고 하며, 매년 펀드 자산의 일정 비율을 보수로 떼어간다. 판매회사가 판매서비스에 대해 받는 대가에는 판매수수료와 판매보수가 있다. 판매수수료는 펀드를 추천하고 펀드 내용을 설명해주는 대가이며 선취 또는 후취로 떼어 간다. 판매보수는 투자자의 펀드 계좌를 지속적으로 관리해 주는 비용이며 운용보수와 마찬가지로 펀드자산의 일정 비율을 지급하게 된다. 그 밖에 자산보관·수탁회사가 받는 신탁보수와 일반사무관리회사가 받는 사무관리보수가 있으나 운용보수나 판매수수료 및 판매보수에 비하면 크지는 않다. 또한 펀드에 따라 펀드에 가입한 후 3~6개월이 지나기 전에 펀드를 해지하면 일종의 페널티로 환매수수료가 부과될 수 있다. 당초 투자 기간보다 빨리 환매할 경우 자산운용회사의 운용전략을 수립, 유지, 관리하는 데 어려움이 발생할 수 있기 때문에 부과하는 수수료이다. 각각의 비용은 적으나 이를 모두 합친 전체는 결코 적지 않다.

펀드투자의 유리한 점과 한계

먼저 펀드투자를 하면 유리한 점으로 크게 세 가지를 들 수 있다. 첫째, 소액으로 여러 종목에 분산하여 투자함으로써 위험을 감소시킬 수 있다. 예를 들어 개인이 500만 원으로 주식, 채권, 부동산, 해외자산 등에 분산투자하기는 어렵지만 다수 투자자의 자금을 모집하여 대규모 자금을 운용하는 펀드의 입장에서는 분산투자가 가능하므로 투자위험을 줄일 수 있다. 여기서 분산투자를 한다는 뜻은 수익률을 높일 수 있다는 의미가 아니라 평균수익률로 안정적으로 운용할 수 있다는 말이다.

둘째, 펀드는 자산운용 전문가인 펀드매니저에 의해 운영되는 장점이 있다. 개인투자자는 전문가에 비해 정보의 취득이나 분석 능력이 떨어질 수밖에 없고 투자 경험도 적어 자금을 운용하는 데 어려움이 많은 반면, 전문가는 지식과 경험이 많을 뿐 아니라 아침에 출근하여 저녁에 퇴근할 때까지 그 일만 하는 사람이다. 그러나 전문가가 항상 더 높은 수익을 얻지는 못한다는 점을 잊지 말자. 더욱이 펀드 규모가 감소하는 과정에서는 펀드매니저가 자신이 운용하는 다른 펀드에 보다 신경을 쓰는 사례도 있다.

셋째, 규모의 경제economies of scale로 인한 비용 절감 효과가 있다. 펀드는 대규모로 투자되고 운용되므로 거래비용, 정보취득비용, 증권분석 노력 등이 절감될 수 있다.

아울러 펀드투자는 투자자로 하여금 본래 생업에 더욱 집중할 수 있게 해 주는 장점이 있다. 즉 투자의 기회비용을 줄이는 역할을 해 준다. 그러나 저금리 상황이 지속되는 가운데 펀드 투자수익률이 낮아짐에 따라 펀드 관련 수수료가 부담되어 펀드투자를 접는 경우도 적지 않다.

펀드를 이용한 투자방법

펀드를 통한 간접투자 시 이익 또는 손실은 모두 투자자 자신의 책임으로 귀속된다. 즉 전문가가 운용한 성과를 그대로 적용받는 실적배당상품이며 손실이 나더라도 그 전문가에게 책임을 물을 수는 없다. 그들을 믿고 맡기는 것이다. 그러므로 투자자는 펀드에 돈을 맡기기 전에 펀드의 특성, 펀드매니저의 과거 운용실적, 투자위험 및 보수·수수료 등을 확인해야 한다. 자신이 돈을 맡길 펀드매니저의 과거 실적은 중요하다. 그러나 지난 시즌 경기에서 타율이 높은 타자라고 오늘 경기에서도 성적이 좋을 것이라는 보장은 없다. 훌륭한 선수도 맥없이 타석에서 물러나기도 한다. 그래도 타율은 중요하다.

돈을 맡긴 이후에도 펀드 운용 성과를 지속적으로 모니터링해야 한다. 운용 성과가 계속 좋지 않을 경우에는 돈을 돌려받거나(펀드 환매) 또는 다른 펀드로 갈아타기(펀드 교체) 여부를 고민해야 한다. 그러나 일단 투자한 후에 중도환매하려면 별도의 수수료를 부담해야 하므로 최초 의사결정을 뒤집기가 쉽지 않다. 그러므로 처음 투자할 때 신중히 판단할 필요가 있다.

2. 조금 다른 펀드들

상장지수펀드

상장지수펀드ETF, Exchange Traded Funds는 특정 지수의 변동 또는
특정 자산의 가격 변동과 수익률이 연동되도록 설계된 펀드로서 증
권거래소에 상장되어 주식처럼 거래되는 펀드이다. ETF도 펀드이
기 때문에 그 속성은 일반 펀드와 동일하지만 특정 지수에 연동되어
거래되기 때문에 이해하기 쉬우며 일반 펀드와 달리 주식처럼 실시
간으로 거래할 수 있다. 즉 특징은 중도에 돈이 필요할 때 자산운용
사에 환매를 요청하는 대신, 주식처럼 시장에 내다 팔면 된다는 점
이다.

ETF는 일정 지수를 추종하는 펀드로서 수익률이 대체로 지수와
연동되어 있어 시장 수익률 대비 초과이익을 추구하는 액티브펀드
active fund처럼 펀드매니저가 포트폴리오를 수시로 조정하지 않으므
로 운용보수가 저렴한 장점이 많다. 상품 종류도 다양해 산업별 상
장기업 주가 흐름을 따라가는 섹터 ETF, 해외 시장 대표지수를 추
종하는 해외 ETF, 금과 같은 상품 가격 또는 상품선물지수를 추종
하는 상품 ETF, 채권지수를 추종하는 채권 ETF, 통화지수를 추종
하는 통화 ETF 등 다양한 상품이 거래되고 있다. 또한 시장 수익률
의 움직임을 더욱 확대시키는 레버리지 ETF와 시장수익률과 반대
방향으로 움직이는 인버스inverse ETF를 이용해 위험을 감수하고 높
은 수익률을 겨냥할 수 있다.

그러나 ETF 투자 시 다음 사항에 유의하자. ETF는 저렴한 비용으로 분산투자가 가능하고 상장주식처럼 실시간 매매가 가능하지만, 은행 예금과 달리 원금보장상품이 아니므로 원금 손실 우려가 있다. 또 운용보수, 판매보수, 신탁보수 등 비용이 펀드자산에서 차감되며 장기투자하는 경우 이러한 비용이 수익률에 미치는 영향이 크므로 투자 전에 수수료와 비용을 확인해야 한다. 상품과 운용회사에 따라 수수료와 보수가 상이하다. ETF는 순자산가치가 기초 지수를 따라가도록 설계된 상품이다. 지수 추적에 오차가 큰 ETF나 ETF 시장가격과 순자산가치의 차이인 괴리율이 큰 ETF는 시장가격을 잘 따라가지 못한다는 점을 명심하자. 특히 레버리지 ETF와 인버스 ETF는 수익 구조가 일반 ETF와 다르므로 위험에 유의할 필요가 있다. 아울러 해외상장지수 또는 원자재 선물 등을 기초자산으로 하는 ETF는 환율변동 위험에 유의해야 한다.

상장지수증권

상장지수증권ETN, Exchange Traded Notes은 펀드가 아니지만 앞선 ETF와 유사하므로 여기서 설명한다. ETN은 기초 지수 변동과 수익률이 연동되도록 증권회사가 발행하는 파생결합증권으로서 거래소에 상장되어 거래되는 증권이다. ETF와 유사해 보이지만 ETF는 펀드의 성격을 가진 자산운용사의 상품인 반면, ETN은 증권의 성격을 가진 증권회사의 상품이다. 발행회사인 증권회사는 투자수요가 예상되는 다양한 ETN을 상장시켜 투자자가 쉽게 ETN을 사고팔 수 있도록 실시간 매도·매수호가를 제공한다. ETF와 ETN은 모두 인덱스 상품이면서 증권거래소에 상장되어 거래된다는 점에서는 유사하나, ETF는 자금이 외부 수탁회사에 맡겨지기 때문에 발행기관의 신용 위험이 없는 반면, ETN은 발행기관인 증권회사의 신용에 의존한다. ETF는 만기가 없지만 ETN은 대체로 1년에서 20년 사이로 만기가 정해져 있다.

부동산투자회사

'리츠'라고 불리는 부동산투자회사REITs, Real Estate Investment Trusts는 투자자금을 모아 부동산 개발, 매매, 임대사업 등에 투자할 뿐 아니라 주택저당채권담보부채권MBS에 투자한 후 이익을 배당하는 간접투자상품이다. 소액투자자의 부동산 투자 기회를 확대하기 위해 리츠가 도입된 지도 벌써 이십여 년이 되었다. 리츠는 부동산펀드와는 달리 상법상의 주식회사로 운용되면서 부동산과 부동산 관련 자본 등에 총 자산의 80% 이상을 투자하고, 수익의 90% 이상을 배당으로 지급한다. 따라서 리츠를 이용하면 소액 개인투자자라도 대규모 자금이 필요한 부동산 투자에 간접적으로 참여할 수 있다. 또한 현금화가 매우 어려운 부동산투자의 단점을 증권시장에 상장된 리츠 주식의 매매를 통해 해결할 수 있는 장점도 있다. 물론 해외부동산에 투자하는 리츠의 경우 환위험에 노출되어 있다.

파생되거나 결합된 친구들
선물, 옵션, 스왑, ELS, DLS[20]

+ 금융거래는 서로 원하는 바가 다를 때 일어난다. 파생금융상품 거래의 경우도 마찬가지다.
+ 선물futures에는 공급이 없다. 다만 사고자 하는 수요와 팔고자 하는 수요가 있을 뿐이다. 현재 시점에서 미래의 매매가격을 고정시킬 수 있는 기능이 있다.
+ 옵션options 공급자는 의무를 부담하고 권리를 판다. 대신에 수수료를 받는다. 옵션 수요자는 아무런 의무 부담 없이 권리를 산다. 대신에 수수료를 지급한다. 옵션은 보험과 비슷하다.
+ 스왑swaps은 어떠한 조건을 바꾸는 거래를 말한다.

파생금융상품과 결합금융상품은 복잡하다고 알려져 있으며 실제로도 구체적으로 들어가면 매우 복잡하다. 그러나 투자자의 입장에서 파생금융상품을 지나치게 상세히 이해할 필요는 없다. 투자수익에 미치는 영향만 알면 된다. 파생금융상품의 구조는 선물, 옵션, 스왑 등 상품별로 각각 다르므로 간단히 구조를 살펴보자. 결합금융상품을 이해하기 위해서는 그 상품 안에 무엇이 결합되어 있는지를 알면

20 《한국의 금융시장》(한국은행, 2016), 《대학생을 위한 실용금융》(금융감독원, 2021), 각 금융회사의 상품 소개 웹페이지 등을 참고하였다.

수익 구조를 파악할 수 있다. 결합금융상품 안에는 주식, 채권 등 일반적인 금융상품 이외에도 파생금융상품이 결합된 형태가 많다. 그러므로 결합금융상품을 제대로 이해하기 위해서는 파생금융상품에 대한 이해가 필요하다.

1. 꼬리가 몸통을 흔든다?

파생되는 금융상품의 대상과 구조

파생금융상품derivatives이란 기초자산의 가치 변동에 따라 가격이 결정되는 금융상품을 말한다. 즉 파생금융상품의 가격은 기초자산의 가격 변동과 밀접하게 연결되어 있다. 우선 두 가지를 알아야 한다. 첫째 기초자산이란 무엇인가? 둘째 파생금융상품과 기초자산은 어떻게 연결되어 있는가?

먼저 첫 번째 질문인 기초자산이란 무엇인지에 대해 알아보자. 파생금융상품의 기초가 되는 자산의 종류는 다양하지만, 그중에서도 주식, 채권, 외화 등의 금융상품과 금, 은, 원유, 곡물 등의 실물상품commodity이 중요하다. 파생금융상품을 이해하기 위해 기초자산의 성격도 자세히 알아야 할까? 그럴 필요는 없다고 생각한다. 다만 기초자산가격의 움직임에 대한 이해는 필수적이다. 여기서는 기초자산 중 실물상품 관련 파생금융상품은 제외하고 금융상품 관련 파생금융상품에 대해서만 살펴본다.

두 번째 질문으로 넘어가자. 파생금융상품과 기초자산은 어떻게 연결되어 있는가? 파생금융상품의 종류에 따라 기초자산과 연결된 형태는 매우 다르다. 기초자산의 가격이 오를 때 파생금융상품의 가격이 오르는지, 떨어지는지 또는 다른 복잡한 형태의 가격 변동을 보이는지는 선물 또는 옵션 등 파생금융상품별로 각각 다른 구조를 가진다. 그리고 그러한 파생금융상품을 매입했는지 매도했는지 즉 롱의 입장인지, 숏의 입장인지 등에 따라 정반대의 영향을 받는다.

기성복과 맞춤복: 표준화된 거래조건의 좋은 점과 한계

금융시장에서는 다양한 상품이 거래된다. 그런데 너무 많은 종류의 상품이 있으면 조금씩 다른 차이 때문에 적정한 가격을 발견하기 힘들어 거래되기 어렵다. 상품을 표준화할 필요가 있다. 여러 종류의 자동차를 만드는 경우에도 표준화된 부품을 사용하면 대량생산에 유리하다. 백화점에서도 몇 가지 규격을 정해 기성복을 팔고 있다. 반면 표준화를 하게 되면 다양한 수요를 모두 수용하지는 못한다는 한계가 있다. 파생금융상품 중 선물, 옵션 등 장내파생금융상품은 거래조건을 표준화하여 거래소에서 거래되며 선도거래, 스왑 등 장외파생금융상품은 표준화되지 않고 거래소 밖에서 거래된다. 표준화되면 저렴한 거래비용으로 대규모로 거래될 수 있는 장점이 있지만, 비표준화된 거래는 각 거래 당사자가 원하는 다양한 요구를 충족시킬 수 있는 장점을 가진다. 개인투자자는 표준화된 거래의 일부에 참여할 수 있다.

롱long과 숏short

앞서 여러 번 설명했지만 파생상품을 이해하기 위해 롱과 숏의 개념을 다시 한번 정리해 보자. 롱의 개념은 쉽다. 자산을 가지고 있는 상태, 즉 자산을 플러스(+)로 가진 상태를 말한다. 가격이 오르면 이익을 얻고 가격이 떨어지면 손실을 본다. 숏의 개념은 자산을 마이너스(−)로 가진 상태를 말한다. 자산이 없는 상태(0)가 아니라 나중에 그 자산을 갚아야 하는 의무를 부담하고 있는 상태를 말한다. 예를 들면 A주식을 빌려서 팔아 놓았기 때문에 나중에 A주식을 갚아야 하는 상태를 말한다. A주식을 빌려서 10만 원을 받고 팔았는데 나중에 주가가 11만 원이 될 경우에는 11만 원에 사서 갚아야 하므로 1만 원의 손실을 보게 된다. 반면 나중에 주가가 9만 원이 될 경우 9만 원에 사서 갚을 수 있으므로 1만 원의 이익을 보게 된다. 그러므로 숏의 상태인 숏포지션에서는 가격이 떨어지면 이익을 보고 가격이 올라가면 손실을 감당하는 구조를 가진다. 만일 롱과 숏을 동시에 하나씩 가지고 있다면, 이를 '스퀘어포지션square position'이라고 하는데, 플러스와 마이너스가 동시에 일어나므로 이득도 손실도 아닌 제로(0)의 수익을 얻게 된다.

헤지hedge와 투기speculation

파생금융상품은 가격 변동 위험을 회피하기 위한 수요를 충족시키기 위해 태어났다. 일반적으로 자산이란 가격이 오르면 이익이고 가격이 떨어지면 손실을 보기 마련인데, 불확실한 세상에서는 가격이 오를지 떨어질지 알 수 없다. 가격이 떨어지는 경우에는 손실을 감수해야 한다. 선물과 옵션 등의 파생상품 거래를 통해 불확실한 미래에서 일어날 가격 변동 위험을 줄이고자 하는 수요가 있다. 이를 헤지hedge 거래라고 한다. 예를 들어, 3개월 후 수출대금으로 1000만 달러를 수취할 예정인 수출업자는 3개월 후 환율이 얼마가 되느냐에 따라 원화로 받게 될 금액이 변동한다. 즉 환리스크가 발생한다. 3개월 후 수출대금을 받게 되어 있는 것은 선물환을 매수한 것과 같으므로 3개월 후 달러당 1120원에 1000만 달러를 매도할 수 있는 선물환 계약이 가능하다면 선물환 매도계약을 통해 3개월 환율 변동에 상관없이 112억 원의 원화자금을 확보할 수 있게 된다.

그러나 파생금융상품은 기초자산의 미래 가격 변동을 예상하고 레버리지를 이용한 투기적 목적으로도 많이 활용된다. 금융시장은 다양한 수요와 전망이 부딪치는 장소다. 많은 사람이 가격이 떨어진다고 생각할 때도, 가격이 오를 것이라 전망하는 사람들이 있어야 거래가 성립한다. 한편 투기적 거래는 파생상품 거래가 활발하게 일어나게 하는 데 큰 도움을 준다.

몸통을 흔드는 꼬리

기초자산의 가격이 파생금융상품의 가격을 결정하지만, 파생금융상품의 규모가 커지면서 반대의 경우도 나타나게 되었다. 선물시장(꼬리)이 현물시장(몸통)에 큰 영향을 미칠 때 '꼬리가 몸통을 흔든다.wag the dog'라는 말이 많이 사용된다.

한편 일반적인 금융상품과 파생금융상품이 결합하면서 다양한 형태의 금융상품 개발이 가능해졌다. 금융공학financial engineering은 새로운 금융상품과 거래를 만들어 내면서 금융 혁신financial innovation 에 기여하고 있지만, 쉽게 이해하기 어려운 복잡한 구조의 상품을 양산하였다. 파생금융상품은 투자의 넓은 지평을 열 수 있으리라는 기대를 받았으나 과학적 투자라고 맹신하는 가운데 여러 금융위기를 초래하는 주된 원인 중 하나로 지목되기도 하였다. 파생금융상품의 특성과 투자위험을 정확하게 알고 적절하게 활용하기 위해서는 충분한 공부와 이해가 선행되어야 한다.

2. 미래 가격을 거래하다: 선물

선물의 개념

선물futures 또는 선물계약futures contract의 구조를 알기 위해 간단한 예를 들어 설명해 보기로 한다. 쌀을 생산하는 농부가 가을에 수확하게 될 쌀의 가격이 얼마일지 모른다고 가정하자. 만약 농부가 가격을 정확히 알 수만 있다면, 자기 수입이 얼마가 될 지 계산할 수 있으며 이를 바탕으로 지출 계획을 미리 세울 수 있을 것이다. 쌀을 사려는 도매업자의 경우에도 가을에 쌀 가격이 얼마가 될지 미리 알 수만 있다면 미리 판매원가와 판매처를 확정지을 수 있다. 농부의 입장에서는 앞으로 쌀 가격이 떨어질지 올라갈지 염두에 두지 않고 열심히 농사만 지으면 자녀의 학자금이나 생활비를 마련할 수 있다. 도매업자의 경우에도 쌀값이 오르더라도 미리 정해 놓은 가격으로 쌀을 구매할 수 있으므로 판매처와의 거래관계를 걱정하지 않아도 된다. 이처럼 선물계약은 불확실한 기초자산의 미래가격을 확실한 것으로 고정하고자 하는 거래 당사자 간의 욕구를 바탕으로 한다.

이제 선물계약의 일반적인 정의를 정리해 보면, 거래 당사자인 선물매도자와 선물매수자가 미래의 일정 시점에 선물거래의 대상이 되는 기초자산을 현재 시점에서 약정한 선물가격으로 매입하거나 매도하기로 체결한 계약이다. 즉 현재 합의된 가격으로 미래에 한쪽은 자산을 매입하기로, 다른 한쪽은 매도하기로 약속하는 계약이다.

선물계약의 종류

선물계약은 거래 대상이 되는 기초자산의 종류에 따라 크게 상품선물과 금융선물로 구분된다. 상품선물commodity futures은 기초자산이 실물상품인 선물로서 초기에는 농산물, 축산물 등에 한정되었으나 점차 확대되어 현재는 비철금속, 귀금속, 에너지 등에 이르기까지 다양해졌다. 금융선물financial futures은 기초자산이 금융상품인 선물로서 금리에 의해 가격이 결정되는 장단기 채권을 기초자산으로 하는 금리선물interest rate futures, 개별 주식과 주가지수를 거래 대상으로 하는 주식관련선물stock-related futures, 그리고 주요국의 통화를 대상으로 하는 통화선물currency futures이 포함된다.

선물의 손익구조payoff

　선물계약은 선물매입long position과 선물매도short position로 구분된다. 선물매입은 최종 거래일에 현재 시점에서 약정한 선물가격으로 기초자산을 매입하기로 약정한 거래를 말하며, 선물매도는 최종 거래일에 현재 시점에서 약정한 선물가격으로 기초자산을 매도하기로 약정한 거래를 말한다. 선물계약자는 최종 거래일에 현물가격에 관계없이 선물가격으로 기초자산을 인수하거나 인도해야 하는 의무가 있다. 따라서 선물계약의 손익(P)은 청산일의 현물가격(S)이 체결일의 선물가격(X)보다 얼마나 상승 또는 하락하는지에 따라 결정된다. 그러므로 선물은 만기일에 기초자산의 가격(S)이 얼마나 될지를 예측하는 게임이라고 말할 수 있다. 기초자산의 가격(S)이 계약

그림 27.1 선물의 손익구조

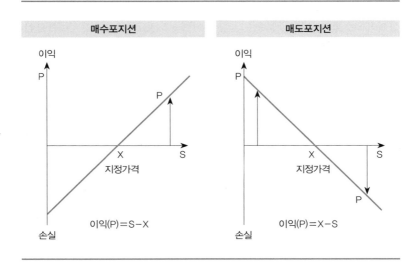

440

시점(X)보다 상승할 것이라고 예상되면 선물 롱을, 기초자산의 가격 (S)이 계약 시점(X)보다 하락할 것이라고 예상되면 선물 숏을 잡으면 선물투자에서 수익을 낼 수 있다.

3. 권리와 의무: 옵션

옵션의 개념

옵션option의 구조는 쉽게 말하면 보험상품과 비슷하다. 옵션 매도자는 보험회사로서 보험료를 받는 대신 위험이 발생할 경우 손실액을 보상해주는 반면, 옵션 매수자는 보험 가입자로서 보험료를 내는 대신 위험이 발생할 경우 손실액을 보상받는다. 다시 말해 옵션 매도자는 위험 보상의 의무가 있는 반면, 옵션 매수자는 위험 보상을 받을 권리가 있다.

일반적으로 소액 투자자의 경우 옵션을 매도하기보다는 주로 매수 위주로 접근하는 경향이 있다. 옵션 매도자는 손실에 대비해 상당한 금액의 증거금을 맡겨야 하며, 경우에 따라 무한대의 위험을 부담하기 때문이다. 선물계약은 매입 측과 매도 측 쌍방이 모두 계약 이행의 의무를 지게 되지만, 옵션계약의 경우 매수자는 유리하면 계약을 이행하고 그렇지 않으면 계약을 이행하지 않을 권리가 있지만, 매도자는 매수자의 권리 행사에 대응한 계약 이행의 의무만을 지게 된다. 그러나 세상에 공짜는 없다. 권리만 있는 옵션 매수자는 의무만을 지는 옵션 매도자에게 일종의 보험료인 '옵션프리미엄 option premium'을 지급한다.

콜옵션과 풋옵션

옵션의 종류는 기준에 따라 다양하게 구분할 수 있다. 우선 권리가 있는 매수자의 입장에서 어떠한 권리가 있는지에 따라 구분해 보자. 이는 의무를 부담하는 매도자의 측면에서는 어떠한 의무가 있는지에 따라 구분하는 것과 같다. 옵션 매수자는 계약에 따라 미리 정하는 바에 따라 일정 가격에 사는 권리가 있을 수도 있으며, 일정 가격에 파는 권리가 있을 수도 있다.

콜옵션call option은 기초자산을 매입할 수 있는 권리가 있는 옵션이다. 콜옵션의 매입자는 장래의 일정 시점 또는 기간 내에 특정 기초자산을 정해진 가격으로 매입할 수 있는 선택권을 가진다. 반면 콜옵션의 매도자는 선택권 행사에 응해 기초자산을 매도해야 한다.

한편 풋옵션put option은 기초자산을 매도할 수 있는 권리가 있는 옵션이다. 풋옵션의 매입자는 장래의 일정 시점 또는 기간 내에 특정 기초자산을 정해진 가격으로 매도할 수 있는 선택권이 있으며, 풋옵션의 매도자는 선택권 행사에 응해 기초자산을 매수해야 한다.

옵션의 종류

옵션은 권리와 의무의 대상되는 기초자산에 따라 구분할 수도 있다. 개별 주식을 기초자산으로 하는 주식옵션stock option, 주가지수를 기초자산으로 하는 주가지수옵션stock index option, 주요국의 통화를 기초자산으로 하는 통화옵션currency option, 금리 변동과 연계되는 금융상품이 기초자산이 되는 금리옵션interest rate option, 현물을 기초자산으로 하는 선물계약 자체를 기초자산으로 하는 선물옵션options on futures 등으로 구분할 수 있다.

옵션의 손익구조payoff

옵션의 가격이란 현재 시장에서 거래되고 있는 옵션상품의 거래가격을 말한다. 옵션의 가격은 기초자산의 현재 가격, 옵션의 만기와 행사가격, 무위험이자율 등의 조건을 반영하여 결국은 수요와 공급에 의해 결정되어 변동한다. 반면 옵션의 행사가격exercise price 또는 strike price은 옵션 매입자가 권리를 행사해 살 수 있는 가격 또는 팔 수 있는 기초자산의 가격을 말한다. 콜옵션call option 매입자는 기초자산의 행사가격(X)이 시장가격(S)보다 싸면 매수 권한을 행사하며, 풋옵션putll option 매입자는 기초자산의 행사가격(X)이 시장가격(S)보다 비싸면 매도권한을 행사한다. 물론 가격이 그 범위 내에 있지 않으면 권리를 행사할 이유가 없다.

콜옵션을 당초에 매입하는 투자자는 기초자산의 가격이 상승할 것으로 예상될 경우에 대비하기 위해 매입한다. 좀 더 정확하게 이야기하면 이러한 경우에 대비하기 위해서 활용한다. 콜옵션 매입자는 만기 시점 기초자산의 시장가격(S)이 행사가격(X)에 콜옵션프리미엄(옵션매매가격)을 가산한 가격인 손익분기점 이상으로 상승해야

그림 27.2 콜옵션과 풋옵션의 손익구조

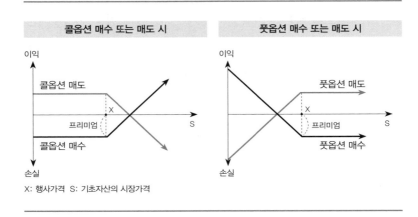

X: 행사가격 S: 기초자산의 시장가격

이익이 발생한다.[21] 옵션의 권리를 행사하지 않고 지나가면 옵션 매입 시 지급한 수수료(옵션프리미엄)만큼 손실을 보게 된다. 보험 가입의 경우에도 보험료만 지불한 후, 만기 시까지 보험금을 수령받을 수 있는 사고 또는 재난이 발생하지 않는 경우가 많다는 점을 생각하자. 그리고 풋옵션의 경우는 콜옵션과 반대로 기초자산의 시장가격(S)이 손익분기점(행사가격-옵션프리미엄) 이하로 하락할 것으로 예상되는 경우에 대비해 매입한다. 기초자산과 풋옵션을 함께 보유할 경우에는 보유 중인 기초자산에서의 가격 손실을 풋옵션 보유에 따라 발생한 이익으로 일부 만회할 수 있다.

21 콜옵션 매도자의 경우는 반대로 만기 시점 기초자산의 시장가격이 매입자의 손익분기점 이하이면 옵션프리미엄 만큼 이익이 발생하게 된다.

4. 조건의 거래: 스왑

스왑의 개념

스왑swap 계약은 거래 당사자가 가지고 있는 미래의 서로 다른 자금흐름을 일정 기간 동안 서로 교환하기로 계약하는 거래이다. 간단히 말해 서로의 조건을 바꾸는 거래를 말한다. 스왑은 주로 장외에서 거래되는데, 그 이유는 스왑은 두 당사자가 자신의 자금흐름을 교환하는 것이므로 계약 형태가 다양해 표준화하기 어렵기 때문이다. 선물이나 옵션거래에 비해 거래 규모가 매우 크므로 개인투자자의 경우에는 스왑거래 자체를 할 수 없다. 그럼에도 불구하고 여기서 설명하는 이유는 스왑은 선물, 옵션과 함께 파생금융상품의 삼총사로서 금융회사의 거래에서 큰 부분을 차지하고 있으며 증권회사의 분석보고서에도 자주 등장하기 때문이다.

스왑의 종류와 기능

기초자산의 종류에 따라 통화스왑Currency Swap, 금리스왑Interest rate Swap, 주식스왑Equity Swap, 상품스왑Commodity Swap 등으로 나눌 수 있다. 이 중 통화스왑은 원화와 달러화 등 이종 통화 간에 원금과 이자의 자금흐름을 서로 교환하는 거래이며, 금리스왑은 원금 교환 없이 변동금리와 고정금리의 현금흐름을 서로 교환하는 거래를 말한다.

5. 복잡한 조건: 구조화 상품

구조화 상품의 개념

구조화 상품이란 예금, 주식, 채권, 통화, 파생금융상품 등의 자산을 가공하거나 혼합해 만들어 낸 금융상품이다. 구조화 상품의 예로는 주식이나 채권, 파생금융상품 등을 혼합해 만든 주가연계증권ELS, Equity Linked Securities, 파생결합증권DLS, Derivatives Linked Securities, 예금과 주식을 혼합해 만든 주가연계예금ELD, Equity Linked Deposit 등이 있다. 이들에 대해 간략하게 살펴보자.

구조화 상품의 등장 배경과 특징

저성장과 저금리 시대가 도래함에 따라 원금과 이자의 지급이 보장되는 저축상품만으로는 재산 증식이나 노후 대비가 쉽지 않은 시대가 되었다. 수익률을 높이기 위해 주식 같은 위험자산에 대한 투자를 확대하면 수익성은 높으나 리스크도 커진다. 그 대안으로 중위험과 중수익 추구를 목표로 여러 가지 조건 하에서 수익률이 정해지는 구조로 개발된 금융상품이 구조화 상품이다. 다만 구조화 상품도 기초자산의 가격이 일정 범위를 벗어나는 경우에는 손실 규모가 커질 수 있다.

구조화 상품은 기초자산의 수익성과 리스크를 구조화 기법을 이용해 완화하거나 증폭시킨 상품이므로 개인투자자가 그 구조를 이해하기란 쉽지 않다. 또한 상품의 가격을 평가하기 어려울 뿐 아니라 가격 정보를 입수하기도 어렵다. 또한 유동성 부족으로 중도해지 해야 할 때 높은 수수료를 부담해야 하는 경우가 많다. 따라서 구조화 상품에 투자하는 경우에는 상품구조와 그 기초자산 등에 대한 충분한 이해가 필요하다. 특히 ELS, DLS와 같은 구조화 상품은 상품 내용이 복잡하고 주가지수, 금리 등 기초자산의 가격이 일정 범위를 벗어나는 경우 투자원금의 100%까지 손실을 볼 수 있는 위험한 상품이다. 이에 ELS, DLS 등 판매회사에 대해 투자위험과 상품 내용을 투자자에게 설명하도록 의무를 부과하고 있다. 따라서 구조화 상품에 투자하기 전에 판매회사로부터 투자위험에 대한 충분한 설명을 듣고 상품 내용을 잘 이해한 후에 가입해야 한다.

주가연계증권과 파생결합증권

주가연계증권ELS, Equity Linked Securities은 개별 주식가격이나 주가지수의 움직임에 연계하여 사전에 정해진 조건에 따라서 수익률이 결정되는 증권이다. 예를 들면 미국, 유럽, 중국의 주식시장의 각 주가지수가 모두 어느 정도 이하로만 떨어지지 않으면, 연 10%의 수익률을 지급한다는 조건으로 증권을 발행한다. ELS는 만기와 수익 구조 등을 다양하게 설계할 수 있는 반면에 그 구조가 복잡하고 표준화되지 않아 증권시장에 상장되지 않으므로 유동성이 낮으며 만기 상환 불이행 위험에 노출되는 단점이 있다. 기초자산이 일정 수준 이상이면 자동으로 조기 상환되는 조건이 부여되고 환매수수료를 부담하는 조건으로 환매를 요구할 수도 있다.

주식투자의 경우에는 주식가격이 오르면 이익이 발생하고 주식 가격이 떨어지면 손실이 발생하는 단순한 구조를 가진다. 반면에 ELS는 주가지수 등 기초자산의 가격 상승 또는 하락과 다른 손익구조를 갖는다. ELS는 다소 복잡한 손익구조를 가지므로 투자위험을 평가하기 쉽지 않다.

원금보장형 ELS는 대부분을 안전한 채권에 주로 투자하고 일부만 주가와 연동되는 옵션 등 파생금융상품에 투자하여 초과이익을 확보하는 수익 구조를 갖는다. 원금보장형 ELS에서는 기초자산의 가격 변동과 상관없이 만기에 지급하기로 약정한 원금의 비율인 원금보장률floor rate이 사전에 제시되지만 기대수익률은 높지 않다. 반면 원금비보장형은 만기에 원금을 보장한다는 조건이 없는 대신 기대수익률은 높게 제시된다. 손익구조는 투자자의 수요에 따라 Knock-Out형[22], Step-Down형, Bull Spread형, Reverse Convertible형, Digital형 등 다양하게 설계될 수 있다.

파생결합증권DLS, Derivatives Linked Securities은 기초자산이 주식가격이나 주가지수가 아닌 금리, 환율, 상품가격 등의 변동에 연계되어 사전에 정해진 방법에 따라 투자수익이 결정되는 증권이다. 금리

---

[22] 기초자산의 가격이 하락할 경우에는 원금을 보장받고, 기초자산의 가격이 상승할 경우에는 미리 정한 경계 가격에 도달할 때까지 상승률에 비례해 일정한 수익률을 획득하게 된다. 기초자산의 가격이 경계 가격에 한 번이라도 도달하면 기초자산의 가격 수준에 상관없이 사전에 제시한 수익률이 확정 지급되는 구조로 설계된다.

등이 일정 범위 내에 있을 경우 약정수익률이 지급되지만, 그 범위를 벗어나면 투자원금의 손실이 발생할 수 있다. DLS의 법적 형식은 증권이므로 다른 증권처럼 투자자금의 100%까지만 손실이 발생할 수 있다. 손익구조와 같은 다른 특징은 ELS와 유사하다.

Q 선물거래과 옵션거래 등은 금융시장에서 가격을 왜곡시키는 부작용이 있는 것으로 알고 있습니다. 이들 거래는 과연 필요한 것인지요?

A 예, 좋은 질문입니다. 우선 선물거래의 가장 중요한 역할은 가격 변동 리스크를 줄이는 헤징hedging 기능이지요. 대부분의 사람은 불확실한 세상에서 가격 변동 리스크를 회피하고 싶어 합니다. 물론 위험을 부담하며 가격 변동에서 이익을 얻고자 하는 사람들도 있지만요. 투자자hedger는 선물거래를 통해 향후 가격이 어떤 방향으로 변하더라도 현시점에서 수익을 일정 수준으로 고정시킬 수 있게 됩니다. 선물거래의 가장 중요한 기능이지요. 다음으로 선물거래는 현물시장의 유동성 확대에 기여한다는 점을 들 수 있겠네요. 선물거래는 현물의 가격 변동 위험을 헤지할 수 있으므로 그만큼 현물의 투자위험이 감소되는 결과를 가져와 투자자는 현물시장에서 보다 적극적으로 포지션을 취할 수 있게 됩니다. 이에 따라 신규 투자자가 시장에 유입될 여지가 증대됩니다. 또한 선물거래는 장래의 가격 정보를 제공하는 기능을 합니다. 선물시장에서 경쟁적으로 형성되는 선물가격은 미래의 현물가격에 대한 기댓값을 의미합니다. 물론 선물가격이 미래의 현물가격과 꼭 일치한다는 것을 의미하지는 않지만, 미래의 현물가격을 예상할 수 있는 가격 예시 기능이 있지요. 아

울러 선물거래는 레버리지가 높은 새로운 투자 수단을 제공하는 한편 선물과 현물 간의 가격 차이를 이용한 차익거래arbitrage나 선물 간의 가격 차이spread를 이용한 스프레드 거래 등의 새로운 투자 기회를 제공합니다. 이러한 차익거래는 각 시장과 상품이 적정한 가격을 발견하는데 중요한 기능을 합니다. 투자자는 상품들을 서로 비교하며 비싸면 팔고 싸면 사는 거래를 하게 되니까요.

다음으로 옵션거래에 대해 말씀 드립니다. 옵션거래는 선물거래만큼은 현물가격에 미치는 영향이 크지 않습니다. 옵션거래는 다양한 위험회피 수단을 제공하는 데 널리 활용되고 있으며, 전통적인 금융상품인 주식, 채권 등과 결합하거나 옵션 간의 결합을 통해 다양한 형태의 수익 구조를 갖는 투자 수단을 만드는 데 활용되고 있습니다. 따라서 투자자는 각자의 위험에 대한 선호나 향후 가격변화에 대한 예상 또는 자신의 자금 사정이나 투자 목적에 따라 적합한 투자전략을 다양하게 구사할 수 있습니다. 또한 선물거래의 가장 큰 기능이 헤징이었듯이 옵션도 불확실한 미래 가격 변동에 따른 위험을 헤지하는 수단으로 활용됩니다. 그러나 헤지를 위해 선물과 옵션을 이용하는 데는 근본적인 차이가 존재합니다. 선물거래는 헤지로 거래할 기초자산의 가격을 고정시킴으로써 위험을 제거하는 반면, 옵션거래는 미래에 가격이 불리한 방향으로 움직이는 것에 대비한 보호 수단을 제공하며 가격이 유리한 방향으로 움직일 때는 이익을 취할 수 있게 해줍니다. 한편 선물시장과 마찬가지로 옵션시장에서도 투기거래가 존재하지요. 옵션의 거래비용은 옵션매입자의 경우 우리가 로또를 사듯이 옵션프리미엄(옵션매입가격)에 한정되기 때문에 옵션투자 시에는 적은 투자비용으로 레버리지가 매우 높은 투자이익을 얻을 수 있습니다.

Q ELS와 같은 구조화 상품의 위험에 대해 설명하셨습니다. 이에 투자할 경우 유의할 사항은 무엇인가요?

A 우선 ELS와 같은 구조화 상품은 원금 손실이 발생할 수 있는 상품이라는 점을 아는 것이 중요하지요. 즉 이익을 보려다가 본전도 못 건지는 경우가 있습니다. 기초자산의 가격 변동에 따라 손실이 발생할 수 있으므로 금융회사 판매직원이 "사실상 원금보장이 된다."라고 설명하더라도 주의해야 합니다. 또한 구조화 상품은 예금자보호 대상이 아닙니다. 증권회사가 자기 신용으로 발행한 무담보·무보증증권이므로 발행회사인 증권회사가 파산하면 투자원금과 수익을 돌려받지 못하게 되지요.

다음으로 다른 모든 금융상품과 같이 구조화 상품도 일반적으로 제시수익률이 높을수록 더 위험한 상품입니다. 제시수익률이 높다면 이에 따른 높은 위험성을 이해하고 투자 여부를 결정해야 합니다. 구조화 상품은 손실이 발생하는 경우 손실 규모가 크게 나타나는 특성이 있습니다. 수익이 발생할 경우 수익률은 높으나, 손실이 발생할 경우 손실 규모가 커지도록 설계된 상품임을 유념해야 합니다. 그러므로 손익 발생 조건과 기초자산에 대한 이해가 필요합니다. 기초자산의 가격흐름에 따라 투자수익률이 결정되므로 기초자산의 가격 수준, 과거 가격 추세, 향후 가격 전망 등에 대해 충분히 살펴보고 투자를 결정해야 합니다.

또한 구조화 상품은 투자 기간 도중 환매할 경우 원금손실 위험이 커집니다. 중도에 상환을 신청할 경우 중도상환 가격에 따라 원금손실이 더 크게 발생할 수 있으니 투자설명서 등을 통해 중도상환 절차와 중도상환 가격 결정 방법에 대해 사전에 확인하고 투자해야 합니다. 즉 안정적인 자금으로 투자할 경우가 아니라면 구조화 상품에 대한 투자를 삼가야 합니다. 또 구조화 상품의 조기상환은 정해진 조건 충족 시에만 가능하므로 조기상환을 예상하고 단기 필요자금을 투자하기보다는 만기까지 자금의 여유가 충분한지 고려한 후 투자하는 것이 바람직합니다.

PART 8

소극적이거나
적극적인 투자전략

투자에 있어 제일 위험한 네 단어는 '이번에는 다를 것이다.'이다.

The four most dangerous words in investing are, it's different
this time.

Peter Lynch

이번 장에서는 여러 가지 투자전략에 대해 알아본다. 먼저 시장 평균을 초과하는 이익을 얻을 수 있는지에 관한 논쟁을 소개한다. 이에 대한 찬반 의견은 투자전략을 크게 나누는 기준이 된다. 이들 전략을 평균만 해도 잘하는 것이라는 소극적 투자전략과 남들과 다른 나의 판단을 믿고 투자해 초과이익[α]을 얻을 수 있다고 주장하는 적극적 투자전략으로 구분하여 정리한다. 소극적 전략을 직접·간접방법으로 나누어 알아본 후, 증권분석을 통해 이루어지는 적극적 전략을 기본적 분석과 기술적 분석으로 구분하여 정리한다.

투자이론과 전략

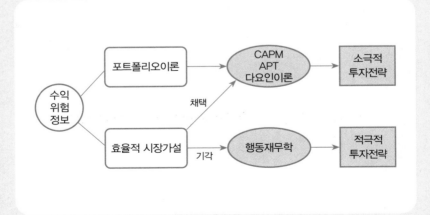

TOPIC **28**

과연 초과이익을 얻을 수 있는가?
투자전략 논쟁

+ "금융시장은 합리적으로 움직이는가?" 이 질문에 대한 대답에 따라 투자전략이 달라진다.
+ 시장이 합리적으로 움직이지 않는다면 초과이익alpha을 얻을 수 있다.

시장의 효율성에 대한 논쟁은 끝없이 지속되어 왔으며 지금도 계속되고 있다. 금융시장이 합리적으로 움직인다면 우리는 시장 전체의 수익률을 초과한 이익을 얻을 수 없다. 여기서 주의할 점은 '이익을 얻지 못한다는 말이 아니라 초과이익을 얻지 못한다.'는 뜻이다. 효율적으로 움직이는 시장이 제공하는 평균수익률 정도는 얻을 수 있다. 그러나 평균수익률을 달성하는 것도 쉽지 않다. 우선 시장의 움직임을 따르는 가장 효율적인 대안들을 객관적으로 찾아내야 한다. 그다음에는 자신이 원하는 상품을 주관적으로 선택하면 된다. 그러나 금융시장이 합리적으로 움직이지 않는다고 가정한다면 창의적인 생각과 치열한 노력으로 시장 전체의 수익률을 초과하는 이익을 얻을 수도 있다. 이렇게 초과이익을 얻기 위해서는 많은 경제 변수의 움직임을 다각도로 분석해야 한다. 그 일환으로 과거 주가 변동에서 일정한 패턴pattern을 찾아 주가를 예측하려는 노력도 계속되고 있다.

1. 초과이익을 얻을 수 있는가?

투자관리의 기준: 시장은 합리적으로 움직이는가?

투자자는 누구나 높은 수익을 얻기를 원한다. 기본적인 수익을 얻기는 쉽다. 예를 들어 정기예금에 돈을 예치하면 위험 부담 없이 기본적인 수준의 이자를 받을 수 있다. 주식에 투자하면 정기예금보다 높은 수익을 얻을 수도 있지만 반대로 낮은 수익을 얻을 수도 있다. 수익률이 변동하는 현상은 위험으로 나타낼 수 있다. 변동하는 수익률은 분포를 이룬다. 편차가 크면 위험하다. 크게 벌 수도 크게 망할 수도 있다. 투자 원리의 가장 기본 원칙은 '수익률이 높으면 위험도 크고, 위험이 적으면 수익률도 낮다.'라는 한 문장이다. 그러나 일부 투자자는 이 원칙을 믿지 않으면서 위험을 감수하는 정도에 비해 높은 이익을 얻기 원한다. 그렇다면 기본 원칙이 무너지는 셈인가? 효율적인 시장에서만 앞에서 말한 투자 원칙이 성립한다. 그러므로 시장의 효율성이 낮으면 위험에 비해 높은 수익률을 얻을 수 있다. 따라서 '금융시장의 기본수익률을 초과하는 이익(+α)을 평균적으로 얻을 수 있는가?'에 대한 투자자의 질문은 '시장이 합리적으로 움직이는가?'로 바꾸어 말할 수 있다. '동전을 계속 잘 던지면 앞면이 나올 확률을 1/2 이상으로 높일 수 있는가?'라는 질문에 '아니오.'라고 말할 때는 동전이 매우 평평한 본래의 형태를 유지하고 있다는 전제가 깔려 있다. '자기가 잘하면 초과이익을 얻을 수 있는가?'라는 질문은 개별 투자의 문제가 아니라 시장의 속성과 투자 원리에 대한 근원적인 물음이다.

성공과 실패의 기준: 시장평균수익률과 목표수익률

투자의 성공과 실패의 기준benchmark은 일반적으로 미리 정해 놓은 수익률 수준을 달성하는지보다 시장의 평균을 넘어서는지에 있다. 이번 중간고사의 점수가 80점일 때 그 사실만으로는 잘 치른 시험인지 아닌지 알 수 없다. 우선 평균과의 비교 기준을 적용해 보자. 반 평균이 70점이면 잘한 셈이며 반 평균이 90점이면 잘못한 편이다. 예를 들어 시장평균수익률이 3%라면 4%의 투자수익률은 성공한 투자가 되지만 시장평균수익률이 5%라면 4%의 투자수익률은 성공하지 못한 투자가 된다. 극단적으로 말하면 시장평균수익률이 마이너스 3%라면 마이너스 1%의 투자수익률도 성공한 투자가 된다. 일반적으로 평균을 넘어섰느냐, 또는 평균에 미달했느냐는 투자 성패의 평가에서 매우 중요한 기준이 된다. 반면에 일정 수준을 목표로 한다면 이야기는 달라진다. 3% 수익률을 목표로 했을 때 4%의 투자수익률을 달성했다면 시장평균수익률이 5%라도 성공한 투자가 되며, 3% 수익률을 목표로 했을 때 2%의 투자수익률을 달성했다면 시장평균수익률이 마이너스 5%라도 성공하지 못한 투자가 된다.

2. 모든 정보가 시장에 반영되어 있는가?

시장은 정보를 빨리 반영하면서 효율적으로 움직인다는 가설

투자자가 평균적으로 시장을 이길 수 있느냐의 문제는 효율적 시장가설이 성립하느냐의 질문과 같다. 투자자는 성공하기 위해 여러 가지 정보를 얻으려고 애쓴다. 그러나 어렵게 구한 정보가 이미 주식의 가격에 반영되어 있다면 무슨 소용이 있겠는가? 이미 가격에 반영되어 있다는 말은 그 정보로는 초과이익을 얻지 못한다는 말이다. 어느 회사에서 획기적인 신제품이 나온다면 그 기업의 주가가 상승하겠지만 그 정보가 순식간에 시장에 확산되어 이미 모든 사람이 알고 있다면 그 주식의 가격이 벌써 올랐을 수도 있다. 내가 구한 정보를 이용하면 평균적인 수준을 초과하는 이익을 얻을 수 있는지는 주식시장의 오랜 질문이다. 이에 대한 대답은 투자전략을 세우기 위한 기초가 된다.

반복되는 가설 검증의 결과

효율적 시장가설의 성립 여부에 대한 검증은 주가가 움직인 시계열 데이터를 토대로 가설의 성립 여부를 통계적 확률로 분석함으로써 이루어진다. 즉 가설이 기각될 확률을 제시할 수 있느냐의 문제이다. 기억을 되살리는 의미에서 'Topic 09 모든 정보는 즉시 반영되는가?'의 설명을 다시 읽어 보자.

"이러한 여러 가지 상반되는 증거를 놓고 보면 증권시장은 엄격한 의미에서는 효율적이라고 할 수 없지만, 상당히 효율적이라고 결론지을 수 있다. 이러한 사실은 현실의 증권시장에서 비정상적 초과이익을 획득하는 일이 불가능한 일은 아니지만, 결코 쉽지 않다는 뜻이다. 그러므로 이는 남보다 뛰어난 민첩성이나 창의성 없이는 초과이익을 획득할 여지가 매우 적음을 시사한다. 그런데 이 말을 달리 표현하면 남보다 뛰어난 민첩성이나 창의성을 가진다면 초과이익을 거둘 수 있다고 해석할 수 있다."

3. 대립하는 주장들

전략을 둘러싼 논쟁

효율적 시장가설을 믿는 사람들은 소극적 투자의 입장에 선다. 반면 믿지 않는 사람들은 적극적 투자를 지지한다. 이들의 논쟁을 시장의 효율성을 믿는 전 부장과 믿지 않는 장 부장을 등장시켜 주장과 반론으로 구성해 보았다. 논쟁의 주제는 투자전략을 중심으로 해석한 효율적 시장이다. 현재 시점에서 대화한다고 보자. 즉 논쟁의 역사가 두 사람의 대화 순서로 발전해 온 것은 아니다.

전 부장(1): 술 취한 사람이 걸어간 길

주식가격은 모든 정보를 즉각 반영해 결정된다. 주가는 언제나 주식의 내재가치를 가장 잘 드러낸다. 주가는 예측할 수 있는 패턴을 보이지 않고 무작위적 변화를 보인다. 즉 예측할 수 없으므로 효율적 시장이다. 마치 술 취한 사람이 첫눈이 내린 벌판에서 이리저리 걸어간 발자국과도 같다. 이 사람의 다음 걸음이 앞으로 갈지, 뒤로 갈지, 왼쪽으로 갈지, 오른쪽으로 갈지 아무도 예상할 수 없지만, 오랜 시간이 지나면 돌고 돌아서 제자리에 있을 확률이 높다. 과거와 현재 시점의 가격 변화는 아무런 상관관계가 없다. 새로운 정보가 있다면 천천히 퍼지지 않고 빠르고 정확하게 가격에 반영된다.

장 부장(1): 증권분석의 성과

주가는 주식의 내재가치를 반영해 결정되어야 하는데 현실에서는 그렇지 않다. 주가에는 모든 정보가 반영되어 있지 않으므로 내재가치와 괴리되어 있다. 또는 장기적으로 가치를 반영한다고 양보할지라도 그 시간은 오래 걸린다. 그러므로 내재가치보다 싸게 거래되는 주식을 사고 비싸게 거래되는 주식을 팔면 초과이익을 얻을 수 있다. 일부 전문적 투자자는 이러한 방식으로 엄청난 수익을 올리고 있다.

전 부장(2): 행운의 사건

성공적인 투자전략이란 존재하지 않는다. 따라서 은행의 투자 딜러와 자산운용사의 펀드매니저 등 어떠한 전문투자자도 보통 수준을 넘어서는 투자 성과를 얻기 힘들다. 효율적 시장에서는 특정 정보를 알고 있는 전문투자자와 모르고 있는 투자자의 평균적인 투자 성과 사이에는 의미 있는 차이가 없게 된다. 시장에서 이름을 날리는 전문가는 소수에 불과하며 대다수는 시장 평균을 달성하기에 급급하다. 그러므로 증권의 내재가치를 분석하여 시장가격의 고평가 또는 저평가 판단에 따라 적극적으로 사고팔아서 초과이익을 얻으려는 투자전략은 무의미하다. 거래비용을 낭비할 뿐이다. 성공적인 투자자는 그것을 기술이라고 하지만, 동전 던지기 대회에 1만 명이 참가한다면 계속 앞면이 나오는 사람과 같이 우연한 결과일 수도 있다.

장 부장(2): 적극적 노력의 대가로 이루어지는 효율성

우선 엄청나게 많은 사람이 경제와 재무 공부를 통해 주가를 예측함으로써 수익을 거두려 노력하고 있는데, 이러한 사실이야말로 주가가 정보를 정확하게 반영하지 못한다는 방증이다. 그런데 초과이익을 올리기 위한 증권분석이 그렇게 소용없는 일이라면 왜 많은 투자자가 시장을 분석하려고 노력하고 있겠는가? 더욱이 효율적 시장이 존재한다고 양보하더라도, 이는 많은 투자자가 시장의 효율성을 불신하여 초과이익을 얻고자 경쟁적으로 정보를 입수하고 분석하는 노력을 기울이기 때문에 시장의 효율성이 가능한 것이다. 그러므로 증권의 가치를 여러 가지 방법으로 분석해 초과이익을 얻으려는 적극적 투자전략은 바람직하다.

전 부장(3): 자기파괴적인 증권분석

시장은 효율적이므로 주가의 움직임에 대한 분석은 자기파괴적 self-destructive인 행태를 보이게 된다. 즉 증권분석을 통해 어떤 주식이 내재가치보다 싸다는 사실을 알게 되면 그 주식을 매입하여 초과이익을 올릴 수 있지만, 만일 그렇다면 그러한 전략을 누구나 사용하려 할 것이다. 그러면 이러한 과정을 통해 그 주식의 가격이 상승하므로 얼마 후에는 동일한 전략을 사용하더라도 더 이상 초과이익을 얻을 수 없게 된다. 그러므로 특정한 투자전략은 한두 번은 성공할 수 있다고 할지라도 많은 투자자가 이를 흉내 내면서 그 정보의 가치는 순식간에 소멸하게 된다. 따라서 증권분석에 의존하는 적극적 전략은 소용없는 일이다.

장 부장(3): 선택의 편의

투자자가 정말로 좋은 투자전략을 발견했다고 가정하자. 두 가지 선택이 있다. 그 전략을 《월스트리트저널》에 기고해 명성을 얻을 것인가 또는 비밀로 하여 수백만 달러를 벌어들일 것인가? 대부분 투자자는 후자를 선택한다. 각종 투자기업은 우월한 투자전략 수립에 상응하는 투자 보상을 제공하지 못하기 때문에 세상에 알려지지 않는다. 우월하지 않은 투자전략만이 세상에 알려진다. 우리가 선택하여 관측할 수 있는 결과는 실패했거나 그저 그런 성과일 뿐이다.

장 부장(4): 이례적으로 움직이는 주가의 실증적 증거들[1]

금융시장에는 효율적 시장가설로 설명할 수 없는 이례적 움직임 anomalies이 있다. 이에 따라 투자자 심리investor sentiment로 시장을 해석하려는 노력이 지속되고 있다. 이들의 연구 결과에 따르면, 투자자는 합리적으로 행동하지 않고 수익률과 위험에 과도 또는 과소 반응하는 경향이 있다.[2] 또한, 투자자 심리가 자산가격에 미치는 영향을 살펴보아도 시장은 효율적으로 움직이지 않는다.

전 부장(4): 실증적 증거들이 이례적인지는 확인되지 않았다

통계적 연구 결과에 의하면 주가는 무작위적 변화를 따르는 것으로 생각되며, 투자자가 그것을 이용해 이익을 얻을 수 있을 만한 예측 가능한 패턴을 구분해 낼 수 없다. 일부 이례적인 현상은 인정할 수 있으나 그러한 현상이 시장이 비효율적이기 때문인지는 확실하지 않다. 거래비용이 커서 그럴 수도 있으며 아직 완전히 이해되지

---

1 임경, 〈투자자의 자금흐름과 투자자 심리에 대한 연구〉(2019)에서 주로 인용하였다.

2 Shiller(1984)는 금융시장에서 일부 투자자는 교란투자자noise trader이며 기본적 분석을 토대로 투자하지 않는 경향이 있어 심리적 변화에 영향을 쉽게 받는다는 의견을 제시하였다. 또한 비이성적 투자자irrational investor는 주식가격을 과소평가(또는 위험을 과대평가)하거나 주식가격을 과대평가(또는 위험을 과소평가)함으로써 예상하지 못한 방향으로 주가를 등락시키게 만든다고 주장하였다. 이와 관련하여 De Long, Shleifer, Summers, and Waldmann(1990)은 자신의 능력에 대한 과신overconfidence 등 체계적 편견 속에서 투자 의사결정이 이루어진다고 보고하였다.

못한 위험프리미엄을 나타내는 것일 수도 있다.

그래서 어떻게 하란 말인가?[3]

이러한 논쟁은 끝나지 않고 계속되고 있지만 일단 지금까지의 논쟁에 대한 해석을 정리해 보자.

통계적 연구 결과에 의하면 주가는 일부 이례적인 현상에도 불구하고 대체로 무작위적 변화를 따르는 것으로 생각된다. 투자자가 그것을 이용해 이익을 얻을 수 있을 만한 예측 가능한 패턴을 구분해 내기 어렵다. 주가는 현재의 모든 이용 가능한 정보를 반영한다고 대체로 말할 수 있다. 오직 새로운 정보만이 주가를 움직인다.

그러나 효율적 시장에 대한 지나친 신념은 투자자를 무기력하게 만든다. 실증분석의 결과 충분히 많은 이례적인 현상이 존재하므로 이러한 이례적 현상으로부터 일정한 패턴을 찾아낼 수 있을 것이다. 거래비용이 너무 컸기 때문에 또는 시간에 따라 변하는 밝혀지지 않은 다른 요인 때문일 수도 있다. 저평가된 주식을 찾으려는 지속적 노력이 정당화되기에 충분하다.

그러나 많은 실증분석의 결과를 살펴보면 우월해 보이는 어떤 전략도 약간은 조심스럽게 받아들여야 한다. 시장은 충분히 경쟁적이므로 차별화될 만큼의 우월한 정보력이나 통찰력만이 보상을 받게

---

3 Zvi Bodie, Alex Kane, Alan J. Marcus, 《Bodie의 기본투자론》(2017), 남상구, 최승두 공역

된다. 손쉬운 이삭줍기는 이미 다 알려져 있다. 전문적 투자자와 관리자가 기여할 수 있는 우월한 전략의 성과는 전체 시장에서 너무 작아서 통계적으로 쉽게 찾아내지 못할 수도 있다.

한편 사람들은 합리적이지 않고 본능에 의해 움직이는 부분도 많다. 투자자의 심리investment sentiment는 시장에 의존한다. 만일 일부의 사람만 심리적 영향을 받는다고 하더라도 다른 사람에게 영향을 미쳐서 시장의 투자수익률과 위험에 대한 반응이 달라진다.

결론적으로 시장은 매우 효율적이지만, 특별한 근면함과 총명함 또는 창의성에 대한 보상의 여지는 여전히 남아 있다.

평균만 해도 잘하는 것이다
소극적 투자전략

+ 더도 말고 덜도 말고 평균만 하자. 그런데 평균을 하기도 쉽지 않다.
+ "자신을 알고 적을 알면 백 번을 싸워도 위태롭지 않다."라고 《손자병법》에서 손무는 말한다. "너 자신을 알라!"라고 소크라테스는 말했다.

소극적 투자전략은 투자위험에 상응하는 시장 전체 평균 수준의 투자수익률을 겨냥하는 전략이다. 이를 위해 특정 시장지수를 추종하기도 한다. 증권분석을 통해 독자적으로 판단하지 않고, 시장 전체의 일반적 예측을 그대로 수용하면서 그 정도의 이익에 만족한다. 이와 같은 전략은 모든 이용 가능한 정보가 이미 주식가격에 반영되어 있어 추가 분석은 필요 없다는 믿음을 기초로 한다. 따라서 빈번히 거래할 필요가 없으며 정보를 수집하거나 분석하기 위한 비용과 노력도 최소화할 수 있다. 소극적 투자방식은 단순하다. 보유 주식을 다양화해 주식시장 전체를 복제한 것처럼 포트폴리오를 구성하면 된다. 이에는 두 가지 방법이 있다. 스스로 주식에 투자하여 포트

폴리오를 구성하거나 그러한 포트폴리오를 구성하는 전문투자자에 맡기는 방법이다. 다만 개인투자자의 경우에는 투자자금에 제한이 있으므로 전체 주식시장의 구성비를 따라 하는 데 한계가 있다.

1. 소극적 투자전략을 왜 취하는가?

평균에 만족하자

시장의 평균수익률보다 더 높은 수익을 지속적으로 거두기는 힘들다. 물론 운이 따른다면 일시적으로 가능할 수도 있으나 장기적으로 시장을 이기기는 힘들다. 그러므로 소극적 투자전략을 취하는 것도 좋은 방법이 될 수 있다. 현재 많은 금융회사가 효율적 포트폴리오를 구성해 소극적 투자전략을 취하는 현실도 수익을 안정적으로 얻는 전략이 어느 때에는 성공하고 어느 때에는 실패하는 적극적 전략보다 우월하다고 생각하기 때문이다.

개인투자자는 일상에 바쁘다

바쁜 일상 속에서 '시장평균수익률만 얻을 수 있다면 다행이다.'라고 생각하는 사람들이 늘어나고 있는 이유 중의 하나는 평소 각자의 생업에 종사하느라 바쁘기 때문이다. 투자를 본업으로 하지 않는다면 매일 쏟아지는 정보를 부지런히 수집하고 분석하며 실시간으로 시장 상황을 확인하기는 힘들다. 시장을 이긴다는 말은 시장에 참가하고 있는 은행, 증권회사, 자산운용사의 전문 딜러와 펀드매니저를 상대로 이겨야 한다는 말이다. 하지만 개인투자자가 온종일 주식정보만 수집하고 투자전략을 세우는 전문가를 이기기는 쉽지 않다.

거래비용의 절감

이용 가능한 모든 정보는 이미 주가에 반영되어 있으므로 처음에 시장의 모든 투자 대상과 비슷하게 포트폴리오를 맞추어 놓기만 하면 빈번히 거래하지 않아도 된다. 그러므로 이러한 전략은 평균적인 수익을 거둘 수 있다는 점 이외에도 정보분석비용과 거래비용을 최소화할 수 있다는 장점이 있다. 정보분석비용이란 투자를 위한 조사와 분석에 쏟아 붓는 모든 시간과 노력을 말한다. 거래비용은 증권회사에 지급하는 수수료뿐 아니라 거래에 들어가는 시간을 포함한다.

2. 소극적 투자를 뒷받침하는 이론: CAPM, APT, 다요인이론

공통 요인을 강조하는 이론들

포트폴리오이론에 바탕을 둔 투자이론은 현대 투자론의 핵심을 이룬다. 대학 투자론 시간에는 이 이론들에 대해 많은 시간을 할애한다. 그러나 많은 수식과 통계학의 기법이 사용되고 있으며 짧은 시간에 설명하기에 내용도 쉽지 않다. 요약된 말로써 주요 이론의 특징만 간략히 설명해 보자. 그중 가장 대표적인 자본자산가격결정모형, 차익가격결정이론, 다요인이론의 개요를 소개한다. 자본자산가격결정모형에 대해서는 'Topic 08 기대수익과 투자위험'에서 내용 일부를 설명한 바 있다. 쉽게 설명하려고 노력했으나 내용이 어렵다고 생각되면 건너뛰어도 전체 흐름을 이해하는 데 큰 지장은 없다. 다만 한 가지만 기억하자. 이 세 개의 이론은 '개별 주가의 움직임은 하나 또는 여러 개의 공통 요인과의 관계로 설명할 수 있다.'라고 요약할 수 있다. 그러므로 공통 요인이 무엇인지를 알고 개별 주가와 공통 요인의 관계를 명확히 한다면 주가의 움직임을 알 수 있다.

자본자산가격결정모형

자본자산가격결정모형CAPM, Capital Asset Pricing Model은 포트폴리오이론을 바탕으로 자본시장 균형 하에서 위험이 존재하는 자산의 균형수익률을 도출하는 모형이다.[4] 이에 따르면 균형수익률은 체계적 위험과만 관계를 가진다. 시장에 존재하는 모든 위험은 모든 경기 상황, 인플레이션, 이자율 변동과 같이 체계적 위험과 특정 기업에만 존재하는 기업 고유의 비체계적 위험으로 나눌 수 있다. 체계적 위험은 수익률로 보상받을 수 있는 반면, 비체계적 위험은 수익률로 보상받지 못한다. 그러므로 투자하려는 포트폴리오를 구성할

---

4   넓은 의미로는 자본시장선CML과 증권시장선SML을 포함하는 개념이나, 보통 CAPM이라 하면 증권시장선을 의미하는 경우가 많다.

때 포트폴리오 내 증권 수를 늘려 비체계적 위험을 제거해야 한다. 이에 따라 개별 주식의 기대수익률은 시장 포트폴리오의 기대수익률이 무위험수익률을 초과하는 만큼 체계적 위험(β, 시장에 대한 민감도)을 고려하고 이를 무위험수익률과 합산해 산정할 수 있다.[5] 즉 투자 포트폴리오에 포함되는 증권의 수를 계속 늘리면 체계적 위험이 시장포트폴리오 위험과 같아지므로($\beta_i = \beta_m = 1$) 개별 주식 수익률이 시장포트폴리오수익률과 같이 움직이는 바람직한 결과가 나타난다.

차익가격결정이론

차익가격결정이론APT, Arbitrage Pricing Theory은 시장에서 성립되는 차익거래arbitrage에 기초하여 기대수익과 위험 간의 관계를 요인 모형factor model[6]을 이용하여 설명한다. 그런데 시장은 효율적이므로 차익거래 기회가 오래 지속되지 못한다. CAPM이 관찰할 수 없는 이론적 시장 포트폴리오market portfolio에 의존하는 반면, APT는 현실적으로 관찰이 가능한 충분히 분산투자된 포트폴리오well-diversified portfolio를 이용해 설명한다. 그러나 통계적 분석기법[7]을 통

---

5 CAPM을 산식으로 나타내면, '$E(R_i) = R_f + [E(R_m) - R_f] \times \beta_i$'로 표현할 수 있다. [$E(R_i)$: 개별자산의 기대수익률, R_f: 무위험수익률, $E(R_m)$: 시장 포트폴리오의 기대수익률, β_i: 개별자산의 체계적 위험]

6 제시되는 요인 모형으로는 거시경제적 위험요인모형macroeconomic-based risk factor model과 미시경제적 위험요인모형microeconomic-based risk factor model이 있다.

7 요인분석factor analysis은 다변수들 간의 상관관계 정도에 따라 변수들을 유사한 것끼리 묶어 새로운 요인으로 구분해 주는 기술통계의 기법이다.

해 얻어지게 되는 APT의 공통 요인이 어떠한 경제적 의미를 갖는지를 설명하기는 어렵다.

다요인이론

다요인이론multi-factor model(다요인모형)은 증권수익률 변동을 다수의 공통 요인과 공분산 관계에서 파악한다. CAPM은 단일 지표 모형으로 시장 포트폴리오라는 단일공통요인single index만을 포함하는 반면 다요인이론은 다수의 공통 요인을 포함해 설명력을 높인다.

대표적인 모형인 파마-프렌치Fama & French의 3요인모형에 따르면 주식의 초과이익률은 시장 포트폴리오수익률과 무위험수익률 간의 차이뿐 아니라 기업 규모size effect, 주가순자산비율효과PBR effect라는 증권특성변수를 통해 설명할 수 있다. 이에 대해 우연에 의한 과거 패턴을 찾는다는 비판이 있었으나 여러 기간 동안 전 세계 다양한 시장에서 평균수익률을 잘 예측했다는 의견도 있다. 이후 수익률에 영향을 미치는 다른 여러 요인을 찾는 시도가 증가하였다.

3. 소극적 투자전략의 방법

소극적 투자전략의 방법

개인투자자의 입장에서 보면, 포트폴리오 내에 주식 수를 무수히 확대하여 효율적 포트폴리오를 구성하기란 불가능에 가까우므로 채택 가능한 소극적 투자전략은 비교적 단순하다. 단순히 주식을 매수하면서 보유 종목 수를 점차 늘려 가서 시장 포트폴리오에 가급적 가까이 다가가는 직접 투자방법과 시장의 주가지수를 추종하는 펀드를 매수하는 간접 투자방법이 있다. 단기적으로 일희일비하지 않고 장기적 관점에서 시장의 움직임을 따라가고자 하는 전략이다.

직접 매수하여 보유

첫째, '단순 매수와 보유 전략naive buy-and-hold strategy'을 들 수 있는데, 이는 단순히 무작위로 선택한 증권을 매수해 보유하는 투자전략을 말한다. 무작위로 포트폴리오를 구성한 후 투자 종목 수를 늘리면, 주식시장 전체의 평균기대수익률을 얻을 수 있다는 포트폴리오이론에 근거한다. 그러나 앞서 이야기했듯이 개인투자자가 주식 수를 늘리는 데는 한계가 있다. 개인이 동원할 수 있는 투자금이 제한적이고 개별 주식이 시장평균수익률의 움직임과 어떤 관계가 있는지 분석하기도 어렵기 때문이다. 또한 분산투자 종목 확대를 위해 주식을 계속 매입하는 과정에서 거래비용이 증가하게 된다.

둘째, '평균투자법'을 들 수 있는데, 이는 주가의 등락에 관계없이 정기적으로 일정 금액을 주식에 계속 투자하는 전략을 말한다. 또는 일반 펀드에 가입해 자금을 일시에 투자하는 대신 적립식 펀드에 가입해 정기적으로 자금을 투자하면 비슷한 결과를 얻는다고 생각한다. 마치 정기적금과 비슷하다. 매월 정기적으로 자금을 투자하면 주가가 하락할 경우 주가가 낮은 만큼 상대적으로 많은 수량을 살 수 있어 평균 매수가격은 낮아지며, 이 낮은 가격으로 매수한 주식을 주가 상승기에 매도하여 적지 않은 자본이득을 얻을 수 있는 이점이 있다. 그러나 주가가 계속 상승하는 과정에서 주식을 매입한 이후 주가가 하락하게 되면 손실을 보게 되는 문제가 있다. 그 밑바탕에는 여러 주식을 조금씩 사다 보면 장기적으로는 전체 주가 움직임의 평균에 수렴한다는 다소 주먹구구식의 생각이 자리 잡고 있다.

지수 따라가기

개인투자자가 지수를 구성할 만큼 많은 주식을 매수하는 것은 불가능하므로 시장의 움직임을 잘 반영하는 주가지수를 따라가면 시장수익률 평균과 비슷한 투자수익률을 얻을 수 있다. 이와 같은 접근을 '인덱스 투자전략index investment strategy'이라고 한다. 이를 위해서는 앞서 설명한 인덱스펀드index fund 또는 상장지수펀드ETF에 가입하면 된다.

소극적 투자전략 속에 숨은 뜻

그런데 '시장평균수익률을 따라가는 방법이 뭐 그리 좋은가?'라고 반문할 수 있다. 소극적 투자전략 속에는 역사적으로 평균수익률이 꽤 좋은 성과를 나타냈다는 사실이 존재하고 있다. 〈그림 29.1〉을 보면, 중장기 시계로는 시장평균수익률을 반영하는 주가지수가 상승하는 추세를 나타냈다. 만일 평균수익률이 저조했다면 소극적 투자전략을 추종하는 세력은 크지 않았을 것이다.

그림 29.1 한국과 미국의 주가지수 추이

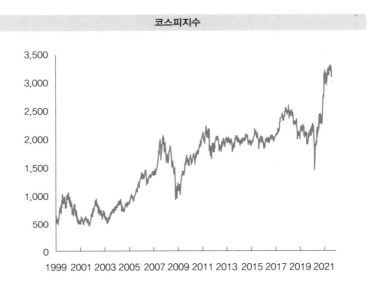

코스피지수

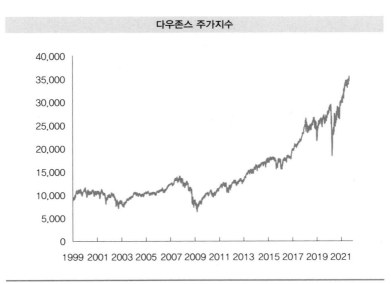

다우존스 주가지수

자료: 한국은행 ECOS

남들보다 나의 판단을 믿는다
적극적 투자전략

+ 어떠한 방법을 이용하든지 시장을 예측할 수만 있다면 적극적 투자전략이 최선이다.
+ 투자도 결국 사람이 하는 일인데, 사람은 합리적이지 않다. 사람이 합리적이지 않으면 시장도 효율적으로 움직이지 않는다.

적극적 투자전략은 '시장을 이기자beat the market'라는 한마디로 요약할 수 있다. 이는 증권시장이 비효율적으로 움직인다는 가정에 따라 투자자의 독자적인 증권분석을 통한 예측이 시장 전체의 견해 또는 예측보다 우월할 수 있다는 판단을 전제로 한다. 그러나 평균에 미달하는 수익률을 얻으면 가슴이 아프다. 펀드매니저라면 시장평균 수익률도 충족시키지 못해 고객의 투자금에 손실을 끼쳤다는 비난을 받을 우려가 있다. 개인투자자라면 자기 판단으로 투자했으므로 원망할 대상도 없으니 속이 더 쓰리다. 한편 적극적 투자자는 정보 수집과 분석에 적지 않은 비용을 쓰며, 또 전망이 바뀜에 따라 매매를 지속해야 하므로 다소 많은 거래비용을 부담해야 한다.

1. 적극적 투자전략을 왜 취하는가?

평균 정도 수익에 만족하는가?

시장은 효율적이지 않으며 투자자의 행동도 합리적이지 않다. 포트폴리오이론에 의해 설명될 수 없는 이례적 현상이 시장에서 나타나고 있다고 생각한다. 이러한 이례적 현상을 이용하면 초과이익을 얻을 수 있다. 우월한 투자전략은 있을 수 없다는 주장은 이러한 기법이 세상에 알려지지 않았기 때문에 나온 말이다. 독창적인 아이디어를 가지고 열심히 노력한다면 좋은 기법을 찾아낼 수 있다. 시장 수익률을 뛰어넘는 수익을 얻을 수 있는데도 왜 평균 수익률 정도에 만족하려고 하는가?

효율적 시장가설을 믿지 않는 두 그룹의 전략 차이

그런데 효율적 시장가설을 믿지 않는 적극적 투자자도 두 부류로 나뉜다. 각 그룹에 따라 믿지 않는 효율적 시장가설은 다르다. 첫 번째 그룹은 모든 효율적 시장가설을 믿지 않는다. 다른 가설은 물론 약형 효율적 시장가설도 믿지 않는다는 말이다. 두 번째 그룹은 약형 효율적 시장가설은 믿으나 준강형 효율적 시장가설은 믿지 않는다. 이들이 믿지 않는 가설에 따라 취하는 전략도 다르다.

첫째, 약형 효율적 시장가설도 믿지 않는 그룹이 있다. 'Topic 09 모든 정보는 즉시 반영되는가?'에서 설명한 바와 같이, 약형 효율적 시장가설은 현재의 주식가격은 주식시장의 모든 정보를 완전히 반영하고 있다고 가정하는데, 여기서 정보란 과거의 주가 움직임, 주가 변동 폭, 주식 거래량 등 주식시장의 움직임만 분석해도 알 수 있는 정보를 말한다. 그러므로 약형 효율적 시장을 믿지 않는 그룹은 증권 가격의 시계열이 어떠한 추세를 가지는지를 살펴보고 이 추세를 통해 다음 가격을 예측할 수 있다고 본다. 이들은 과거 주가 추이를 분석하면 초과이익을 얻을 수 있다고 믿는다. 이들은 기술적 분석으로 나아간다.

둘째, 준강형 효율적 시장가설을 믿지 않는 그룹이 있다. Topic 09 모든 정보는 즉시 반영되는가?'에서 설명한 바와 같이, 준강형 효율적 시장가설은 해당 주식과 발행 기업에 관련된 모든 공적정보 publicly available information도 주가에 즉각 반영된다는 주장을 말한다. 여기서 공적정보란 기업의 재무상태와 경영성과를 나타낸 회계보고서, 거시경제 뉴스와 그 기업을 둘러싼 뉴스 등 모든 비시장정보를 포함한다. 그러므로 준강형 효율적 시장가설을 믿지 않는 사람들은 증권 가격에 공적정보가 반영되었는지에 관심을 가지고 공적정보를 분석한다. 즉 성장, 금리, 국제수지, 환율 등 거시경제변수와 그 기업이 속해 있는 산업의 동향, 전망 그리고 그 기업의 이익, 배당, 재무상태 등을 분석하면 초과이익을 얻을 수 있다고 믿기 때문이다. 이들은 기본적 분석으로 나아간다.

2. 적극적 투자를 지지하는 이론: 행동재무학[8]

인간의 심리적 특성에 주목하라

행동재무학behavioral finance은 인간의 여러 가지 심리적 특성이 투자자, 애널리스트, 펀드매니저 등의 의사결정에 영향을 미친다고 보는 관점을 가진다. 자본시장에서 투자자산이 초과이익을 보이는 이례적 현상anomalies을 설명해 준다. 이들은 전통 이론은 인간 심리에 대한 고려가 없기 때문에 불완전한 이론이라고 주장한다. 전통 재무학은 인간은 합리적이라 기대하며 이윤극대화 목표를 가지고 위험회피성향을 가진다고 가정한다. 반면 행동재무학은 인간은 기본적으로 비합리적이라고 가정하고 재무의사결정에 영향을 주는 인간의 심리적 측면과 행태를 연구한다.

인간이 가지는 기본적인 오류

시장이 효율적이지 않은 이유는 인간이 가지고 있는 기본적인 오류 때문이다. 진화 과정에서 생겨난 본능은 현대사회에서 이제 더 이상 유효하지 않음에도 불구하고 아직 우리의 행동을 지배한다. 여기에 더하여 차익거래를 할 수 없는 현실적 한계limits to arbitrage가 존재한다. 인간이 가지고 있는 오류들[9]에는 과대확신overconfidence

---

8 Zvi Bodie, Alex Kane, Alan J. Marcus, 《기본투자론》(2019)과 《투자론》(2015)을 참고하였다.

의 오류, 확증편의confirmation bias의 오류, 쏠림현상herding, 군중심리의 오류, 보수주의적 오류conservatism bias, 손실 또는 후회 회피loss (regret) aversion의 오류, 부의 감소에 대한 위험추구의 오류fear of missing out 등이 있다고 한다. 이제 이들을 살펴보자.

먼저 과대확신의 오류는 자신의 분석능력은 평균 이상이라고 믿는 오류를 말한다. 예를 들어 "당신은 평균보다도 운전을 잘 하는가?"라는 질문에 대부분 사람은 "잘한다."라고 답한다. 또 "과거 30년간 주식의 연평균 복리수익률은 10.4%였다. 여러분이 향후 투자할 경우 수익률은 어느 정도로 예상하는가?"라는 질문에 대부분 평균을 훨씬 초과한 값을 제시한다. 이렇게 자신을 과신하는 투자자는 주식의 매입 또는 매도에 대해 경고하는 부정적 신호를 무시하는 경향을 나타낸다. 과신하는 투자자는 다른 사람은 갖지 못하고 자신만이 지닌 정보에 대해 너무 많은 가치를 부여한 나머지 과도한 거래를 한다. 그런데 과도한 거래 행위는 좋지 않은 수익으로 귀결되기 마련이다. 편견에 사로잡힌 사람은 실력과 운luck을 혼동하기 마련이다.

2000년대 초 기술주가 폭등했을 때 이를 과신한 투자자는 엄청난 손실을 보면서 파탄을 맞았다. 이러한 투자자는 확증편의를 가진다. 즉 자신들의 주장을 뒷받침하는 정보만 찾는 경향을 보인다. 예

9   Malkiel, RULE 10 "Don't Be Your Worst Enemy: Avoid Stupid Investor Tricks"

를 들어 성장회사의 성장률을 과대 추정하는 반면 나쁜 소식은 축소하고 무시하는 오류가 있다.

또 군집현상 또는 쏠림현상을 나타낸다. 특히 정확한 세부 정보가 없는 비전문가인 개인투자자는 부화뇌동하게 된다. 특히 경제가 위기일 때에는 군중심리에 휩싸이게 된다.

아울러 새로운 상황 전개에 대한 늦은 수정을 나타내는 보수주의적 오류, 최근의 경험에 더 높은 가중치를 주는 예측 오류를 보인다. 그리고 사람들은 손실 또는 후회를 회피하려는 성향을 지닌다. 사람들은 이득에 기뻐하는 것보다도 손실에 더 상처를 받는다. 이러한 심리에 의해 투자자는 손실을 본 '패자' 종목은 장기간 보유하는 반면 시세차익을 내는 '승자' 종목은 쉽게 매도해 성급히 이익을 실현하는 경향을 보인다. 또는 손실을 회피하기 위해 더 큰 위험을 감수하며 손실 중인 종목의 매도를 꺼리는 경향이 있다. 손실이 현실화되면 자신의 실수를 인정하는 결과가 되므로 이를 회피하려 하는 것이다. 반면 이익을 실현하고 있는 종목의 매도를 서두르는 경향을 보이는데, 이는 자신의 선택에 대한 성공의 기쁨을 스스로 축하하고 싶기 때문이다.

3. 적극적 투자전략의 방법

적극적 투자관리

적극적 투자관리는 증권분석에 집중하는 투자전략이다. 독창성과 민첩성을 살려 다른 사람들이 미처 알지 못하고 있는 주식의 내재가치를 발견하고자 한다. 많은 사람이 경제 상황의 변화와 금융시장의 변동이 주가에 어떤 영향을 미치는지에 관한 증권분석을 위해 애쓰고 있다. 일정한 위험 수준에 상응하는 기대수익률 이상의 투자수익률을 얻기 위해 저평가되었다고 보이는 증권을 찾아 위험부담을 감수하더라도 이에 투자해 상당한 초과이익을 추구한다.

증권분석은 기본적 분석과 기술적 분석으로 나뉜다. 기본적 분석은 우선 주식의 내재가치에 영향을 미치는 요인들인 거시경제변수의 변화, 그 기업이 속해 있는 산업과 업종의 변화, 기업의 미래이익, 배당, 재무구조, 사업 전망과 위험 등의 요인을 예측하려고 노력하는 가운데 그러한 변화가 주가에 어떤 영향을 미칠 것인지를 분석한다. 한편 기술적 분석은 주가가 어떤 특정한 형태를 취하면서 움직인다고 가정하며 오로지 주가의 움직임에만 초점을 맞추고 차트 분석 등을 통해 과거 주가의 시계열 움직임으로부터 미래 주가를 예측하는 분석을 하고 있다.

기본적 분석과 기술적 분석 모두 분석하는 주식의 현재 가격이 내재가치보다 과대 또는 과소평가되었는지를 식별하는 데 이용된다.

기본적 분석(1): 개념과 체계

기본적 분석은 자산의 내재가치를 추정해 적정가격에서 벗어나 있는 저평가된 자산에 투자하는 전략이다. 그러면 어떻게 저평가된 주식을 찾을 수 있는가? 주가에 영향을 미치는 다양한 기법을 동원해 모든 분석을 한다. 거시경제학은 시장의 전반적인 방향을 예측하는 데 유용하고 미시경제학은 특정 산업이나 특정 기업의 상대적 위치를 평가하는 데 유익하다. 인구통계학적 추세와 사회학의 시각도 중요하다. 기업이 공개하는 재무제표를 읽는 회계학의 지식도 필요하며 기업가치를 평가하는 기업재무론도 중요하다. 한마디로 종합적인 역량이 필요하다고 하겠다.

기본적 분석은 일반적으로 하향식top-down 접근법으로 진행된다. 위의 큰 범위에서 작은 범위로 내려오면서 진행된다. 즉 거시경제분석–산업분석–기업분석의 체계를 가지면서 거시경제의 변화가 그 업종에 미치는 영향에 대한 분석과 특정 산업 자체의 내부 이슈에 대한 분석, 다음으로 관련 기업의 영업 상황과 재무 상황 등에 대해 분석한다.

기본적 분석(2): 전략

기본적 분석을 몇 가지 주요 전략 위주로 살펴보자. 우선 가치투자value-oriented investing와 성장투자growth-oriented investing 전략이 있다. 가치주value stock투자는 주가배수(PER, PBR 등)가 낮은 주식군, 시세차익보다는 안정적인 배당수익률이 기대되는 주식군, 규제산업 주식군에 투자하는 전략이다. 반면 성장주투자는 향후 큰 폭의 매출 증가나 주당순이익EPS 성장이 기대되는 주식군에 투자하는 전략이다. 한편 가치주와 성장주의 구분에 더해 대형주와 소형주를 구분하고 여러 가지 투자 스타일을 추가하는 스타일분석style analysis을 사용하기도 한다.

다음으로 특정 종목이나 특정 산업에 집중하는 방식이 있다. 자신이 가장 자신 있는 분야를 골라서 집중하여 분석하는 방식이다. 예를 들어 자신이 자동차 관련 업종에 종사한다면 그 부분에 대해 남들보다 심층적 지식을 갖고 있을 수 있다. 그러면 다른 업종을 쳐다보지도 말고 잘 아는 자동차 관련 업종에만 투자하는 방법이다. 다만 자신이 그 업종의 일부에 참여하고 있을 뿐 산업 전체의 움직임에 대한 이해가 높지 않을 경우 시야를 넓혀 본다. 같은 업종의 사람들을 만나는 것도 공부다.

그리고 경기순환을 적극적으로 고려하는 전략이다. 어떠한 상황에서도 경기순환 과정은 중요하다. 경제는 언제나 사이클을 그린다. 현시점이 경기순환상 회복기, 정점기, 후퇴기, 저점기의 어디를 지나가는지를 이해해야 한다. 강세장이 예상될 때는 시장을 잘 따라가는 종목(β계수가 큰 종목)을 선택하는 반면, 약세장이 예상될 때는 시장을 잘 따라가지 않거나(β계수가 적은 종목) 시장과 반대 방향(β계수가 마이너스인 종목)으로 움직이는 속성이 있는 종목을 선택할 수 있다.

기술적 분석(1): 개념과 체계

기술적 분석은 과거 주가의 시세 변동 같은 패턴 정보를 이용해 미래 주가를 예측하는 접근법이다. 다른 경제변수의 움직임을 전혀 고려하지 않고 오로지 주가 자체의 움직임에만 초점을 맞춘다. 주가 자체가 어떠한 패턴이 있는지 보고 이 패턴의 추세를 추정한다. 이동 평균, 상대강도, 변동성 등을 분석해 주가 변동의 추세를 알아낸다.

기술적 분석을 '차트 분석'이라고도 하는데, 주가 움직임을 눈에 보이는 그림으로 보여주면서 직관을 통한 이해를 돕는다. 주가가 과거에 어떻게 움직였으며 지금 어떻게 움직이는지가 예측에 중요하다고 본다. 주가의 과거와 현재를 알면 미래의 주가가 보인다고 주장한다.

그림 30.1 추세선 분석

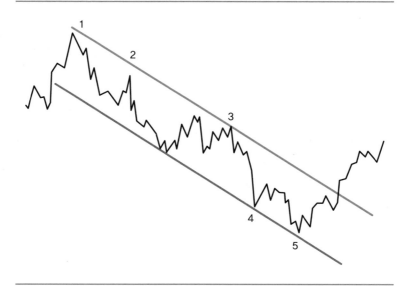

기술적 분석(2): 전략

대표적인 분석기법으로 챠트를 이용한 추세 분석법, 패턴 분석법, 시장특성 분석법, 시장구조 분석법 등이 있다. 재빠른 투자자는 새로운 균형으로 가는 과정에서 이익의 기회를 얻을 수 있다고 주장한다.

그런데 이러한 기술적 분석은 주가 시계열을 이용한 계량분석을 통해서도 이루어진다. 다양한 방법 중 대표적으로 주가 모멘텀전략과 역투자전략에 대해 살펴보자. '주가 모멘텀전략momentum strategy'은 과거 수 개월간 주가 상승 폭이 큰 주식은 다음 일정 기간에도 상승추세가 지속되고, 반대로 과거 수 개월간 주가 하락 폭이 큰 주식은 다음 일정 기간에도 하락 추세가 지속된다는 주가 지속 효과momentum effect를 기반으로 한다. 그러므로 이 전략에 따르면 상승세를 보이는 주식을 매입하면 된다. 반면 '역투자전략contrarian investment strategy'은 대다수 투자자의 예상과 반대 투자전략을 구사한다. 대다수 투자자가 주가 약세를 예상하면 매수전략을 취하며 반대로 주가 강세를 예상하면 매도전략을 구사한다. 대다수 투자자가 어떠한 가격 변동을 예상하면 그 방향으로 이미 주가에 반영되었으며 앞으로는 반대 방향으로 움직일 것이라 믿는다. 그런데 효율적 시장가설을 믿고 소극적 투자전략을 취하는 사람들은 이러한 전략들이야말로 적극적 투자전략의 문제점이라고 주장한다. 지나온 주가의 시계열 자료를 보고 한편에서는 그동안 높은 수익률을 보여 온 주식을 사야 한다고 하며, 다른 한편에서는 낮은 수익률을 보여 온 주식을 사야 한다고 주장하는 상반된 전략을 제시할 수 있는지에 대한 비판이다.

Q 기술적 분석을 설명하면서 차트 분석에 대한 이야기는 잠깐 언급하고 지나가셨는데, 이를 조금 자세히 설명해 주세요. 이를 통해 주가를 예측하고 이익을 얻을 수 있나요?[10]

A 기술적 분석에 대해 조금 더 말씀드리면 기술적 분석은 과거 사실 기록을 바탕으로 일관된 추세를 발견해 향후 가격 변동을 찾아내기 위한 분석기법을 말합니다. 그러나 기술적 분석가도 펀더멘털 정보의 가치를 부정하지는 않습니다. 이들은 거래량, 심리지표, 변동성 등의 요인을 분석하고 단기적인 시장 수급 상황을 파악하여 주가 변동의 추세를 알아냅니다. 주가의 움직임을 그림으로 보여주면서 직관을 통한 이해를 돕습니다. 한눈에 보이므로 이해하기 쉽습니다. 그래서 기술적 분석을 차트 분석이라고도 하는 것입니다. 기술적 분석은 주가 자체에 집중하면서 성장, 물가, 국제수지 등이 어떻게 변화하는지를 몰라도 될 뿐 아니라 거시경제변수의 개념 자체를 몰라도 됩니다. 오로지 주가의 시계열이 어떻게 움직여 왔으며 지금 어떻게 움직이는지가 중요합니다.

　이들은 다음과 같이 생각하고 있습니다. 첫째, 가격은 모든 경제

10　임경, 《환율은 어떻게 움직이는가?》(2019)를 참고하였다.

적, 정치적, 심리적 요인을 반영한다. 가격의 흐름을 이해하기 위해서는 거시경제변수의 움직임 같은 모든 요인을 반영해야 하지만 이러한 요인들 또한 가격에 반영되어 있다. 물론 기대도 반영되어 있다. 둘째, 환경 변화에 대처하는 인간의 심리는 반복된다. 과거부터 오랫동안 형성되어온 패턴은 반복된다. 따라서 가격은 역사적으로 반복된다. 셋째, 가격의 흐름에는 추세가 있다. 과거부터 이어지는 추세를 찾아 미래 가격을 예측한다.

한편 행동재무학과 기술적 분석이 거래량 자료를 사용하는 데는 연관성이 있습니다. 행동학적 특성은 자신의 능력을 과대평가하는 문제를 지적합니다. 거래자들이 점차 과신하게 되면 거래가 더 빈번해질 것이고, 이는 거래량과 수익 간 어떤 관계를 만들어 낸다는 것이지요. 종합하면 주가가 지나온 길은 인간의 심리가 모두 고스란히 반영된 결과이며 이러한 심리는 반복되므로 과거 추세를 분석하면 주가 분석에 도움이 된다고 합니다. 기술적 분석은 본래 외환시장 환율 분석을 위해 개발되었다가 후에 주식시장 분석에 이용되었고 다시 주가 분석기법들이 외환시장에서도 이용되고 있습니다.

지나온 주가의 발자취로 그래프를 만들고 이를 해석하는 데는 몇 가지 방법이 있습니다. 첫째, 가장 유명한 추세분석법입니다. 여기서 추세란 상당 기간 가격이 한 방향으로 움직이는 모습을 말합니다. 주가가 일정한 추세로 상당 기간 지속적으로 움직인다고 가정함으로써 주가가 추세에서 벗어난 정도를 파악해 주가의 움직임을 예측합니다. 추세분석에서는 이동평균, 상대강도, 변동성, 시장 폭 등을 주로 이용합니다.

둘째, '패턴분석법'이라고 있습니다. 차트에서 반복적으로 나타나는 특정 모양(예: ⌒)을 패턴이라 부르지요. 차트에서 어떤 특정 모양이 나타날 때 주가가 급락하는 경향이 반복된다면 이 모양은 하나의 패턴이 됩니다. 그 사실을 알고 있다면 이제 그 패턴이 다시 나타날 경우 매도 포지션을 취합니다. 예전에도 그 모양이 나타났을 때 가격이 하락했으니 곧 가격이 하락하리라 예측하여 행동합니다. 패턴 분석은 이러한 패턴을 미리 알아낸 후 실제 가격 움직임을 살피다가 대처하는 방법입니다.

셋째, '시장특성분석법'입니다. 장세분석법 또는 시장강도분석법이라고도 하지요. 현재의 시장이 상승세라고 할 때 얼마나 강한 상승세인지, 또는 하락세라고 할 때 얼마나 강한 하락세인지를 객관적 수치로 표시해 줍니다. 즉, 주가의 고점과 저점을 알려 줍니다. 그러므로 현재의 주식이 과매도권 또는 과매수권인지 여부를 알 수 있습니다. 이를 통해 매수와 매도 구간을 파악합니다. 그러나 시차의 문제로 고점과 저점을 잘못 판단할 수도 있으므로 이를 교정하는 여러 보조지표를 사용하기도 합니다.

넷째, '시장구조분석법'입니다. 시장구조분석을 주장하는 사람은 금융시장이 일정한 구조로 움직인다는 이론을 따릅니다. 이론에 따라 시장의 움직임을 장시간 관찰하고 연구하면 시장 변동 원리를 파악할 수 있으며 가격을 예측할 수 있습니다. 대표적 이론으로 엘리엇Elliot 파동이론[11]이 있습니다. 이들 방법은 모든 가격에는 정기적 추세가 있는데, 단기적 추세와 일상적인 사소한 변동에 의해 교란될 수 있다는 점을 전제합니다.

　이제 이러한 기술적 분석이 전략을 위해 유효한지에 대해 말씀 드리겠습니다. 조금 전 설명했듯이 기술적 분석은 '가격에는 모든 정보가 반영되어 있다.', '가격은 일정한 추세로 움직인다.', '가격의 움직임은 반복된다.'라는 점을 전제로 하고 있습니다. 즉 기술적 분석은 과거의 경험 추세가 미래에도 같은 유형을 보인다고 가정한 것입니다. 그런데 요즘처럼 경제 현상이 빠르게 변하고 경기의 순환주기가 빨라지는 세상에서 과거의 추세가 그대로 적용될 수 있다고 가정하는 것이 옳을까요? 그렇지 않다고 생각합니다. 또한 기술적 분석이 정말 유용하다면, 모든 사람이 이를 근거로 투자하게 될 것인데, 주가가 기술적 분석을 따라갈 수밖에 없겠지요. 예를 들어 기술적 분석 차트가 주가 상승을 예측해 모든 투자자가 주식을 산다면 주가는 자기실현되어 상승하게 됩니다. 그런데 모든 사람이 기술적 분석을 한다면 현재의 주가 수준은 수많은 사람의 기술적 분석이 모두 반영된 결과이므로 어느 개인이 추가적으로 기술적 분석을 해도 이에 따른 추가 이익을 취할 수 없게 되는 것입니다.

11　장기 순환 파동과 단기 순환 파동을 잘 해석하면 주가의 포괄적인 움직임을 예측할 수 있다고 주장한다.

PART 9

경제와 금융의 미래

미래를 예측하는 최선의 방법은 미래를 창조하는 것이다.

The best way to predict the future is to create it.

Abraham Lincoln

이번 장은 투자의 기본 프레임을 둘러싼 환경에 대해 '경제와 금융의 미래'라는 관점에서 살펴본다. 먼저 코로나19 이후 거시경제의 변화, 4차 산업혁명의 영향과 대응에 대해 알아보고 디지털전환에 따른 핀테크, 암호자산, 탈중앙금융 등 금융의 미래 모습에 대해 다룬다. 투자에는 상상력이 중요하다. 앞으로 우리 사회와 경제, 금융, 산업, 투자가 어떻게 변화할지 끊임없이 상상하며 미래를 바라보는 시각을 넓혀 보자. 이를 통해 본인만의 투자 방향을 고민하는 노력이 얼마나 중요한지 다시 한번 깨닫게 된다.

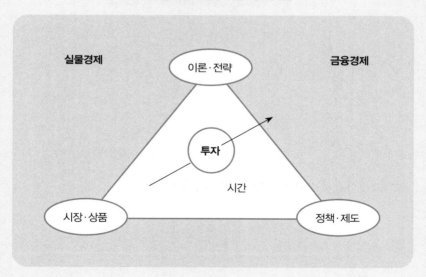

투자를 둘러싼 '생각의 틀'

코로나19 이후
거시경제의 미래

+ 글로벌 경제의 저금리, 저물가, 저성장의 향방에 주목하자.
+ 인구구조를 보면 미래 삶의 질 변화를 가늠할 수 있다. 출산율과 고령
  화와 같은 인구구조 변화가 미치는 영향은 포괄적이고 지속적이다.

2020년 3월 코로나19 확산 속도를 제한하기 위한 세계 각국의 이동
제한조치Lockdown, 국경 봉쇄 등에 따라 글로벌 경제의 불확실성이
증폭되었다. 그 영향으로 글로벌 주식, 채권, 자금, 외환 등 금융시
장이 극심한 변동성을 보이며 요동을 쳤다. 실물경제도 임시직 고용
이 급격히 감소하고 대면 접촉 위주의 관광, 숙박, 음식점 등의 매출
이 심각하게 위축되었다. 이후 미 연준을 비롯한 주요국 중앙은행과
정부의 공격적 완화정책이 단행되었으며 다행히 금융시장이 빠르게
진정되고 심지어 주식, 부동산 등 자산시장은 버블 논쟁이 일어날
만큼 가격이 급등하기에 이르렀다. 실물경제 회복을 지원하고자 유
동성 공급이 지속되었으며, 가계대출과 기업대출 규모는 이미 글로

벌 금융위기 직전 수준을 넘어 사상 최고 수준을 갱신하고 있다.

그러나 이러한 파격적 부양정책이 영원히 지속될 수 없는 만큼 정책당국은 앞으로 닥칠 도전에 더욱 경계할 수밖에 없다. 우선 양적완화의 점진적 축소, 테이퍼링정책에 이어 금리 정상화 논의가 예정되어 있는데 과거 경험상 이러한 유동성 공급 축소 움직임은 국제금융시장, 특히 신흥국 금융시장의 변동성을 확대시킬 가능성이 크다.

이처럼 당장 위기 이후 수습과정에서 초래될 불확실성에 더해 저금리 기조에 따른 전 세계적 부채 누증, 미국과 중국 간 패권 다툼에 따른 보호무역주의 확대, 소득·자산·교육 불균형에 따른 양극화 심화, 제4차 산업혁명에 따른 산업과 고용구조 변화, 기후변화 리스크 등도 우려된다. 이러한 미래의 위협을 고민하다 보면 코로나19 확산은 앞으로 다가올 경제 패러다임[1] 변화의 서막이 아닐까 싶을 정도로 예정된 불확실성의 강도가 만만치 않아 보인다. 앞으로 무슨 일이 어떻게 닥칠지 한 치 앞을 내다보기가 쉽지 않지만 현시점에서 제기되고 있는 주요한 변화 요인에 대해 살펴봄으로써 미래의 투자전략 수립을 위한 분석 시계를 넓혀 보도록 하자.

---

1 패러다임은 철학자 토마스 쿤이 그의 저서 《과학혁명의 구조》(1962)에서 처음 제시하며 통용된 개념이다. 쿤은 과학사의 특정한 시기에는 언제나 개인이 아니라 전체 과학자 집단에 의해 공식적으로 인정된 모범적인 틀이 있는데, 이 틀을 '패러다임'이라고 규정하였다. 그는 과학은 진리의 축적에 따른 점진적 진보가 아니라 혁명, 즉 단절적 파열에 의한 새로운 패러다임 등장으로 발전했다는 이론을 제시했다. 패러다임은 항상 생성, 발전, 쇠퇴, 대체되는 과정을 되풀이한다고 주장하였다.

1. 코로나19에 따른 경제구조 변화와 부정적 영향

전염병 위기의 확산과 그 파장: 양극화의 확대

코로나19는 우리 삶의 많은 것을 바꿔버렸다. 이번 위기는 전염병이라는 보건위기와 경제위기가 세계 곳곳에 동시다발적으로 퍼졌다는 점에서 사상 초유의 위기였다. 특히 중국이 세계의 공장으로 부상한 이후 세계 경제가 글로벌 공급망GVC, Global Value Chain으로 긴밀히 연결되며 진전되었던 세계화는 역설적으로 코로나19를 세계적 보건위기로 확산시킨 촉매 역할을 하였다. 뒤따라 이동 제한, 소득 감소 등 수요 위축과 공장폐쇄, 국경봉쇄 등 공급 충격이 동시에 진행되며 전 세계적으로 심각한 경제위기로 확산되었다.

우선 갑자기 닥친 전염병 위기는 대면서비스 업종에 종사하는 취약계층 일자리에 큰 충격을 안겼다. 도소매, 숙박 및 음식서비스, 관광과 같은 산업의 업황 부진이 심각하게 위축된 반면 온라인 비대면 산업은 반사 이익을 얻었다. 저임금 단기 임시직 위주의 청년, 고령자, 여성 등 취약계층은 일자리 자체가 사라지는 위기를 겪은 반면 정보통신업, 바이오, 게임산업 등의 경우 업황 호조로 인력 수요가 증가하며 임금도 상승하였다. 이러한 고용 양극화는 소득 양극화는 물론 교육, 의료, 삶의 질로의 양극화 심화에도 영향을 미치고 있다.

위기에 대한 대응과 어쩔수 없는 부작용

이러한 전염병 확산의 위기는 정부와 중앙은행의 어쩔 수 없는 완화적 거시경제정책을 이끌어냈다. 취약계층 보호를 위해 재정지출이 크게 확대되었다. 금융시장 불안과 급격한 경기 위축을 방지하기 위해 중앙은행도 기준금리를 사상 최저 수준으로 인하하며 금융시장에 풍부한 유동성을 공급하였다. 그러나 이렇게 조성된 저금리 기조는 빚내기에 최적의 환경을 조성하며 가계부채를 눈덩이처럼 불려 나가는 동시에 경제주체의 자산투자를 확대시켰다. 그 결과 자산가격을 큰 폭으로 상승시키며 계층 간 자산양극화를 심화시켰고 실물과 금융 간 괴리를 확대시키며 우리 사회에 심각한 후유증을 남기고 있다. 역시 '공짜 점심free lunch'[2]은 있을 수 없다.

당장은 아닐지라도 이러한 변화는 앞으로 우리 경제의 구조적 안정성을 저해할 가능성이 크다. 성장세가 회복될 경우 그간의 완화정책을 점진적으로 축소할 수밖에 없는데 이로 인해 우리 금융시장의 불안이 재연되지 않을까 경계감이 높아지고 있다. 저금리가 지속될 경우 언젠가는 자산버블 붕괴, 가계부채와 기업부채 부실, 인플레이션 확대 등을 초래하게 되므로 현재의 완화정책을 영원히 가져갈 수

---

2 경제학자들이 기회비용 원리를 설명할 때 빈번히 인용되는 용어이다. '공짜 점심'은 미국 서부 개척시대 술집에서 술을 일정량 이상 마시는 단골에게 점심을 공짜로 주던 데서 유래했다고 알려져 있다. 하지만 술값에는 당연히 공짜로 먹은 점심값까지 포함되어 있다. 내가 공짜라고 생각하는 점심에는 결국 나를 포함한 누군가가 어떤 방식으로든 대가를 지불하게 되어 있음을 명심하자.

도 없다. 경제적 이유는 차치하고라도 저금리 장기화는 좀비zombie 기업[3]에 대한 구조조정 지연, 양극화 확대 등 우리 사회의 전반적 비효율과 불안정성을 확대시킬 위험과 연결되어 있다. 정책당국의 완화정책은 급한 불을 끄는 데는 성공적일 수 있지만, 이 또한 결코 만병통치약panacea은 아니다. 소화전 밸브를 너무 오래 열어 둔 채 방심할 경우 사회 전체가 엄청난 잠재적 비용을 치를 수도 있음을 명심해야 한다.

2. 미래 성장과 글로벌 교역의 불확실성을 바라보는 우려

잠재성장률 둔화와 저물가, 저금리로 이어지는 순환고리

당장은 코로나19 위기 대응을 위한 완화적 재정정책과 통화정책에 따른 유동성 확대 영향으로 높은 수준의 인플레이션이 일시 초래될 가능성을 배제하기 어려워 보인다. 그러나 이러한 현상이 오래 지속될 것 같지는 않다. 우리 경제는 코로나19 이전부터 추세적인

---

3   '좀비기업'은 회생 가능성이 크지 않은데도 정부나 채권단의 지원으로 간신히 파산을 면하고 있는 상태의 기업을 의미한다. 성장 잠재력이 있는 기업에 가야할 사회적 자원을 좀비기업이 가로챔으로써 경제 전반에 악영향을 미친다. 통상 3년 연속 이자보상배율이 1 미만인 기업을 좀비기업(한계기업)으로 간주하는데 3년 연속 이자조차 갚지 못할 정도라면 자체 생존 능력이 없다고 보는 것이다.

잠재성장률 둔화와 저물가 기조가 이어져 왔으며, 중장기적으로 이러한 추세가 지속될 가능성이 높아 보인다.[4]

그러면 우리 경제의 잠재성장률이 이처럼 낮아지는 이유는 무엇일지 잠깐 생각해 보자.[5] 잠재성장률은 한마디로 우리 경제의 기초 체력이라고 할 수 있는데, 노동과 자본 같은 양적 생산 요소의 투입 정도와 사회 경제적 구조개혁을 통한 생산성[6] 정도에 따라 결정된다. 그러나 우리 경제는 향후 저출산과 인구 고령화의 급격한 진행에 따른 생산가능인구의 감소로 노동 공급 부진이 예상된다. 또한 경제 성숙화, 불확실성 증대 등으로 과거 대비 자본 투자가 부진할 수 있다. 이처럼 노동, 자본 등 투입 요소에 의한 성장이 제약된 상황에서 향후 잠재성장률을 끌어 올리기 위해서는 산업구조 조정, 노동시장과 서비스시장 개혁, 기술혁신 등을 통해 생산성을 높여나가는 것이 가장 확실한 방법이라 판단된다. 그러나 이러한 구조개혁은 단시일에 이루기가 매우 힘든 과제이다.

앞으로 잠재성장률 부진이 지속된다면 결국 경제 전체의 총수요 증가세가 제약될 것이다. 그리고 이로 인한 구조적 물가 하방 압력

---

4 OECD는 〈The Long View: Scenarios for the World Economy to 2060〉(2018)에서 우리나라의 잠재GDP 성장률이 2018-2030년 중 2.3%로, 2030-2060년 중 1.7% 수준으로 하락할 것으로 전망하였다.

5 《우리 경제의 잠재성장률 추정》(한국은행, 2017)을 참고하였다.

6 산출량의 변화를 설명할 때 노동, 자본 등 단일 요소 생산성 측정으로 설명되지 않는 기술, 노사, 경영 체제, 법·제도 등에 의한 개선을 총요소생산성TFP, total factor productivity에 의한 증가로 구분하는데 흔히 '기술혁신'을 의미한다.

도 지속될 수 있다. 결국 잠재성장률 하락에 따른 저성장이 저물가, 저금리 기조와 함께 순환고리를 형성하며 고착될 가능성에 유의하면서 우리 경제의 역동성이 저해되지 않도록 구조개혁을 달성하기 위한 모든 경제주체의 노력이 절실하다.

글로벌 교역 둔화와 글로벌 공급망GVC 재조정 움직임

코로나19 확산 이전부터 세계 경제의 양대 국가인 미국과 중국 간 무역 갈등이 첨예하게 맞서는 상황에서 세계 경제의 교역량 증가는 2008년 금융위기 이후의 장기 추세에서 이탈하는 모습을 나타내었다. 특히 글로벌 공급망 참여도가 정체되는 가운데 역내 교역 비중이 증가하는 지역화regionalization 추세가 두드러졌다. 특히 트럼프 행정부에서 미국의 자국우선주의와 양자주의에 의한 문제해결 기조로 WTO, 브렉시트 등 다자주의multilateralism가 약화되는 양상도 전개되었다.

이러한 세계 교역 부진 움직임 속에 코로나19 확산은 글로벌 공급망에 유례없는 타격을 주었다. 특히 글로벌 공급망이 코로나19 충격의 전달 경로로 작용함에 따라 향후 자국의 공급망을 강화하는 한편 단순하고 유연성이 높은 새로운 유형의 공급망으로 재편할 필요가 있다는 주장도 제기되었다. 이에 주요국은 기존의 비용 최소화보다 자급자족 능력 강화, 탈중국화와 생산기지 다변화, 제조업 리쇼어링reshoring[7] 등과 같은 공급망 재조정을 통해 대응하려는 움직임이 커진 상황으로 판단된다.[8]

따라서 향후 미국과 중국 간의 관계와 이들 G2 국가의 위상 변화를 주목하는 동시에 갑작스런 공급 중단 등에 대비하여 공급망 리밸런싱, 다변화 등을 통해 관련 리스크를 적극적으로 관리해 나갈 필요도 있어 보인다.

3. 일자리의 미래와 인구구조의 변화

코로나19가 바꾼 일자리 변화

코로나19 확산은 고용 급감 충격은 물론 비대면 경제, 비접촉 경제의 전면 등장 등 우리가 일하는 방식 자체를 근본적으로 변화시켰다. 사회적 거리두기가 장기간 지속되며 재택근무가 확산되었고 플랫폼 노동자[9]가 양산되었다. 노동집약적 또는 저숙련 업종과 같이 고용 비중은 높으나 고용 상황이 열악한 분야일수록 더욱 큰 타격을 받는다. 이로 인해 일자리 양극화와 소득불평등 확대와 같은 이슈도 제기되었다.

---

7 저렴한 인건비와 같은 이유로 해외로 공장을 옮긴 국내 제조 기업을 다시 국내로 돌아오도록 하는 정책을 의미한다.

8 〈2021년 세계경제 향방을 좌우할 7대 이슈〉(한국은행, 2020)을 참고하였다.

9 국제노동기구ILO는 플랫폼 노동을 '온라인 플랫폼을 이용해 불특정 조직이나 개인의 문제를 해결해 주고 서비스를 제공함으로써 보수 혹은 소득을 얻는 일자리'로 정의하였다. 예로 배차, 물류배송, 쇼핑대행, 음식배달, 가사도우미 서비스 등이 이에 해당된다.

앞으로 전염병 확산에 따른 불확실성을 경험한 주요 기업은 리스크관리 차원에서 자동화automation에 대한 투자를 가속화하고 무인화와 원격근무 같은 스마트 워크시스템을 보편화하며 작업 방식의 혁신을 추진할 전망이다. 이에 따라 판매종사자, 조립종사자, 기능원 등 주로 반복적 업무를 수행하는 직종에 대한 노동 수요는 지속적으로 감소할 것으로 예상된다. 이 경우 일자리 양극화가 심화되면서 소득불평등이 확대될 가능성도 있다. 반면 기계로 대체하기 어려운 관리직, 전문직 등 고숙련 근로자와 청소, 간병 등 대면 서비스가 불가피한 저숙련 근로자에 대한 수요는 증가할 것으로 전망된다.[10]

저출산, 고령화 그리고 미래 세대의 부담

2000년대 들어 저출산은 우리 경제의 가장 큰 고민 중 하나였다. 정부 위원회가 신설되어 수많은 대책이 논의되었고 상당한 예산이 투입되었지만 저출산은 오히려 더욱 심화되었고, 급기야 총인구는 예상보다 빨리 감소세로 전환되었다. 언젠가 국민 삶의 질well-being을 나타내 주는 가장 중요한 지표indicator 중 한 가지만 꼽으라면 출산율이 아니겠냐는 얘기를 나눴던 기억이 있다. 즉 출산은 현재의 안정과 미래에 대한 희망이 뒷받침되어야만 지속될 수 있다. 물론 한 집안의 노동력 확보를 위해 출산이 고려되던 시기는 아주 오래전

---

10 《코로나19의 노동시장 관련 3대 이슈와 대응방안》(한국은행, 2020)을 참고하였다.

이다. 그 대신 취업이 경제·사회적 문제로 대두되며 연애 또는 결혼이 주저되고, 교육비와 주거비가 가중되는 양육 부담은 자연스럽게 혼인과 출산을 늦추게 만들었다. 다시 말해 출산율 하락을 막기 위해서는 결혼과 출산에 대한 긍정적 인식 전환과 더불어 청년실업 개선, 높은 사교육비, 주거비 등 고비용구조에 대한 개선이 선결될 필요가 있어 보인다.

더욱이 한 사회가 안정적으로 유지되려면 빠르게 고령화되는 노령 세대를 지탱할 젊은 세대의 뒷받침이 필수적이지만, 이미 우리 사회의 인구구조는 자연스럽게 균형을 회복하기 어려운 수준에 봉착하였다. 1960~1980년대 피라미드구조에서 30~50대가 두터운 항아리형을 지나서, 이제 60세 이상이 두꺼워지는 전형적 역삼각형 구조로 빠르게 변화하고 있다.[11] 이러한 고령화 심화는 국민경제에 치명적 결과를 초래할 수 있다. 당장 고령화에 따른 높은 의료비, 연금 등 재정부담은 눈덩이처럼 커질 것으로 전망되지만 이를 뒷받침할 세입구조는 생산가능인구 감소와 함께 취약해질 것으로 예상된다. 결국 세금을 부담하는 인구에 비해 복지 수혜가 필요한 고령층 비중이 점차 높아지며 미래 세대의 부담은 더욱 커질 수밖에 없다.

출산율 회복이 조속히 이루어지지 않으면 가뜩이나 심각한 노인 빈곤화는 더욱 심화될 것이고 이민 확대와 같이 외부에서 노동력을

---

11 통계청 보도자료, 〈장래인구특별추계:2017~2067년〉(2019)에서 인용하였다.

확충할 수밖에 없는 시기가 도래할 수 있다. 앞서 얘기한 것처럼 젊은 세대가 출산을 주저하는 원인에 대한 근원적 해법을 마련해야 한다. 다만 사회 전체가 총체적으로 노력하더라도 이를 되돌리기 쉽지 않을 수도 있다. 따라서 저출산과 고령화가 우리 사회시스템 전반에 미칠 충격을 최소화할 수 있도록 새로운 경제 환경에 대한 적응력을 기르고 예상되는 취약 부문을 점검하며 선제적으로 대비하는 노력을 병행할 필요가 있다.

제4차 산업혁명과
경제산업구조 변화[12]

+ 우리는 이미 4차 산업혁명의 한 가운데 놓여 있다. 그리고 모든 산업은 정보통신기술과 융복합되며 재창조될 것이다.
+ 변화에 유연하게 대응하기 위해서는 결국 내가 지금 하는 일의 본질을 정확히 이해해 응용할 수 있어야 한다. 안타깝게도 앞으로 평생 공부해야 할 가능성이 매우 커졌다.

세계 경제는 이미 빠르게 제4차 산업혁명[13]을 겪고 있다. 우리가 산업혁명이라 부를 때 이는 하나의 경제 패러다임 자체가 변화shift하고 있음을 의미한다. 알려진 바대로 제1차 산업혁명은 1760~1840년에 걸친 증기기관과 면직물공업에 의하여 특징지어진다. 제2차 산업혁명은 19세기 말에서 20세기 초까지 내연기관과 전기의 발명

12 《알기 쉬운 경제이야기》(한국은행, 2020)를 주로 참고하였다.
13 2016년 세계경제포럼에서 동 포럼의 창립자인 클라우스 슈밥Klaus Schwab이 독일의 인더스트리 4.0(사물인터넷을 통한 자동생산체계)에서 아이디어를 얻어 처음 제시한 용어다. 한편 BMW 회장 하랄드 크루거Harald Krüger는 제4차 산업혁명The Fourth Industrial Revolution을 디지털 세상과 물리적 세상의 결합으로 정의하였다.

을 토대로 한 중화학공업을 중심으로 이어졌다. 제3차 산업혁명은 1960년대 IC 집적회로와 인터넷의 발명에 의해 시작된 PC 보급과 전자상거래 확산 같은 정보기술 IT산업의 발전을 주요 내용으로 한다. 지금의 제4차 산업혁명은 이러한 정보기술 혁명을 기반으로 한 인공지능과 빅데이터, 사물인터넷, 클라우드컴퓨팅 등의 주요 혁신을 지칭한다. 제4차 산업혁명은 디지털화의 광범위하고 빠른 속도, 무형자산과 공유자산의 증가, 플랫폼경제 출현 등과 같이 경제 생태계에서의 가치 창출 방식을 근본적으로 변화시킬 것으로 전망된다.

1. 제3차 산업혁명과 어떻게 다른가?

알파고, 제4차 산업혁명, 그리고 디지털전환

제4차 산업혁명이 기존의 정보기술 혁명과 어떠한 차이가 있는지 좀 더 살펴보자. 2016년 3월 구글의 딥마인드가 개발한 인공지능 바둑 프로그램 알파고AlphaGo와 이세돌 간의 대국은 우리 뇌리에 강한 충격을 남겼다. 지금까지의 정보화가 인간이 미리 정해 놓은 연역적 규칙과 알고리즘에 따라 효율화를 추구했다면, 이제 인공지능은 기계학습machine learning을 통해 스스로 빅데이터에서 패턴을 발견하고 귀납적으로 문제를 해결하는 능력을 보여 주고 있다. 즉 스스로 규칙을 찾고 학습해 인간이 규정한 알고리즘을 자신의 능력으로 개선한다는 측면에서 컴퓨터가 접근할 수 있는 영역이 비약적으로 확대될 수 있음을 예고하였다.

제4차 산업혁명은 정보기술을 기반으로 한다는 측면에서는 제3차 산업혁명과 유사하다고 볼 수 있다. 그러나 가장 큰 차이점은 정보기술의 적용 대상이 IT산업을 넘어 우리 일상생활로 광범위하게 확장되고 있다는 점이다. 그래서 제4차 산업혁명을 '디지털전환 Digital Transformation'이라고도 일컫는다.

일상생활로 파고든 신기술: 인공지능과 빅데이터

최근 제4차 산업혁명의 대표 사례로 꼽히는 자율주행차와 핀테크 FinTech를 예로 들어보자. 테슬라의 자율주행차는 기본적으로 하드웨어 중심의 자동차 산업을 인공지능 소프트웨어산업으로 탈모시키고 있다. 자동차에 인공지능 기술을 적용하고 사물인터넷을 통해 인터넷망에 연결해 운전에 있어 인간의 개입을 최소화하는 식이다. 교통 사정을 분석해 실시간 최적의 경로를 제시하고, 갑작스러운 주행 환경 변화를 예측해 사고 위험을 현저히 낮추어 줄 수도 있다. 지급결제 혁신을 거쳐 급성장중인 핀테크에도 인공지능 기술이 적용되어 과거 금융거래 기록에 대한 빅데이터분석을 통해 개인 신용분석을 자동으로 수행한다. 또한 증권, 자산관리, 보험 등 개별화된 맞춤형 서비스를 자동으로 추천할 수도 있다. 이미 유튜브와 구글은 내가 흥미를 느끼는 주제에 대한 콘텐츠를 자동으로 제시해 주는 것은 물론 이와 연관된 마케팅 광고를 통해 시청자의 구매욕까지 자극하고 있다.

디지털 경제와 산업구조 재편 영향

코로나19 확산으로 비대면 비접촉 경제도 빠르게 성장했고 온라인 주문이 일상화되면서 그만큼 빅테크플랫폼 기반 경제의 네트워크 효과network effect가 강화되었다. 점차 온라인 상거래 비중이 높아지며 네이버, 쿠팡, 카카오 등 플랫폼기업에 대한 의존도가 심화될 것이고 이로 인해 오프라인 자영업자들의 어려움이 확대될 수 있다. 이처럼 제4차 산업혁명은 기존의 비IT산업에도 IT 기술이 대대적으로 적용됨에 따라 IT와 비IT산업 간 경계를 허물어 버릴 것으로 전망된다. 이로 인해 신산업이 등장하여 산업구조가 재편됨은 물론 일하는 방식의 변화를 가져와 고용시장에도 상당한 변화를 일으킬 수 있다. 이러한 경제산업의 구조적 변화는 산업별, 소득별, 교육수준별 등 다양한 접점에서 양극화를 심화시킬 수 있다는 우려도 제기된다.

2. 이로 인해 나의 일자리가 위협받을 것인가?

기술에 대한 경계감과 일자리 우려

그러면 이처럼 급속히 다가온 기술혁명은 우리 개개인의 삶에 어떤 변화를 초래할 것인가? 당장 삶의 편리함이 높아짐을 체감하며 참 좋은 세상에 살고 있다고 생각할 수도 있지만 그 이면에는 변화에 제때 적응하지 못할 경우 '도낏자루 썩는 걸 잊어버린 나무꾼' 신세로 전락할 수 있다는 두려움이 생기기도 한다. 당장 주위를 둘러

봐도 스마트폰 뱅킹에 익숙하지 않은 노령층이 간단한 송금업무를 위해 번번이 은행을 찾는 모습을 흔히 않게 볼 수 있다. 이제 스마트폰에 익숙하지 않으면 간단히 배달음식을 주문하기도 쉽지 않은 세상이 되었다. 당연히 미래에는 인공지능 또는 기계화에 의해 나의 일자리가 대체되지 않을까 하는 우려도 커진다.

그러나 과거 산업혁명기를 살펴볼 때, 기술 진보로 인해 노동생산성이 증대되었고 또 생산품 한 단위를 만드는 데 투입되는 노동력의 비중도 크게 줄어들었지만, 실업률 증가세는 두드러지지 않았다. 제조업의 생산 라인 같이 정형화된 업무에서도 생산 공정의 모든 직무를 완전히 기계로 대체하기가 쉽지 않았기 때문이다. 또한 저임금 단순 직무라 할지라도 상당수는 고도의 비정형적 특성을 갖고 있기 때문이기도 하다. 예를 들어 자동차공장의 용접 과정을 자동화시키기는 상대적으로 쉬울 수 있어도 공사장에서 일하는 로봇을 개발하는 것은 훨씬 어렵다는 것이다. 이는 공장들의 작업 환경은 규격화되어 있으나 공사장의 작업 환경은 전부 제각각인 것을 생각해 보면 쉽게 이해할 수 있다. 그러면 이러한 비정형적 업무들도 언젠가는 인공지능에 의해 점차 대체될 수 있지 않을까?

자동화의 한계와 평생 공부 가능성 증대

사실 그동안 자동화가 어려울 것으로 간주되던 업무에서도 자동화 사례가 속속 등장하고 있다. 프로 바둑기사는 물론 비행기 조종사, 의료, 법률, 세무 등 영역에도 인공지능이 상당 직무를 대체할 수 있어 보이며 앞서 예를 든 자율주행이나 금융 부문에서도 인공지능 기술이 본격적으로 활용될 것으로 예상된다. 그러나 이러한 인공지능 기술이 아직 인간과 대등한 수준의 유연성을 가지고 비정형적 노동을 수행하기에는 한계도 많다. 우리 주변의 간호사나 사회복지사 등의 업무만 생각해 봐도 이를 인공지능으로 대체할 수는 없듯이 여전히 자동화로 대체할 수 없는 비정형적 업무가 수없이 존재한다.

그러나 제4차 산업혁명이 초래할 변화의 여파로 정형적 업무가 점차 효율화되는 과정에서 미래의 일자리 구성은 최소한 현재와는 상당히 달라져 있을 것이다. 그래서 최근 OECD 주요 국가는 어떻게 기술교육과 재교육을 강화해야 사라지는 직무에 종사하는 노동자들을 새로운 직무로 순조롭게 전환시킬 수 있을지, 즉 구조적 실업을 최소화할 수 있을지를 골몰히 모색하고 있다.

3. 디지털전환이 우리 경제와 사회에 미칠 영향

디지털전환 가속화 배경

제4차 산업혁명, 즉 디지털전환DT, Digital Transformation이 가속화되는 이유는 무엇일까? 단언하기 쉽지 않지만 글로벌화 진전으로 통합된 시장에서 정보가 빠르게 전파되면서 기업 간 경쟁 강도가 높아진 데 기인한다고 볼 수 있다. 가상공간cyberspace이라는 바탕 위에 새로운 사업 기회가 무수히 창출됨에 따라 기업의 경쟁도 온라인과 오프라인 각각에서 다양하게 일어나며 점점 더 치열해졌다. 기술혁신을 적극 활용해 비용을 절감하고 수요를 확대하려는 노력이 스마트공장, 플랫폼기업 출현 등으로 구체화되었다.

앞으로 디지털전환은 유통혁명, 소비혁명, 생산혁명을 유발하는 동시에 생산, 소비, 유통을 유기적으로 통합할 것으로 예상된다. 예를 들면 인공지능, 3D프린터 등은 특별한 기술이 없어도 소비자가 생산까지 하는 프로슈머prosumer의 출현을 가능케 한 바 있다. 우선 유통혁명 측면에서 기업들은 아마존, 네이버 같은 가상공간에서의 전자상거래를 통해 상품의 거래비용을 절감할 수 있으며 애플, 카카오 등 ICT 기업이 구축한 온라인 플랫폼에서 새로운 부가가치를 창출할 수 있다.[14] 소비혁명 측면에서 온라인 시장은 소비자가 선호를 실시간으로 표현할 수 있으며, 다수의 소비자가 이용하면 할수록 플랫폼의 가치가 더욱 높아지는 양면시장two-sided market의 교차 네트워크 효과cross network effect를 기반으로 하고 있다. 즉 플랫폼의 생존은 소비자의 참여도와 충성도에 의존하게 되므로 온라인에서 경쟁력을 잃게 될 경우 오프라인의 생존마저 위협받을 수 있다. 생산혁명 측면에서는, 과거 오프라인에서 일어나던 기술혁신을 온라인 시뮬레이션을 통해 저비용으로 실현할 수 있게 되었고 시행착오도 큰

---

14 아이폰을 구매할 경우 우리는 기기 값은 물론 플랫폼의 부가가치를 함께 구매하고 있다고 해석할 수 있다. 기기의 원가는 30~40% 정도이고 나머지는 플랫폼의 부가가치에 대한 지불로 볼 수 있다.

폭으로 축소할 수 있게 되었다.

제4차 산업혁명으로 예상되는 기회와 우려

이처럼 제4차 산업혁명은 온라인과 오프라인의 유기적 결합을 통해 우리 경제에 커다란 도전이자 기회로 작용할 수 있다. 일단 기술혁신이 가속화되며 생산성이 높아지고, 핀테크와 같은 방식으로 금융의 접근성과 포용성을 확대할 수 있다. 또한 사물인터넷과 인공지능 등의 발전으로 소비자의 편익이 확대되고 생활의 편리성이 높아지는 장점도 기대된다. 우버Uber, 에어비앤비airbnb, 위워크wework 와 같은 공유경제sharing economy의 확산은 유휴자원을 생산자원으로 활용할 수 있게 함으로써 효율성 제고와 소득 증진을 동시에 가능케 하였다.

그러나 반대로 데이터와 지식의 독점으로 소득 양극화가 심해질 수 있으며 플랫폼의 규모 경제economies of scale와 락인lock-in효과 등에 따라 승자독식구조가 고착화될 우려도 상존한다. 또한 기술혁신에 따른 노동수요의 빠른 변화와 노동자의 적응 속도 간 간극이 벌어지며 실업이 증가하고 임금 격차가 확대될 수도 있어 보인다. 이외에도 막대한 정보의 집적과 이용 그리고 규제 완화는 사생활 침해, 네트워크 해킹과 같은 사이버 보안 문제를 일으킬 수 있으며 유전자 조작, 인공지능 등에 있어 윤리적, 법적 문제도 제기되고 있어 걱정스럽다.

4. 디지털전환, 어떻게 대응해야 하는가?

변화를 맞는 우리의 자세

그러면 이러한 제4차 산업혁명에 우리는 어떻게 대응해야 할까? 컴퓨터는 물론 인공지능, 빅데이터와도 친숙하지 않은 대다수는 가속화되는 디지털전환시대에 도태될 수밖에 없는 것일까? 물론 자동차 운전을 위해 모두가 자동차공학자가 될 필요가 없듯이 제4차 산업혁명의 의미를 되새기며 각자의 입장에서 이를 알맞게 해석하여 어떻게 자신의 분야에 적용할 수 있는가가 중요하리라 생각한다.

제4차 산업혁명의 가장 중요한 특징은 모든 산업에 걸쳐 전방위적으로 기술 융합이 일어난다는 것이다. 정보기술의 적용 대상이 IT산업을 넘어 우리 일상생활로 광범위하게 파고들며 점차 적용의 범주가 확대될 것이다. 따라서 '옛것을 익히고 새것을 안다.'라는 온고지신溫故知新의 자세로 각각의 산업과 기술에 대한 기본적 이해를 높여 나갈 필요가 있다. 즉 자율주행차를 만들기 위해 자동차에 대해 먼저 알아야 하고 핀테크서비스를 위해서는 금융에 대해 잘 알아야 하듯이 각각의 산업 특성에 대한 이해를 바탕으로 인공지능, 사물인터넷 등과 같은 범용 기술에 대한 이해를 각 산업에 접목할 수 있도록 노력할 필요가 있다. 이를 통해 현재 자신이 속한 분야에서 신기술을 도입해 개선할 수 있는 부분은 없는지를 통찰하려는 자세가 중요하다.

혁신 방향에 맞는 정책적 대비

나아가 국가적으로는 앞으로의 디지털전환을 위한 초지능, 초연결 기술 기반을 구축하고 빅데이터, 인공지능 등 원천 범용기술에 과감히 투자할 필요가 있어 보인다. 특히 사물인터넷과 클라우드컴퓨팅 등 신기술과 실생활을 제대로 접목해 활용하기 위해서는 5G, 초고속인터넷망 등과 같은 정보 인프라의 성능 여부가 관건일 수 있다. 아울러 인터넷 연결성을 강화하고 데이터 생성과 활용에 따라 증대되는 사이버 공격과 개인 프라이버시 침해를 최소화할 수 있는 제도를 정비하여 혁신적 기술에 대한 대중의 신뢰를 확보하는 노력도 필요해 보인다.

또한 경쟁 과정에서 심화될 수 있는 양극화 해소를 위해 사회 안전망을 강화하고 디지털시대에 적합한 인적 역량을 높이기 위한 교육개혁도 중요하다. 특히 디지털전환 과정에서 노동시장이 일 중심의 긱 경제Gig Economy[15]로 바뀌는 유연화 추세에 대응하기 위해서는 평생학습lifelong learning의 중요성도 점증할 것으로 예상된다.

---

15 기업들이 정규직보다 단기 계약 형태의 일자리를 늘려 나가는 '임시직 경제'를 말한다. 원래 '긱Gig'이란 용어는 1920년대 미국 재즈 공연장 주변에서 연주자를 섭외해 짧은 시간 열리는 공연에 즉시 투입한 데서 비롯됐다고 한다. 이후 긱은 차량공유서비스와 같은 스타트업에서 1인 자영업자가 단기간 계약을 맺고 일한다는 의미로 확장되었다.

디지털전환과
핀테크 금융플랫폼의 진화

> ✦ 모바일혁명과 디지털전환이 가속화되며 플랫폼경제, 공유경제, 핀테크 등으로 경제구조가 재편 중에 있다.
> ✦ 빅테크 금융플랫폼은 강력한 네트워크 효과를 기반으로 그 영향력을 더욱 확대해 나갈 가능성이 높다.

1994년 미국 독립기념일 즈음인 7월 6일 영화 포레스트 검프Forrest Gump가 개봉하였다. 정신장애로 지적 수준이 낮은 주인공 검프가 미국 20세기 후반 근대사의 역사적 사건을 직간접 경험하고 우여곡절 끝에 이를 헤쳐 나가며 성장하는 인생을 그린 영화로 그해 아카데미 시상식에서 작품상을 포함 5개 부문을 석권하였다. 영화의 마지막은 검프가 자산관리를 대행해 주는 지인으로부터 받은 우편을 꺼내며 읽는 것으로 막을 내린다. "무슨 과일회사에다 투자했다며 우린 이제 돈 걱정할 필요가 없어졌다고 하더군요." 이 과일회사는 다름 아닌 지금 누구나 알고 있는 IT 공룡 '애플'이었다.

스티브 잡스와 스티브 워즈니악이 공동 창업한 애플은 1976년

8월 출시한 'Apple II'라는 개인용 컴퓨터가 대박이 나며 급격히 성장하였다. 당시 영화가 개봉한 1994년 즈음에는 이미 주가 또한 수십 배 오른 상황으로 검프는 그냥 지인을 믿고 묻어 둔 우연한 투자가 대박이 난 상황을 묘사한 것이다. 당시 영화관을 나오던 수많은 관객은 나도 애플주식을 샀더라면 하고 생각했지만, 안타깝게도 당시 이를 실행에 옮긴 사람은 얼마 되지 않을 것이다.

이후 애플은 알다시피 IT 기술혁명과 인터넷의 흐름을 고스란히 타며 아이팟, 맥북, 아이폰 등 주요 제품이 연이어 대성공을 거두며 명실공히 글로벌 최대의 IT 회사로 거듭났다. 만약 포레스트 검프가 개봉한 그날 애플주식을 1주 샀더라면 이후 여러 차례 액면분할을 거치며 주식은 112주로 불어났을 것이다. 그리고 지금 주가는 주당 142달러인데 이는 27년 전과 비교해 무려 720배나 상승한 수준이다.

이처럼 앞으로 다가올 미래의 경제 패러다임 전환도 우리에게 무수한 기회를 가져다줄 것이다. 그러나 우리가 정확히 그 기회를 잡기는 쉽지 않을 수 있다. 애플이 개인용 컴퓨터, 인터넷, 스마트폰을 통해 미래를 새로이 뒤바꿀 혁신을 창출했듯이, 앞으로 디지털전환 속에서 어떤 기술과 산업이 어떤 미래를 열어 갈지 어렴풋이나마 그려보는 시도는 더할 나위 없이 중요해 보인다.

1. 모바일혁명과 신산업의 등장

아이폰, 모바일혁명의 문을 열다

다시 애플의 이야기를 잠시 이어나가 보자. 2007년 7월 아이폰iPhone이 미국 소비자에게 판매되기 시작했다. 당시 이미 PDApersonal digital assistant로 불리는 개인용 정보단말기가 존재하던 터라 아이폰은 그리 특별해 보이지 않았다. 그러다 학교에서 고령의 할머니 강사와 얘기를 나누던 중 애플의 위력에 대해 깨닫게 되었다. 할머니는 이야기 도중에 아이폰의 편리성을 적극 홍보하기 시작했는데 IT 기기를 다루기 쉽지 않은 노령층조차 이를 쉽게 활용할 수 있다는 점이 가장 큰 충격으로 다가왔다. 생각해 보면 바로 그때가 모바일혁명이 본격적으로 시작된 무렵이라고 생각한다.

아이폰은 2007년 1월 9일 애플의 '맥월드 2007' 행사에서 처음 발표되었다. 스티브 잡스는 당시 프레젠테이션에서 세 가지 신제품을 동시에 출시한다고 운을 띄운 후 아이폰을 터치스크린을 갖춘 아이팟, 혁명적 모바일폰, 혁신적 인터넷통신기기 등 이 세 가지[16]가 합쳐진 기기device로 소개하였다. 그리고 애플이 전화를 재발명reinvent했음을 선포하였다. 이후 산업계에서 융복합의 열기가 뜨거웠다. 특히 아이폰이 인문학과 IT의 결합에 따라 탄생한 산실로 보고 인문

---

16 Wide-screen iPod with touch controls, Revolutionary mobile phone, Breakthrough Internet communicator

학[17]을 재평가하기에까지 이르렀다.

아이폰으로 시작된 모바일혁명은 모바일 경제가 태동하는데 결정적 영향을 미쳤다. 아마존과 이베이로 대표되는 전자상거래는 모바일 환경을 발판으로 성장세가 더욱 가팔라졌다. 전자상거래는 주문, 배송, 물품관리 등 물류와 결제 측면에서 혁신을 가져와 효율성 제고를 통해 생산성을 급격히 확대하였다. 또한 소비자는 더욱 편리하게 다양한 제품을 비교해 구매할 수 있는 사용자 경험을 통해 효용을 체감하기 시작하였다. 반대로 오프라인 상점들은 가격, 상품다양성, 유통 등 측면에서 점차 경쟁력을 잃으며 도태되었다. 이러한 혁신의 불씨는 급기야 핀테크와 비트코인 열풍과 같이 금융 부문으로까지 옮겨 붙기 시작했다.

구독경제, 공유경제, 그리고 플랫폼경제

1998년 인터넷 대중화 흐름을 타고 넷플릭스Netflix는 온라인으로 DVD를 우편 대여해 주는 구독형서비스를 시작하였다. 당시 미국 최대 비디오 대여 체인인 블록버스터는 2주당 서너 개의 DVD를 우편으로 배송해 주는 넷플릭스의 무無매장서비스가 지속될 가능성

---

17 스티브 잡스는 2005년 스탠퍼드대학교 졸업 축사에서 "connecting the dots(연결되는 순간들)"를 언급하였다. 자신이 가정 형편상 대학을 중퇴했고 그 결과 서체학calligraphy을 청강하게 되었으며, 이는 훗날 매킨토시 컴퓨터의 폰트 개발에 영감을 줬다고 밝혔다. 즉 점과 점이 연결되어 결과물이 만들어지듯이 IT 기술이 인문학과 연결될 때 창의적 결과물이 도출될 수 있음을 암시한다.

이 낮다고 판단하며 넷플릭스의 성장 잠재력을 간과하였다. 그러나 넷플릭스는 우편 대여에서 인터넷 스트리밍으로 서비스를 전환하며 고객 편의성을 높이고 공급 콘텐츠 수를 무한 확대하였다. 당연히 제반 관리비용이 감소했으며 경쟁력 강화를 위해 자체 콘텐츠를 제작하기 시작하였다. 이 과정에서 고객 취향을 정밀 분석해 콘텐츠를 맞춤 제작함으로써 흥행을 담보했고 급기야 오프라인 영화관의 영역까지도 위협하게 되었다. 음악산업 또한 아이팟과 스마트폰의 보급으로 음악 감상 방식 자체가 변화[18]하면서 워크맨과 CD로 대표되던 전통적 음원 소비 방식이 퇴장하였다. 더욱이 인공지능 알고리즘을 활용해 이용자의 취향에 맞는 콘텐츠를 자동 추천해 줌으로써 사용자 경험을 높이고 플랫폼의 지배력을 강화시켰다. 이처럼 음악과 영화 같은 콘텐츠산업 또한 인터넷과 정보통신혁명의 영향으로 산업구조 자체가 변화하였다.

우버와 에어비앤비는 전통 운송산업과 숙박산업의 구조를 변혁시킨 공유경제의 대표적 사례로 거론된다. 호텔 하나 자동차 한 대 없이 순수 IT 기술로만 새로운 부가가치를 창출해 낸 것이다. 회사가 보유한 자산 없이 잉여 자원의 중개, 고객과 공급자 관리만을 통한 수익 창출 구조는 기존 전통 사업 모델과는 확연히 구분되는데,

---

18 음악 또한 과거 오프라인에서 음반을 판매하는 방식에서 탈퇴해 오늘날 Apple music, Spotify 등 매월 결제하는 구독형 음원 스트리밍 방식이 주류 사업 모델로 자리 잡았다.

고정비용이 적은 만큼 영업이익률이 높을 수밖에 없다. 이 또한 스마트폰과 인터넷 확산이 전통 산업과 융합되어 새로운 사업 모델을 탄생시킨 대표적 사례로 볼 수 있다.

금융 또한 폰뱅킹과 인터넷뱅킹에 이어 스마트폰을 기반으로 한 모바일뱅킹이 급속도로 확산하였다. 더욱이 코로나19 확산 이후 비대면 경제가 활성화된 가운데 핀테크는 메신저, 검색 등 강력한 온라인 플랫폼을 기반으로 더욱 친숙하게 우리 일상생활로 파고들었다. 기존 현금과 신용카드 대신 간편송금과 간편결제를 통해 더욱 신속하고 편리하게 지급결제를 처리할 수 있게 되었다. 송금, 결제, 예금, 대출 등 일상적 금융서비스를 처리하는 데 있어 간편한 비밀번호, 지문인식, 안면인식 등을 이용함에 따라 더 이상 복잡한 계좌번호와 공인인증서가 필요 없게 되었다. 당연히 전통적 금융회사 지점은 물론 자동현금인출기ATM 개수조차 감소하고 있다.

이처럼 제4차 산업혁명은 이미 우리 생활 곳곳에서 일어나고 있다. 전화, 상거래, 영화, 음악, 교통, 숙박, 금융 등 모든 영역에서 과거 익숙했던 생활방식이 신기술과 융합하며 변모하였다. 앞으로 기존 산업과 첨단 기술이 융합하는 빅블러Big Blur 현상[19]은 더욱 가속화될 것이고 그 방향과 속도에 따라 무수한 부가가치가 생성 또는

---

19 빅블러 현상이란 인공지능, 빅데이터 등 첨단 정보통신기술을 통해 기존 제품들이 디지털화되고, 이종 제품들이 네트워크로 서로 연결되는 디지털 컨버전스를 통해 다양한 분야의 산업이 융복합되면서 산업 간 경계가 점차 사라지는 것을 의미한다.

소멸되며 경제 패러다임을 변환시켜 나갈 것이다. 우리는 이러한 흐름을 예측하고 이용할 수 있는 지혜가 각별히 요구되는 시대에 살고 있는 것이다.

2. 디지털전환과 핀테크의 태동

금융 부문 디지털화를 앞당긴 과거의 혁신들

최근 코로나19 발생 이후 지급결제서비스 시장에서 디지털 지급수단의 이용이 급증하는 등 금융의 디지털전환이 빠르게 확산되고 있다. 과거 금융 부문의 혁신은 신기술의 발명과 함께 다양한 방식으로 진전되어 왔다. 1866년 대서양 횡단 케이블이 설치되면서 금융 부문에 디지털 방식이 처음 도입되었으며 1967년 이후 ATM[20]이 도입되기 시작하였다. 1980년대 이후에는 컴퓨터와 정보통신기술의 발전이 금융 혁신을 이끄는 가운데 우리나라의 경우 1999년 7월 인터넷뱅킹이 처음으로 도입되어 개인이 컴퓨터를 이용해 조회, 송금 등을 처리하기 시작했다. 이후 미국에서는 페이팔Paypal이 1998년 12월에, 중국에서는 알리페이가 2004년 2월에 각각 서비스를 시작

---

20 미국 연방준비은행 의장(1979~1987년)을 지낸 폴 볼커Paul Volcker는 글로벌 금융위기 이후인 2009년 "지난 20년간 은행이 발명한 것 중 유일하게 유용한 것은 현금인출기ATM 뿐이다."라고 언급하였다.

하며 핀테크의 문을 열었다. 이후 2007년 6월 대중화된 최초의 스마트폰인 아이폰이 출시되었으며, 2009년 1월 블록체인 기술을 기반으로 최초의 암호자산 비트코인이 발행되는 등 금융의 디지털전환DT이 확산될 수 있는 여건이 점차 조성되었다.

급속한 핀테크 혁신은 어떻게 안착할 수 있었나?

그동안 금융은 정보 비대칭에 따라 거래 상대방의 신용을 전적으로 신뢰하기 힘든 문제점을 완화하기 위해 주로 금융회사가 신뢰를 보증하는 방식으로 이루어졌다. 금융서비스는 주로 은행과 같은 금융회사에 대한 사회 구성원들의 믿음을 바탕으로 오프라인 금융회사 지점망을 통해 제공되어 왔다. 그러나 최근 온라인 기반의 모바일 금융플랫폼이 기존 금융회사의 역할을 일부 흡수하며 금융의 디지털전환이 빠른 속도로 진행 중에 있다. 이처럼 핀테크, 암호자산 등 금융 혁신이 최근 들어 급격히 이루어진 이유는 무엇일까? 이는 다음과 같이 기술, 규제, 인식 측면에서의 여건 변화로 나누어 요약할 수 있다.

우선 디지털전환이 활성화된 주요 배경으로 IT 신기술의 진전이 금융 부문으로 파급된 데 가장 큰 영향을 받은 것으로 지목되었다. 2000년대 이후 인공지능, 빅데이터 등 디지털 기술이 발전하면서 그간 분석과 처리가 사실상 불가능했던 방대한 비정형 금융데이터로부터 금융서비스에 대한 고객의 다양한 욕구를 파악할 수 있게 되었다. 이를 통해 대출심사, 신용평가, 이상거래 탐지, 금융상품 추천 등 고객 맞춤형 서비스를 보다 손쉽게 제공할 수 있게 된 것이다.

특히 최근 비트코인과 같은 암호자산 확산은 블록체인과 분산원장과 같은 기술개발에 의해 가능해진 대표적 사례이다. 블록체인 기술은 과거 수십년 동안 난제로 여겨 온 이중지불 문제double-spending problem[21]를 작업증명, 지분증명 등 합의알고리즘 도입을 통해 해결했고 이를 통해 중앙화된 기관을 거치지 않고도 암호자산의 신뢰를 확보할 수 있게 뒷받침하였다. 나아가 이들 기술은 기존 금융과 달리 특정 운영 주체 없이 네트워크를 유지하는 디파이DeFi, decentralized finance[22]라 불리는 탈중앙화 금융 실현에 직접적으로 기여하였다. 이처럼 최근 IT 신기술 발달은 모바일 금융플랫폼, 암호자산 기반 금융서비스 등을 출현할 수 있게 함으로써 금융의 디지털 전환을 위한 토대를 구축한 것으로 평가된다.

다음으로 새로운 금융서비스에 대한 수요 증대와 정부의 규제 완화를 들 수 있다. 금융서비스 이용자가 점차 디지털 환경에 적응해 가면서 서비스의 신속성과 편의성에 대한 기대감이 높아져 갔다. 특

21 이중지불 문제는 동일한 암호자산을 두 번 이상 거래에 사용할 수 있는 암호자산의 잠재적 결함을 의미한다. 블록체인 네트워크에 대한 이해가 높고 고성능 컴퓨팅 기기를 갖춘 전문가가 디지털정보를 복제하거나 위조해 재사용할 가능성을 배제하기 어렵기 때문에 이중지불 문제 해결은 디지털통화 발행을 위해 반드시 해결해야 할 선결 과제로 간주된다.

22 거래의 신뢰를 보증하는 중앙화된 제3자 기관 없이 암호자산을 지급수단으로 활용하여 개인 간(P2P) 금융거래의 이행을 약속하고 이를 강제하는 탈중앙화 금융을 일컫는다.

히 스마트폰, 태블릿 등 디지털 기기와 소셜미디어에 익숙한 MZ세
대들이 주력 소비 세대로 부상하면서 온라인결제, 송금 등 금융영
역에서도 신속성과 편의성에 대한 요구가 중시되었다. 그러나 경직
적 규제 환경에 따라 기존 금융회사는 보수적 행태를 유지하면서 여
건 변화를 반영하는데 소극적이고, 혁신적 기술을 보유한 신규 핀테
크 기업은 규제 장벽으로 새로운 서비스를 도입하기 어려웠다. 이
에 정책당국은 핀테크산업 육성을 통해 금융 부문의 경쟁과 혁신을
촉진한다는 취지로 관련 규제를 본격 완화하기에 이른다. 그 결과
비금융회사의 금융업 진출이 활발해지기 시작했다. 이후 인터넷전
문은행 도입, 오픈뱅킹 시행, 마이데이터 사업 등이 차례로 허용되
었다.[23]

　마지막으로 최근 디지털 지급수단에 대한 사회적 인식이 크게 높
아지며 디지털전환이 빠르게 앞당겨지고 있는 것으로 판단된다. 코
로나19는 우리 생활의 많은 부분을 변화시켰다. 이 중 무엇보다도
비접촉 비대면 방식의 온라인 소비가 확대되며 과거 대비 디지털 지
급수단에 대한 이용이 크게 확대되었다. 특히 간편결제, 간편송금
등 모바일 플랫폼 기반의 금융거래가 증가하면서 네이버, 카카오,
토스 등과 같은 빅테크플랫폼을 통한 선불전자지급수단e-money 이

---

[23]　전자지급결제대행업PG의 신용카드정보 보관 허용(2014년 9월), 공인인증서
　　의무사용 폐지(2015년 3월), 비대면 실명 확인 허용(2015년 12월), 금융규제
　　샌드박스 시행(2019년 4월), 오픈뱅킹 시행(2019년 12월), 공인인증제도 폐
　　지(2020년 12월) 등

용이 보편화되었다. 또한 비트코인과 같은 암호자산을 지급수단으로 활용하는 서비스가 주요국에서 도입되고, 탈중앙화 금융, 대체불가토큰NFT, Non-Fungible Token 등의 등장으로 암호자산의 활용 범위가 확대되면서 암호자산 수요도 증가하였다.

이상을 요약하자면, 디지털전환은 IT 신기술의 진전이 금융 부문으로 파급되는 가운데 새로운 금융서비스에 대한 수요 증가에 부응해 정부도 그간 엄격히 적용했던 금융규제를 혁신 증진이라는 명목으로 완화시켰다. 그리고 이러한 사회적 움직임 속에 금융소비자 또한 전통적 방식이 아닌 디지털 지급수단과 금융서비스에 익숙해지며 이용 행태를 변화시킴으로써 핀테크가 점차 우리 일상으로 자리잡게 되었다.

강력한 네트워크 효과와 종합금융플랫폼의 영향력 증대

그러면 이쯤에서 금융의 본질에 대해 다시 한번 생각해 보자. 금융은 자금 잉여 주체로부터 자금을 모아 자금 부족 부문에 공급함으로써 경제 내에서 자금이 원활히 흐를 수 있도록 하는 활동이다. 은행의 여신과 수신, 즉 대출과 예금은 대표적인 금융의 기능이다. 그리고 금융거래는 차입자와 대여자 간 또는 구매자와 공급자 간 자금의 지급과 수취가 금융회사를 거쳐 차질없이 이루어져 상호 간의 채권과 채무를 완벽하게 해소시킬 수 있다는 신뢰를 바탕으로만 존재할 수 있다. 그런데 이러한 금융의 신뢰는 그동안은 은행과 같은 전통 금융회사를 통해 지속적으로 축적되어 왔기에, 우리는 이러한 신뢰를 바탕으로 금융회사에 예금을 맡기고 대금을 결제하고 송금하는 다양한 금융서비스를 안심하게 이용해 온 것이다.

그런데 이제 핀테크가 출현함에 따라 전통적 금융회사가 쌓아 온 신뢰가 금융회사가 아닌 비금융회사에 의해서도 제공될 수 있다고 대중에게 각인되기 시작했다. 그리고 이러한 신뢰는 핀테크의 혁신적 기술과 편의성 높은 새로운 금융서비스의 제공에 의해 가능하게 된 것으로 평가된다. 특히 핀테크가 빠른 속도로 확산한 데는 플랫폼을 매개로 한 강력한 네트워크 효과가 위력을 발휘하였다.

우리가 핀테크를 처음 접했을 때 아마도 특정 금융서비스 이용을 주목적으로 회원 가입 절차를 거치고 스마트폰에 어플리케이션을 설치하지는 않았을 것이다. 이보다는 흔히 사용 중인 SNS, 메신저, 웹 포탈 등 대표적 온라인 서비스를 이용하다가 자연스럽게 송금, 결제 등 핀테크 앱을 접하게 되었을 것이다. 그리고 점차 이러한 핀테크의 사용법에 익숙해지고 또 기존 금융서비스와 차별화되는 편의성을 실감하며 결국은 핀테크플랫폼에 종속[24]되는 것이다.

그러면 아마존, 페이스북, 카카오, 구글 등 빅테크의 종합플랫폼이 일으키는 네트워크 효과의 영향력을 생각해 보자. 아마존을 예를 들면, 조금씩 초기 사용자가 늘어날수록 더 많은 공급자가 아마존을

---

24 락인Lock-in효과란 한 기업의 제품이나 서비스를 이용하기 위해 반드시 그 기업의 특정 제품이나 서비스를 이용하도록 제한하거나 포인트와 같은 유인을 제공함으로써 고객이 해당 기업의 제품이나 서비스에 묶이는 것을 의미한다.

통해 더욱 다양한 유형의 상품을 제공할 유인이 높아질 것이다. 이렇게 동일 제품에 대한 공급자가 많아질수록 가격경쟁력이 높은 업체가 생존할 확률이 높아질 것이고, 이는 소비자의 가격탐색비용을 절감시켜 준다. 따라서 점점 많은 소비자가 더욱 다양한 상품과 가격경쟁력을 갖춘 아마존으로 몰려들게 되었다. 이러한 소비자의 인식이 주위 사람들에게 영향을 미치고 이제 상품을 구매할 때 아마존을 떠올리는 소비자가 더욱 늘어나는 현상이 강화된다.

페이스북과 카카오톡 앱의 경우에도 주위 사람들이 대부분 이를 통해 안부를 주고받는 환경이 조성됨에 따라 자연스럽게 이들 서비스에 종속되는 현상이 심화될 수밖에 없는 구조가 만들어진다. 이제 문자를 주고받을 때 카카오톡이 아닌 다른 메신저를 이용하려고 마음을 먹더라도 이는 극히 어려운 선택이 되어버렸다. 즉 문자도 SNS도 나의 상대방이 어떤 서비스를 사용하는지가 가장 중요하기 때문이다.

사용자가 늘어나면 늘어날수록 이러한 사용자 증가가 새로운 사용자를 불러들이며 해당 서비스의 가치를 빠르게 증가시키는 '네트워크 효과'가 더욱 강력하게 형성된다. 우리가 아는 대부분의 빅테크업체는 이러한 네트워크 효과를 기반으로 빠르게 충성도 높은 대규모 고객을 확보할 수 있었으며 이를 발판으로 본질적인 서비스 이외에도 다양한 영역의 서비스를 제공하는 종합플랫폼으로 확장할 수 있던 것이다.

플랫폼경제에 대한 우려의 시선: 기울어진 운동장과 감추어진 비용

플랫폼기업의 무서움은 바로 이 지점에 존재한다. 주위 사람들이 모두 동일 서비스를 이용하고 있기에 나 또한 이러한 서비스 플랫폼에서 벗어날 수 없는 락인lock-in 효과가 발생하는 것이다. 반대로 해당 서비스 이외의 여타 대안적 서비스를 이용하려 할 경우 크나큰 불편함은 물론 경제적 시간적 대가가 요구되기도 한다. 특정 웹포탈에서 뉴스와 같은 콘텐츠를 읽고 검색을 하다 불현듯 간단한 상품을 온라인에서 구매하고자 하는 생각이 떠올랐다고 가정해 보자. 자연스럽게 동일 플랫폼 내 접근이 쉬운 쇼핑서비스에서 해당 상품을 검색하고 이미 보유 중인 포인트로 결제를 하면 사이트에 저장된 자택 주소로 단번에 상품을 구매할 수 있게 된다. 이제 여타 쇼핑 사이트에서 동일 상품을 구매하는 경우를 생각해 보자. 가격 비교는 둘째 치고 회원 가입, 주소 입력, 대금 결제 등 모든 절차가 조금이라도 번거롭게 느껴진다면 여러분은 이미 플랫폼에 락인된 것이다.

이러한 플랫폼의 강력한 네트워크 효과는 공정한 경쟁과 소비자 효용 측면에서 많은 우려를 자아내고 있다. 서비스 초기에는 혁신적 기술과 편리한 사용자 경험이 효용을 증가시킨 것으로 평가됐지만, 이후 플랫폼으로 종속이 심화되면 될수록 빅테크는 동종 서비스에서 새로운 기업과의 경쟁을 제한하며 이익을 극대화하고자 하는 유인이 커질 수밖에 없어 보인다. '이미 잡아 놓은 고기에는 미끼를 주지 않는다.'라는 속담도 있듯이 가격이 다소 높고 이용이 불편하더라도 새로운 서비스로 쉽게 옮겨 갈 수 없다면 이제 소비자는 비효율과 효용 감소에 무방비로 인내할 수밖에 없는 상황에 처하게 된다.

또한 빅테크의 금융플랫폼은 기존 은행, 신용카드사 등과 기능적 측면에서 유사한 서비스를 제공하고 있지만, 비금융회사라는 이유로 동일 규제가 적용되지 않거나 완화된 규제를 적용받고 있다. 이들 기업은 여타 금융회사처럼 조회, 이체, 결제와 같은 지급결제서비스를 수행함은 물론 머니, 포인트라는 선불전자지급수단(선불충전금)을 발행해 예금과 유사하게 대중으로부터 자금을 유치하고 있다. 또한 최근에는 규제 샌드박스를 통해 우회적으로 소액후불결제를 허용받음으로써 카드사 대출과 유사한 여신기능도 일정 한도 내에서 도입하였다. 그러나 기존 금융회사와 달리 은행법, 여신전문금융업법, 금융소비자보호법 등의 적용이 배제되어 업권 간 형평을 고려하지 않은 '기울어진 운동장unlevel playing field'이라는 논란도 끊임없이 제기되고 있다.

특히 핀테크업체의 복잡한 수익 구조는 소비자가 파악하기 힘든 불투명한 방식으로 부지불식간에 일부 비용이 소비자에게 전가될 수도 있어 보인다. 예를 들면 일견 사용 실적에 따라 포인트를 지급하는 마케팅은 소비자에게 유리한 혜택을 제공하는 것처럼 포장될 수 있다. 그러나 만약 이러한 포인트 제공을 위한 재원을 확보하기 위해 가맹점 수수료를 올리고 또 이렇게 올라간 수수료 부담이 결국 소비자 가격 인상으로 이어진다면 '혜택'은 곧 소비자에게 전가되는 '감추어진 비용'이 될 수도 있는 것이다.

이러한 점에서 항상 새로운 혁신 기업이 끊임없이 생겨나고 다양한 상품과 서비스가 폭넓게 제공되며 공정한 여건 속에 경쟁이 활성화될 수 있는 경제 생태계를 조성하려는 노력은 너무나도 중요하다. 그래서 경제의 모든 것이 소수의 플랫폼에 집중되는 최근의 상황은 여러 우려를 자아내고 있다. 이에 규제당국의 움직임도 한층 강화되고 있는 모양새다.

3. 지급결제 핀테크의 탄생에서 종합금융플랫폼으로의 확장

지급결제 혁신은 첫발에 불과했다

이러한 경제의 플랫폼화 추세 속에 핀테크는 점차 종합금융플랫폼으로의 면모를 완성해 가고 있다. 과거 핀테크 도입은 지급결제의 혁신에서 비롯되었다. 경조금이라도 얼마 송금하려면 가까운 은행의 지점을 방문해야 했지만, 인터넷뱅킹이 도입된 2000년대 들어 지급결제여건이 빠르게 개선되었다. 최근에는 스마트폰과 모바일 뱅킹이 대중화되며 금융거래를 위해 은행지점에 방문할 필요가 거의 없어졌다. 급기야 2017년부터 오프라인 지점 자체가 없는 케이뱅크, 카카오뱅크, 토스뱅크 등 인터넷뱅킹도 등장하게 되었다. 여기서 토스, 카카오페이, 네이버페이 등 지급결제업체[25], 소위 페이Pay

---

25 네이버페이는 2015년 6월부터, 카카오페이는 2014년 9월부터, 토스는 2015년 2월부터 지급결제서비스를 제공 중에 있다.

업체들의 역할에 대해 주목할 필요가 있다.

과거에는 전자상거래를 위해서는 공인인증서를 의무적으로 이용해야 했는데, 이는 해킹 같은 사이버 보안에는 도움이 될지라도 모바일 결제와 송금 같은 전자상거래에서는 상당한 불편을 초래하였다. 그 결과 국제적 관행과 동떨어진 규제를 완화해야 한다는 주장이 커지며 공인인증서, 보안카드, OTP 사용 등 관련 규정이 완화되었고 핀테크업체에게는 새로운 기회의 문이 열리게 되었다.

이제 6자리 간편 비밀번호 또는 지문, 안면 등 생체정보 인식만으로 공인인증서를 대체할 수 있게 되면서 간편결제와 간편송금 서비스가 급성장하게 되었다. 핀테크 간 경쟁이 치열하게 전개되며, 대규모 고객 확보를 통한 네트워크 효과를 얻기 위해 송금과 결제수수료 비용 상당액을 사업자가 부담하는 과정에서 네이버파이낸셜, 카카오페이, 토스 등 주력 사업자들은 지속적인 영업 적자를 감수하기도 하였다.

메기에서 상어로: 빅테크 종합금융플랫폼으로의 확장

이용자는 점차 간편결제와 간편송금이 주는 편리함에 익숙해지며 실생활에서 현금 사용을 줄여 나가고 있다. 우리나라도 전자결제가 보편화된 중국, 스웨덴 등과 같이 '현금 없는 사회cashless society'가 눈앞에 다가온 것이다. 한 발 나아가 주요 핀테크업체들은 선불충전금처럼 자체 선불전자지급수단을 발행하며 독자적인 지급결제 인프라를 구축하려는 전략에 힘을 쏟고 있다. 그리고 금융소비자가 기업

브랜드 신뢰도와 함께 검색, 교통, 쇼핑 등 여타 서비스와의 연계성을 고려해 기존 모바일 앱 사용을 늘리는 가운데 오픈뱅킹, 마이데이터서비스 등의 이용도 급증하였다. 이에 따라 모바일결제시장이 소수의 빅테크 위주로 과점화되고 있는 양상이다.[26] 이는 은행, 신용카드사 등을 위주로 이루어졌던 기존 소액결제시장에서 빅테크가 새로이 주요 지급서비스 제공기관으로 부상했음을 의미한다.

이제 자본력을 갖춘 빅테크들은 지급결제 플랫폼을 기반으로 증권회사, 보험사 등 금융회사를 인수하거나 제휴하는 방식으로 증권, 자산운용, 보험에 이르는 금융의 거의 모든 영역으로 서비스를 확장하고 있다. 특히 고객 접점을 기반으로 확보한 선호상품, 브랜드, 생활패턴 등 방대한 비금융데이터를 금융데이터와 결합하여 최적의 금융상품을 추천하는 고객 맞춤형 금융서비스를 늘려 가고 있다. 코로나19 확산에 따른 비대면 금융거래가 활성화되는 가운데 이러한 고객 맞춤형 서비스 강화는 종합금융플랫폼의 확장세를 더욱 가속화시킬 것으로 전망된다. 그리고 기존 금융회사와 빅테크 금융서비스 간 경계가 중첩되면서 향후 더욱 치열한 공방전이 예상된다. 경쟁 유발을 통해 혁신을 도모하고자 투입된 메기가 어느덧 상어로 성장해 기존 금융권 자체를 위협하는 형국이다.

---

26 《2020년 지급결제보고서》(한국은행, 2021)에 따르면, 2020년 중 전체 전자금융업자의 간편결제 이용 금액 가운데 상위 3개 업체가 차지하는 비중이 전년 대비 약 10%p 확대(55.7%→65.3%)된 바 있으며, 간편송금 이용 금액의 경우 상위 2~3개 업체가 대부분을 차지하는 것으로 알려져 있다.

암호자산, 탈중앙금융
그리고 금융의 미래

+ 빅테크의 지급결제시장 진출, 스테이블코인 등 민간 디지털 지급수단 등장, 탈중앙화 금융 확산으로 금융환경 변화에 대한 기대와 우려가 공존하고 있다.
+ 앞으로 금융의 미래는 오프라인과 온라인, 중앙화와 탈중앙화 영역 간 다툼과 그 향방에 의해 결정될 것이다.

최초의 암호자산인 비트코인은 2009년 1월 사토시 나카모토Satoshi Nakamoto라는 가상 인물에 의해 탄생하였다. 당시 누구도 암호자산이 이처럼 위협적인 속도로 확산되리라곤 예상치 못했다. 그리고 2015년 7월 비탈릭 부테린Vitalik Buterin은 블록체인에 암호자산 거래 기록뿐 아니라 계약서와 같은 추가 정보[27]를 기록할 수 있다는 점에 착안해 이더리움을 발행하였다. 발행 관리 주체도 없는 디지털 방식의 새로운 화폐를 채굴한다는 독특한, 이른바 과거 서부 시대 당시

---

27 이더리움에는 계약 내용이 코드로 입력되어 계약 조건이 충족되면 후속 거래가 자동 실행되는 스마트 계약smart contract을 탑재할 수 있다.

금을 찾아 서부로 몰려들던 '골드러시'와 같은 이야기는 뭇사람을 매혹시키기에 충분했다.

2010년대 들어 비트코인이 화폐로 인정받을 수 있을 것인가 하는 논쟁이 활발하게 지속되는 가운데 비트코인 가격 폭등으로 무수한 디지털 코인이 새로이 발행되고 거래되었다. 암호자산의 높은 가격 변동성에도 불구하고 투기적 성격의 투자가 계속 확산되고 불법자금 세탁, 재산 은닉, 테러자금 모금 등 검은 거래의 수단으로 활용될 가능성에 비례해 우려도 높아졌다.

그리고 2019년 6월 페이스북은 '리브라Libra'라는 이름의 스테이블코인 발행 계획을 공표하였다.[28] 스테이블코인은 미 달러화와 같은 법정통화에 가치를 고정시킴으로써 여타 암호자산과 달리 가격이 안정되는 이점이 있다. 이로 인해 스테이블코인이 실재화되어 전 세계적으로 통용될 경우 현재의 법정통화시스템에 영향을 미칠 가능성도 제기되었다. 이에 주요 국제기구와 미국, 유럽, 일본 등 중앙

---

28 페이스북은 암호자산 리브라의 백서를 2019년 6월 공개하고 리브라를 2020년 상반기 중 발행할 것이라고 발표하였다. 리브라는 가치변동성을 낮춘 스테이블코인으로 독립기관인 리브라협회에 의해 운영, 관리되며, 자회사(칼리브라)를 설립해 송금, 결제 등 리브라 기반 서비스를 제공할 계획이었다. 이후 주요 국 정책당국, 언론 등이 개인정보보호, 자금세탁방지 문제, 금융안정 리스크 등과 관련한 우려를 표명함에 따라 발행 계획이 일부 수정되었으며 발행 일정도 지연되고 있다. 당시 페이스북은 리브라의 발행 취지로 전 세계 성인의 절반 가량이 은행계좌를 갖고 있지 않아 송금수수료 비용이 매우 높으며, 이러한 금융소외계층이 보다 쉽고 빠르게 금융서비스를 이용하게 하기 위함이라고 밝혔다.

은행은 민간이 아닌 중앙은행이 발행하는 디지털화폐, CBDC에 대한 연구를 활발히 진행하기 시작했다. 특히 중국은 2020년부터 선전, 베이징 등 주요 도시에서 CBDC의 공개 시범 운영을 실시하고 있다.

앞으로 디지털 경제로의 전환이 빠르게 확산될 것으로 예상되는 가운데 암호자산의 운명은 어떻게 결정될지 귀추가 주목된다.

1. 암호자산이 급속도로 확산된 배경은 무엇인가?[29]

예상치 못한 암호자산 생태계의 조성과 확산

2021년 들어 전 세계적으로 암호자산투자에 대한 관심이 집중되며 암호자산 거래가 비약적으로 증가하였다. 또한 비자, 페이팔 등 글로벌 금융회사가 앞다퉈 암호자산을 상거래 시 결제수단으로 허용하는 가운데 관련 규제 논의도 활발히 이루어지는 등 암호자산을 주류 경제시스템으로 편입시키기 위한 움직임도 가시화되고 있다.

좀 더 구체적으로는 기관투자자의 암호자산 간접투자를 위해 펀드, ETF 등 금융상품이 출시되고 관련 수탁서비스 제공이 늘어나고

---

29 한국인터넷진흥원,《블록체인 기반 혁신금융 생태계 연구보고서》(2021) 등을 참고하였다.

있으며 일부 보험회사는 암호자산 수탁회사를 대상으로 해킹 사고에 대비한 보험서비스도 출시하였다. 또한 마이크로스트래티지, 테슬라, 넥슨 등 일부 회사들은 유동자산 관리, 투자이익 획득 등을 목적으로 회사 여유 자금 가운데 일부를 암호자산으로 직접 보유하고 있기도 하다. 특히 국내외 암호자산 거래소[30]는 증시 상장을 통해 암호자산 금융플랫폼으로의 성장을 꾀하는 모습도 나타나고 있다.

과거 일부 전산 전문가의 기묘한 취미 정도로 치부되었던 암호자산이 이처럼 대중적인 투자자산으로 보편화된 이유는 무엇일까? 물론 이러한 현상을 몇 가지 이유로 단순화하기는 어렵겠지만 대략이나마 수요, 공급, 규제 측면으로 나누어 살펴보도록 하자.

암호자산 어떻게 확산되었나? (1): 수요 요인

먼저 수요 요인으로는 최근 암호자산 연관기술에 대한 사회적 수용성[31]이 높아지는 가운데, 디지털 환경에 친숙한 인구가 증가하고 투자자산으로의 선호 역시 확산된 점을 들 수 있다. MZ세대는 여타 세대에 비해 디지털 이해력digital literacy이 높아 상대적으로 암호자산

---

30 암호자산 거래소는 거래 중개, 대금 정산, 이체 등 암호자산 거래의 핵심 기능은 물론 법화와 암호자산 간의 교환을 통해 기존 금융시스템과 암호자산 생태계 간의 연계도 수행하고 있다.

31 2020년 딜로이트 컨설팅이 글로벌 기업 임원을 대상으로 실시한 설문조사에 따르면, 블록체인을 전략적 우선 순위에 포함하고 있는 기업의 비중이 2018년 43%에서 2020년 55%로 확대되었으며 미도입시 기업 경쟁력이 상실될 수도 있다고 응답한 비중도 83%에 달하는 것으로 조사되었다.

에 대한 투자에 거부감 없이 적극적으로 참여하는 경향이 높다. 또한 코로나19 확산으로 인해 비대면 거래가 일반화되면서 디지털 결제에 익숙해진 일부 중장년층도 암호자산에 대한 투자를 늘린 바 있다.

특히 코로나19 이후 전 세계적으로 실시된 양적완화정책의 결과 시중 유동성이 급증하면서 명목화폐의 실질 가치가 하락할 수 있다는 우려가 높아졌다. 이에 총발행량이 제한된 비트코인이 금의 역할을 대체해 인플레이션을 헤지할 수 있을 것이라는 기대가 커지며 투자수단으로서 기능이 부각되었다. 또한 암호자산가격 급등은 과거 주식, 부동산 등 자산가격 급등기와 같이 투자자의 FOMO Fear of Missing Out [32] 현상을 자극하며 투자가 과열되는 모습도 나타났다.

암호자산 어떻게 확산되었나? (2): 공급 요인

이제 공급 측면에서의 요인을 살펴보면, 새로운 암호자산 출시가 지속되고, 사회적 영향력과 신뢰성을 갖춘 빅테크기업이 암호자산 시장에 참여를 확대한 점 등을 들 수 있다. 전 세계 암호자산 종류는 4500여 개 이상으로 알려져 있으며 지금도 계속 급증하고 있다. 이처럼 새로운 암호자산 발행이 지속된 데는 간단한 코딩 능력만 있으면 누구나 손쉽게 암호자산을 발행할 수 있는 토큰 방식이 확산된 점을 들 수 있다. 암호자산 발행자 또한 신규 발행을 통해 주조차

---

32 투자자가 본인이 투자하지 않은 특정 자산군의 가격이 급등하는 상황에서 느끼는 소외감 또는 두려움을 지칭한다.

익seigniorage과 함께 자본이득도 획득할 수 있어 신규 발행을 늘릴 경제적 유인이 존재했다. 특히 페이스북의 디엠, 카카오의 클레이Klay, 네이버 라인의 링크Link 등 국내외 빅테크기업이 암호자산을 직접 발행했거나 발행을 준비 중에 있다. 이렇게 빅테크까지 암호자산 발행에 직접 참여함에 따라 발행 사기와 해킹 등 암호자산 생태계에 대한 부정적 인식이 부분적으로 완화되었다. 더구나 빅테크는 플랫폼을 활용한 기존의 성장 전략과 유사하게 자체 발행한 암호자산을 별도의 생활 플랫폼에 활용하려는 움직임도 나타나고 있다.

암호자산 어떻게 확산되었나? (3): 규제 요인

마지막으로 규제 측면에서는 주요국의 규제 강화 움직임과 함께 제도권 편입을 통해 투명성이 높아질 수 있다는 점을 들 수 있다. 그간 암호자산에 대한 명확한 규제가 없거나 소극적인 상황이 지속되며 암호자산은 자생적으로 발전해 올 수 있었다. 현실적으로 암호자산의 탈중앙적 성격으로 모든 국가가 동등한 규제를 실시하기 어려운 상황에서 암호자산의 빠른 발전 속도를 규제당국이 따라가기가 쉽지 않았다. 그러나 최근 대부분 국가에서는 암호자산 생태계의 성장을 지원하거나 자금세탁, 탈세, 소비자 피해 등을 고려해 다소 적극적으로 개입하며 거래의 투명성을 확보하기 위해 노력하는 모습이다.

이상과 같이 최근 암호자산의 급격한 확산은 코로나19 이후 빅테크와 주요 금융회사 위주로 디지털전환이 빠르게 전개되는 가운데 암호자산에 대한 사회적 인지도와 수용도가 제고되고 투자수단으로서 유용성이 부각된 측면이 있다. 그러나 자산시장 과열에 따른 투기적 수요가 암호자산시장으로 파급되었고 주요국의 강도 높은 규제 조치가 이어지며 가격이 큰 폭으로 조정되기도 하였다. 앞으로도 암호자산은 코로나19 확산 추이, 주요국 통화정책 변화, 정부 규제 조치 강화 등에 따라 장래 투자 여건이 매우 불확실한 상황이다. 그 결과 암호자산가격이 높은 변동성을 나타낼 수 있으므로 각별히 유의할 필요가 있어 보인다.

2. 비트코인에 대한 상반된 견해, 과연 살아남을 것인가?[33]

암호자산 확산과 지속 가능성 논란

대표적 암호자산인 비트코인은 이후 이더리움과 리플, 에이다, 라이트코인, 체인링크 등 무수한 알트코인이 발행되는 기폭제가 되었다. 비트코인은 암호자산계에서 미 달러화와 같은 위치를 점하고 있

---

[33] Jon Danielsson, 〈What happens if bitcoin succeeds?〉(2021. 2. 26.), Brunnermeier. M & James. H, 〈The Digitalization of Money〉(2019.8), 이동규, 〈비트코인의 현황 및 시사점〉(2013. 12월), 한화자산운용, 〈비트코인이 디지털 금이 된다면?〉(2021. 2) 등을 참고하였다.

다. 그런데 이러한 비트코인조차 가격이 매우 급격하게 변동하고 내재가치도 거의 없어 장기적으로 높은 가격이 지속되기 어렵다는 평가가 제기되고 있다. 따라서 암호자산이 법정통화를 대체할 지급수단이 될 수 있을까 하는 논란에 있어 여전히 부정적 평가가 주류를 이룬다.

그러나 주식이나 부동산과 같은 또 금과 같은 투자자산으로서의 위치를 유지할 가능성에 대해서는 긍정적 시각이 다수 존재한다. 비트코인이 제기하는 익명이 보장되는 탈중앙화 기반의 미래 금융 비전에 공감하는 수요층이 두터워질수록 이를 소유하려는 투자자도 늘어날 수 있다는 것이다. 버려지다시피 하던 골동품도 어느 날 전문가 감정 결과를 거쳐 가치를 인정받게 되는 순간 가격이 급등하는 것과도 비슷할 수 있다. 여하튼 향후 비트코인의 미래는 지급수단으로서 발전 추이, 가격 안정성 확보 여부, 정부의 규제와 대응 등이 구체화되는 정도에 따라 불확실한 여정을 지속할 것으로 예상된다. 즉 지금의 막연한 기대가 얼마나 실현될 수 있을지 그 가능성 정도에 대한 평가가 달라질 때마다 급격한 가격 변동을 보일 전망이다. 따라서 전 세계적으로 비트코인의 지속 가능성과 관련한 논란이 첨예하게 전개되고 있다.

비트코인을 바라보는 긍정적 시각: 디지털 금?, 인플레이션 방어?

우선 비트코인을 긍정적으로 평가하는 사람들은 장차 비트코인이 디지털 경제에 적합한 미래의 화폐로 발전할 것이고 또 '디지털

금'이라고 불리듯 인플레이션을 방어할 수 있는 금의 대체재 역할을 수행할 것이라 기대한다. 최근 각종 위기 상황에서 주요국 정부의 무제한 통화 공급은 주식, 채권, 부동산, 금 등 자산군 대부분을 고평가 상태로 만들었으며, 부지불식중 인플레이션이 유발되어 명목화폐의 실질가치를 하락시키고 있다고 우려한다. 이와 달리 비트코인은 누구도 변경할 수 없는 코드에 의해 발행량이 엄격하게 유지되므로 인플레이션 헤지 수단으로 활용할 수 있을 것이라 생각한다. 비트코인의 탈중앙적 디지털 속성은 디지털기기를 통해 휴대하거나 지급하기 편리한 데다 물리적 공간의 제약 없이 전 세계 어디든 수분 만에 자금 이체가 가능하고 별도의 환전 절차가 없으므로 거래비용 또한 저렴하다고 주장한다. 테슬라, 비자, 페이팔 등 글로벌 기업들이 비트코인에 투자하거나 또 비트코인을 결제수단으로 인정하며 관련 생태계가 빠르게 확장하고 있다. 따라서 앞으로 거센 저항에 맞서지 않고는 정부가 이를 효과적으로 규제하기도 쉽지 않을 것이라고 주장한다. 이들은 결국 인터넷이 보편화되었듯 언젠가는 비트코인이 보편적 투자수단 내지 지급수단으로 통용될 것이라 믿는다.

우세한 부정적 시각: 과도한 기대감, 높은 가격 변동성, 여타 한계들

이러한 긍정적 인식의 대척점에 비트코인은 내재가치가 없는 허상에 불과하며 높은 사회적 비용과 혼란을 유발하는 여러 한계를 지니고 있어 향후 지속되기 힘들다는 견해도 다수 존재한다. 우선 현재의 비트코인 가격은 법정통화를 대체하는 지급수단으로서 미래 성공에 대한 기대감이 과도하게 반영된 것이라는 해석이다. 그러나 투기적 거래로 인해 비트코인 가치가 급격하게 변동하고 있어 가까운 장래에 보편적인 교환의 매개수단으로 활용될 가능성은 낮아 보인다. 투자자에게 성공은 곧 비트코인의 가격 상승이 지속됨을 의미한다. 그러면 이 경우 비트코인 보유자와 미보유자에게 어떠한 일들이 벌어질까? 일부 과다 보유자들은 갑자기 과거 제국을 통치하던 황제에 버금가는 세계 최고의 부자가 될 수도 있다. 즉 비트코인의 성공은 급격한 사회적 불평등이 야기됨을 의미하는 것이다. 현재 최고 부자로 평가받는 빌 게이츠와 제프 베조스와 달리, 그들이 얻은 부는 세계 최고 기업을 창업한 대가가 아닌 단지 남들보다 조금 앞서 투자한 데 따른 것이다. 이들의 부는 사회발전에 조금의 기여도 없이 달성된 것으로 이를 정당화하기 힘들다. 이렇게 가격 상승이 지속되다 잠시 멈칫하는 어느 날, 누군가 "임금님은 벌거숭이"라 외친다면, 과거 튤립 버블이 붕괴되었을 때처럼 투자자들이 갑자기 이성을 되찾으며 비트코인 가격이 폭락으로 돌아설 수도 있지 않을까?

다음으로 비트코인 가격이 계속해 오른다는 것은 비트코인으로 환산한 법정통화의 상대적 실질가치가 계속 하락하고 있음을 의미한다. 이 경우 비트코인과 법정화폐 간 안정적 균형이 유지될 수 없게 된다. 이는 곧 연금 생활자와 같이 삶 자체가 법정통화에 고정된 사람들에게 크나큰 피해를 안겨 줄 수 있다. 이들이 법정통화로 교환할 수 있는 상품과 서비스의 양은 감소할 것이고 삶의 질은 불가피하게 하락할 수밖에 없다. 또한 비트코인이 일상생활에서 지급수단으로 사용되려면 가치의 척도로서 기능할 수 있어야 한다. 그러나 현재의 높은 가격 변동성은 이를 어렵게 한다. 왜냐하면 어느 가게 주인이 비트코인 가격이 등락할 때마다 상품의 가격을 바꿔 달기를 원하겠는가? 또 누가 자신의 봉급 또는 저축의 구매력이 나날이 급등락하기를 바라겠는가? 결국 지금 비트코인 가격은 버블이며, 버블이 지속되는 한 우리는 버블을 즐길 수 있다. 그러나 적시에 버블에서 빠져나오지 못할 경우 벌거벗은 임금님처럼 혹독한 대가를 치를 수 있다.

이 밖에도 비트코인은 보안의 취약성, 제한적 수용성 등에 따라 단시일 내 대안적 지급수단으로 성장하기 어려워 보인다. 비트코인 개인사용자 또는 거래소에 대한 해킹 사례가 늘어나고 있는 가운데 별다른 보안 대책은 마련되고 있지 않다. 그리고 최근 비트코인 가맹점이 일부 생겨나고 있으나 거래 규모는 다른 지급수단 또는 금융상품에 비해 극히 미미한 수준이며 가치를 보증하는 발행기관도 없어 가맹점 확산은 제한적일 것으로 예상된다.

과연 비트코인과 같은 암호자산은 이러한 수많은 한계를 극복하고 주류 투자수단 또는 지급수단으로 발전할 수 있을 것인가? 아직 이에 대해 결론을 내리는 것은 다소 성급해 보이지만 우리는 이러한 찬반 논리를 균형 있고 냉철하게 해석함으로써 막연한 기대감과 경계감이 아닌 합리적 판단에 근거해 향후 투자 의사결정을 내려야 할 것이다.

3. 탈중앙금융의 미래, 현실화될 것인가?[34]

민간 디지털 지급수단 확산과 금융산업 재편

환전상이 성행하던 중세 이후 수 세기에 걸쳐 은행이 만들어지고, 중앙은행이 탄생했으며 이러한 기반 위에 근대 화폐제도와 은행시스템이 형성되었다. 그리고 지급준비금정책, 최종대부자 역할, 공개시장 운영과 같은 중앙은행제도가 만들어졌다. 그리고 지금 디지털 전환 흐름 속에 금융의 모습은 다시 비약적으로 변화하는 모양새다. 앞으로 핀테크와 암호자산의 등장으로 이러한 흐름은 더욱 가속화될 가능성이 높다.

빅테크는 벌써 선불충전금이라는 실질적인 전자화폐를 자체 플랫폼에서 내부 화폐 형태로 발행해 유통하고 있다.[35] 중국에서는 위챗페이와 알리페이처럼 민간 기업이 지급결제시장을 지배하면서 과거에는 상상조차 힘들었을 만큼 금융 부문에서 핀테크 혁신과 동시에 과점화가 진행되기도 하였다.[36] 선불충전금만 있으면 더 이상 현

---

34 BIS, 〈Central banks and payments in the digital era〉(2020.6), Brunnermeier.
   M & James.H, 〈The Digitalization of Money〉(2019.8) 등을 참고하였다.
35 빅테크의 선불충전금은 코로나19 확산이후 이미 간편결제와 간편송금 시 핵
   심 지급수단으로 이용되고 있으며, 최근에는 선불충전금 형태의 지역사랑상
   품권 발행이 늘어나면서 더욱 사용이 보편화되었다. 특히 선불충전금은 예치,
   충전, 잔액조회, 해지, 환불, 자금이체 등 은행 예금에 준하는 대부분의 기능을
   이용할 수 있기 때문에 소비자 입장에서는 이를 점차 예금과 동일하게 취급할
   가능성이 높다.

금 없이도 생활하는데 불편함이 없는 세상이 도래한 것이다. 선불충전금과 같은 민간의 지급수단 이외에도 새로운 디지털 지급수단이 속속 출현하고 있다. 중앙은행 디지털화폐CBDC 발행이 검토되고 법화와 가치가 연동된 스테이블코인은 물론, 비트코인, 이더리움 등과 같은 암호자산이 실제 결제수단으로 활용될 가능성에 대한 기대와 우려도 공존하고 있다.

핀테크 기업과 인터넷전문은행들은 디지털 신기술과 플랫폼을 바탕으로 전통적 금융과 다른 새로운 방식의 금융 서비스를 제공함으로써 기존 금융회사를 위협하고 있다. 오프라인 영업망에 의존한 기존 영업방식이 온라인으로 대체됨으로써 이미 국내 은행 지점 수도 빠르게 감소하고 있다. 이제 기존 금융회사들은 생존을 위해 핀테크 기업과 경쟁하거나 제휴할 수밖에 없는 상황이 벌어지고 있다. 과거 수수료 위주의 수익과 담보 위주의 손쉬운 대출을 위주로 영위하던 시대가 저물고 있다. 빅데이터를 활용해 과거보다 훨씬 정교한 신용평가가 가능해졌고 소비자의 금융 수요를 무서울 만큼 정확하게 파악함으로써 빅테크가 앞으로 마케팅 경쟁에서 유리한 위치를 점할

---

36 중국의 경우 모바일 지급결제시장이 알리페이와 위챗페이에 의해 독과점되었다. 알리페이의 모바일 지급결제시장 점유율은 약 54%, 위챗페이는 약 39%를 차지하는 등 두 회사가 전체의 93%를 차지한다. 전체 비현금 소액결제 규모(약 350조 위안) 중에서는 두 회사가 약 190조 위안을 차지하는데, 이는 여타 신용카드와 직불카드 규모(약 150조)를 훨씬 상회하는 압도적 규모이다. (《The Economist》, 2020.8.8.)

수 있을 것으로 예상한다. 이렇게 빅테크의 영향력 확대가 예상되면서 과거 금융산업에서 은행이 차지하던 독점적 지위가 흔들릴 가능성이 더욱 높아졌다.

탈중앙금융의 미래: 디파이와 대체불가토큰

한편 암호자산의 등장은 앞으로 중앙화CeFi된 금융과 탈중앙화 금융DeFi 간의 치열한 영역 대결을 예고하고 있다. 우리가 예금을 하고 대출을 받을 때 또 주식을 거래하고 펀드에 가입하는 등 금융서비스를 이용할 때 금융회사라는 중앙기관을 거칠 수밖에 없었다. 그러나 블록체인 기술을 기반으로 이제 이러한 중앙화된 금융회사 없이도 개인 간 금융거래의 신뢰를 담보할 수 있는 디파이서비스가 출현해 빠르게 성장하고 있다.[37] 암호자산을 디파이서비스에 예치하면 이자가 자동으로 쌓이는 것은 물론 가장 수익률이 높은 자산에 자동으로 운용되게 만들 수도 있다. 물론 이 모든 과정은 중개기관 개입 없이 코드에 의해 비가역적으로 처리된다. 디파이서비스에는 중앙화된 기관이 필요하지 않으므로 금융 계좌가 없는 금융소외계층도 금융서비스 이용에 제약이 없다. 은행계좌 없이도 송금과 결제, 예금과 대출이 가능해진 것이다. 미래에는 이처럼 암호자산 관련 신규 서비스가 지속적으로 출시되고 다양한 서비스간 경쟁을 통

---

37 디파이서비스시장 규모를 예치금total value locked 규모로 파악할 때, 2021년 6월 말 현재 480억 달러에 달한다. 이는 2019년 말 대비 약 70배 수준이다.

해 신뢰가 높아질 경우 이들 서비스에 대한 수요를 자극하며 탈중앙화 생태계 확장이 지속될 가능성도 있다.

최근에는 디지털 객체에 대한 소유권을 담은 암호자산인 대체불가토큰NFT, Non-Fungible Tokens시장도 급성장하고 있다. 디지털화된 예술작품과 게임콘텐츠에 대한 일종의 등기부등본과 같은 NFT를 발행해 이를 경매 방식으로 매매함으로써 디지털 예술품시장과 가상공간인 메타버스metaverse의 콘텐츠시장에 급격한 변화를 초래하고 있다. 최근에는 부동산 수익증권을 토큰 형태로 발행하고 유통시키는, 실물자산을 디지털자산 형태로 변환하는 실험적 서비스도 준비되고 있다. 즉, 미래에는 실물영역과 디지털영역 간의 구분 자체가 모호해질 수 있는 것이다.

국가 간 지급결제 방식 변화와 그 영향

마지막으로 가까운 미래에 국가 간 지급결제에도 변화의 물결이 밀려올 것으로 보인다.[38] 앞서 얘기했듯이 만약 페이스북이 발행하는 스테이블코인인 디엠이 전 세계적으로 통용된다고 상상해 보자. 더 이상 해외여행에 앞서 외화로 환전할 필요성이 사라질 것이다.

---

[38] 글로벌 교역 확대로 국가 간 송금과 결제가 급증함에 따라 프로세스가 복잡하고 처리 속도가 상대적으로 느리며 수수료가 비싼 환거래은행이 주도하는 국가 간 지급결제서비스SWIFT의 효율성 제고가 국제 사회의 중요 이슈로 부각되었다. 이에 2020년 2월 G20 중앙은행 총재 및 재무장관 회의에서 '국가간 지급서비스의 개선'을 최우선 협력 과제로 선정하였다.

미 달러화가 일부 국가의 유명 관광지에서 지급수단으로 사용되듯이 스마트폰 페이스북 앱에 충전된 스테이블코인을 전 세계 어디서든 쉽게 사용할 수 있다면 어떤 일이 벌어질까? 가장 먼저 비자, 마스터와 같은 글로벌 카드회사가 타격을 받을 수 있다. 아마존과 같은 해외 사이트에서 직접 구매할 경우에도 환전에 따른 카드수수료를 부담해야 할 필요가 없다. 또한 익명성이 보장된 가운데 전 세계 어디로든 송금할 수 있다면 정부의 외국환거래법과 역외탈세, 불법자금세탁 등 관련 규제의 효과가 무력화될 수도 있다. 극단적으로는 경제가 취약한 일부 국가의 법화가 경쟁력을 상실해 도태되며 통화주권currency sovereignty이 약화될 가능성도 배제하기 힘들다.

앞으로의 도전과 과제

앞으로 미래 금융은 기술혁신의 토대 위에 빠르고 편의성 높은 금융서비스의 출현이 이어지며 새로운 도전과 무수한 기회가 생길 것으로 전망된다. 특히 디지털전환에 따른 금융플랫폼의 급부상과 탈중앙화 생태계 확장은 기존 금융서비스를 일정 부분 대체할 수 있는 잠재적 역량을 갖춘 것으로 평가된다. 다만 핀테크와 탈중앙화의 진전이 전통적 금융시스템과 공존하며 새로운 혁신을 창출하고 금융 패러다임의 전환을 이끌어 낼 수 있을지 아니면 현재로서는 가능성이 매우 희박하지만 일부 경제구조가 취약한 국가에서 중앙은행 설립 이전 민간이 화폐를 발행하던 혼돈의 시대[39]로 회귀하려는 움직임이 나타나지 않을까하는 궁금증이 생긴다. 이러한 금융 여건 변화에 앞서 정책당국은 글로벌 모범 사례best practice를 참고해 공정하고 합리적인 규제체계를 마련해 나감으로써 혁신과 경쟁은 장려하되 금융거래 시 이용자의 혼란을 방지하고 편의성과 안전성이 더욱 강화되도록 노력해야 하겠다.

---

39 과거 미국에서는 1837년의 경제공황 이후 은행들이 자기 신용에 의해 은행권을 발행하는 자유은행제도free banking system가 출현하였다. 당시 1844~1860년 사이에 은행 수가 400개에서 1560개로 늘어났으며 1860년경에는 유통되는 화폐의 수만 해도 약 1만 개에 이르렀다. 《우리나라의 통화정책》(한국은행, 2017)을 참고하였다.）

금융투자를 결심했을 때, 불확실한 금융·경제 환경과 마주하게 됩니다. 복잡한 세상을 헤쳐 나가려면 새로운 정보를 수집하고 남다른 투자 기법을 익히는 일도 중요하지만 경제와 금융의 원리를 이해하려는 자세가 무엇보다 중요합니다. 상당한 시간이 흐르더라도 한번 이해한 원리는 잊히지 않고 안갯속 등대처럼 나아갈 방향을 제시해 줍니다.

세계는 흔들리면서 움직이고 있습니다. 수요와 공급으로 균형을 이루던 금융시장은 때로 급등하거나 급락하면서 균형 가격에서 벗어나 움직입니다. 아무래도 시장과 떨어져 있는 정책은 즉각 대응하기 어렵습니다. 이렇게 위아래의 변동 폭을 가지는 시장가격과 좌우로 시차를 가지는 정책 대응은 서로 얽혀서 복잡하게 움직이므로 가격의 움직임을 예측하는 것은 물론 현황을 읽기도 어렵게 합니다. 정합성을 중요하게 생각하는 이론은 시장의 움직임에 대한 설명을 늦춥니다.

그런데 투자자 입장에서 이러한 현상을 바라보면 이론, 정책, 시장은 돈의 힘에 기초하기보다는 결국 돈을 움직이는 사람을 바탕으로 한다는 사실을 알게 됩니다. 흔들리는 투자자는 세 개의 축을 이루는 가설·검증, 권한·책임, 탐욕·공포와 마주합니다.

이와 같은 생각을 가지면서 금융·경제를 설명하는 방대한 내용을 전달하기 위한 수단으로 하나의 프레임을 제시해 보았습니다. 단순화의 위험에도 불구하고 체계를 이루는 명료함을 찾고자 했습니다. 여러 가지 시각이 있을 수 있지만 금융·경제는 ① 이론과 전략, ② 정책과 제도, ③ 시장과 상품이라는 세 개의 축으로 구성되어 있다고 생각합니다. 하나의 전체 프레임 속에서 각각의 축은 하위 프레임과 연결됩니다. 그동안 제시했던 그림들은 합쳐져서 하나의 체계를 이룹니다.

투자활동을 위한 '생각의 틀'로 정리했던 내용을 알아봅니다. 첫째, 투자이론에서 포트폴리오이론과 효율적 시장가설 등을 다루면서 이를 바탕으로 한 소극적 투자전략과 적극적 투자전략을 소개하였습니다. 효율적 시장가설에 대한 찬반에 따라 전략이 나뉘었던 사실을 기억하실 것입니다. 둘째, 금융시장을 구분한 후 다양한 금융상품의 특징을 소개하면서 주가, 금리, 환율 등 가격 변수와의 관계를 살펴보았습니다. 셋째, 금리, 환율, 자금이동과 관련한 통화정책, 외환정책, 외환건전성정책에 대해 알아보면서 삼각형의 연결고리를

정리해 보았습니다. 그리고 이에 더해 오늘의 환경으로 성장과 경기
순환 그리고 물가를, 내일의 환경으로 제4차 산업혁명, 최근의 금융
혁신 등을 살펴보았습니다. 현재를 살피고 미래를 예상하는 시각은

투자를 위한 '생각의 틀'

투자의 방향을 결정하는 데에 도움이 됩니다.

집필 과정에서 몇 가지 어려움이 있었습니다. 우선 개인투자자 관점에서 금융·경제를 설명할 때, 상대적으로 관련성이 약한 부분을 설명하지 않을 것인지 고민이 있었습니다. 간략하게나마 소개함으로써 전체 '틀' 속에서 각각의 위치를 알리고자 했습니다. 다음으로 어떻게 쉽고 재미있게 서술하느냐의 문제였습니다. 나름대로 가장 애쓴 부분이었지만 노력의 한계를 절감하는 데 그쳤습니다. 설명을 깊게 하면 딱딱한 교과서가 되고 복잡한 수식이나 그래프를 제외하니 서술만 길어졌습니다. 간결함을 목표로 긴 사례를 제외하니 건조해졌습니다. 명료화를 내세운 체계로서의 프레임도 여러모로 다각적인 내용을 담기에는 부족한 그릇이었지만, 나무 너머 숲을 조망하려는 당초의 목표를 포기하지는 않았습니다.

간단하지 않은 이야기를 끝까지 읽어주신 독자 여러분께 감사드립니다. 이 책을 통해 투자전략이라는 '생각의 틀' 속에서 금융·경제에 대한 이해가 조금이라도 넓어졌기를 바랄 뿐입니다.

부록

1. 용어 점검[1]

실물지표

✛ 경제성장률

실질국내총생산GDP, Gross Domestic Product의 기간 중 증가율[2]을 말한다. 국내총생산은 한 나라의 영역 내에서 가계, 기업, 정부 등 모든 경제주체가 일정 기간 동안 생산 활동에 참여하여 창출한 부가가치 또는 최종 생산물을 시장가격으로 평가한 합계를 의미한다. 한편 가격의 적용 방법에 따라 명목GDP와 인플레이션 영향이 제거된 실질GDP로 구분되며, 명목GDP는 국민경제의 규모나 구조 등을 파악하는 데 사용되며 실질GDP는 경제성장, 경기변동 등 전반적인 경제활동의 흐름을 분석하는 데 이용된다.

✛ 경기

일상생활에서 경제적인 형편을 뜻하는 말로 자주 사용된다. 기업

---

1 《알기쉬운 경제지표해설》(한국은행, 2019), 《경제금융용어 700선》(한국은행, 2020), 《알기 쉬운 금융생활》(한국은행, 2018)을 참고해 핵심 내용 위주로 정리하였다.
2 경제성장률(%) = (금년 실질GDP – 전년 실질GDP)/전년 실질GDP × 100

들은 매출이 늘고 채산성이 좋아지면 경기가 좋다고 인식할 것이고, 가계는 임금이 인상되거나 주식, 부동산 등의 자산가격이 올라 살림이 좋아지면 경기가 좋아졌다고 느낄 것이다. 범위를 넓혀 국민경제 전체를 대상으로 볼 때, 경기가 좋다는 것은 생산, 소비, 투자 등의 경제활동이 평균 수준 이상으로 활발한 경우를 의미한다. 장기적 관점에서 경기는 항상 일정한 수준을 유지하는 것이 아니라 생산·물가·고용이 상승하는 시기와 하락하는 시기가 주기적으로 순환을 반복하는 경제활동의 상황을 의미한다. 경기는 '호황기→후퇴기→불황기→회복기→호황기'가 반복되면서 끊임없이 변동하며, 이렇게 경기의 일정한 움직임이 되풀이되는 것을 '경기순환business cycle'이라고 한다.

✚ 인플레이션

물가수준이 지속적으로 상승하는 현상을 '인플레이션'이라고 한다. 여기서 물가는 개별 상품의 가격을 평균하여 산출한 물가지수를 의미한다. 인플레이션은 물가 상승 지속 기간과 상승 폭, 제품의 질적 수준 향상 여부와 같은 점을 고려할 때 언제 인플레이션이라고 정의할 것인가에 대해 이견이 있을 수 있다. 통상 연 4~5% 정도의 물가상승률이 관측되면 일반적으로 인플레이션이 발생했다고 판단한다. 우리나라는 과도한 인플레이션이 발생하지 않도록 1998년부터 물가안정목표제를 도입해 시행하고 있는데, 이는 일정 기간 또는 중장기적으로 달성해야 할 물가상승률 목표치를 미리 제시하고 이에 맞추어 통화정책을 운영하는 방식이다.

✚ 소비자물가지수CPI

일반 가구가 소비생활을 유지하기 위하여 구매하는 각종 상품과 서비스의 가격 변동을 종합적으로 파악하기 위하여 작성되는 물가지표이다. 조사 대상 상품과 서비스의 구성과 가중치는 경제 상황에 맞게 주기적으로 조정되며 현재 40여개 가계의 총소비지출에서 구입 비중이 큰 500여 개의 상품과 서비스 품목을 대상으로 조사된 소비자구입가격을 기준으로 하고 있다. 소비자물가지수는 소비자가 일정한 생활수준을 유지하는 데 필요한 소득 내지 소비금액의 변동을 나타내기 때문에 소비자의 구매력과 생계비 등의 측정에 사용된다.

✚ 고용률/실업률

고용률은 15세 이상 인구(노동 가능 인구)에 대해 취업자가 차지하는 비율을 말한다. 한편 실업률은 경제활동인구 중에서 실업자가 차지하는 비율을 말한다. 참고로 고용통계에서 취업 준비자와 구직 단념자는 실질적인 의미에서 실업자이나 비경제활동인구로 분류되고 있음에 따라 이들이 늘어나면 실업률이 낮아질 수 있어 체감하는 실업률과 차이를 느끼게 한다. 그러나 고용률은 15세 이상 인구를 기준으로 계산되기 때문에 실업자와 비경제활동인구 간의 이동에 따른 경제활동인구수 변동의 영향을 받지 않는다. 다만 고용률도 근로시간이 18시간 미만인 단시간 근로자와 일시 휴직자 같은 불완전취업자가 증가하는 경우에는 국민이 체감하는 고용 상황과 차이를 보일 수 있다.

✚ 재정수지

정부의 수입과 지출의 차이를 '재정수지'라고 한다. 수입이 지출보다 많으면 흑자, 지출이 더 많으면 적자라고 한다. 재정적자가 발생하면 국채 발행이나 차입이 늘어나 정부부채가 증가하게 된다. 정부의 재정활동은 조세와 정부지출의 형태로 가계의 소비와 기업의 투자라는 거시경제의 순환에 영향을 주게 된다. 재정지출로 정부서비스가 생산되지만, 일정 부문은 조세 등으로 조달된 자금이 타 부문으로 이전되는 성격도 갖고 있다. 참고로 재정정책은 정부지출과 조세수입의 양과 구조를 의도적으로 변화시켜 총수요를 조절함으로써 경제안정을 도모하려는 확장적 혹은 긴축적 재정활동을 일컫는다.

통화금융통계

✚ 통화량

경제 내에 유통되는 화폐의 양을 '통화량'이라 한다. 그리고 통화량을 측정하는 척도가 바로 통화지표인데, M1, M2, Lf 등이 있다. 통화량은 범위를 좁혀 발행된 지폐와 주화만을 통화로 정의할 수도 있고, 이를 바탕으로 금융회사에서 신용이 창조된 예금 같은 금융상품까지 포함하여 측정하기도 한다. 이처럼 통화량은 다양한 기준에 따라 측정될 수 있다. 한 나라의 경제가 건강하게 유지되려면 경제 규모에 맞는 적정량의 통화가 필요하다. 경제 규모와 비교해 돈이 너무 풀리면 인플레이션이, 너무 적으면 디플레이션이 발생하여 물가의 지속적 상승이나 실업의 문제가 발생할 수 있다. 따라서 중앙은행은 경제에서 유통되는 화폐의 양을 적정 수준으로 관리해야 하는데 그러기 위해서는 우선 시중에서 유통되는 통화의 양을 정확하게 측정할 필요가 있다. 과거 한국은행은 전년동기대비 M2 증가율을 명목기준지표로 설정하고 적정 통화량 수준을 유지하는 통화량 목표제를 시행한 바 있다.

✦ 본원통화

통화를 공급하는 기관은 중앙은행과 금융회사로 나눌 수 있는데, 중앙은행은 본원적 통화를 공급하고 금융회사는 본원적 통화를 기초로 대출을 통해 파생적 통화인 예금통화를 공급한다. 이때 일차적으로 중앙은행의 창구를 통하여 공급되는 통화량의 원천이 되는 통화를 '본원통화monetary base'라 한다. 본원통화는 민간보유현금과 금융회사의 지급준비금의 합인데, 이는 중앙은행 B/S상의 화폐발행액과 금융회사의 지급준비예치금의 합과 같다.

✦ 신용창조

중앙은행이 공급한 본원통화는 금융회사로 예치되는데 이러한 자금 가운데 중앙은행에서 정하는 필요지급준비금을 제외한 나머지 자금은 금융회사가 대출로 다시 민간에 공급한다. 민간에 공급된 자금은 상당 부분이 금융회사에 다시 예금으로 유입되고, 금융회사는 또다시 필요지급준비금을 제외한 나머지를 민간에 공급한다. 이러한 과정이 반복됨으로써 금융회사는 본원통화의 몇 배에 해당하는 파생적 통화를 시중에 공급하게 되는데 이를 신용창조money creation라 부른다.

✦ 통화승수

통화량은 신용창조 과정을 거쳐 최초 본원통화의 몇 배에 해당하는 규모로 확대될 수 있다. 이러한 과정을 수식화하면 '통화량＝통화승수×본원통화'로 나타낼 수 있다. 여기서 통화승수money multiplier는 본원통화가 1원 공급되었을 때 이의 몇 배에 달하는 통화를 창출했는가를 나타내는 지표로써 통화량을 본원통화로 나누어 산출한다. 우리나라의 통화승수의 장기추세를 보면 대략 2008년 글로벌 금융위기 이후 장기적으로 낮아지는 모습이다.

금리지표

✦ 기준금리

기준금리policy rate는 한국은행 금융통화위원회에서 경기 상황이나 물가수준 등을 참작하여 정책적으로 결정하는 금리를 말한다. 금융회사 간 환매조건부채권매매RP 같은 단기 자금거래를 할 때 금융시장에서 거래되는 금리는 기준금리를 기준으로 만기가 긴 장기금리로 파급되므로 이는 모든 금리의 출발점이 되는 금리라 할 수 있다. 금융통화위원회는 경기가 과열 조짐을 보일 때 기준금리를 인상하고, 반대로 경기 침체 양상이 나타나면 인하하는 등 연 8회 통화정책 방향 결정회의를 열고 기준금리 조정 여부를 논의한다.

참고로 미국의 기준금리는 FFR Federal Funds Rate(연방기금금리)인데, 이는 지급준비금 시장에서 한 은행이 다른 은행에게 제공하는 1일 대출overnight loan에 적용되는 이자율이다. 은행 간 초단기 대출 이자율인 FFR은 은행시스템의 자금 사정을 잘 나타내고 다른 단기 시장금리에 큰 영향을 미친다. 연준은 FFR 목표를 정하고 통화정책 수단을 통해 FFR이 목표 수준을 크게 벗어나지 않도록 하므로 FFR의 움직임을 통해 미 연준의 통화정책 방향을 가늠할 수 있다.

✦ 단기시장금리

시장금리는 기간에 따라 단기금리와 장기금리로 나눌 수 있는데 만기가 1년 이내의 단기금융시장에서 결정되는 단기금리에는 콜, RP, 기업어음CP, 양도성예금증서CD 금리 등이 있다.

✦ 장기시장금리

만기가 1년을 초과하는 장기금리는 국공채, 회사채 시장에서 결정되는 채권수익률을 의미한다. 시장금리는 자금 수급 상황이나 발행자의 신용도 등에 따라 금리 차이가 발생한다.

✦ 대출금리

대출금리는 대출 기준금리에 업무원가, 위험프리미엄, 목표이익률 등 가산금리를 더하고 우대금리를 차감하는 방식으로 결정된다. 이때 대출 기준금리로는 COFIX, Koribor, CD금리 등이 주로 사용된다.

증시지표와 환율지표

✦ 주가지수

주가지수는 주식가격의 전반적인 수준을 나타내는 지표이다. 주식시장에서는 매일 수많은 종목이 거래되는데, 이러한 각 개별 종목의 가격 변동을 종합하여 주식가격의 전반적인 움직임을 파악하기 위하여 작성되는 지수가 주가지수이다. 주가지수는 주식투자 판단의 주요 척도로서 투자자의 합리적인 의사결정 자료로는 물론 정책당국의 정책 결정 참고자료로도 활용된다. 우리나라의 코스피와 코스닥, 미국의 NYSE종합지수와 S&P500, 일본의 TOPIX 등 세계 주요국의 주가지수는 대부분 시가총액 가중식에 의해 산출되고 있다. 시가총액 가중식은 개별 주식의 주가에 상장주식 수를 가중한 주가지수로, 일정 시점의 시가총액과 현재 시점의 시가총액을 비교하여 현재의 주가 수준을 판단하는 방식이다.

+ 코스피 KOSPI

유가증권시장에 상장되어 있는 모든 기업을 대상으로 산출되는 시가총액식 주가지수로 1980년 1월 4일을 기준시점(기준지수 =100)으로 하여 1983년 1월부터 발표되고 있다. 또한 1994년 6월부터는 유가증권시장에 상장된 기업 중에서 시장대표성, 업종 대표성과 유동성 등을 감안하여 선정한 200개 종목으로 구성된 KOSPI200(1990년 1월 3일=100)을 산출하여 발표하고 있다.

+ 코스닥 KOSDAQ

코스닥시장에 상장되어 있는 모든 기업을 대상으로 산출되는 시가 총액식 주가지수로 1997년 1월부터 발표되고 있다. KOSDAQ 의 기준 시점은 1996년 7월 1일이었으나 지수 변별력을 높이기 위해 2004년 1월 26일 기준지수를 1000으로 상향 조정하였다. 한편 KOSDAQ150은 KOSPI200을 벤치마크한 지수로서 시장대표성, 유동성 등을 감안해 선정한 150개 종목을 대상으로 2015년 7월부터 산출·발표(2010년 1월 4일=1,000)하고 있다.

+ 주식거래량

주식거래량은 유통시장에서 매매된 주식의 수량을 나타내며 이를 금액으로 환산한 주식거래대금과 함께 주식시장의 유동성을 판단하는 지표로서 자주 활용되고 있다. 거래량의 변동은 개별 주식뿐만 아니라 주식시장 전체에 있어서도 장세의 전환점을 알려 주는 신호로 받아들여지고 있다. 즉 주가가 상승하는 강세장에서는 주식시장 참여자가 늘어나면서 거래량이 증가하나 반대로 주가가 하락하는 약세장에서는 주식거래에 대한 관심이 낮아지면서 거래량이 감소하는 경향을 보인다.

✚ 이동평균선

이동평균선은 정해진 기간에 대해 특정 시점의 평균 가격을 나타내 준다. '이동'이라 불리는 이유는 각 시점에 지나간 일정 기간의 평균값들이 측정되기 때문이다. 예를 들어 3개월 이동평균선이란 매 시점으로부터 과거 3개월 동안의 평균값을 이은 선을 말한다. 이동평균선은 주식시장의 기술적 분석에 자주 활용되는데 평균 기간에 따라 5일선 20일선 60일선 120일선 등이 있다. 한편 단기 이동평균선이 장기이동평균선을 위로 돌파하는 경우를 '골든크로스golden cross'라 하는데 매수 신호로 해석되며, 반대로 단기이동평균선이 장기이동평균선을 아래로 돌파하는 경우를 '데드크로스dead cross'라 하는데 매도 신호로 해석한다.

✚ 환율 변동률

환율은 한 나라의 통화와 다른 나라의 통화 간 교환 비율을 뜻하는데 우리나라는 환율을 $1＝1100원과 같이 자국통화표시법 형태로 고시한다. 만약 환율이 $1＝1150원으로 상승한다면, 원화의 가치는 약세 또는 평가절하된 것이고 미 달러화의 가치는 강세 또는 평가절상되었음을 나타낸다. 이때 변동률을 구해 보면, 미화 1달러의 가치는 1100원/달러에서 1150원/달러로 변동한 것이므로 원화 대비 4.5% 절상(＝(1150÷1100)-1)된 것이며, 원화 1원의 가치는 1$/1100원에서 1$/1150원으로 변동한 것이므로 미 달러화 대비 4.3% 절하[3]된 것이다.

✚ 기축통화

여러 국가의 암묵적인 동의하에 국제거래에서 중심적인 역할을 하는 통화를 지칭한다. 구체적으로는 국제무역 결제에 사용되는 통화, 환율 평가 시의 지표가 되는 통화, 대외준비자산으로 보유되는 통화 등의 의미를 포함한다. 그러므로 어떤 나라의 통화가 기축통화가 되기 위해서는 세계적으로 원활히 유통되도록 유동성이 풍부하여야 하고 거래 당사자들이 믿고 사용할 수 있도록 신뢰성을 갖추어야 하며, 국제적으로 경제력은 물론 정치력·군사력까지 인정받는

---

3 자국통화표시법으로 표시된 환율 1$＝1,100원을 외국통화표시법으로 나타내면 1원＝1/1,100$이다. 즉 원화 1원의 가치는 0.000909$이다. 환율이 1$/1150으로 상승했다면 이제 1원＝1/1150$가 된 것이고 원화 1원의 가치는 0.0008695$이다. 이때 변동률을 계산하면 -4.3%(＝0.0008695/0.000909-1)가 된다. 즉 원화의 가치는 미 달러화 대비 4.3% 절하되었다.

국가의 통화여야 한다. 20세기 초반까지는 영국의 파운드화가 기축통화로서 국제거래에 주로 이용되었으며, 제2차 세계대전 이후에는 미국 달러화가 전 세계 외환거래와 외환보유액의 상당 부분을 차지하며 기축통화로 인정받고 있다.

✦ 경상수지

경상수지는 재화나 서비스를 외국과 사고파는 거래, 즉 경상거래의 결과로 나타나는 수지를 말한다. 경상수지는 다시 상품 수출입의 결과인 상품수지, 운송, 여행, 건설 등 서비스거래의 결과인 서비스수지, 급료와 임금수지, 투자소득수지 등 본원소득수지, 무상원조, 증여성 송금 등의 결과인 이전소득수지로 구분된다. 이중 상품수지와 서비스수지가 국민경제에 미치는 영향이 가장 크다고 할 수 있는데, 상품과 서비스를 외국에 수출하면 그만큼 수요가 증가해 생산증대를 유발함으로써 일자리가 늘어나고 소득도 증가하게 된다. 또한 경상수지 흑자로 유입되는 외화는 외국으로부터 차입한 빚을 갚아 외채를 줄이거나 국외 투자를 통해 배당과 이자 등 새로운 소득을 얻는 데 이용될 수도 있다.

2. 통계 제대로 읽기

✤ 기간중과 기말의 구분

경제통계에서 가장 중요한 개념이 유량flow과 저량stock 개념이다. '가계부채가 1개월간 1조 원 증가해 월말 기준 1000조 원을 돌파하였다.'라는 뉴스에서 1개월간은 유량으로 기간 중 개념이다. 즉 1일부터 31일까지 1달 동안 일별 증가 감소를 모두 더한 순증액이 1조 원이라는 의미이다. 그리고 월말 기준은 31일 기준 가계부채 잔액이 1000조 원을 넘었다는 저량 개념이다. 이처럼 경제통계 발표를 읽을 때 '기간 중'과 '기말' 어느 개념인지 유의해서 구분해 받아들여야 한다.

✤ 변동률

변동률은 어느 통계의 기준 시점에 대한 비교 시점에서의 증감률을 의미한다. '전년동기대비 증감률'은 현재 분기 또는 월의 경제지표가 전년도 같은 기간에 비해 얼마나 증가하였는가를 나타내는 변동률이다. 예를 들어 올해 1분기의 전년동기대비 성장률이 3%라고 하면 우리 경제가 작년 1분기에 비해 3% 성장했다는 것을 의미하며 1년 동안 성장률 수준을 가늠하는 데 적합하다. 반면 '전기대비 증감률'[4]은 현재 분기 또는 월의 경제지표가 전분기 또는 월과 비교해 얼

568

마나 증가 또는 상승했는가를 나타내는 변동률이다. 예로 7월 말 주가지수가 3100이었고 8월 말 3300이라면 8월 말 기준 주가지수 변동률은 6.45%(= 3300 ÷ 3100 − 1)가 된다. 그리고 전기 대비 증감률을 사용할 때는 반드시 계절적 요인이 없거나 계절적 요인을 제거한 통계에 대해 적용해야 함을 잊지 말자.[5]

✦ 퍼센트(%)와 퍼센트포인트(%p)

퍼센트(%)는 '백분비'라고도 하는데 전체의 수량을 100으로 하여, 해당 수량이 그중 몇이 되는가를 가리키는 수로 나타낸다. 퍼센트포인트(%p)는 이러한 퍼센트 간의 차이를 표현한 것으로 실업률이나 이자율 등의 변화가 여기에 해당된다. 퍼센트는 기호는 %를 사용하며 [(어떤 양)/(전체의 양) × 100](%)로 계산된다.

예를 들어 실업률이 작년 3%에서 올해 6%로 상승했다면 이러한 변화는 퍼센트와 퍼센트포인트를 사용해 다음의 두 가지 방법으로

---

4 전기대비 증감률은 경제지표의 변화를 즉각 파악할 수 있다는 장점이 있으나 불규칙하게 발생하는 경제적 특이 현상에 상대적으로 영향을 크게 받을 수 있어 변동성이 큰 단점이 있다. 예로 전분기 파업으로 자동차 생산이 급격히 줄었다면 조업이 정상화된 다음에는 평소보다 훨씬 생산이 증가한 것으로 오인될 수도 있다.

5 경제통계가 기후, 설 추석과 같은 명절 등으로 인해 흔히 1년을 주기로 반복하여 움직이는 변동 현상을 발견할 수 있는데 이러한 변동을 '계절변동seasonality'이라 한다. 이러한 계절성이 있는 통계는 전년동기대비 증감률을 이용하거나 원래 계열로부터 계절적 요인을 조정한 계절조정시계열을 따로 구한 후 전기 대비 증감률을 구해야 한다.

표현할 수 있다. ①실업률이 작년에 비해 100% 상승했다 혹은 ②실업률이 작년에 비해 3%p 상승했다. ①의 경우는 변동율의 관점에서 일정한 시간이 경과할 때의 증가량을 처음의 값으로 나눈 것[(현재실업률-기존실업률)/기존실업률×100]으로 퍼센트로 표현하지만, ②의 경우는 계산 기준이 같은 퍼센트 간의 차이(6%-3%)이므로 반드시 퍼센트포인트로 표현해야 한다.[6] 하나 더 예를 들자면, 한국은행이 기준금리를 1.5%에 1.25%로 인하한 경우, ① '한국은행은 기준금리를 0.25%p 인하하였다.' 혹은 ② '기준금리를 16.7% 인하하였다.'라고 표현해야 맞다. 다만 혼란을 피하기 위해 통상 ①과 같이 표현하는 것이 일반적이다.

✛ 기저효과base effect

경제지표 증가율을 해석할 때 기준 시점과 비교 시점의 상대적인 위치에 따라서 경제 상황에 대한 평가가 실제보다 많이 위축되거나 부풀려지는 등의 왜곡이 일어나는 것을 말한다. 예를 들어 지난해 여름에 태풍 피해로 농산물가격이 급등했다면, 전년동기대비로 계산한 올해 여름의 농산물가격 상승률은 상대적으로 낮게 나타날 것이다. 반대로 지난해 가을 기상 여건 호조에 따른 공급 과잉으로 과

---

6   2014년 11월 수능 영어 문제에서 소셜미디어를 이용하는 청소년 비중이 2006년 2%에서 2012년 20%로 18% 증가했다고 설명하였다. 이는 18%p가 아닌 18%로 표시되었으므로 명백한 오류였다. 한국교육평가원은 오류를 시인하고 결국 해당 문제를 복수 정답으로 정정하였다.

일가격이 폭락했다면 올해 가을의 과일가격 상승률은 높은 수준을 보일 가능성이 크다. 따라서 경제지표를 더욱 정확히 해석하기 위해서는 기준 시점에 특수한 상황이 발생했는지 살펴보고, 그로 인해 비교 시점의 지표가 어떤 영향을 받고 있는지 고려할 필요가 있다.

✚ 명목과 실질 구분

통화의 가치는 인플레이션으로 인해 시간이 지날수록 하락하므로 수시로 발표되는 다양한 경제지표를 정확하게 이해하기 위해서는 명목nominal과 실질real의 개념으로 구분해서 살펴보아야 한다. 국내총생산에 대한 명목GDP·실질GDP, 임금에 대한 명목임금, 실질임금, 이자율에 대한 명목이자율, 실질이자율 등은 명목지표와 실질지표를 구분하는 한 예라 하겠다. 이 가운데 명목·실질소득을 예로 들자면, 명목소득은 대상 경제주체의 소득이 발생할 당시의 통화금액으로 측정된 소득을 말하며, 실질소득은 통화가치의 변동을 고려하여 명목소득을 기준 시점에 맞춰 조정한 것을 말한다. 예를 들어 2020년에 A씨의 연간 소득을 당시 통화가치로 측정한 금액이 3000만 원이라면 명목소득은 3000만 원이다. 그런데 2022년 측정된 A씨의 명목소득이 3500만 원이라면, 2년 동안 A씨의 명목소득은 500만 원 증가한 셈이다. 이 경우 A씨의 경제 형편이 나아졌는지를 판단하기 위해 더욱 정확한 정보를 반영하고 있는 실질소득의 변화 여부를 확인해 보아야 한다. 만약 2020~2022년 중 인플레이션율(물가상승률)이 15%라면 같은 기간 중 통화가치는 15% 하락한 것으로 볼 수 있다. 이 경우 A씨의 2020년 명목소득 3500만 원은 실질소득 기준으로 3043만원(=3500/(1+0.15))이 된다. 따라서 2020~2022년 중 통화가치 변동을 감안할 경우 A씨의 실질소득은 43만 원 증가에 불과한 것이 된다.

✛ 분산과 표준편차의 차이

분산은 평균을 중심으로 흩어져 있는 정도를 나타내는데, 분산이 클수록 흩어져 있는 정도가 크다는 의미이다. 보통 주가 환율 등 가격 변수의 분산이 큰 경우 이는 위험이 크다는 의미로 해석된다고 이해하자. 또한 표준편차는 분산 값에 루트를 취한 제곱근인데, 분산의 단위는 측정 단위의 제곱인 반면 표준편차는 측정 단위와 동일하기 때문에 표준편차를 보다 많이 사용한다.

✛ 상관계수를 통한 선형관계 확인

두 자료 간의 상호의존 관계를 나타낼 때 이용하는 척도로 상관계수correlation coefficient를 이용한다. 상관계수는 −1에서 1사이의 값을 가지며, 절대값이 1에 가까울수록 강한 상관관계가 있음을 의미한다. 예를 들면 모집단 100명을 대상으로 일평균 식사량을 x축으로 몸무게를 y축으로 표시해 보자. 당연히 식사량이 많아질수록 몸무게가 높게 나타나는 우상향하는 선형관계에 가까운 모습으로 식사량과 몸무게의 분포가 XY좌표 평면에 표시될 것이다. 이처럼 양(+)의 선형관계에 가까울수록 상관계수는 1에 근접하게 계산된다.

3. 주요 지표 정리

실물경제 관련 지표

구분	주요 지표	작성 주기	작성 기관
▪ 성장	국민계정 – 실질국내총생산(GDP)[1], 1인당 GNI 등	분기, 년	한국은행
▪ 경기	경기종합지수	월	통계청
	소비자심리지수(CSI)	월	한국은행
	기업경기실사지수(BSI)	월	한국은행
	중소기업경기전망조사	월	중소벤처기업부
	기업경영분석	분기, 년	한국은행
▪ 생산	전산업생산지수	월	통계청
	광업제조업동향조사	월	통계청
	서비스업동향조사(서비스업생산지수)	월	통계청
▪ 민간소비	서비스업동향조사(소매판매액지수)	월	통계청
	주요유통업체매출동향조사	월	산업통상자원부
	온라인쇼핑동향조사	월	통계청
▪ 설비투자	설비투자지수	월	통계청
	기계수주동향조사	월	통계청
▪ 건설투자	건축허가와 착공통계	월	국토교통부
	주택건설실적통계	월	국토교통부
	미분양주택현황보고	월	국토교통부
▪ 고용	경제활동인구조사 – 경제활동인구, 취업자, 실업자 수 – 경제활동참가율, 고용률, 실업률 등	월	통계청

구분	주요 지표	작성 주기	작성 기관
▪ 물가	소비자물가지수	월	통계청
	생산자물가지수	월	한국은행
	수출입물가지수	월	한국은행
▪ 대외거래	국제수지	월	한국은행
	무역통계	월	관세청

주: 1) 매분기 속보, 잠정, 확정으로 나누어 각각 발표

금융 관련 지표

구분	주요 지표	작성 주기	작성 기관
▪ 통화금융	통화 및 유동성지표	월, 분기	한국은행
	예금/대출금/기타금융	월, 분기	한국은행
	금리	월, 분기	한국은행
▪ 재정	통합재정수지	월	기획재정부
	국가채무	년	기획재정부
▪ 금융부채 등	가계신용(대출)	분기	한국은행
	자금순환표(가계·정부·기업의 자산 부채)	분기	한국은행
▪ 소득소비자산	가계금융복지조사	년	통계청, 한국은행, 금융감독원
▪ 자본유출입과 대외부문	국제수지통계	월	한국은행
	대외채무 및 대외채권	월	한국은행
	외환보유액	월	한국은행
	거주자외화예금	월	한국은행
▪ 금융회사	은행 등 개별 금융회사 현황, 경영정보 등	수시	금융감독원
▪ 증권시장	증권파생금융상품 시장통계 – 주식: 상장 현황, 거래 실적, 소유 분포 – 채권: 상장 현황, 거래 실적, 전환사채 – ETF, ETN, ELW 등	월	한국거래소
	금융시장동향, 자본시장통계	분기, 월	금융감독원

574

4. 길을 찾는 방법

읽어 보면 유용한 중요 보고서

국내외 주요 기관 웹페이지와 인터넷에는 보고서, 동영상, 통계, 뉴스 형태의 방대한 자료가 넘친다. 이 모두를 읽어보기는 사실상 불가능하다. 그러나 그때그때 목적에 맞게 좋은 자료를 선별해 학습하는 것도 중요한 능력이다. 참고삼아 경제·금융 공부와 투자전략 수립에 도움이 될 만한 중요 자료를 아래와 같이 정리해 보았다.

구분	중요 보고서
■ 경제 전망	– 한국은행 〈경제전망〉(연 4회), IMF 및 OECD 〈경제전망〉(연 4회) 등
■ 경기 동향	– 한국은행 〈최근 국내외 경제동향〉(연 4회), 〈실질국내총생산〉(분기), 통계청 〈산업활동동향〉(매월), 기획재정부 〈최근 경제동향〉(매월) 등
■ 경제정책	– 기획재정부 〈경제정책 방향〉(연 2회) 등
■ 통화정책	– 한국은행 〈통화정책방향〉(연 8회), 〈금융통화위원회 의사록〉(연 8회), 〈통화신용정책보고서〉(연 4회) 등
■ 금융외환시장	– 한국은행 〈금융시장 동향〉(매월), 〈금융안정보고서〉(연 2회) 등
	– 한국은행 〈국제금융·외환시장 동향〉(매월), 〈국제수지〉(매월) 등

✛ 경제 전망

우리나라의 성장률 전망은 한국은행, 기획재정부, KDI 등에서 정기적으로 발표하고 있다. 이 밖에 국제통화기금IMF, 경제협력개

발기구OECD와 주요 국제 신용평가기관, 글로벌투자은행 등에서도 한국 경제 전망을 발표하고 있다. 이들 자료는 대부분 해당 기관 웹사이트에 대외 공개하고 있으며, 언론을 통해서도 해당 내용이 자세히 소개된다. 이 가운데 한국은행 경제 전망은 해당 시점에서 주요한 경제 금융 동향이 망라되어 소개되므로 매 분기 챙겨보기를 권한다.

✛ 경제 동향

우리나라 경제 흐름을 짚어보는 데는 매월 〈산업활동동향〉(통계청), 매분기 〈실질국내총생산〉(한국은행) 보도자료를 통해 사실 위주로 확인해 보자. 이러한 통계들을 종합 분석해 자료로 제공하는 〈최근 경제동향〉(기획재정부), 〈최근 국내외 경제동향〉(한국은행) 보도자료도 함께 참고하길 권한다.

✛ 경제정책

매년 두 차례 우리나라 경제정책의 큰 방향을 제시하는 '경제정책 방향'은 기획재정부에서 가장 중요도가 높게 평가되는 보고서이다. 지난 6개월간 경제 운영 성과와 향후 경제 여건을 평가한다. 또한 앞으로의 경제정책 방향을 제시하고 정부의 경제 전망을 발표한다. 재정정책, 외환정책 등 거시경제 정책 운영 방향은 물론 세부 재정사업의 중점 목표도 담겨 있다.

✚ 통화정책

중앙은행인 한국은행의 통화정책을 가장 잘 이해하기 위해서는 연 8회 개최되는 금융통화위원회에서 발표하는 〈통화정책방향〉 보도자료를 반드시 숙독하기를 권한다. 기준금리 조정 이면에 있는 금융통화위원들의 고민은 2주 후 공개되는 〈금융통화위원회 의사록〉에 잘 반영되어 있다. 아울러 지난 3개월간의 국내외 경제 금융 동향과 통화정책 운영 여건에 대해 한국은행이 정리해 국회에 보고하는 〈통화신용정책보고서〉를 적극 활용하자.

✚ 금융외환시장

주가, 금리, 환율 등 금융시장 가격변수의 변동 추이와 금융회사 수신, 기업대출과 가계대출 등 자금흐름은 매월 한국은행 〈금융시장 동향〉, 〈국제금융·외환시장 동향〉을 통해 확인할 수 있다. 이 밖에도 우리나라 금융안정 전반에 대한 건전성 정도와 잠재적 위협요인을 심층적으로 분석해 연 2회 국회에 보고하는 〈금융안정보고서〉는 반드시 숙독하기를 추천한다.

✚ 기업 회계재무 공시

주식투자자의 경우 개별 상장법인의 공시 보고서를 찾아 읽으며 해당 기업에 대한 이해를 높이고 이를 가치 평가에 참고할 필요가 있다. 이 때 기업의 사업내용, 재무 상황 및 경영 실적 등 기업 경영 전반에 관한 사항을 설명하는 사업보고서, 증권신고서, 투자설명서,

감사보고서 등은 금융감독원의 전자공시시스템DART, Data Analysis, Retrieval and Transfer System에서 편리하게 조회할 수 있다.

주요 연구기관

한국은행, 기획재정부, 통계청, 금융감독원 등 정부 또는 공공기관 이외에도 경제금융 분석과 연구를 전문적으로 수행하는 주요 연구기관의 웹페이지에는 양질의 보고서들이 대외 공개되어 있다. 한국 개발연구원, 국제금융센터, 한국금융연구원, 자본시장연구원, 대외 경제정책연구원 등 웹페이지의 연구 분석 자료를 적극 활용해 보자.

✛ **한국은행_www.bok.or.kr**

✚ 기획재정부_www.moef.go.kr

✚ 통계청_kostat.go.k

✚ 금융감독원_www.fss.or.kr

✚ 한국개발연구원_www.kdi.re.kr

✚ 국제금융센터_www.kcif.or.kr

✚ 한국금융연구원_www.kif.re.kr

+ 자본시장연구원 _ www.kcmi.re.kr

+ 대외경제정책연구원 _ www.kiep.go.kr

통계 데이터베이스

우리가 앞서 살펴본 주요 보고서에 인용된 대부분의 경제·금융 통계데이터는 한국은행 경제통계시스템ECOS, Economic Statistics System[7] 또는 통계청 국가경제포털KOSIS, Korean Statistical Information Service[8]에서 손쉽게 찾을 수 있다. 해당 원본 데이터로 그래프를 그려 추이를 확인해 보거나 회귀분석, 시계열분석 등 각종 계량 분석에 이용할 수 있다.

참고로 OECD 국가의 주요 통계는 OECD.Stat에서 제공하는 방대한 데이터베이스에서 국가별로 상호 비교해 볼 수 있다. 아울러 미국의 각종 경제 시계열 데이터는 미 연준의 경제 금융 데이터 제공 데이터베이스인 FRED Federal Reserve Economic Data에서 확인할 수 있다.

---

7 ECOS는 한국은행이 통화신용정책, 경제정책의 수립과 운용을 위해 작성해 온 통화 및 금리, 국민소득, 물가, 국제수지, 자금순환, 경기 등 경제 각 분야에 걸친 주요 국가 기본경제통계를 일반인도 이용할 수 있도록 2004년 1월부터 인터넷 기반으로 제공 중인 통계시스템이다.

8 국가통계포털은 국내·국제·북한의 주요 통계를 한 곳에 모아 이용자가 원하는 통계를 한 번에 찾을 수 있도록 통계청이 제공하는 One-Stop 통계서비스이다. 현재 300여 개 기관이 작성하는 경제·사회·환경에 관한 1000여 종의 국가 승인 통계를 수록하고 있다.

✚ 한국은행 경제통계시스템ECOS _ http://ecos.bok.or.kr

✚ 통계청 국가경제포털KOSIS _ https://kosis.kr

✦ FRED_https://fred.stlouisfed.or

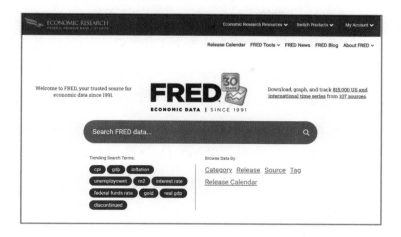

✦ OECD.Stat_https://stats.oecd.org

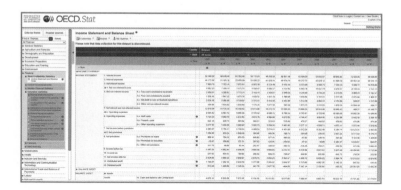

경제교육자료

공부에는 끝이 없으므로 자신의 수준에 맞는 다양한 콘텐츠를 접하며 다각도로 이해를 심화시켜 나가는 노력이 필요하다. 여러분의 경제·금융 공부를 위한 체계적 콘텐츠를 한국은행 경제교육 포탈[9], 금융감독원 금융교육센터, KDI 경제정보센터 등에서 제공하고 있다. 아울러 이들 기관의 유튜브 채널에서도 좀더 다채로운 경제·금융 관련 동영상을 제공하고 있으니 참고하기 바란다.

---

[9] 특히 대학생과 일반인을 대상으로 실시하는 심층 경제 강좌인 한은금요강좌는 한국은행 경제교육 웹페이지에서 과거 강좌 모두를 동영상으로 제공하고 있으니 적극 참고하기 바란다.

금융감독원, 《대학생을 위한 실용금융》, 2021.

김도완, 한진현, 이은경, 〈우리 경제의 잠재성장률 추정〉, 한국은행 조사통
계월보 논고, 2017.

김태경, 장희창, 정선영, 〈코로나19 관련 거시경제 주요 이슈에 대한 논의
및 시사점〉, 한국은행 이슈노트 2020-8호, 2020.

김혜진, 〈코로나19의 노동시장 관련 3대 이슈와 대응방안〉, 한국은행 이슈
노트 2020-13호, 2020.

보디 외(Zvi Bodie, Alex Kane, Alan J. Marcus), 《기본투자론》 2019.

안병찬, 《금융위기 이후 우리나라의 외환정책》, 2011.

양동휴, 〈1930년대 세계대공황과 2008년 위기〉 〈금융경제연구〉 한국은행
금융경제연구원, 2009.

이동규, 〈비트코인의 현황 및 시사점〉, 한국은행 지급결제조사자료 2013-
2, 2013.

이동원, 이아랑, 〈포스트 코로나 시대의 글로벌 산업통상정책 향방 및 시사

점〉, 한국은행 이슈노트 2020-4호, 2020.

이의경, 《재무관리 이론과 응용 6판》, 2019.

이홍모, 《단숨에 배우는 금융》 2014.

임경, 권준석 《돈은 어떻게 움직이는가?》 2021.

임경, 《환율은 어떻게 움직이는가?》 2020.

정운찬, 김홍범, 《화폐와 금융시장》 2012.

정후식, 〈대공황 이후 주요 금융위기 비교〉, 한은조사연구 2009-8, 2009.

찰스 킨들버거, 《광기, 패닉, 붕괴 금융위기의 역사》, 2006.

벤 버냉키, 《벤 버냉키, 연방준비제도와 금융위기를 말하다.》 2014.

한국은행 국제경제부, 〈2021년 세계경제 향방을 좌우할 7대 이슈〉, 한국은행 국제경제리뷰 2020-26호, 2020.

통계청, 〈장래인구특별추계: 2017~2067년〉, 2019.

한국은행, 《한국은행 60년사》, 2010.

한국은행경제교육실, 《경제금융용어 700선》, 2020.

한국은행경제교육실, 《알기쉬운 경제이야기》, 2020.

한국은행경제통계국, 《국제수지표와 국제대차대조표의 이해》, 2014.

한국은행경제통계국, 《알기 쉬운 경제지표 해설》, 2019.

한국은행국제국, 《우리나라의 외환제도와 외환시장》, 2016.

한국은행금융결제국, 《2020년 지급결제보고서》, 2021.

한국은행금융결제국, 〈디지털혁신과 금융서비스의 미래: 도전과 과제〉, 2017.

한국은행금융시장국, 《한국의 금융시장》, 2016.

한국은행금융안정국, 《한국의 금융제도》, 2018.

한국은행통화정책국, 《한국의 통화정책》, 2017.

한국인터넷진흥원, 《블록체인 기반 혁신금융 생태계 연구보고서》, 2021.

한화자산운용, 〈비트코인이 디지털 금이 된다면?〉, 2021.

BIS, "Central banks and payments in the digital era", 2020.

Brunnermeier. M & James. H, "The Digitalization of Money", 2019.

Edelen, R. M., A. J. Marus, and H. Tehranian, "Relative sentiment and stock returns," *Financial Analysts Journal, Vol. 66, No. 4*, 2010.

Fisher, K. L., and M. Statman, "Consumer confidence and stock returns," *Journal of Portfolio Management, Vol. 30, No. 1*, 2002.

Grable, J. E., and S. H. Joo, "Environmental and biopsychosocial factors associated with financial risk tolerance," *Financial Counselling and Planning, Vol. 15, No. 1*, 2004.

IMF, "Annual Report on Exchange Arrangements and Exchange Restrictions", 2014.

Joachim Wuermeling, "Digital transformation - opportunites and risks for the financial sector", 2019.

Jon Danielsson, "What happens if bitcoin succeeds?", VoxEU, 2021.

Kahneman, D., and A. Tvescky, "Prospect theory: An analysis of decision under risk," *Econometrica, Vol. 47, No. 2*, 1979.

Kenneth S. Rogoff & Carmen M. Reinhart, "This time is different", 2009.

OECD, "The Long View: Scenarios for the World Economy to 2060", 2018.

Pietra Rivoli, "The Travels of A T-Shirt in the Global Economy", 2005.

Seth Godin, "Poke the Box", 2011.

Shelfier, A., "Inefficient markets: an introduction to behavioral finance," *Oxford University Press*, UK, 2000.

Shelfier, A., and R. Vishny, "The limit of arbitrage," *Journal of Finance, Vol. 52, No. 1*, 1997.